視覚障害者とノーマライゼーション

——視覚障害者の障害受容と社会環境の変遷。
「盲人たちの自叙伝」を視座にして——

鈴木正行

学文社

はじめに

昭和三〇年＝一七万九千人、昭和三五年＝二〇万二千人、昭和四〇年＝二一万一千人、昭和四五年＝二五万〇千人、昭和五五年＝三三万六千人、昭和六二年＝三一万〇千人、平成三年＝三五万三千人、平成八年＝三〇万五千人、平成一三年＝三〇万一千人。（厚生省社会・援護局資料「日本の身体障害者」。平成一三年は厚生労働省）

これはわが国の視覚障害者数（概数）の推移である（昭和三〇年以前においては、全国的な統計は取られていない）。様々な原因・理由によって、光の世界を、あるいは光は覚知できても、モノや文字の識別世界を断たれた人たちの心情は如何ようなものであろうか。まだ光の側にいる者が軽々しくそのことを忖度してはならない。ただいくらかでもそのことを知り得ようと、知り得たいと、また彼等の置かれた状況を知り得たいとの思いからこの論を進め出した。

軽々な忖度は慎まねばとの思いから、その方法論として、その人たちの書く文章（書物）に当たることにした。知り得るためにはその（文章が形となった）書物を当たることも一つの有効な手立てと考えたからだ。それでシリーズ化されている大空社刊の『盲人たちの自叙伝』を、それにとした。そこから彼等の声の一端が聞こえてくると思えたからだ。彼等の生活世界の一部が見えてくると思えて。

可能な限り、真の声、真の世界を伝えたいために、本論では多くの文章（原文）を引用した——彼等の〝語り〟を視座にした。

同『自叙伝』は、二〇冊ずつ一九九七年から発刊されていて、二〇〇三年現在において、三回刊行がなされている。従って検証できたのは、六〇冊である。六〇という数字が、論を展開するのに充分なものかは異論もあるだろうが、時間の関係もあり、これだけということになった。勿論他にも視覚障害者の著わした書物は多々あり、論者はその内のいくつかにも当たっているが、ここでの検証には含めなかった。

本論の構成だが、序章において「研究の背景と目的」を記し、第一章で視覚障害の概念を、いくつかの文献や資料を参考にして、簡単に述べている。

第二章において、「ノーマライゼーション」とは何かということを考察している。この章においては視覚障害者という観点からではなく、障害者全体として、障害者全体を取り巻く社会のあり方を見つめている。障害児をもつ（障害児の保護・扶養者である）著名人（日本人）の言葉からも多く引用している。現代社会が抱える福祉の現状が見えてくると思われる。

第三章では、同『自叙伝』を語る上での方法論について触れている。基本的には「生活史（ライフ・ヒストリー）」の手法に依拠しているが、利用した『自叙伝』の性格に即して、次の項目について述べている。

① 生活史の基本的な手法と利用可能な資料についての概説
② 『自叙伝』の資料としての性格
③ 資料としての『自叙伝』の限界について

である。

そして次章から、その『自叙伝』シリーズの検証となる。

六〇冊を形式的に整理するために、四つの章（第四章〜第七章）に分けた。その方法は最も順当であると思われる、著者の生年月日順にした。時代背景の同一性を考えると、それが至当であると思われたからだ。

第四章＝明治期及びそれ以前生まれ、第五章＝大正期生まれ。そして昭和を、第二次世界大戦の前と後で二つ（第六章と第七章）に分けた。その章の中にそれぞれ数人ずつの節をつくり、さらに分けて読み易くした。

それぞれの著書を読み、その著者の障害（失明）からの回復過程を主に考察していった。障害の発生から、混沌・

混乱を経て、**受容に至る過程**に最も注目した。何がその著者をして、障害を受容せしめたのか、ということを見ていった。

「視覚障害者」ということではその六〇人（正確には、六一人。詳細は本論中で明示）は同じだが、失明原因や失明時期（年齢）も違うことで、一人一人が違った思いをもってそのことに対峙している。また家庭の経済状態にも、その後の姿勢は大きく左右されていた——そこにおける彼等の生き方を、障害者という視点から見つめている。

大正期や、昭和の前半の人たちからは、そうではなくなってもきているが、それでも本人の努力や周りの人たちの協力等で成功をおさめた人たちが多く出ている。そうでなければ（＝努力や協力なしでは）このような著作は残せなかったであろう——ここまでの時代（昭和の前半期）で、日本における盲界の先達たちがほぼ網羅されている（勿論、この『自叙伝』シリーズの中に収められていない人の中にも、盲界において忘れてはならない人物は幾人も存在するが）。

第七章のあとで、補論を設けている。そこで視覚障害者に対するマスメディアの関心（度）の変遷を考察している。ここでは視覚障害者（盲人）関連の新聞記事を、主に朝日新聞から検証している。但し、大正一一（一九二二）年のみ、東京日日新聞と大阪毎日新聞（これは半年間）も考察した。現在（二〇〇三年）から八一年も前の新聞記事を見て、見えてきたものを論じている。

またそれから二〇年後の昭和一七（一九四二）年のそれも、検証している。時あたかも、戦時（大東亜戦争）真っ直中（その前年の一二月八日開戦）であるそんな時に、新聞は果たして障害者に関心を示していたのかどうかを検証している——視覚障害者関連の記事があったのかどうか。あったとしたら、どのような記事だったのか、を見つめている。

さらにそれから二〇年後の、昭和三七（一九六二）年時の新聞も見ている。同戦争は負けて終わって、一七年後のことである。今度は、戦後復興の真っ盛りの時である。まだ個人の福祉に目の行き届かない時代にあって、視覚障害者関連の記事はどのように出ていたのかを検証している。

そしてほぼ現代の一九九三（平成五）年、今から一〇年前の新聞から見つめている。昭和三七年から三一年後には、どのような変化があったのか。あるいは変化はなかったのか、を検証している。

終章において、「ノーマライゼーションの原理」、特に「平等の権利」八項目を視点に、『自叙伝』六〇冊を――すでに第四～第七章のそれぞれのまとめの節で記したものをさらに全体を通して――検証している。明治期前後から現在までの約一〇〇年間をつないでみた時、何がどう変わったのか、あるいは変わっていないのかを考察している。またその資料（『自叙伝』）による分析の限界についても検討している。

最後に、障害者福祉におけるノーマライゼーションについての論者の若干の展望を述べている。

二〇〇三年十二月

目次

序　章　研究の背景と目的

1　研究の背景

二〇〇一年五月一一日、熊本地方裁判所はハンセン病患者に対する隔離政策訴訟裁判において、原告勝訴の判決を下した。それは、らい予防法の早期見直しを怠った政府（旧厚生省）及び国会議員に対して、〝立法不作為〟の責任を突きつけることでもあった——同年五月二三日、小泉首相は福岡高等裁判所への控訴を断念して、同判決は確定した。

「国民は、すべての基本的人権の享有を妨げられない。この憲法が国民に保障する基本的人権は、侵すことのできない永久の権利として、現在及び将来の国民に与へられる」（憲法一一条）

「すべて国民は、健康で文化的な最低限度の生活を営む権利を有する。国は、すべての生活部面について、社会福祉、社会保障及び公衆衛生の向上及び増進に努めなければならない」（同二五条）

国の基軸法令である憲法で、基本的人権の保障、そして最低限度の生活権が唱われているというのにも拘らず、ハンセン病患者にとって、九〇有余年（「らい予防法」制定＝一九〇七年）、それは叶えられぬものとして流れてきた。人の幸福を願う権利が、人をして当然に普通に暮らす——人間らしく生きる——権利が、現実には見落とされてきた。いいや、見捨てられてきた。

一九五六年の「ローマ国際会議」、一九五八年東京での「国際らい会議」、及び一九五九年のＷＨＯ「第二回らい専門委員会」などのハンセン病に関する国際会議の動向などから、遅くとも一九六〇年（ＷＨＯが、〝特別法の撤廃〟を提唱）の時点で、「らい予防法」の改廃を含めた隔離政策の抜本的な変換がなされて当然であったが、それは何もされずのままにいた。徒らに日本では時を経過させてきた。

厚生（現、厚生労働）行政は、福祉とは切っても切れない関係にある。古くは、明治中頃の足尾鉱毒事件（一九〇〇年前後）、近年（一九六〇年代後半から一九七〇年代前半）では、熊本水俣病、新潟水俣病、富山（神通川流域）イタイイタイ病、四日市ぜんそく、の四大公害病事件があり、またポリオ、サリドマイド等薬禍事件も同様にあり、そして現代においても、エイズに代表される薬害事件――二〇〇三年には、抗がん剤「イレッサ」による副作用死亡例問題――等々が出態してきている。

人が生きていく上で、最も肝要な〝健康〟。それが国の中心政策から見落とされ、あるいはないがしろにされて来た故の事件・事故である。

ここに、ある意味ハンセン病と同様、生まれた時から――あるいは後天的にでもそうだが――、ハンディキャップを背負ってしまった人たちがいる。盲聾等の身体障害者である。あるいは知的障害者である。

彼等の一つの特殊性は、その運命（宿命）に対して、どこにも訴訟を起こすことはできない、ということである。この点においては、前者とも後者とも違っている。但し、過去には、そう少なくとも戦前、そして昭和三〇年代位までは、前者と同じように隠れるように――隠されるように――生きて来ていた。

「すべて国民は、法の下に平等であって、――（略）」（憲法一四条）

その〝平等であ〟る、との枠外で彼等は生きて来ざるを得なかった。

ここでは盲児たちの置かれた、かつての学園での一端を紹介する。論者が本論を進める背景にあるのは、これら社会的弱者の現実を知ったこと、またあるいは彼等の声が――過去においてではあるが――容易に国（行政）に届かないという現実を目にしたことによる。

健康人と病を負う人とが、また障害者と健常者とが紙一重であるということを認識する一助となればとの思いもその背景にはある。

――「寒い教室」《火鉢に火が入った》　亀山道夫（五年）

『十一月に十度以下の日が、幾日もあったが、火鉢に火がないので、ぼくたちはがまんしていた。一、二時間目は、ポケットに手をつっこんで、先生の話をきいているのです。

十二月一日の朝、関谷先生が、「火をもってきたよ」と言って持ってきてくださった。森くんが、「先生、たんと入れて」と言ったら、先生は、「たんといれてあげるけど、われたって知らんよ」と言いなさった。

火鉢に火が入ったので、みんながあたった。そしていろいろな話をしていたら、森くんが、「もちがやけるなあ」と言ったので、ぼくが、「うん、パンもやけるでうれしいな」と言った。――（以下略）――』（一九五九年一二月二日）

教室の手火鉢にはじめて火が入った日のよろこびを、道夫の作文はおもしろくしかも切実につたえてくれます。わたしたちの学校は、戦災にあい、戦後急いでたてた校舎ですから、設計のゆきとどいた吟味がしてありません。廊下をはさんで、南側と北側とに教室が並んでいます。北側の教室には一日中、日があたりませんし、一番困るのは冬の学習です。日があたらないだけでなく、つめたいすきま風さえ吹きこんできます。そのような教室で、手火鉢一つをかこんでがまんしなければなりません。指がかじかんで本読みはできず、点字を書くこともできない。火鉢にあたっていたり、ポケットに手をつっこんでいる時間の方が長くて、学習が進みません。

それならストーブをつければいいだろうということになりますが、普通の学校のように児童生徒数が多くないので、毎日の燃料費をつくることができません。一度、この事実を、役所の関係者にみてもらいたいと願っていますが、まだ見にきてもらえないようです。運動場をへだてた京町小学校の校舎に、ストーブの煙突が林立しているのを、わたしはたえがたい気持ちで見なければなりません。ポケットに手をつっこんだままでも、本を読むことのできる目あきの子たちの教室に、ストーブが入っているのですから。
日があたらなくて、すきま風の吹きこむ教室。[注1] 冬、学習のできない教室を、早く無くしてもらいたい。盲児たちのかじかんだ指先が、それを痛切に欲しています。
（傍線は引用者）

2　研究の目的

“welfare”＝「福祉」と訳され、「幸福」とも訳され、また「繁栄」の意も含まれている。

この英語をあえて分解すれば、“well”“fare”である。つまりここでは「よく＝well」「暮らす＝fare」という意を汲み取ることができる（あるいは、物事がうまくいくこと、そこから幸福になるとか、繁栄するという意味へと）。

障害者を含む社会的弱者にとっての「幸福」は何か。「繁栄」は何か。あるいは「よく暮らす」とは何かということを、現在の行政の福祉政策と共に考察し、何を変えるべきなのか、あるいは変えずに推進していくべきなのかを、「ノーマライゼーションの原理」を視点に検証していく。

二〇〇〇年五月二九日、「社会福祉の増進のための社会福祉事業法等の一部を改正する等の法律」が国会で可決成立し、今日における「社会福祉基礎構造改革」が動き出した。

一九五一年の社会福祉事業法制定以来の半世紀ぶりの大きな改正であり、その名称も「社会福祉法」と改められた。福祉国家を見る時、その政策目標として〝公正〟を重んじる「社会民主主義モデル」と、〝効率〟を重んじる「新自由主義モデル」とがこれまでの流れの中の二主流となってきていたが、今日その両者を両立させる方向での道が探られてきている。これが所謂、イギリスの社会学者、アンソニー・ギデンズ（Anthony Giddens）の提唱する「第三の道」（以下引用は、アンソニー・ギデンズ著＝佐和隆光訳＝『第三の道』日本経済新聞社、一九九九年）である。彼はその中に

おいて、

『第三の道の政治は、平等を包含、不平等を排除』（一七三頁－一二行目）

と定義して、

『最も広い意味での包含とは、市民権の尊重を意味する。（中略）またそれは、機会を与えること、そして公共空間に参加する権利を保証することをも意味する』（同頁－一四行目）

とした。この「公共空間に参加する権利」は、〝ノーマライゼーション〟を唱ったデンマークのバンク・ミケルセン（N.E. Bank-Mikkelsen）の思想と密接に結びつく。

ギデンズはまた、次のように言う。

『資金ではなくリスクを共同管理しようというのが福祉国家である』（一九四頁－八行目）

と。これは従来の福祉国家に対する考え方、

『技術進歩、社会的排除、単親家庭の増加等に起因する、新しいリスクにはまったく無力』（同頁－一一行目）

ということに対蹠する考え方である。

ギデンズの理論は時（現）の首相・ブレアの政策の支柱となり、自由主義の市場原理を基盤にしながら社会的な正義や公正を実現するという福祉政策の推進役となっている。

今日、日本の福祉行政も一九八三年から始まった「国連・障害者の一〇年」に賛同、実践を経て、福祉先進国の北欧、そしてイギリス等の西欧諸国に近付きつつある。

しかし現実にはまだまだ個人としての福祉を考える時、多くの問題が残されていると言わなければならない。

一口に地域福祉、社会的弱者といっても、その状況、態様は一様ではない。そこには身体的な弱者もいれば、精神的なハンディキャップを負う者もいる。あるいは経済的な意味においての者達等もいる。しかしここでは主に身体的

弱者、なかでも視覚障害者に焦点を当てていく。社会における情報のその八割は、視覚からによるものと言われている。そういった点から考えると、視覚障害者が情報収集という点に関しては、最も弱者の立場に置かれているからである。

明治時代からの視覚障害者の書物を「資料」にして、彼等の生の声に耳を傾け、「ノーマライゼーション」という言葉の無かった当時の彼等の生活を見つめてゆく。そうすることによって彼等の置かれていた状況も分かってくると思われる。それら過去を知ることによって、今に見えてくるものもあると思われる。

現代社会が直面する問題とは。そしてその社会に列する福祉社会が直面する問題とは何か、を視覚障害者のノーマライゼーションの視点から考察する。

注1　赤座憲久『目の見えぬ子ら』岩波書店、一九六一年。一一五頁～一一七頁

第一章　視覚障害の概念

視覚障害とは

一口に視覚障害といっても、その内容には様々な状態がある。光を全く感じない全盲の人から、光の感じ方具合や、その視力値、またその視界の狭広でその度合は分かれている。

1　視力値

視力は、正確には「二点を区別できる能力の限界」をいう。通常はランドルト環を使って、五メートル離れた距離から環の切れ目が識別できる場合を、視力〇・一と決めている。現在は検査の能率を上げるために、ランドルト環と同じ見え方をするカタカナ、ひらがな、数字などを用いた視力検査表が使われている。

視力検査表に一メートルまで近づいても、一番上の指標が読めない場合は、視力〇・〇一未満ということになる。〇・〇一未満から〇までの間に、次の三段階がある。三〇センチメートルから指の数が弁別できれば〝指数弁〟、眼前で指の動きが弁別できれば〝手動弁〟、光の明るさが分かれば、〝光覚〟があるという。これらはいずれも視力「〇」と判定される。

視力には裸眼視力と、メガネをかけて測った矯正視力とがある。視覚障害の等級は、両眼の矯正視力の和によって決められる。

2　視野障害

健常者の視野は、耳側に約九〇度、鼻側に約六〇度、上方に約五〇度、下方に約六〇度ぐらいある。網膜色素変性症や緑内障、あるいは脳障害などの場合は、視野が狭くなる障害が起こる。

①　網膜色素変性症の場合は、網膜の周辺から欠損が生じて中心の視野が残るのが普通である。特に視野一〇度以内になると、竹筒から覗いている状態になって、周囲のモノにぶつかることが多くなり、生活に支障をきたすので、視覚障害の二級から四級に該当することになる。

②　緑内障の場合は、網膜の欠損部分が一定でないために、その視野測定は非常に難しくなっている。

③　交通事故や脳梗塞などによる脳障害の場合は、視野の二分の一（例えば右側半分）が欠けることが多くなる。

④　この他にも、網膜剥離や糖尿病性網膜症によっても視野障害が起こる。

3　障害の等級

視覚障害の等級は一級から六級まであるが、それは視力障害と視野障害によって決められている。特に、視野障害の人は視力障害の程度と合計されて、等級が一段階上がることがある。

ア．一級は、両眼の視力（万国式試視力表によって測ったものをいい、屈折異常のある者については、矯正視力について測ったものをいう。以下同じ）の和が〇・〇一以下のもの。

イ．二級は、両眼の視力の和が〇・〇二以上、〇・〇四以下のもの。または、両眼の視野がそれぞれ一〇度以内で、かつ両眼による視野について視能率による損失率が九五％以上のもの。

ウ．三級は、両眼の視力の和が〇・〇五以上、〇・〇八以下のもの。または、両眼の視野がそれぞれ一〇度以内で、かつ両眼による視野について視能率による損失率が九〇％以上のもの。
エ．四級は、両眼の視力の和が〇・〇九以上、〇・一二以下のもの。または、両眼の視野がそれぞれ一〇度以内のもの。
オ．五級は、両眼の視力の和が〇・一三以上、〇・二以下のもの。または、両眼の視野の二分の一以上が欠けているもの。
カ．六級は、一眼の視力が〇・〇二以下、他眼の視力が〇・六以下のもので、両眼の視力の和が〇・二を超えるもの。

＊視覚障害者福祉法で規定されている視覚障害の範囲は、つまり次のようになる。
(1)　両眼の視力がそれぞれ〇・一以下のもの。
(2)　一眼の視力が〇・〇二以下、他眼の視力が〇・六以下のもの。
(3)　両眼の視野がそれぞれ一〇度以内のもの。
(4)　両眼による視野の二分の一以上が欠けているもの。
これらの障害が永続していることをいう。

平成一三年六月一日調査の『身体障害児・者実態調査結果』（厚生労働省社会・援護局障害保健福祉部）によれば、全国に三〇・一万人（男性＝一五・四万人、女性＝一四・二万人、不明＝〇・五万人）の視覚障害者がいるといわれている。このうち、一級は一〇・五万人、二級は七・四万人、三級は二・七万人。以下、四級、二・八万人、五級、三・四万人、六級、三・二万人、不明、〇・一万人。
尚、一級と二級の人は重度視覚障害者と認定され、特に福祉面での受給条件が変わってくる。また、国民年金の等級は、身体障害者手帳一および二級の人が一級に、身体障害者手帳三級の人が二級に該当する。

4　障害の原因

障害にいたる原因には次のようなものがある。

ア．出生時の損傷＝一・六万人（五・三％）、および加齢による自然失明一・四万人（四・七％）。

イ．事故等＝三・三万人（一一・〇％）

ｉ．交通事故＝〇・六万人（二・〇％）

ⅱ．労働災害＝一・〇万人（三・三％）

ⅲ．その他の事故＝一・三万人（四・三％）

ⅳ．戦傷病・戦災＝〇・四万人（一・三％）

ウ．疾病＝七・七万人（二五・六％）

ｉ．感染症＝〇・三万人（一・〇％）

ⅱ．中毒性疾患＝〇・二万人（〇・七％）

ⅲ．その他の疾患＝七・二万人（二三・九％）

エ．その他・不明等＝一六・二万人（五三・八％）

ｉ．その他＝四・七万人（一五・六％）

ⅱ．不明＝五・八万人（一九・三％）

ⅲ．不詳＝五・七万人（一八・九％）

この調査では、その他・不明等が半数以上（五三・八％）を占めていて、なかなか全体としての正確な姿は見えていない。ただ、この範囲で見て言えることは、疾病による失明者が四人に一人（二五・六％）という割合と、事故等によるものが約一〇人に一人（一一・〇％）ということである。

また、この調査より二五年前の昭和四五年の、同様の実態調査——視覚障害者数は、二五・〇万人——にはあり、今回のそれにはなくなっている項目がある。それは「疾病」の項にあった、〝先天異常〟（二五・五％）である。両年次の調査表を見比べると、推測するに、上記エの、「その他」と「不詳」の項目のどちらかが、それに当たると思われる。逆にまた、今回の調査にあって二五年前の調査時にはなかった項目がある。それは、アの、「出生時の損傷」と「加齢」の項目である。ウの、疾病の項にある「その他の疾病」（五三・四％）の中に含まれていたものと思われる。

視覚障害の原因の疾患にはどのようなものがあるかを見てみると、**角膜疾患**＝三・五万人（一一・六％、昭和四五年時には二〇・二％、以下同じ）、**水晶体疾患**＝一・七万人（五・六％、二五・二％）、**網脈絡膜・視神経疾患**＝九・七万人（三二・二％、二六・一％）等である。前二者の割合は大きく減少しているが、後者の疾患は増加（その差は、六・一％だが）している。今回の調査では、比率的にこの三疾患で半数に満たない（四九・四％、昭和四五年時には七一・五％）ことを考えると、様々な障害疾病原因がこの二五年間に出態してきたことが分かる。

角膜疾患とは、主にもともと透明な角膜が、先天異常や外傷、炎症、あるいは栄養障害、また結核や梅毒のために濁りを生じ、混濁する状態をいう。病名としては、角膜軟化症、角膜白斑などがある。

水晶体疾患には、先天性白内障や老人性白内障、糖尿病性白内障などがある。もともと透明なレンズの水晶体が、糖尿病などの疾病や高齢のために混濁した症状が白内障である。「老人性白内障」の原因は、水晶体の新陳代謝の障害で、一種の老化現象と考えられている。水晶体の周辺部から混濁がゆっくり進むために、ほとんど自覚症状はない。しかし、進行するにつれて暗い場所で見えにくくなったり、瞳孔（黒目の部分）が白く混濁し、視力が低下して気がつくことになる。初期には点眼薬による治療が行なわれるが、日常生活が不自由になる程度に進行すると、水晶体の摘出手術が行なわれる。摘出後はメガネやコンタクトレンズを用いるか、眼内レンズを挿入することになる。ほとんどの場合、視力は回復する。

「糖尿病性白内障」は、糖尿病によって起こる白内障である。血糖値が高くなると、水晶体の中にもぶどう糖が入るようになり、これが原因で混濁が起こる。水晶体の摘出手術によって視力は回復するが、眼底出血のために光凝固療法が必要な人は、眼内レンズは使用できないし、視力の回復も制限される。

網脈絡膜・視神経疾患には、前者として、網膜剥離、網膜色素変性症、糖尿病性網膜症、網脈絡膜萎縮症、未熟児網膜症、網膜芽細胞腫などがあり、後者として、視神経萎縮、視神経炎、視中枢障害などがある。

「網膜剥離」とは、カメラのフィルムに当たるところで、物を見るのに最も大切な細胞である網膜が剥がれることをいう。一度剥がれた細胞は、現在の医学では再生不可能である。「網膜色素変性症」とは、網膜のある細胞のうち、暗い場所で弱い光を感じる働きをする細胞が、眼底の周辺部から変性を起こす病気をいう。先天性のものといわれているが、原因・治療法ともはっきりしないので、難病に指定されている。「糖尿病性網膜症」とは、糖尿病が長期間に及ぶと起こる網膜血管からの出血で、最近では失明原因の上位を占めている。

「視神経萎縮」は、先天性で出生直後から視力の低いもの、頭部外傷や脳腫瘍などによるものなどがある。この眼疾患は、中心暗点があり、中心部が見えないために読書や細かい作業をするのに不自由をきたす。また薄暗く見えて、色の区別も明確ではない。太陽光など明るいものは眩しく感じられる。

それ以外の障害疾病原因には、次のようなものが挙げられる。**ぶどう膜疾患**、**硝子体疾患**、そして**眼球全体**を疾患の部位とするもの。

ぶどう膜疾患には、ぶどう膜炎、ベーチェット病などがある。「ベーチェット病」は、原因不明で、難病指定になっている。ぶどう膜炎を頻繁に起こし、口内炎、陰部潰瘍などの主症状をもつ。このほかに、皮膚の紅斑、関節痛、消化器症状、発熱などの症状も繰り返すことが多い。

硝子体疾患には硝子体混濁がある。

眼球全体とは上記以外の眼疾患である。最も知られている眼疾に緑内障がある。「緑内障」とは、眼球内の圧力（眼圧）が高くなったために、眼にいろいろな障害が起こる状態をいい、瞳孔が緑色に見えるのでこう呼ばれている。眼球の角膜と水晶体の間には、房水という水溶液が絶えず循環していて、眼に栄養を補給している。通常は房水は、作られる量と流れ出る量が釣り合っていて、いつも一定の眼圧が保たれているが、房水の流れに障害が起こると、眼圧が高くなるのである。これが緑内障である。緑内障以外には、水（牛）眼、小眼球、虹彩欠損、屈折異常、眼球ろう、白子、全色盲などがある。

5　視覚障害によって起こるハンディキャップとその解決法

視覚障害者が社会生活をしていく上で起こる不自由なこと（＝ハンディキャップ）にはいくつもあるが、その主なものに次のようなことがある。

(1)　四つのハンディキャップ

①　歩行の不自由さ

②　文字の読み書きの困難さ

③　身辺処理・家事動作の困難さ

④　仕事の困難さ

(2)　ハンディキャップの解決法

①「歩行の不自由さ」については、白杖による歩行訓練および盲導犬使用訓練によって、一人歩きが可能になる。環境整備としては、点字ブロックの敷設、視覚障害者用信号機（音響式）の設置などが挙げられる。また最近全国の地方自治体が取り組んでいる、ガイドヘルパー制度がある。この制度は、全国にネットワークが整備されつつある。尚、視覚障害者用信号機は、平成一二年度末で全国に一万五八四基（警察庁調べ）が設置されている。

②「文字の読み書きの困難さ」については、点字・カナタイプ・盲人用のワープロ訓練によって、その困難を克服

できる。盲人用ワープロを使用すれば、点字ばかりでなく墨字《すみじ》（晴眼者が使用している一般文字）の読み書きも可能になる。環境の整備としては、点字図書館や公共図書館による点字図書・録音図書の整備とその利用が挙げられる。また、点訳奉仕員や朗読奉仕員の養成が、地方自治体で行なわれており、この人たちのボランティア活動によって、読み書きの不自由さはかなり軽減されている。

③「身辺処理・家事動作の困難さ」については、地方自治体が実施している日常生活動作訓練（調理・編み物など）がある。また、ホームヘルパー制度の利用によって、日常生活の不自由（調理・買い物など）は軽減されてきたが、介護保険制度の導入によって、かえって援助が受けにくくなっている例も出てきている。今後の課題となるであろう。

④「仕事の困難さ」については、職業訓練によって職能を回復すること、障害者の雇用・就労問題を改善して、雇用・就労の機会を増やしていくことが要請されている。しかし現実には、障害者の希望とは程遠い雇用状況を呈している。これは本論でのちに、折々触れてゆく問題でもある。

本章の記述については、次の文献・資料を参照・引用した。坂本洋一『視覚障害リハビリテーション概論』中央法規、二〇〇二。佐藤泰正『視覚障害学入門』学芸図書、一九九一。東京都衛生局『目でみる難病』一九八七。視覚障害者支援総合センター『点字技能ハンドブック改訂版・視覚障害者に関わる基礎的知識』二〇〇二。

第二章　ノーマライゼーションとは

ここでは〝視覚障害者〟ということを離れて、広く障害者全般に亘ってのノーマライゼーションという観点から見ていく。もともとこの「ノーマライゼーション」という言葉自体、視覚障害者を念頭に置いて使われ出し、人口に膾炙したものではなかったからだ。

尚、第一節と第二節は、ベンクト・ニィリエ著（河東田博ほか訳）『ノーマライゼーションの原理』（現代書館、二〇〇〇）、茂木俊彦著『ノーマライゼーションと障害児教育』（全国障害者問題研究会出版部、一九九四）、堀正嗣著『障害児教育とノーマライゼーション』（明石書店、一九九八）、及び河東田博「ノーマライゼーション理念の具体化と当事者活動」『四国学院大学論集96』（四国学院大学文化学会、一九九八）、をまた第三節は、大江健三郎、正村公宏、川島みどり、上田敏著『自立と共生を語る』（三輪書店、一九九〇）、安積純子、岡原正幸、尾中文哉、立岩真也著『生の技法（増補改訂版）』（藤原書店、二〇〇二）、本間和子著『障害者との共生を求めて』（朝文社、一九九三）、及び生瀬克己著『共生社会の現実と障害者』（明石書店、二〇〇〇）、を中心に概観している（他の引用文については、適宜明示してゆく）。

第一節　ノーマライゼーション理念の出現

1　ノーマライゼーションの背景（成り立ち）

〝序章〟の処で触れたが、「ノーマライゼーション」はバンク・ミケルセンによって提唱された理念である。デンマークにおいては、一八五五年に初めて知的障害者の入所施設が作られた。しかしそれは知的障害者の〝治療〟と〝社会的保護〟という名のもとに、一般社会から遠く離れた僻地に建てられた。これらの施設は時と共に知的障害者対策の中心となり、次第にその数を増やしていった。

一九五〇年代のデンマークにおける知的障害者のための入所施設は、隔離・保護的色彩の濃いもので、一五〇〇床を超える入所施設すら存在しており、大抵どの施設も知的障害者を大勢入所させていた。当然、入所者の人間としての諸権利を保障するものではなかった。

デンマークの隣国、スウェーデンでも知的障害者の置かれている立場はあまり変わりはなかった。知的障害者の入所施設が作られる前は、彼等は精神病院に入院させられていたのである。

スウェーデンでは、一八六六年最初の知的障害者のための入所施設が建てられたが、これらの入所施設には民間施設が多かった。やがてそれ等は施設維持のために小規模のものから次第に大規模のものとなってゆき、入所者に対する処遇は悪化の道をたどっていった。

一九五四年に、多数の民間施設が公立化され、施設規模はさらに大きくなっていった。一九六〇年代後半までは、知的障害者を取り巻く社会的状況は必ずしも満足なものとはなっていなかった。この頃は入所施設全盛の時代で地域福祉サービスは整っておらず、全員就学も保障されていなかった。知的障害を理由に常に社会の片隅に追いやられ、社会の中で生きていくための諸権利は長い間ことごとく奪われていた。例えば、教育不可能と思われる知的障害児は、「労働ホーム」や「収容院」に入れられていた。

このような悲惨な知的障害者対策や入所施設の実態の最中、デンマークでは一九五一年から一九五二年にかけて「デンマーク知的障害者親の会」が発足した。それは、自分たちの子どもを守り、親同士の親睦をはかり、情報を交換し、相互協力と相互扶助を目的として設立されたものだった。

やがて入所施設で生活しているわが子を思い、入所施設の対応の仕方について親たちが疑問や問題を感じ出してきた。そして親や家族が手をつないで協力し、何とか改善していこうという願いが高まった。

そのような様々な施設に対する願いが、「親の会」の活動目標となり、社会の変革を求めて政府に対する要求行動をとるようになっていった。

デンマーク・社会省の知的障害者福祉の担当者であったミケルセンは親たちと共同歩調を取り、親たちの願いを具現化させるための検討を開始した。この努力がやがて一九五九年の社会福祉法となって結実した。この法律の前文に「ノーマライゼーション」の考え方が盛り込まれていた。

2　ノーマライゼーションの理念

一九八一年の国際障害者年を経て、国連は一九八二年「障害者に関する世界行動計画」を総会決議し、そしてこの計画の一環として、一九八三年「障害者の一〇年」に歩み出した。

この一〇年余にわたる国際的共同行動を主導したのは、第一に「障害者は障害をもたない他の市民と同等の基本的人権を有する」という思想であり、第二に、これと分かちがたく結びついて「ノーマライゼーションの思想」だった。

しかしこれらはこの時初めて確認されたものではない。つまり一九四八年の「世界人権宣言」、一九六六年の「国際人権規約」などの、一連の国連における第二次大戦後の世界の人権保障の流れを汲んでいた。

直接的には、精神遅滞者の権利宣言（一九七一年・国連総会決議）、障害者の権利宣言（一九七五年・同）などにおいて、障害者に即して具体化された人権思想を継承し、発展させたものであった。

すなわち、精神遅滞者の権利宣言では「精神遅滞者は、実際上可能な限りにおいて、他の人間と同等の権利を有する」と記されていた。そしてこれを受けた障害者の権利宣言は、その第三項で、「障害者はその人間としての尊厳が尊重される生まれながらの権利を有する。障害者は、その障害の原因、特質及び程度にかかわらず、同年齢の市民と同等の基本的権利を有する」ということを宣言したのである。

ノーマライゼーションについても同様のことがいえる。つまり精神遅滞者の権利宣言は、「精神遅滞者が多くの活動分野においてその能力を発揮し得るように援助し、かつ可能な限り通常の生活に彼等を受け容れることを促進する必要性」を明記していたし、障害者の権利宣言には、その前文に、「障害者が最大限に多様な活動分野においてその能力を発揮し得るよう援助し、また可能な限り通常の生活への統合を促進する必要性」があるとしていた。先に引用した第三項の後半には、「このことは、なによりもまず、可能な限り通常のかつ満たされた、相当の生活を享受する権利を意味する」となっている。

こういった流れの中にあって、ノーマライゼーションへの人々の関心は徐々に高まっていった。

障害者福祉だけでなく、〝社会福祉〟全体が掲げる目標の中枢にあるのが、「すべての人間が自分らしい生き方のできる社会を目指そう」というものである。

しかしこのような理念が当初からあったわけではない。弱者救済、慈善事業という名が示すように、富む者が貧しい者や弱い者に「施す」という考え方が、長い人間の歴史の中でつい最近まで見られてきた。

施される者は粗末な家に住み、粗末な身なりをし、粗末な食事をしているのが普通であった。人間扱いされず、社会から遠ざけられ、公民権も剥奪されてきた。その後各国で策定された「貧民法」「保護法」などの法律名を見ても分かるように、依然としてこのような人たちは、「施し」や「保護」の対象でしかなかった。

しかし様々な紆余曲折を経て、現今ようやく、「みんな一人の人間であり、人間としての権利を持っている」と言えるようになってきた。国によっては当事者主体の「権利法」や「差別禁止法」が策定され、「自分らしい生き方のできる平等な社会」が実現できるようになってきている。このような社会の出現の背景には、「ノーマライゼーション」理念の定着が挙げられる。

バンク・ミケルセンはノーマライゼーションを、「知的障害者をその障害丸ごと受容すること」とし、スウェーデン・ウプサラ大学ハンディキャップ研究センター顧問（元ウプサラ県障害者福祉部長）、ベンクト・ニィリエ（Bengt Nirje）はノーマライゼーションを、「社会の主流となっている規範や形態にできるだけ近い日常生活の条件が得られるようにすること」としている。

ニィリエはミケルセンのノーマライゼーションを、その理念を、整理し成文化した。それが一九六八年に発表された「ノーマライゼーションの原理」である。この原理は八つの要素から成り立っている。

ノーマライゼーション理念の具体化に、当事者参加・参画（本人参加と自己決定）は欠かせない。当事者参加・参画とは、当事者が自分たちに関するあらゆる事柄に計画段階から参加し、決定に参画することを意味している。政策決定にも、街づくりや住まいづくりにも欠かせない視点である。当事者参加・参画は、当事者活動の延長線上にあるのである。

今日においては、ノーマライゼーション理念は、あらゆる対人サービスの基本理念となり、理念具体化の方法論と考えられてきた「インテグレーション」「メインストリーミング」「バリアフリー」という概念をさらに進めた、「インクルージョン」「ユニバーサルデザイン」へと、変化・発展させてきている。

3　ノーマライゼーションの原理

ニィリエの「ノーマライゼーションの原理」は、知的障害者やその他の障害をもつすべての人が、彼等がいる地域社会や文化の中で、ごく普通の生活環境や生活方法にできる限り近い、もしくは全く同じ生活形態や毎日の生活状況を得られるようにするための基本原則である。またその権利を行使するということも意味している。

「ノーマライゼーションの原理」が示しているごく普通の生活様式や状況の側面や要素、及び障害をもつ人が経験し共有している平等の権利（の八つの要素）とは次のものである。

①　一日のノーマルなリズム
②　一週間のノーマルなリズム
③　一年間のノーマルなリズム
④　ライフサイクルにおけるノーマルな発達的経験
⑤　ノーマルな個人の尊厳と自己決定権
⑥　その文化におけるノーマルな性的関係
⑦　その社会におけるノーマルな経済水準とそれを得る権利
⑧　その地域におけるノーマルな環境形態と水準

この原理は、次のようなことを考慮して適用されなければならない。つまり文化によって、ノーマルな生活のリズムや生活習慣、生活形態が「障害」をもつ人の発達や成熟、生活にどのように関連しているか、またこれらの形態が適切な福祉プログラム、人間サービス、法律の指標としてどのように適用されているかである。

この原理は、障害の程度や居住場所に拘らず適用されなければならず、またあらゆる社会のあらゆる年齢層に有益であり、個人の発達や社会変革に適応し得るものでなければならないのである。

従って、この原理は医学的・教育的・心理学的・社会的・法的・政治的領域の指針として役立ち、またこの原理によって得られた決定や行動は過ちよりも、正しさを生み出すことが多い。

《ノーマライゼーションの原理の八つの要素の各側面》

① 一日のノーマルなリズム

ここでは、一日のノーマルなリズムを得る機会を意味する。

一日のノーマルなリズムを経験する機会を得るには、子どもの学習困難の程度や、様々な大人が持つ社会的要求に見合った教育方法を用いて、日常生活動作のスキルや社会的スキル・能力を発達させることに特に注意をしなければならない。それらのスキルが実際使われ、享受される状況をもたらすには、特別な援助やサービスが必要である。

例えば、重複障害をもつ子どもやその家族、あるいは他の障害をもつ成人にとってできるだけノーマルに近い一日のリズムを得るには、トレーニングされた訪問介護者や個別援助者によるパーソナル・アシスタンスが一定の時間必要である。学校、職場、余暇活動のための送迎サービスも必要である。ファミリーホームやグループホーム、あるいは自分のアパートに住んでいても、そのサービスを利用することができるということである。

② 一週間のノーマルなリズム

ここでは、一週間のノーマルなリズムを経験する機会を意味する。

障害をもつ人たちが一週間のノーマルなリズムを経験できるようにするには、彼等にとって一般的な状況にできるだけ近い意思決定のプロセスを考慮しながら、居住、教育、仕事、余暇、社会的な関係といったサービスの調整が必要である。

重度・最重度の障害をもつ大人のためのサービス目標は、意味のある作業トレーニング・プログラムや、感覚刺激の強化、移動、コミュニケーション、様々な活動、社会経験における自信を促進する中で達成されるものである。

中・軽度の障害をもつ人たちが社会の中で個人的な関心をもち、活動をし、リーダーシップをもつようになれば、重要で豊かな社会的関係や自立の機会をもたらすことになる。

③ 一年間のノーマルなリズム

ここでは、一年間のノーマルなリズムを経験する機会を意味する。

一年間のノーマルなリズムは季節の変化や家々の伝統的な行事だけでなく、国の休日や宗教上の休日に行なわれる伝統的な社交的行事や祭典、儀式に参加することを意味している。これら年間の祝・祭典は、スポーツや文化的行事、コミュニティセンターや教会で見られるような活動や経験、衣・食、屋内・外の活動に影響する。社会的なスキルが要求されるが、どんな状況下にあっても、誰ひとり障害があるために排除されるべきではない。文化的、宗教的、政治的、国家的な地域行事を共有することは、市民権を保障し、自尊心と尊厳ある社会化といった重要な経験をもたらす。社会の中で重度・最重度の障害をもつ人たちが暮らすことは偏見を取り除くことになる。

④　ライフサイクルにおけるノーマルな発達的経験

ここでは、幼児期、児童期、青年期、成人期、老齢期といったライフサイクルを通して、ノーマルな発達的経験をする機会を意味する。

社会条件に関する調査によると、知的障害をもつ人たちにとって住まいが独立していればいるほど、あるいは仕事に対する社会からの要求が高ければ高いほど、彼等の生活が改善されるということが示されている。このことは一般の人たちにも言えることであるが、しかし余暇活動や社会生活、社会的関係においては一般の人たちに比べてギャップが非常に大きい。例えば、余暇活動が非常にお粗末で、受け身の活動で、社会とのつながりがない、もしくは非常に少ないといった場合である。

こういった状態を改善する積極的な方法は、関心・能力の領域の広がりに沿った成人教育の機会を通して見出すことができる。一年あるいはそれより短い期間の一般向けの各種学校、成人向けの市民大学講座、成人教育機関によって運営されている夜間クラブ等の機会によって、より豊かな社会生活を得ることが出来る。

こういった種類の成人教育プログラムは、学ぶ人たちを依存的な養護学校にとどめるものではない。それとは正反対に、成人にふさわしい教育学的な技術やアプローチを用いれば、それらは生活の豊かさや生活力をつける手助けとなる。また地域の社会的活動への参加も可能にする。これは市民としての自立であり、そして社会への真の参加を意味することである。

⑤　ノーマルな個人の尊厳と自己決定権

ここでは、知的障害をもつ人たちの選択や希望や願い、また彼等の自己決定権が当たり前に尊重され、配慮されるべきであるということを意味している。

この原理が成文化されて以来、地方、国、世界レベルの様々な会議で――成人教育のプログラム、会議をうまく進めるための講座、クラブや委員会への参加・参画等の――、彼等との意見交換がなされるようになった。まさにその場で、彼等は政治的な基盤を構築し、彼等の要求を出し合ったのである。

すべての障害をもつ人たちが、彼等に関係のある事柄の地方・国レベルでの話し合いに参加することは、非常に重要なことである。スウェーデンでは、知的障害をもった人たちが過去二回、法律作成に参加している。一九八五年と一九九三年であり、知的障害をもつ人たちのためのサービスを受ける権利に関する新法がスウェーデンの国会で可決される以前に、国中の障害者たちが組織ぐるみで検討し、彼等の考えを主張する機会を得ている。彼等の主張は、県単位でまとめられている。その時に、新法の草案の一部として政府によって刊行された一冊の本が、本人向けに要約されていた。

こうして知的障害をもつ人たちは通常の民主的な法定プロセスに市民として参加している。この参加は、あらゆる関係者にインパクトを与えた。知的障害をもつ人たち自身の能力や、当然の権利としての市民権が尊重されるということを立証したのである。

⑥　その文化におけるノーマルな性的関係

ここでは、その文化におけるノーマルな性的関係をもつことを意味する。

私たちは、関心の強さや形態こそ変化するものの、官能性やセックスは幼少期から老齢期まで常にあるということを知っている。愛情が芽生え、最も良い環境のもとで育まれ、持続され、それだけではなく、新しい生命として子どもたちが生まれ、望まれ、愛され、充分に育まれる。

人生におけるこれらの異なった三つの形態と社会文化の中での異性との関係は、性教育や社会的な能力の向上にとって重要なことであり、知的障害をもつ人たちにとっても重要である。

異性を通して知る、自分のあるいは他人の間違いや失敗に対して寛大であることは、すべての人にとって大切なことなのである——失敗に対して寛容であることは人間関係をより円滑にするために特に必要なことなのである。

⑦　その社会におけるノーマルな経済水準とそれを得る権利

ここでは、知的障害をもつ人ができるだけノーマルに生活できるための必要条件として、ノーマルな経済水準を得ることを意味する。

知的障害をもつ人たちは、法律により、彼等が必要とするその他の経済的安定の保障策と同様に、他の人たちが得ているのと同様の経済的な支援を得る平等な権利がある。こういった年金や手当てには、児童手当や個人年金、老齢年金、最低賃金の保障が含まれる。こういった手当ての大部分が食・住に費やされるだろうが、個人はそれぞれ個人的に使用する経済のためのノーマルな額を得る権利を持っている。このことは現実的な社会参加を促進し、個人の選択を促し、経済観念を高めることになる。一般の職場や作業所、施設内作業所、における仕事では、それ相応に給料が支払われるべきである。

⑧　その地域におけるノーマルな環境形態と水準

ここでは、知的障害をもつ人たちの学校や職場、グループホームやケア付きホームの設備準備も、一般社会で用いられるものと同じようにすべきであるということを意味する。

知的障害をもつ人たちのための入所施設には、地域の近隣の人たちが快く受け入れられないほどの人たちを入所させるべきではない、ということを心に留めておくことが大切である。居住施設の場所を計画する場合、それらが知的障害をもつ人たちのものであるからといって、隔離されてしまった所に建てるべきではない。地域の中にあるごく普通の施設は、居住者たちに、地域にうまく溶け込むことができるような、より良い機会を提供するであろう。隔離と分離は人々の無知と偏見を助長する。知的障害をもつ人たちの小グループでの生活方法は、統合やノーマライゼーションに叶っており、そのことは、ごく普通の人間関係を発展させる機会ともなる。理解や社会的な受容、個人的レベルの統合の基礎を形作っていくことになる。

以上が、各要素の側面ということである。

知的障害をもつ人たちの居住、仕事、余暇、社会生活の状況が、一般のごく普通の地域での生活形態に近付くほど、彼等のＱＯＬ（Quality of Life）がより高くなっているということが分かってきている。この普遍的な原理はこれからも生き続け、どんな文化的な状況下でも徐々に必要とされる変化を遂げていくと思われる。

ここにノーマライゼーションに関する一文がある。少し長いがこの言葉をより理解する上でも必要と思われるので引用する。知的障害をもった子を持つ親の立場からの発言である。

――近年、社会福祉の専門家のあいだでは、しきりに「ノーマライゼイション」という言葉が使われている。「ノーマル」というのは「正常な」という意味であり、「ノーマライズ」というのは「正常化する」という意味である。「ノーマライゼイション」という言葉は、そのまま訳せば「正常化」ということである。

この言葉には、進んだ社会福祉の長い歴史的実践をもつヨーロッパの福祉国家などにおいても、これまでの障害者福祉・高齢者福祉のあり方に関する深い反省が生まれていることが示唆されている。そして、同時に、そこには、そうした反省のうえに立って、社会福祉についてのより進んだ段階を目ざそうという姿勢が示されているのである。

これまで、障害者や高齢者にたいする社会福祉の事業のなかで、もっとも大きな役割を演じてきたのは、いうまでもなく施設の活動である。その主要な部分は、障害者のコロニーや老人ホームなどに代表されるような「収容」型の施設であった。ハンディキャップを負った人々を、収容し、いわば社会から隔離し、保護するという対応の仕方が主流をなしてきたのである。

障害のために、または高齢化のために、社会生活上のハンディキャップを負った人々が、とかく迫害され、冷遇され、あるいは放置される傾向が強かった時代に、これらの人々を特定の施設に収容し、保護するという方法は、この問題に対する最初の接近の仕方としては、正当なものであったし、やむをえないものであったともいえるだろう。しかし、社会福祉の活動を大きく発展させてきた国々では、いま、こうした方法のもつ限界や問題点に、気付くようになっているのである。

現実に、この方法を徹底させていけば、ハンディキャップを負った人々は、普通の（ノーマルな）社会生活から完全に切り離されてしまい、人間として不自然な生き方をせざるを得ないことになる。

また、ハンディキャップを負った人々すべて「収容」型の施設で保護するという政策を推進していくことにすると、やがて、町のなかからは、これらのハンディキャップを負った人々は姿を消してしまう。人間の社会のあり方としては、まことに異常な姿にならざるをえない。このことに、社会福祉活動の専門家たちは気付き始めたのである。

障害を負った人々もできるだけ普通の生活ができるようにするというのが、ノーマライゼイションの基本的な考え方である。

さらに、人間の社会には、不幸にして障害を負って生まれてきた人々もおり、病気の人々も、また高齢化して不自由を感じている人々もいる。生まれてきたばかりの乳児もいれば、寿命が尽きて死を迎えなければならない人々もいる。それが人間の社会の正常なあり方なのだという認識も、ノーマライゼイションの考え方のなかには含まれている。

障害を負った人々を社会から隔離して保護するという方法のみを追い求め、町のなかにいわゆる健常者ばかりを残してしまうような政策をとることは、実は、私たちの町を異常な社会にしてしまうことになるのである。実際に、障害を負った人々や、高齢化して不自由な生活をしている人々と身近に接する機会をもたないで成長していく子どもたちは、どのようにして人間的な心と知恵をもちうるのだろうか。

日本では、障害をもった子どもたちを、普通の学校、普通の学級から切り離して教育するという方法が一般的である。もちろん、これまでにも述べたように、一面では、個々の障害児が直面する固有の困難に対応するために、グループにわけた指導や療育をすすめるという方法も不可欠である。しかし、障害をもった子どもたちと身近に接触することなしに、「偏差値」ばかりを重視するような教育を受けて育てられた子どもたちが、将来の社会を人間味あふれるものにしていく力をもちうるとは到底考えられない。

障害の多様性に対応する個別的、集団的な療育・教育の努力とともに、障害児と健常児との交流を拡大する努力が求められていると思う。それは、現実には、日本の教育のあり方そのものを根本から考えなおす一つの重要な契機にもなるに違いない。

もし、普通の子どもたちの多くが、障害児をもっと身近に知ることができ、彼等と友だちになることができれば、障害児に対する子どもたちの態度も変わると思う。

友だちであれば、蔑視したり、いじめたりしないのはもちろんであるし、反対に、いたずらに同情し、いたずらに手を貸すということもしなくなるだろう。

もし、障害児が真に困っていて、手を貸すことが必要であるというときには、声をかけて、相手の気持を考えながら手を貸すという態度が自然にとれるようになるだろう。同時に、そうしてはならないときに、いたずらに手を貸すことは、「自立」を切実に求めている障害児たちの気持を無視した行為であることも、しっかり理解するようになるはずである。障害をもった子どもたちも、やはりそれぞれ自立と社会的参加への意思と希望をもった人間であることを、普通の子どもたちが理解するようになることがもっとも重要である。

真に必要とされているものは、同情であるよりは、むしろ、理解である。しかし、身近なところに目の見えない子、車椅子に乗っている子、知恵の遅れた子がいて、普通に友だちとしてつきあったことがあるという経験をもたなければ、子どもたちのあいだに人間としての相互理解がうまれる可能性はない。

そのような接触があってこそ、この子たちの直面している困難の大きさを正しく知ることができ、友だちとして、適切な方法で協力することもできるようになっていくだろう。

このようにして、ごく普通の人々が、ハンディキャップを負った人々のことを正確に理解し、正しい方法で接することができるようにならなければ、到底、「福祉社会」とは呼べないと思う。そうした状態をつくりだすことにこそ、福祉政策の基本的・長期的な目標が置かれなければならないだろう。ある人々は、そうした目標に向かって進むために、私たちは、「福祉国家」ではなくて、「福祉社会」を目ざさなければいけないのだと説いている。

こうした考え方にしたがって、多くの人々がいま、これからの社会福祉は、いかにして、ハンディキャップを負った人々が、町のなかで、社会の一員として、生活していけるようにするかという点に主眼を置くものでなければならないと考えるようになっている。

ノーマライゼイションの考え方は、専門的な施設や専門的な社会福祉システムを、否定したり軽視したりするものではない。反対に、もっとすぐれた実質を備えた専門的な施設を、町の真中につくろうではないかという考え方なのだといってもよい。例示的にいえば、それは、山のなかの大きなコロニーや町はずれの淋しい場所の立派な老人ホームをつくるよりは、町の真中に、小さくてもいいから、もっと多くの、もっとすぐれた施設をつくっていこうという提案なのである。

それらの施設は、たんに、ハンディキャップを負った人々の療育や社会復帰のための支援を行なうだけでなく、町の人々が積極的にこの分野の仕事に参加し、住民のみんながこの問題に正しい理解をもつことができるようにするための「センター」の役割を演じなければならない。

障害者福祉の問題を、社会からはみだした、特別の人々の面倒を見るための厄介な仕事というように考えるのではなく、人間的であるための一つの欠くことのできない課題として、専門家・本人・その家族と、そして一般市民の協力によって追求していこうというのが、その考え方であろう。

それは、単純に福祉のために金をかければよいという発想では、達成されないものである。それは、いわば社会の「質」を変えるというもっと大きな問題なのだといってもよいと思う。しかし、人々が必要な最低の費用をも惜しむような態度をとれば、この分野の進歩は阻害され、それは私たちの社会の「質」そのものを悪くする要因になるだろう。

日本の社会福祉は、なお量の面でも質の面でも、改善しなければならない点が多いと思う。しかし、私たちは、障害の子を抱えて格闘してきた自分たちの過去を振り返り、いま身のまわりを見渡してみると、この間にずいぶん大きな進歩が実現されていることを感ずるのである。

幸い、ノーマライゼイションの方向への動きも開始されており、障害者たちが地域のなかで生活をつづけていけるような条件をつくる仕事も、少しずつ進んでいる――

（正村公宏『ダウン症の子をもって』新潮文庫、二〇〇一。二二六頁一一行目～二三二頁一六行目）

第二節　ノーマライゼーションの浸透と発展

(1) 障害をもつ人の社会参加と社会的認知

近年、西欧及び北欧の国々において、障害をもつ人々が社会に対して自己主張することが受け入れられるようになってきた。

一九七〇年五月、スウェーデン、マルメで開かれた「障害をもつ人々による会議」は、委員会方式で行なわれたが、その中で会議運営における彼等の役割が明確にされた。それは障害者自身で運営を立派に行なえることを示したものだった。これは共通の経験や願いを表明し、自己決定の権利を得て、一般の人々とのコミュニケーションの壁を打破する最初の組織的取り組みとして、社会の人々と彼等自身との関係を一歩接近させるものとなった。

ここで出された障害をもつ若者の意見には、次のようなものがあった。

「私たちは職業を自ら選択し、教育に関しても発言権を持ちたい」
「私たちの働く能力に関して、過小評価されたくない」
「私たち自身の障害に関する情報や、職業に関する情報をもっと提供してほしい」
「私たちと同年代の若い一般の成人たちと、一緒の余暇活動の時間を持ちたい」
「自分自身の住居に住み、子ども扱いもされたくない」
「私たちの状況に関して、医師、教師、ソーシャルワーカー、雇用関係者等が話し合う際には、私たちも参加すべきだと思う」

等々の主張である。

福祉先進国のスウェーデンやデンマークでは、(知的)障害の分野ですでに多くの自治組織が作られている。一九六九年と一九七〇年には政府が、各種福祉施設（ホーム）には可能ならばいつでも、（知的）障害者の自治組織が作られるべきだと勧告した。

(2) 自己主張のための社会生活トレーニング

自己決定能力を高める方法として、様々な社会生活トレーニングがある。

例えば、大人になるには社会に適応できるだけの相互的な対人関係やコミュニケーションが必要である。新しい友人や理想的人間像を見つけ、自立に向かって社会での方向性を発見してゆくことである。また、（知的）障害者にとって大人への成長過程である思春期は困難が多く、不安定なものである。大人になる過程で彼等は自分の障害を絶えず意識し、気にするようになる。そして社会で大人として対処していく自信を失っていく。

そこで彼等に自信を与え、大人への成長を助け、人生に打ち克って障害をもたない仲間からの疎外に対処するために、社会生活トレーニングプログラムはつくられている。地域社会で出会う現実の様々な経験を、教育的な形で繰り返している。それは彼等が経験している状況は他の成人と同様であるということ。他の成人に求められるのと同様の態度が求められていることを納得させること。同様の態度が求められるということは、同様の期待と要求、自由と責任が伴うことを彼等に積極的に理解させる機会を与えているのでもある。

成人教育のコースには、読み方や計算のほか、語学、現代社会、選挙の際の投票の仕方等も含まれている。そこで受講生は街に出た場合に、どのように振舞うかの実際的なトレーニングを積み重ねていく。例えば、喫茶店、レストラン、映画館、劇場、図書館、各交通機関、スポーツセンター、遊園地等の利用の仕方を学ぶのである。地域社会にある文化活動や余暇活動のための施設を、自由に選び利用できるようになるためには、受講生は自ら経験し、自信を深め、様々な困難を踏み越えて、成長してゆかなければならない。

(3) 障害者の自己決定

（知的）障害者が提起した問題や要望に対して、具体的に対応せず、尊重せず、またごまかしたり、無視したりすれば、そのような扱いを受けた人は傷つき、従来直面してきた排斥と蔑視と同じものを経験することになる。しかし彼等の主張や要望が通常の民主的な方法で取り扱われ、何らかの対応が取られることになれば、当事者参加・参画に至る種々の取り組みは、有意義な力強いものとして、より一層（知的）障害をもつ人々の処遇の改善につながり、進展していくことになる。（知的）障害をもつ人々の自己決定の権利が、どんな組織を通して表明されるにしろ、公的に尊重されるべきである。自己決定の権利がどんな利点をもつかということに、施設、福祉と行政の諸機関、他の組織が口先だけの対応で終わるなら、かえってダメージは大きく、発展は阻止され、（知的）障害者の役割は低下していくであろう。自己決定の権利が尊重されなければ、存在しないも同然である。

最も弱く、社会から逸脱した価値のない人たちだと思われてきた（知的）障害をもつ人々の自己決定の問題を解決することができれば、私たちは彼等以外の価値が低いと見られてきた人たちや他の障害をもつ人たちに、有意義で、その社会にあった、当たり前の自己決定を保障することのできる新しい社会をつくることができるであろう。そうすれば、すべての障害をもつ人々の生活条件をごく普通にすることができ、生活の質を向上させることにもなる。自己決定の権利が、（知的）障害をもつ人々に尊重されないなら、他の多くの人々に対しても、この権利は尊重されることはない。

（知的）障害者の自己決定が、どこでどのように進展するかは、各自治体がどんな計画を立て、どのように実行するかによって決まる。しかし（知的）障害をもつ人々が自己決定の権利を公的に主張し、行動を起こし、正当な市民としての尊敬を得ることができるようになれば、他の明らかに有能な少数者のグループだけでなく、社会一般に次のようなことを教えてくれることになるであろう。つまり、民主主義的な機会を保障することがとても大切であり、民主的な社会では、誰もが尊重されなければならないということである。これなくしては、民主主義は達成されない、と。

第三節　わが国のノーマライゼーションへの道

障害を得た者が、現実にノーマライゼーションへと進むのは、まずその障害を自ら認めることから始まる。そして次に、社会に目を向け、社会との共生を目指していくということを経る。これは簡単なようで、実際は多くの困難、問題がひかえている。

1　障害の受容

障害のインパクトから立ち直り、受容に至る過程は、その病前の性格や生活史によってもかなり違ってくるし、年齢、社会的・家族的環境、また原因疾患の性質などによっても違ってくる。受容に達するまでに必要な期間も決して一様ではない。また、医療スタッフの対処の仕方が受容を促進したり、逆に妨げたりするのである。

しかしこのような多様さの中にあっても、受容に至る過程には何らかの法則があり、順序があるに違いないことも事実である。これまでの各種の研究者の見解を整理してみると、次のような5段階に、それはなる。

[①ショック→②否認→③混乱（怒り、うらみと悲嘆、抑鬱）→④解決への努力→⑤受容]

障害を認知してからの、それぞれの人のパターンは厳密に言えば異なるが、大きくその心の進行状況を考えれば、上記のようになると思われる。ショックを受け（①）、そしてそのことを信じたくないと思い、否認し（②）、しかしそれが真実だと知ったときに起こる混乱――その原因に対するうらみや怒り、そして悲嘆――があり（③）、障害を認知し、解決への努力をし始める（④）。この段階に達すると、時間の経過とともに、その事態を受け容れ始めたのである（⑤）。この5段階で一番肝心なのは、やはり最後の段階である「受容」である。

障害者が自分の障害を受容するためには、周囲の人々――医療従事者、家族、友人等――が、あるがままの姿（障害をもったままの姿）の彼等を、価値ある存在として受容することが大きな援けとなる。

しかしそのためにはそれらの周囲の人々の中で、偏見の克服が多少なりとも行なわれていることが必要となる。逆に偏見の克服にとって、障害を受容し、誇りと人間的な威厳――それは自己の人間的尊厳の自覚から生まれる――をもって堂々と生きている障害者の姿に触れることは、非常に重要な契機となる。このように両者は現実的に相い強め合うものであり、いわば障害者は障害の受容に至る苦闘の中で、また健常者はそのような障害者を理解し、援助しようとする努力の中で、相い共に人間的に成長し、互いに貴重なものを学び合い、生きる力を与え合っていくのである。

しかし別の見方で「受容」ということを見るならば、次のように言うことができるかもしれない。それはつまり、〝受容する〟ということは、それがあって良かったんだとか、いいことだったんだと認めることではないのである。そういう意味での受容は、する必要はないし、しなければならないことでもない。だがそれをマイナスだけではなく、難しいことかもしれないが、プラスのものにも転化することができれば、そのように心を持って行ければ、それをもって「受容」というのではないかと思う。

障害者の場合、価値の転換で、障害をもつことが何も価値の低いことではないとちゃんと確信をもって言えれば、それには一種の肯定を含むことになり、受容ということが容易になると思われる。

2　自立と共生

ノーマライゼーションは、社会生活を営む上で制約となる身体的・精神的な損傷をもっている（さらに、そうだとみなされる）者が、それを理由として差別され、分断・隔離されていることを克服することである。そうした人々が社会生活の主体であると認め、当然に社会生活を営めるようにすること（＝自立）である。故に、『対策』の対象者という位置付けから、暮らしの主人公になるのが第一の原則である。そして、政府や自治体、あるいは福祉職員が、障害者などに当たり前の生活を〝与えてやる〟というのは、ノーマライゼーションの概念をはきちがえた考え方である。つまり、老人・障害者などを含めてすべての人が、主体的に政策の立案から決定、実行に至るまで、すべての過程に参加すること（社会参加＝共生）でなくてはならないのである。

(1)　自立について

一九七〇年代の、「障害者の社会参加のための立ち上がり・取り組み」を経て、国連主導の一九八一年の【国際障害者年】において、障害者の「完全参加と平等」との理念が掲げられた。この運動の展開が、バリアフリー社会を目指す諸々の動きへとつながり、障害者の自立確立へと進んで行った。

一九九三年、心身障害者対策基本法が障害者基本法と改められ、その第三条において、「すべて障害者は、個人の尊厳が重んぜられ、その尊厳にふさわしい処遇を保障される権利を有するものとする」、「すべて障害者は、社会を構成する一員として、社会、経済、文化その他、あらゆる分野の活動に参加する機会を与えられるものとする」といった基本理念が明らかにされた。これにより、国と府県は「障害者プラン」を策定することになった。こうした数々の取り組みの結果によって、障害者への理解は広がっていった。しかし障害者の将来に対する自立を含めての不安は、常につきまとっていると言わなければならない。

障害者と健常者が、「ともに歩む」だけでは障害者の福祉は不十分である。「共生」と同時に、障害者の「自立」が必要であり、「自立」には障害者自身の主体的活動が不可欠だといえる。

『障害者の教育の保証や、移動や日常介助の確保も、それ自体が障害者の自立生活の内容となるのではない。障害者が独自に運動し、健常者と出会って自治形成の運動をともに出来るようになるための基礎的条件を確保することである。「自立」は他から強制されたり、助長促進されるものではなく、すぐれて自主的・自治的なものである』（大谷強『現代福祉論批判』現代書館、一九八四。一二二頁－一〇～一三行目）。

以下に、正村公宏が「自立」について述べている文章を、既出、『ダウン症の子をもって』から抜粋する。（傍線は、引用者）

『障害者福祉の基本的な考え方を、もしあえてひと言でいいあらわそうとしたら、「自立」という言葉以外にないのではないかと私はいま考えている。

「自立」は、障害児を抱えた親にとって、もっとも切実な問題であり、一貫した主題である。親たちは、何とかして子どもたちが「自立」できるようになることを願い、格闘をつづけるのである。

しかし、「自立」という言葉は、機械的に理解されてはならない。もし、ここにいう「自立」を、一般的な意味における「自活」の実現と理解してしまうならば、障害のより重い子どもたちは、療育の対象からさえ切り捨てられてしまうことになりかねない。

もちろん、多くの親は、子どもがいずれ何らかの仕事に従事し、自分の力で生活していくことができるようになることを切実に希望している。しかし、障害の程度や内容によって、それが著しく困難である場合も少なくない。「この子はとうてい収入の得られる仕事を覚えて自活することなど考えられない」という理由で、子どもにたいする療育の努力をあきらめてしまえば、その子に残されたどれだけかの可能性は失われてしまうことになる』（八二頁―九行目～八三頁―六行目）

『障害の子にとっての「自立」とは、ある達成された状態を意味しているのではないと私は思う。それは、この子たちの「可能性」を求めるたえまない努力の方向を意味しているのだと私は考えている。

私は、そうした私の気持を、いくらか気取ったいい方ではあるが、「可能性の哲学」と呼ぶことにしている。私は、「可能性の哲学」こそが、障害者福祉の基本思想でなければならないし、もっと一般的に「福祉社会」の基本思想でなければならないと思う。いや、それは、私たちの社会がより人間的であるための基本的な要件なのではないかと私は考えている』（八五頁―四～一一行目）

『幼児・児童の段階をとおして求められなければならないのは、それぞれの子の条件に合う方法による「自立」へのたゆまぬ歩みである。より大きな年齢の段階では、それぞれの子の可能性に応じて、就業またはそれに準ずる生活設計が考えられなければならない』（一九五頁一一六行目～一九六頁一三行目）

続いて同じく、大江健三郎が「自立」について述べている文章を、短いものだが、同氏の著書、『恢復する家族』（講談社、一九九五）から見てみる。

『僕は、社会が障害者を受容するというより、障害を持つ青年が、いま社会を受容しようとして行動を起しており、つまりそれがかれの自立なのだ、という感想をいだいた』（一二八頁一一一～一一三行目）

大江はここで、障害を持つ者が社会を受容するところに、その本人の「自立」があるのだとしている。たとえそれが障害者にとって不具合の、必ずしも良い社会でなかったとしても……。

また、岡原正幸が既出『生の技法』（安積純子・尾中文哉・立岩真也との共著）の中で述べている「自立」については、以下である。

『社会やそこに住む人々（障害者やその家族も含まれる）に、母と子供がひとつの閉鎖的な情緒的空間を作るべきであり、それがいいのだという意識がある限り、「自立」して障害者が一人で生きようなどとするのは論外ということになる。（以下、七行略）多くの障害者が告発するように、囲い込みはそれ自体としていくつかの否定的な現象を引きおこす。

家族内部に囲い込まれること、それは障害を持って生きることに不可避な大変さをある一つの空間に封鎖することである。社会、確かに社会は資源の再分配などでこの閉鎖的空間に援助者として関与するだろう。しかし、具体的な他者としての社会は姿を消してしまう。日常的な大変さを分かちあう社会が消えてしまうのである。その結果、どうなるのか。いろいろあるだろうが、延長上には子殺しが存在する。親と子供が巻き込まれる悲劇である。

こういった悲劇が、たとえすべて回避されたとしても、次のことを確認しておく必要がある。つまり、もし障害者が一人で生きていこうとした場合、その意志や願望を率直に認めることをしない社会があるということであり、それを認めないのが当然だとする社会があるということである。では、どうすればいいのか。社会が変わらなければ、どうしようもない。確かに、そうともいえる。だがそこで、社会の全体的構造とかシステムを一気に変えようと力んでみても、ことを大袈裟にするだけだ。むしろ、社会とはわたしたちがあたりまえに暮している、その行いの中にあるのだということに気付くべきだろう。だとしたら、何も声高に社会変革を語るのではなく、日々の生活をちょっと立ち止まって見直し、あたりまえの風景をずらしてみたらいいかもしれない。そのずれから、「ああ、これでも生きれるんだ」と思わせてくれる「生きる技法」を垣間見れるかもしれない。そしてなにより大事なのは、このような技法は空想の産物ではなく、実際試されつつ実践されているということだ。まずもって家族関係の領域でそれを実践している人々、その人たちこそ自立生活する障害者である。

彼らは「脱家族」を言う。しかしそれは、やっきになって家族というものを全否定しようというものではない。家族との関係を完全に立ち切ることでもない。そこで主題となるのは、家族内部の深い情緒的関係によって障害者と親が閉鎖的な空間を作らされてしまい、社会への窓口を失うことなのである。それを回避しようという意志の現われが、自立生活であり、脱家族という主張なのである』（九五頁一一行目〜九七頁一一行目）

『自立生活は脱家族を主張する。それの意味するところは、第一に、（以下、四二頁で記す）』（九九頁一七行目）

以上が岡原の言う、障害者が矜持と共に過ごし得る自立生活とは、である。

正村と大江と岡原のこれらの文章の中から、障害者の「自立」についての方向性を感じ取ることができるだろう。

(2)　共生について

「共生」、文字通り、〝共に生きる〟という意味である。しかしそこには大きく分けて三つの視点が考えられる。つまり第一に、「障害と共に生きる」ということであり、第二に、「障害児・者と共に生きる」という視点であり、三つ目に、「障害児・者が共に生きる」ということである。

第一は、障害者が障害と共に生きるのであり（＝障害者自身の視点）、第二は、家族あるいは社会の人々が、障害児・者と共に生きることであり（＝家族及び障害者施設等からの視点）、第三は、障害児・者が社会にあって共に生きるということ（＝社会全体の視点）である。

ここで特に問題になるのは、第二、第三の視点だと思う。どちらも社会と障害児・者との視点からのものである。ただ第二は、社会あるいは健常者側からの視点での考察であるのに対し、第三は、主体は障害児・者であり、彼等の視点から社会を見てのものとなっている。

ここでは、その第二（＝障害者と家族との関わり）、第三（＝障害者と社会との関わり）の視点から少し論じたい。

① 障害者と家族との関わり

ここでもこのことについて述べている正村公宏と大江健三郎の言葉を引いていく。

まず大江は、

『僕がいまもっとも誇らしく思うことは、障害を持つ息子に、decent な、つまり人間らしく寛容でユーモラスでもあり信頼にたる、そのような人格を認めることです。また、この障害児と共生することで、かれのそのような性格に、家族みなが影響を受けてもいることです。

個人的な規模を越えて、僕は息子との関わりを介して、様ざまな障害者たち、その家族、またかれらのリハビリテーションに努力した人びとを知っています。障害者もその家族も、リハビリテーションにあたる人も、みなそれぞれ個有の苦しみを担っています。「受容期」にいたった障害者にも、その苦しみのしるしはきざまれています。家族にも、またリハビリテーションを助けて働いた人にも、それはあるはずです。しかもかれらみなに、共通するさらにあきらかなしるしとして、かれらが decent な人たちだ、と僕は考えてきました。

いまはそれを論証する時間はありませんが、僕はそれをもっとも良く理解してくださる人びとの前で話したと思います。大きい苦しみを乗りこえ、苦しむ家族と共生し、そのリハビリテーションを支えた、そのような人びとの decent な新しい人間像。そこに今後の日本と世界をつなぐ、もっとも望ましい人間のモデルがあるように思います』（既出『自立と共生を語る』七三頁一一～一三行目）

と語り、同書で正村は、

『どんなにうまく機能している家族であっても、専門の施設が与えてくれるものを完全に自分のところで作り出すことは、不可能です。逆にどんなに優れた施設であっても、家族が障害者や高齢者に与えることのできるものを、すべて代替することは不可能である、と考えるべきだろうと思います。

障害者にとっても、高齢者にとっても、実は生きていくうえでいろんな要素がいるんで、単にいろんな介護・介助をしてあげてさえいればいい、いろんな医療を施しさえすればいいのではなくて、やはり生きている人間として十全であるためには、精神的な要素を含めていろんな要素がいるんで、それは地域と施設と家族と医療というようにバラバラに考えるのではなく、地域と専門の施設と家族が一体になってサポートしていかなければならないと思います』（一四一頁一一五行目～一四二頁一六行目）

と述べている。また正村は、既出『ダウン症の子をもって』で、こうも言っている。

『障害者問題は、まずその具体性において把握することが重要であるが、それを具体性において把握するならば、その多様性と個別性にほとんど圧倒されかねないのが現実である。

障害をもった子どもたちも、一人一人が違っているのだから、その子どもを抱えている家族の負担あるいは苦しみの内容は、一つ一つ違う。それは、一つ一つ、それに直面したことのない他の家族には決して想像のできないものなのである。

一人一人の障害、一つ一つの家族のかかえた問題が違うから、ある一つの施設の運営に関しても、親たちの希望あるいは要求は微妙に違わざるをえない』（一九八頁一六～一三行目）

『彼のためにときどき私たちが、ひどい心労に襲われることがあるのは、彼の責任であるよりも、彼をとりまく社会の側に、筋の通らぬことを主張したり、やったりする人々がいるためである。

何よりも、人間の子として生まれてきながら、人間のもつ最大の可能性にむけて、自分の意思と責任において挑戦するという機会を与えられることがないのは、彼にはほとんど自覚されてはいないものの、やはり、彼自身のはかりがたい不幸であるといわなければならないであろう。

そのことを自分たちの息子の置かれた状況として目撃している私たちにとって、それは、生涯にわたって決して消えることのない、重い、重い心の負担である。

子どもが大きくなれば、それだけ、親は年をとり、力の衰えを感じていく。だが、障害をもった子を抱えたすべての親は、いつまでも、この子たちを、自分の直接の責任として背負いつづけるのである。親たちの心のなかでは、この子より一日でも二日でも長く生きなければという気持ちが消えることがない。

彼も、生まれてきた以上は、悲しい思いもし、辛《つら》い目にもあい、そして、自分もいつかは病いに倒れ、世を去る日を迎えなければならない。そのこと自身は、生命を受けたものにとって避けることのできない運命である。

しかし、彼は、自分の力でそのことを理解し、それを理解したうえで可能なかぎりそれと闘うという態度を自ら選ぶ力を持つような段階まで成長することができない。彼は、彼に対する不正、不当な扱いに対して、自分の力で抗議したり抵抗したり闘争したりする可能性を初めから奪われている。

私たちが生きているかぎりは、彼に対して、温かい心で接してやっている人間がこの地上にいることを、彼に確実に感じさせてやることができる、と私たちはいつも思う。しかし、私たちよりも、彼があとまで生きる可能性があるのならば、その可能性を、私たちの力で暴力的に奪うことはできない。

私たちは、いつも、彼を目の前に置いていて、私たち自身と彼との生と死のことを考えつづけて生きている』（二四四頁一一四行目〜二四六頁一七行目）

これは知的障害児（ダウン症児）を抱えた親からの意見であるが、肢体障害者の場合は、この観点は変わってくる。障害者は親元を離れて、「自立」しようとする。それを強く願う。ここに家族との葛藤が生じる。特に母親との関係において。

『まず、障害者は「弱者」であり、「保護すべき」であるという思想が、家族愛の理念と融合する。とりわけ、母子関係では母親の罪責感とあいまって、子どもをいたわり、おもいやる必要性が過度に意識される。そして、普通なら、この位やれば「子供への愛情」を自分で納得できるという行動のあり方が、「障害」ゆえに、自分の子供との関係では通用しない。その結果、親は愛し足りるという経験ができない。愛情の不足をいつも自分に投げかけなくてはならない。一方、家族の中での愛情規範は厳として存在するばかりか、「弱いものは救われるべき」という理念によって、強化された形で存在している。このような状況だから、親はいつでも自分を愛情規範からの逸脱者と考える。つまり、自分をいつでも否定的に、なにかが足りないものとして考えてしまう。その上、外部からの制裁が加わるかもしれない。そうなれば、親は子供にもっと愛を注ごうとするだろう。まさに、親は無条件の愛情を無限に注ぐべきと期待されており、実際そういった存在になってしまうのである』（既出『生の技法』九二頁－一一～一九行目）

『自立生活は脱家族を主張する。それの意味するところは、第一に、（引用者注：以下、三八頁－一四行目の続き）障害者が独自の人格として周囲との対等な関係を作りつつ、自分の責任で自分の望む生活を営むということ。第二に、彼らが真の意味で社会に登場し、障害を持って生きることの大変な側面を家族という閉鎖的空間にのみ押しつけないようにすること。第三に、障害を望ましくない欠如とし、障害者を憐れむべき弱い存在としてのみ理解するような否定的観念を排すること。第四に、愛情を至上の価値として運営されるべき家族、といった意識がもたらす問題点を顕在化すること。第五に、家族関係の多様な在り方を示すこと』（同書、九九頁－一七行目～一〇〇頁－三行目）

これらの文章が、障害者とその家族についての関係で考えなければならないことのように思われる。

② 障害者と社会、障害者施設との関わりについて

「共生」における障害者と社会（一般社会）との関わり、障害者と障害者施設（小社会）の関わりには深刻な問題がひそんでいる。前者は広く一般に関与することなので、ここではまず後者の「障害者と障害者施設について」、その問題点を考えてみる。

i　障害者と障害者施設

障害者が「自立（生活）」をより強く願う一つの理由に、障害者施設への強い不満がある。障害者が家族と離れて、一つの小社会である施設に入ると、そこでの待遇は、およそ人間的な扱いとは違ったものとなる。施設を出た障害者たちからの施設批判は、およそ次の二つに分けられる。一つは、「管理」であり、もう一つは、「隔離」である。

「管理」の第一の要素は、「規則の厳格さ」、第二の要素は、「職員との間の保護―被保護関係」である。

「隔離」とは、まず第一に、施設が囲いとコンクリートの壁によって閉ざされ、外部者を締め出した空間に障害者を配置し、基本的にはその範囲でだけ生活させることを指している。第二に、外部との接触の機会である外出・外泊や「面会」などが大きく制限されていることを指している。第三は、その多くが、立地条件からして「人里離れた」場所であることを指している。

施設における管理・隔離についての不満を、既出『生の技法』から少し長いが（一〇六頁―一五行目～一一二頁―一二行目）引用してみる。

《　4　「管理」・「隔離」のうみだすもの

管理や隔離は、虐待や待遇の悪さと異なり、穏やかに彼らを囲む。しかし、それは彼らの全生活をおおうが故に、耐えがたさは極限にまで達するのである。ここではそれを、入所者の実感（現実の一元性、避難所の不在、アイデンティティの剥奪、服従する生活）に即して、また施設外の障害者にも及ぶ効果（差別の再生産）について述べることにしよう。

第一に、現実の一元性である。一般社会の住人はだれしも、「家庭生活」・「職業生活」・「レジャー」・「政治活動」など比較的独立した複数の「生活世界」をもっている。それらは、時間的にも（「勤務時間」、「日曜日」、「アフターファイブ」、「深夜」など）空間的にも（「オフィス」、「寝室」、「盛り場」、「学校」など）区分がなされており、その中から一つを選び、部分的・限定的に関わることができる。

これとは全く対照的に、施設での生活には、ほとんど唯一の現実しかない。常に、施設に特有の生活パターンに従い、常に同じ入所者たち同じ職員たちとの人間関係しかもつことができない。またそのために、一人の職員とのトラブルは直ちに全職員の知るところとなり、生活の全域に及んでしまう。

現実の一元性は、とりわけ、生活の範囲を一定の空間にだけ保つ「隔離」という事態のもたらす重要な帰結である。この一元的現実の気づまりな感じは、例えば次のような言葉で表現されている。「収容施設では、一日中閉じこめておくので、人格上の関係が固まってしまう」、「このようにしてできた現在の施設の中で障害者は、……画一的な集団生活を強いられている」（機関誌から）。こうした一元的な生活世界ではなく、「私達だって色々な人と触れ合い交流しながら生活して行きたい」（ミニコミ誌）と彼らは思うのである。

第二に、避難所の不在である。一般社会の住人たちは、外界の刺激や影響を遮断した避難所をどこかにもっているのが通例である。その典型は「個室」である。個室は、自分たちだけの世界をつくりあげ、さまざまな生活世界をみずから構築していくための装置として、また公的空間から退いて休息する場所として機能している。

それに対し、収容施設には、こうした機能を果たすような空間は用意されていない。入所者は通例、他の入所者とひとつの部屋に暮らしている。彼らにとっての唯一の隠れ家は「毛布の中」だけだといってよい。入所者は、毛布をかぶって外との間についたてを作ることで、認知的にのみ独りになることができる。特に障害者の場合には、食事、排便、移動をはじめとする非常に多くの日常活動に介助を必要としているため、独りになることはほとんど不可能である。避難所の不在は、もっとも直接的には、管理の要請からきている。つまり、かよわき障害者の安全をまもるために、常に監視を怠ってはならない、という使命である。この特徴に対する不満は、プライバシーのなさへの批判として表現されている。部屋がガラス張りになっている施設への抗議はその典型的な例である。

第三に、アイデンティティの剥奪である。一般社会では人々は、アイデンティティを獲得し、また維持しようとしている。つまり、他者に対して、自分が何者なのかを呈示してみせる固有の仕方をもとうとしている。またそうした努力の手助けとして人々は、装身具を初めとするお気に入りの私物をアイデンティティ管理の小道具 identity-kit をさまざまに用意している。

ところが、施設での生活は、そうした営みに重大な影響を与える。まず、「施設への入所」によるアイデンティティ剥奪である。「施設への入所」という経験、とりわけ初めての経験は、アイデンティティに決定的な痕跡を残す。寝間着への着替え、身体検査、消毒、私物の持込み制限、施設生活の心得についての指導、他の入所者への紹介などの入所手続きや入所儀式は、人が既に社会から隔離された入所者であることを痛感させられる最初の決定的出来事である。それまでアイデンティティキットとして機能してきた「お気に入りの私物」の大半は施設には持ち込めないし、自分らしいしぐさや話し方や表情といった「自分流」のアイデンティティ表現も、施設では自由に行えない。また、これまで当然のこととして行ってきた仕事を初めとする日課の大半も施設入所と同時に中断しなければならないし、これまで培ってきた人間関係や参加してきたネットワークからも疎外されることになる。「管理」が必要とするこれらの手続きは、入所前に培ってきたアイデンティティを、一挙に崩壊させてしまう。私物持込みの制限への抗議が繰り返しなされることなどは、こうした形でのアイデンティティ剥奪と深く関わっていると考えられる。次に、「障害者」アイデンティティの否定的な付与である。自己の身体を個性として「ありのまま」に受け入れようとしても、「福祉」という営みの中で「身体障害」という否定的烙印付与が繰り返しなされれば、ひとは次第に「障害者」アイデンティティを受容し、自らの身体を羞恥せざるをえなくなる。一見人道的あるいは科学的にみえるこの烙印付与に関しても、障害者は、やりきれない思いを抱いている。「施設の中で自分の能力をきめつけられ、わかってもらえず残念」（ある報告から）。

三つめに、性に関するアイデンティティの剥奪がある。入所者は、年齢に応じ、れっきとした女性である、あるいは男性であるといったアイデンティティをもっている。にもかかわらず、入浴など裸体を晒す場面ですら異性による介助が行われてきた。そんなとき職員は、状況にとって不適切な性的感情を消し去るため、障害者のセクシュアリティを去勢し、障害者を特に子供視する傾向にある。そうした子供扱いや、あるいはそもそも一方的に見られてしまうこと自体、障害者の性的アイデンティティを深く傷つけてしまう。実際、入浴における異性介護は、施設に対する抗議の中心の一つをなしてきた。

第四に、服従する生活、である。一般社会の住人なら、少なくともその私生活においては、服従の制度は敷かれていない。もちろん、職場や学校では、上司や教師に服従しなければならないとしても、私的な領域では、ある条件のもとで自由に行動できるのがふつうである。

それとは反対に、施設入所者においては、生活のほとんどすみずみまで服従の要素が浸透している。つまり、職員との関係である。後にみるように、職員とは、「福祉」の論理によれば、人間の基本的欲求についての知識、人間の望ましい状態についての知識をもった人間たちであり、入所者たちにおいてそれを実現し、また好ましい方向に導いていく義務を与えられた者たちなのである。従って当然のごとく、入所者との関係は対等ではないとされている。職員たちは、人間愛に満ちたこの目的遂行のために、詳細な規則を制定し（入所者自治会の参加が多少あったとしても、大筋は変わり得ない）、生活のあらゆる場面で入所者をこれに従わせる。また職員は、この目的のために、入所者に指示や許可を与える権限をも委ねられている。そして、こうした規則や指示には、服従を確保するための報酬と処罰が用意されている。つまり、例えば、従順で要求の少ない障害者は追加的介護というささやかな報酬を受けるし、逆に自己主張の強く要求の多い障害者は放置というきびしい処罰を受け、「わがままだ」という評価を受ける。どうしても従わないときは、「出ていって頂きます」という「伝家の宝刀」が使われる（手記より）。

施設での生活は、こうした職員への服従を、顕在的にも潜在的にも常にはらんでいる。このことへの反感は、規則の厳しさに対する抗議の繰り返しにばかりではなく、「職員の顔色をうかがってしまうような生活がいやだ」（聞き取りより）、「職員がもっとも差別的」（手記より）などということばにより直接的に表れている。

「管理」・「隔離」によって全生活をおおわれている「施設」での生活は、以上のように、何重にも独特である。この生活に適応する障害者もいれば、いやだと感じつつも何かメリットを見つけて（例えば「仲間がいて楽しい」）、またやむを得ず（「他に行くところがない」）我慢している障害者もいる。けれどもここで特に注目したいのは、施設での否定的経験のひとつひとつに疑問をぶつけていこうとする障害者、つまり「反抗」というライフスタイルを選ぶ障害者である。この中から、多くの自立する障害者たちが生まれてきた。

最後に見のがせないのは、施設はその外にいる者にとってすら迷惑な存在と感じられる、ということである。というのは、施設が、一般社会の中に、ある区分を再生産し続けている可能性があるからである。つまり、障害者が隔離されているために、健常者は障害者に恐怖を覚えるし、障害者は健常者に関わる機会と勇気を持てない。そのために「障害者」／「健常者」という差別が再生産される、という効果である（例：——略——）。

5　「管理」・隔離」を批判する論理

自立生活者たちは、「虐待」や「待遇の悪さ」のない施設があるとしても、「管理」や「隔離」はなくならないのではないか、と批判する。この批判がどのような実感に根ざしているかを、前節ではみてきた。それでは彼らは、こうした「管理」や「隔離」といった現象をどのように理解し、説明し、批判の論理を組み立てているのか。その論理は、二段構えになっている。

まず、「福祉」という理想主義的な言葉のかげにかくれている本音をあばき出す、という仕方の批判である。つまり、施設とは、障害者のために設けられたものなどではなく、親やその他の家族が面倒をみきれなくなった「やっかい者」を送り込む場所であり、福祉をできるだけ安上がりに済まそうとする行政の都合上設けられたものであり、能力のないものは除去し、少しでも能力のある者は格安で働かせようとする資本制の要請にしたがうものであり、いずれにしても「管理」・「隔離」は、健常者による、健常者のための、障害者の排除だ、という批判である。「親・家族の要求は、障害者への差別と偏見のため肩身のせまい思いをし、また家族自身もいつしか障害者を『なにもできない者』『やっかい者』としてどこかへ追いやってしまおうとすることから出ている」。「従来の施設は、『社会的ニード』の名の下に、主に親の立場からの要求や行政の思惑によってつくられたため、『障害者』の意思を全く無視したものとなってきました」。「朝鮮戦争により経済復興を実現し、さらに資本主義を発展させる為に、一方では産業構造にあった能力主義を徹底させてより多くの工業労働者として集めていき、他方では手の掛かるものを一ケ所に集めていった」。「従来の施設はそこが『障害者』にとって、『生きる場』でないばかりか、『障害者』が地域で生きることを阻み、隔離収容し、管理、抑圧し、社会的な偏見や差別を助長する役割を果たしてきたと言えます」(パンフレット、機関誌から)。

実際に、施設での管理や隔離は、家族や地域が引き受けない部分を行政が肩代りし、効率的に「処理」しようとするところから必然的にきている面がある。健常者が語ろうとしないこれらの事柄を、この批判は白日のもとに晒してきた。

しばしば主張されるのはこのタイプであるが、彼らの批判にはまだその先がある。それは、「管理」・「隔離」に含まれる、福祉という論理そのものに対する批判である。つまり、施設では、福祉の理念に基づき、障害者のために設備を整え、心を配り、細やかな気づかいが徹底されている。そうした、福祉的配慮とでも呼ぶべき、やさしい営みそれ自体に含まれるある抑圧性に対する批判である。彼らがここで問題にしているのは、施設に何かが足りない、ということではない。福祉的配慮の過剰なはりめぐらしを問題にしようとしているのだ。

こちらのタイプは、健常者にとって、第一の論理よりもさらに気づきにくいものである。

このような「小社会」での〝共生〟の破綻（「管理」や「隔離」の拒否）を見ても――見たから余計に――彼等は、強く「（一般）社会」との共生に望みを託して、施設を出て行くのである。しかしその「社会」での、共生も難しいと言わざるを得ない。

ii　障害者と社会との関わりについて

例えば、比較的障害者運動に熱心な、善意な介助者でさえ、障害者の心根に対する無理解はある（やはり『生の技法』から）。

『「車椅子で介助してくれてる女の子がいるんだけど、いつも駅に行くときに〝上げてください〟って言うわけ。〝あの車椅子を上げてください〟って。彼女がね、でも、私は三回ほど我慢したわけ。彼女が変わるまでっていうか、自分で気がつくまでね、だけど三回目にね、〝車椅子上げてくださいじゃ、私が乗っていないみたいだって、私が上るんだから、私の立場にたって、上るのを手伝ってくださいとか、上りたいんだけど手を貸してくださいとか、そう言う言い方してくれ〟って言ったらば、すごくわかる子だから、〝あっ、ごめんなさい、すいませんでした〟って言ったんだけど、また次の時に、〝これ上げてください〟ってね。」

こういった、介助者による障害者の意志や思いへの侵害は、自由に身体を動かせる者が「必要と思って」行う、無自覚的な性質を帯びている。この意味で、障害者の主体性に反する侵犯行為は、個々の介助者に起因するというよりも、より構造的な仕組、たとえば、行為の効率性を自明のうちに最優先させてしまう社会構造（まさに私たちが住む世界）に起因すると考えてもいいかもしれない。だが、主目的を実現するまでのプロセスで現れる、介助者のなにげないしぐさや発話は、それが無自覚的な表出であるだけに、かえって雄弁に、当人の本来的な居場所（障害者への関わりや位置）を表現してしまうことにもなっている。

まして、家族や施設を出て地域で自立する（しようとする）障害者は、家族や施設の（一見、やさしく暖かい配慮や愛情を含めた）管理と統制に服することを拒絶した人々である。だから、たとえそれが無自覚的なものや、一見些細で瑣末なものであっても、彼らは、意志決定権への侵害にはいやおうなく敏感に反応する。そして、意志決定権の知らず知らずの譲渡を自覚的に抑制しようとして、効率や安全はある程度犠牲にしても、主体性や「障害者ペース」をできるだけ守ろうとするわけである。このことへの感受性に乏しい介助者、つまり効率性だけを重んじる介助者は、自立ということの意味を強く確認している障害者とは行き違いを引き起こしやすい』（二二四頁一一九行目〜二二六頁一一行目）

また、既出の正村の著書の中にも、障害児をもつ親の立場から、社会に対する希望を述べているところがある。

『ある朝、目覚めてすぐの対話のなかで、ふと家内はいうのである。

「私にとって、やはり、いちばん気がかりなのは、いつか彼（引用者注：ダウン症の息子）を置いて死んでいかなければならないということです。自分自身の死という、もっとも厳しい現実に直面したとき、彼を他人の手にゆだねていくという耐えがたい思いをしなければならないということです」

不公正な扱いによって、彼のような者に惨《みじ》めな思いをさせることほど、許しがたい行為はない。しかし、いまの社会において、彼がそのような扱いを受けることは決してないと確信できるところまでは、私たちは到達していない。

彼にとって、「自立」は、永久の課題である。しかし、彼が、どうしても人の力を借りることなしに生きられないということも、また、否定のしようのない事実なのである。私たちが、とくに彼や彼の仲間のために心から願っているような、人間味のあふれる社会をつくりあげていくために、もっともっと多数の人々が力を貸していただきたい。それは決して彼らのためばかりではなく、むしろ、私たちみんなのためなのだということを理解していただきたい』

（『ダウン症の子をもって』二四六頁一八行目〜二四七頁一五行目）

3 社会のあるべき姿——国民の自発的参加、地域・施設の対応

障害児・者に対する時の、社会のあるべき姿が語られている。これは個々人が彼等を理解する上での大切な態度のように思われる。再び『自立と共生を語る』から見てみる（各氏の発言からの抜粋）。

上田：（略）障害者が自分の障害を受容するためには、（略）、周囲の人々（医療従事者・家族・友人その他）が、あるがままの姿（障害をもったままの姿）の彼を価値ある存在として受容することが大きな援けとなるが、そのためにはそれらの周囲の人々のなかで偏見の克服が多少なりとも行なわれていることが必要となる。逆に、偏見の克服にとって、障害を受容し、誇りと人間的な威厳（それは自己の人間的尊厳の自覚から生まれる）をもって堂々と生きている障害者の姿に触れることはひじょうに重要な契機となる。このように両者は現実的にあい強め合うものであり、いわば障害者は障害の受容にいたる苦闘のなかで、また健常者はそのような障害者を理解し、援助しようとする努力のなかで、相共に人間的に成長し、互いに貴重なものを学び合い生きる力を与え合っていくのである。現在ますます多くの人々、学生・若者だけでなく、中年から老年の人々までが各種のボランティア活動に参加するようになってきているが、それはけっしてたんなる一方的な「奉仕」、「慈善」ではなく、障害者・老人の人間らしく生きようとする努力に触れ、学ぶことによって、援助する人々自身が逆に精神的に励まされ、生きる力を与えられていく得難い体験でもあるのであり、そこにボランティア活動の人間形成的価値も魅力もあるといえよう。また同じことが家族についてもいえ、障害児の親が「この子がいるおかげで私たちまで生きることの尊さを教えられています」と語る時、それは素朴な表現ではあるが、このようなダイナミックな相互関係における家族全体としての人間的成長をものがたっているのである。（八三頁一一二行目～八四頁一一〇行目）

正村：また地域社会全体、あるいはたとえば学校でも、これもずいぶん私は変わってきていると思いますけども、

いわゆる普通の学校の先生方が障害をもった子供のことがわかるようになっていただきたい。その意味では特殊学級を学校の中にもっていて、そこに障害をもつ子供さんたちをたくさん受け入れている学校が比較的いいですね。特殊学級の担当の先生だけではなくて、校長先生の指導いかんですけども、日常的に交流の場を作り、普通のクラスの子供たちを障害の子供たちと接触させる。そのことにそれぞれのクラスの担任の先生が理解をもつ。そういうしくみの中で体験的に障害の子供たちがわかっていく。そんな人たちが増えていかないと、とても福祉社会とはいえないだろうと思いますが。（九八頁一三～一〇行目）

正村：（略）生活上のハンディキャップを負っている人間が、これは必ずしも身体上のハンディキャップだけではありませんけれども、そういう人間がどう処遇されているかということは、その社会の質を表わす指標であるだろうということでした。

そういう一人ひとりの人間が公平に扱われている社会が基本なんだ。それをこわすようなものを排除していかなければならないわけです。これが基本だと思うんですね。（一一四頁一二～七行目）

正村：（略）スウェーデンのグンナ・ミューダール（Gunnar Myrdar）という経済学者がいますけれども、一九六〇年にアメリカのイエール大学での講義を元にして、『福祉国家を越えて』（邦訳、ダイヤモンド社）という本を書いているんですが、福祉国家の第一段階では国がいろいろやらざるを得なかった。しかし、国がいろいろやると、国民は無関心になってしまう。国にやってもらえばいいやとなってしまう。すると官僚たちは、国民は無関心だからおれたちがやらなくちゃと思って、ますます国家的な計画を進める。するとますます国民は無関心になる。こういうことが起こってきたということを指摘しているわけです。

だからもっと国民の自発的な集団にいろんなことをゆだねて、国家が何もやらないというわけじゃないんですけれども、もっと自発的な参加に基づいた福祉社会を作っていかなきゃならないと主張していたわけです。（略）。（略）。もっと国民の一人ひとりが福祉と呼ばれているものを、日常的に当たり前のこととして受け入れていくようなしくみを作っていかなければいけないだろうと、だんだん考えるようになりました。それは一九七〇年代から一九八〇年代にかけての私の基本的な考え方になりました。（一一五頁一一五行目〜一一六頁一一七行目）

正村：（福祉事業のあり方は）地域の主体的な取り組みをもっと考え、国家が何かをやるというのではなくて、国家が支援しながら、地域が、いろんな形の市民の参加を誘うような新しい社会を作っていく。そういうしくみを作っていくことがこれからの課題だろうと思います。（一二四頁一一五〜一一七行目）

正村：障害の程度、内容に応じて専門の医療施設、（略）。そういう施設作りをする場合に、ノーマライゼーションの観点は欠かすことができないのであって、仮に収容型の施設を作るにしても、町はずれに作るべきではなくて、町の中に作るべきなんですね。（一三七頁一一〇〜一一六行目）

正村：（略）明確な方法論も理念も展望もなしに、なしくずしに福祉国家になってしまって、気がついたら財源の裏づけなしに、予算は中途半端にばらまいたもんですから、福祉の充実感があまり伴わないうちに財政赤字が出てしまって、それに対するリアクションとして、臨時行政調査会で増税なき財政再建とかいって、切詰めばかり問題にしてたんです。そのために「安あがり福祉」的な発想がノーマライゼーションの言葉の中にしのびこんでしまったというのが、日本の現実ではないかと思うんです。（一三五頁一九〜一一四行目）

障害者問題を考える時、国を含めた地域社会の取り組みがとても重要なことだと分かる。長期的な展望に立って、施策を立案し、日々実行に移して行かなければならないと思う。国の方針、教育を含めた方針の中から、次代を背負う社会のあるべき姿が現出してくるもののように思われる。国の方針と、国民一人一人の自覚があった時、障害者の自立も共生も社会の中に自然な形で溶け込んで行くのだと思う。

第三章　生活史方法

視覚障害者が置かれた歴史的状況を見るために、彼等が記した著作から考察していく。大空社から刊行されている『盲人たちの自叙伝』を取り上げる。

それらはほとんどが「自分史」の「自伝」であるが、明治時代以前のものには「伝記」に類するものも含まれている。また「(交換) 日記」が主としてそこに示されているそれもある。

『自叙伝』(以下、本章では「自伝」と記す) の多くが基本的には、ライフ・ヒストリー (生活史) として語られているので、方法論としてその手法に本論も依拠していく。

尚、本章は『中野卓著作集生活史《ライフ・ヒストリー》シリーズ　1　生活史の研究』東信堂、二〇〇三、及びケン・プラマー著 (原田勝弘ほか監訳)『生活記録の社会学』光生館、一九九一、を中心に概観し、参照している。

【1】　生活史 (ライフ・ヒストリー) の基本的な手法と利用可能な資料について

社会学は社会的現象を考察することを対象としている。社会という現実は、過去の現実も現在の現実も、歴史的現実以外のものではあり得ない。ライフ・ヒストリー (生活史、個人史) は本人が主体的に捉えた人生の歴史を本人が記述した作品であり、私小説や歴史文学のような書く者によって創作されたものとは違う。換言すれば、現実の人生や歴史が語られているものであり、虚構 (フィクション) を加えたものであってはならない。

ライフ・ヒストリーの一般論 (基本的な手法) を言えば、他者がある者の生活史を作成する場合においては、口述生活史（オーラル・ライフ・ヒストリー）という調査方法が最善である。特定の話者に自分史を口述してもらう聞き取りの調査法である。

　しかし本人の口述によるライフ・ヒストリーの作成が不可能な場合には、昔から行なわれていた他者の伝記（バイオグラフィー）の作成方法によるほかない。そういういわば「他伝」のことは、普通は単に「伝記」と呼んでいるが、そういう伝記を自伝によるライフ・ヒストリーに近付けるには、本人の手になるパーソナル・ドキュメンツをできるだけ多く活用し、本人の内面的生活や、本人の立場から捉えた状況の連鎖を再構成する方法がある。

　ライフ・ヒストリーを作成する基本的な手法（パーソナル・ドキュメンツ）は、次のように大別される。

　①最善の「口述の生活史」。それに対して、②「伝記」は記述されたもので、「自伝」と「他伝」に分けられる。さらにその「自伝」も二つに分けられる。a．調査研究者の依頼によって注文付きで本人に書いてもらった「自伝」と、b．各種エリートによって書かれる場合の多い、普通の「自伝」である。

　そしてその他として、作成する場合に利用可能な資料（データ）が挙げられる。それは次のようなものである。

　③日記、④手紙、⑤作品（本人の残した芸術作品——写真、映画など——や学術的著作、随筆等）もライフ・ヒストリー研究の重要なパーソナル・データ・ソースとなるものである。

　以上挙げた分類の仕方はしかし、現在では次のように訂正されている。というのもそれらをさらに綿密に分け直しているからである。その新ライフ・ヒストリー（生活史）研究の資料となりうるパーソナル・ドキュメンツとは（前掲書、『中野卓著作集生活史《ライフ・ヒストリー》シリーズ　1　生活史の研究——以下、単に、前掲書——』七三頁一一行目〜七四頁一一行目。以下、頁及び行目は略し、数字のみ記す）、

『A　伝記（広義の伝記）

　1　自伝（「自分史」も同義）

　　1a　研究者が依頼して注文付きで被調査者に書いてもらった自伝（略）

1b　研究者の面接調査による被調査者の口述生活史（口述による自分史、自伝。略）
1c　ライフ・ヒストリー研究者自身が研究目的で書いた自伝（自分史）（略）
1d　普通の自伝
2　他伝（他者の伝記、狭義の「伝記」）
2a　社会学的など研究目的で書かれた伝記（略）
2b　普通の伝記
B　日記
C　手紙・葉書、手記、覚え書きなど
D　文芸作品、その他の著作、絵画など伝記対象者の作品一般』

となっている。B～Dの、「日記」、「手紙・葉書、手記、覚え書きなど」、そして「文芸作品」としての短歌や俳句も、パーソナル・ライフ・ドキュメンツとして心象風景を示すものとされている。

以上、ライフ・ヒストリーの基本的な手法と利用可能な資料について見てきたが、それを使う側の心構えとして次のようなことが言える。それはこれらパーソナル・ドキュメンツを活用することにより、可能な限り対象者の内面に立ち入って真実の記述をする工夫が必要であるということである。

自分史とか自己のライフ・ヒストリーの位置づけは、同時代の他者たちの同様なライフ・ヒストリーとともに、その一つ一つはささやかではあっても、〝同時代の歴史〟と私たちの見なしている社会史上の推移を支え、また崩し、あるいは推し進めてきた記録ということである。一人一人の生きてきた人生、各自の経験された生における各自の歴史が語られるなら――そのような個々人の小さな歴史に関して「語られた生」は――、たとえささやかな人生の物語であっても、歴史家がそれら個々の人生を無視しつつ書き上げた歴史を、批判する論拠となりうると考えるのである。

軽視されがちだった普通の人々の日常生活の現実に言及するそれらのライフ・ヒストリーで確かめ合うことにより、私たちの社会の共有する既存の歴史認識を更新することも可能となる。

ライフ・ヒストリーが歴史の再構成について貢献しうる最大の点は、ある歴史的時期における普通の人々の日常的な生活と生活意識についての、うそではない本当の話を聞けることなのである。

ここで本論で扱うライフ・ヒストリー＝『盲人たちの自叙伝』について少し触れておきたい。

【2】 実際に利用する『自伝』の資料としての性格

次章（第四章）以下、第七章までに登場する六〇冊＝六一人について、論者が直接その著者に当たってインタビューしたということはない。つまりここで扱う著作のすべては、資料的に言えば、〝二次資料〟ということになる。

また個々の作品の編集のされ方であるが、第四章第一節に出てくる高木正年と中村京太郎の二人と、同章第三節の岩橋武夫を除いては――ここで一冊の本になっているものについては――、「自伝」の対象者となっている著者一人の手からなるものである（つまり、上記三人については本人以外の文章も、その自伝の中に含まれているということである）。

高木正年は、高木本人の手からなるものと、横山健堂という編著者からのもの、上記分類によれば、A－2の「他伝、狭義の伝記」とで構成されている。

また中村京太郎についても中村本人が記した「評論集」と、阿佐博が著わした中村の「伝記」からという編集・構成になっている。

岩橋武夫の場合は、彼とその夫人きを、とがそれぞれ書いた著作が合わさって一冊の形となっている。他の個々の作品の傾向としては、第四章以下で詳しく述べていくが、B＝日記、C＝手紙等、D＝文芸作品等、との関連のある「自伝」としては、次のような「作品」が挙げられる――つまりそれら以外は、著者の自らの手になる生活史（ライフ・ヒストリー）ということになる。

第四章第二節、鳥居篤治郎の作品には「自伝」と共に、彼の記した「随筆・紀行」も含まれている。また同章第三節の明石海人の作品には「生活史」と共に、彼が作った短歌も含まれている。ハンセン病の明石にとって「生きられた生」を生きた自分が認知することを媒介として、感情その他から沸き起こって、その短歌を作ったのである。

同章第四節の中川童二の作品も、生活史（ライフ・ヒストリー）というより、正確には彼の感性が書かせたエッセーである。

第五章では、第一節に出てくる森赫子の作品は、これは純粋な小説である。主人公は著者らしき視覚障害者の女性であるが、どこまでが真実のことであるか、どれが虚構であるかは、小説であるが故に判然としない。フィクションでない記述がライフ・ヒストリーということであるので、この作品は森のライフ・ストーリー（生活物語）ということができるだろう。

同章第二節に登場する木村龍平の作品は、前半の『ゆ・け・に・ど・め』は小説や随筆の集まったものであり、やはりライフ・ヒストリーという範疇には入らない。しかし後半の『遺稿集』は彼の詠んだ俳句・短歌集であり、その意味では「文芸作品」であり、ライフ・ヒストリーとして見ていいだろう。

同じく第二節に出てくる、畑美喜三の作品もエッセーというもので、純然たる生活の歴史を順序立てて語っているものではない。ただ彼の生活に起こった大きな出来事の記述は、フィクションとしてではなく語られているので、ここでのライフ・ヒストリーに含めてもいいだろう。

畑の次に出てくる坂本勉の作品は、成人後の彼の音楽家としての日々——主に国内外の演奏旅行——を語るもので、エッセー形式という点では、畑と同じであるが、内容は全く異なっていて、これは真実のことを語っているとしても、ライフ・ヒストリーとはいえないだろう。

坂本の次の、金夏日の作品も、エッセーだが、これは幼い頃からのことが書き起こされていて、また現在までのことも書かれていて、「自伝」ということができるように思う。文体はエッセー風だが、「生活史」と見てもいいだろう。

第六章第一節では、河相洌の作品は、盲導犬から見た御主人（河相）の物語で、小説形態を取っているだけに、フィクションの混じることも予想され、「ライフ・ヒストリー」とはいえない。

同節の本間昭雄の作品もエッセーである。しかしこれは彼の幼い頃からの記述、また失明に至った詳しい原因・理由も語られていて、立派なライフ・ヒストリーといえるだろう。エッセーにすることで、自分自身を客観化して書いている。

同章第二節の竜鉄也の作品も小説のように話は進んで行くので、正確にはライフ・ヒストリーとはいえないが、彼の人生そのものが語られているということにおいては、「生活史」に極めて近い作品であるということができる。

同章第三節の天野暁子の「赤い川」は、既述森赫子の作品と同様、小説という形を取っているので、「生活史」には含まれない。但し天野のこれは森のそれと違って、幼い頃からのことがつづられている――森のは、成人後のことからである。

そして同節に出てくる、小木曽和久と田吹かすみの作品は二人の間で交わされた「交換日記」である。この『自叙伝』シリーズの中では、他のどれとも内容的にその趣を異にするものである。日記も、それがその時々に書かれたものであるから尚更に、貴重なライフ・ヒストリーということができる。

第七章では、第一節の高田剛の作品は、外国研究旅行の報告記ということで、極めて短い期間のライフ・ヒストリーということになる。彼の人となりを知るということでは、この作品では不可能なので、一般的な意味での「生活史」とはいえないだろう。

高田の次の山内常行の作品も、その選挙期間中の出来事が主に語られているものであり、フィクションではないとしても、これも極めて狭い範囲のヒストリーということになる。

山内の次の星三枝子の作品は、闘病記、そして製薬会社〝告発記〟というもので、ライフ・ヒストリーだが、異彩を放つものである。またここには、やはり病気に苦しむある婦人との手紙のやり取りもあり、それは同書の重要な一部――彼女の「生活史」の重要な一部――を占めている。

第二節の御所園悦子の作品は、エッセーと詩からなっている。文芸作品において彼女のライフ・ヒストリーが語られている。

以上、『盲人たちの自叙伝』で取り上げられている作品（の一部）を、その資料の性格、編集上の観点から簡単に検証した。

次にこれら資料の生活史の方法としての限界について見てみたい。

【3】生活史の方法と資料としての限界について

【1】の処で触れた「伝記」だが、それは「自伝」と「他伝」に分けられるが、自伝の中でも各種エリートによって書かれた普通の「自伝」の場合、それはしばしば自伝形式を偽装した「他伝」もあり、そうでなくても自己を誇大に美化する傾向も見られるということもある。この点はその資料を用いる時には充分に留意しなければならないことである。

また生活史＝ライフ・ヒストリーとなるためには、次のことが確認されていなければならない。つまり、（前掲書、八三―一五〜八四―六）『ライフ・ヒストリー研究のために作成されたライフ・ヒストリーの記録もまた、たとえそれがオーラル・ライフ・ヒストリー、つまり口述生活史の記述を主とするものであっても、口述記録ではない自伝であっても、編著者による編集がなされ、註記を伴ったとき、歴史記述、ヒストリーとしての意味をもつと私は考えている。それには「歴史的事実」として広く認知されていること（広く共有されている現実）との関連や、他者たる登場人物からの聞き取りとの関連性が確かめられ、また手紙や日記や手記など関連あるライフ・ドキュメントとの整合性なども、可能な限り確かめられ、ライフ・ストーリーの物語性も史料源たる価値を妨げてはいないことが確認されて』のことである。

ここにおける「資料」についてであるが、ライフ・ヒストリー（生活史）とするならば、そこにフィクション（虚構）があってはならない。自分史の場合、ライフ・ストーリーはやはりフィクションの混入しないライフ・ヒストリーであることが大切である。ライフ・ヒストリーとしての自伝と、創作としての「自伝」は粛然と区別されなければならない。

しかし善意と悪意に拘らず、（前掲書、一一四―一一六～一一五―五）『「経験された生」の全てが記憶され続けるわけでもなく、回想されうる記憶の全てが語られるわけでもないから、「語られた生」と「経験された生」の区別は勿論大切としても、同様に、生きられた生における直接経験の記憶と、回想された生の経験、つまり過去の経験の回想との区別も必要である。強く印象付けられた出来事の直接経験の記憶は忘却をまぬがれて正確に保持されるが、その背景となっているに過ぎない出来事の記憶は印象深さの程度により時日とともに薄れ、取り違える場合』もあるということを常に念頭に置く必要がある。

また次のような「資料」に対する批判があるかもしれない。つまり『自叙伝』に語られていることは、現実に「生きられた生において経験したこと」かどうかの信憑性である。生の経験の語りと作り話との区別を軽視してはライフ・ヒストリー、人生の歴史は成り立たない。現実に生きられた生において経験したことについて語られているのか、という問題も残るのである。しかしここでは小説形式となって著わされているもの以外は、もし現実に必ずしも即していなかったとしても、それは故意というものとは認めずに考えていっている。

さらに、（前掲書、一一七―七～同―一三）『「そのとき経験された生」と「後になって回想された生の経験」のあいだのズレには注意すべきである。が、架空の生についての想像に基づく語りではなくて、「生きられた生」についての経験、それを回想して語っているのでなければ、ライフ・ストーリーをライフ・ヒストリーに仕上げることは不可能であろう。経験というものに、当人の気分や欲求、感情や知識、はては想像までが関与する点は肯定されるし、過去の経験の回想となれば過去の意味付けに現在の意味付けが混入することもありえよう。だからといって、「生の経験の語り」がフィクション（創作）だということにはならない』だろうけれども。

以上のような批判が指摘されている。これらの「資料」に対する限界、批判——資料は決して万能ではなく、そこから読み取れる（分かる）点もあれば、読み取れない（分からない）点もあるということ——については、常にそれを引用・使用する者は心に止めておかなければならないのである。

論者が『盲人たちの自叙伝』を取り上げた理由は、実在した人々の生活記録を具体的な資料に基づいて見てみることによって、その時々の彼等を取り巻く状況が——あるいは語られた歴史と現実の歴史の差異が——明瞭化すると思ったからであり、同時に彼等個人が生きた時代（社会）がどのようなものであったか——明治・大正・昭和の三〇年代四〇年代にはまだ、「ノーマライゼーション」という言葉さえなかった。そんな時代に彼等は障害とどのように向き合い、社会に対してどのように思ったのか——を検証したいと考えたからであった。ほとんどの彼等は華々しい表舞台にではなく、市井の中で、人知れず懸命に生きて来た人たちであった。そんな彼等の人生をライフ・ヒストリーとして見てみたかったのである。彼等の生活世界を理解し、これまで知られなかった彼等の様々な生涯から、障害者の歴史を学びとって、その歴史を再認識していきたかったからである。

日本の近代に生きて、視覚障害者の権利獲得に尽力した人々、その彼等を理解するのに、彼等の記すライフ・ヒストリーは役立つと考えたからである。これらの人々の生活史によって、日本の近代の視覚障害者の歴史を、そしてそれに続く現代の歴史的現実を、今生きる者として考え直してみたかったからである。

以下、個々の「作品」（自叙伝）を検証していく。各章の章末に、第二章第一節で述べたベンクト・ニィリエの「ノーマライゼーションの原理」が提示している「平等の権利」八項目について考察している。

第四章　明治期、及びそれ以前に生まれた視覚障害者の著書から

同『自叙伝』シリーズに収められている六〇巻（二〇〇三年現在）のうち、著者の生年が明治（及び、それ以前の安政、元治を含む）であるのは、二〇名である。ちょうど全体の三分の一。生年の古い順に示すと、以下のようになる（注：明治元年＝一八六八年、明治四五年・大正元年＝一九一二年、大正一五年・昭和元年＝一九二六年）。

高木正年＝安政三（一八五六）年、森盲天外＝元治元（一八六四）年、好本督＝明治一一（一八七八）年、中村京太郎＝明治一三（一八八〇）年、大橋五男＝明治一四（一八八一年）、熊谷鉄太郎＝明治一六（一八八三）年、石松量蔵＝明治二一（一八八八）年、新里貫一＝正確な生年不明（一八八〇～一八九〇年代と推定される）、鳥居篤治郎＝明治二七（一八九四）年、栗原光沢吉＝明治三〇（一八九七）年、三原時信＝明治三〇（一八九七）年、岩橋武夫＝明治三一（一八九八）年、河野憲利＝明治三三（一九〇〇）年、明石海人＝推定：明治三五（一九〇二）年、長谷部薫＝明治三六（一九〇三）年、大村善永＝明治三七（一九〇四）年、中川童二＝明治三七（一九〇四）年、中道益平＝明治四〇（一九〇七）年、海老名正吾＝明治四三（一九一〇）年、斎藤通雄＝明治四五（一九一二）年。

この二〇名を便宜上、五名ずつ四つに分けていく。第一節は、高木から大橋まで、第二節は、熊谷から栗原まで、第三節は、三原から長谷部まで、第四節は、大村以下斎藤までである。

第一節　高木正年から大橋五男まで

男性のみ五名の著書から。尚、各人の年齢は、当時は数え年で表わしていた関係から、西暦年及び元号年からの換算では、一～二歳の差が生じていることもある。また便宜上すべてではないが、引用文中において、旧仮名遣いを新仮名遣いに、旧漢字体を現在一般に使われている漢字体に改めているものもある――可能な限り原文に沿っての旧仮名遣い、漢字体等にしたが――。また、原文では改行されているが、本論ではそうしていない処もある。そこはその文頭に、／を付している。

（引用文中の傍線――一重線、及び波線――は、引用者）

1　高木正年（一八五六～一九三四）享年満七七歳。

《自叙伝シリーズ番号、一。横山健堂編『高木正年自叙傳』〈頁数＝三八八頁〉（底本：昭和七年）より》

高木は『盲人たちの自叙伝』の、第一巻目に登場するが、正確には、その書物は彼の手からなるものではなく、横山健堂（政治評論家）の編からなるものである。その大方が横山、及び高木に関係のある人々の筆からなるが、高木本人が書いた文章も、三二頁から一四二頁の間にある。この間で同人が失明について、また盲人となってからの思いを述べている処があるので、そこから検証してみたい。今から一〇〇年以上（一八九七年に失明）前に盲人となった日本人の思いに触れられると思う。

高木は安政三年一二月九日、東京・品川町（現、品川区）に生まれた。明治二三（一八九〇）年、三三歳で衆議院議員に当選するが、明治三〇年一二月、満四一歳のときに、**眼疾（緑内障）により失明**する。このことは彼を多いに落胆させた。また前途を悲観させ、政界引退をも考えさせた。しかしそんな落胆、悲観を長く引きずることなく、勇気を盛り返して、新生涯に入る決心をした。再び行なわれた総選挙にも立候補し、当選を果たした。それから三〇有余年（昭和の初めまで）、わが国初の、そして今日までに唯一の盲人代議士として活躍した。

（注、のちに、一九八九年の参議院選で視覚障害者＝強度の弱視＝の堀利和が当選して、二〇〇四年まで＝一度目の改選期に落選して、三年後に再び当選＝の二期、国会に籍を置いていた）

失明した当初を高木はこう書いている。

『（略）明治三十年の十二月から、わたくしの失明者としての生活が始まつたのであるが、わたくしは二度と親しい人々の笑顔に接することも出來得ない天涯孤獨（引用者注：この時妻は亡くなっており、娘も嫁がせていた）の身、果てしない暗黒の曠野に、唯だひとりで突き離されたのであつた。

不馴な失明生活は、何者かに追つかけられて息を切らして奔つてゐるやうな氣持である。自分は、いよいよ社會から隔離を餘儀なくされた運命者であると、はつきり自分自身を見出したときの心持は、それは寂しいとか、悲しいとか、心もとないとかいふやうな、そんな生溫るい言葉で言ひ現はされるものではなかつた。併しながら時日を經過するに隨ひ、しだいに諦めがついて、少し宛、落付をとり返していつた。失明はしても、わたくしは依然として議席をもつてゐるので、吾が帝國議會では前例のない、従者をつれて登院することを、特に許された。勿論、これは、わたくしの爲に、與へられた特例であることは申すまでもない』（三八頁―一〇行目。以下頁、行目は略し、単に、数字のみを記す。ここなら、三八―一〇というように。但し、ここからは引用文の終わりの頁、行目は記さない）

『（略）わたくしの氣持は、双眼を失なつても、それ以外に、人間の力といふものはあるものだ、失明しても人間の機能に變りはないといふ事實を示して、吾が亞細亞人の爲に萬丈の氣焔を吐いて見たいといふ氣持になつた』（四〇―九）

『わたくしは盲人になつた爲に、自分の能力がなくなつたなどとは無理にも考へたくない』（四六―一二）

これらの文章から、高木の**失明の受容**、そして**立ち直りの過程**が窺われる。たとえ光を失ったとしても、本人の気力・意欲さえあれば、たとえ困難なことが多々あるにしても、それまでの生活と変わりない日々が過ごせることを語っている。勿論、高木が代議士という特権階級（当時、参政権すら一般人は与えられていなかった）に属していたことは割引いて考えなければならないが……。

一四三頁から二三二頁までは、編者の横山の手からなる『本邦盲人傳に見たる偉人（上）』『同（中）』『同（下）』からの構成となっているが、視覚障害者（盲人）一般について記述した部分で、本論、ノーマライゼーションに関連してくるものを抜き書きしてみたいと思う。底本が昭和七（＝一九三二年、実はこの本は高木の喜寿を記念して出版されたものでもあった）年発刊であるから、それ以前の日本の盲人世界（以下、「盲界」と記されることもある）の実情が鑑みられると思う（本文中に振られている傍点は、多数なので省略した。また、ルビも略したものもある）。

盲学校設立と盲人教育について、次のように記している。

『盲人傳を論述するに就いては、維新後、吾邦に始めて創立された盲人學校の事も一言しなければならぬ。高木翁が盲人代議士があるようでなければと感ぜられたように、盲啞教育の起原は吾邦の先覺者が歐米に行つて、盲啞教育の實地を見て、盲啞教育の行はれてゐるのは眞に先進文明國だと、つくづく感銘したことに始まつてゐる。山尾庸三子及び中村敬宇先生の如きは卽ちその人であつた。東京の盲啞學校は、こういふ動機によつて創立されたものである。維新前の吾邦には、盲人に教育法がないではないが、それは全然、個人的のものであつた。組織的のものではなかつた。按摩、針療治にこそ、幾人かの弟子を集めて仕立てるといふことはあつたが、盲人學校などと稱すべきものはなく、盲人は教育の圏外に置かれてあつた。前述の盲偉人（引用者注：宮城道雄＝箏曲家、牧彦七＝工學博士、保科正之＝儒學者、菱田春草＝画家、等々）はすべてこの教學の圏外から崛起した者のみである。東京盲啞學校が創立されてから、盲人も亦たすべて教育の恩澤に浴することになつた。そして日本式の點字も發明され、盲人も選擧権を行使するようになつた。盲人の代議士、盲人の選擧民、かくして盲人も亦た政治上に確乎たる地歩を占むるに至

つたのである』(二八一―五)
『明治以來、盲學校の創立、卽ち盲人教育の開發は世界最新の文明の光が盲人を照らしたもので、吾邦の盲人に對する維新でなければならぬ。教育上にいへば明治五年に學令が發布され、邑に不學の家なく、家に不學の子なからしめんとあるが、その内容に於ては、實は盲人を含んでゐなかつた。盲學校ができたのは、それより十年後れてゐる。それだけ盲人の維新が後れたのは、盲人の不幸であつた。爾來、半世紀を經過した今日に於ては、盲人教育は進展し、盲人の世界が擴張せられたのは、吾邦現代の文化に、尤も顯著なる事實である。

むかしから盲人の天才は少く《ママ》ない。けれども、盲人の世界が單なる按摩だけでないことを、あらゆる盲人に知らしめたのは盲學校の賜である。今後は續々、盲學校から盲秀才が輩出するであろう。明治以來、今日に至るまでの政治史上に、維新前の教育を受けた政治家と、明治後の學校出身の政治家とがあるように、それと同じ人物の分野が盲人の世界にも發見される。現に、盲人學生として始めて外國の大學に留學し、歸朝後、始めて盲人として專門學校の教授を拝命した／「岩橋武夫」／英國エヂンバラ大學を卒業し、現に關西學院文學部教授である岩橋氏は盲學校が養成した新人物であり、盲學校以前に人物になつた高木正年翁と現代に於ける好對照である』(二一八―九)

盲人と職業選択については、次のように言っている。
『盲人が、盲人らしい職業を擇ぶといふのと、盲人らしからぬ卽ち言換へれば、目明《ママ》と同じ職業を擇ぶといふのとは、その立志の動機が反對であり、そこに、それぞれの人格、性行が現はれる。盲偉人とても同じことで、人間としての優越者たる精神滿足を得ることを志ざしてゐるのだが、それが盲人らしい道を歩んで目的地に到達しようといふのが、杉山檢校のようなのであり、目明き《ママ》と駈けつ競らをしようといふのが、塙保己一の流儀である。いづれの道にも偉人がある。けれども前者の方は偉人たらずとも、間違は少ない《ママ》。先づ以て尋常な平凡な、そして安全な道である。後者の方で成功する者は、いづれ非常な傑物でなければできぬことで、隨つて此道には危險が多い。高木翁の如きは、此途を闊歩し得た盲人があるのでなければ、文明國としての吾邦の聲價を確かめるに足りないといふ信念を以て、此道に突進したのであるから、その性格、行動は常軌を守つてゐても、その決心は極めて悲壮なものがある。古來、此道を歩んだ盲人には、大成するに到らなかつた者が少くなかつたであろう。前に塙保己一あり、今、高木翁あり、盲人の爲に氣焔を吐いたものである』（一七四—四）

と語り、また〝盲人教育と盲人の職業〟ということについては、東京盲学校長の秋葉馬治が述べている箇所があるので、そこを見てみる。

『（略）盲人の教育は特殊教育である。特殊教育といふことは特殊の《（ママ）》人間を作り上げる意味ではない。之は心身の特殊な人間を對象として普通教育、實業教育又は專門教育とする所である。教育の一般目的が國家公民を作るにあるならば盲人も人である以上盲人教育の目的決して之と異なる所がない。かくなると盲教育はただ方法上の問題である。それは社會は正常者本位に出來てゐる。盲人も此の同じ社會に生活するのであるから、その不便なことは勿論である。故に盲人教育とは正常者本位の此の唯一の社會に於て圓滿に便利に生活し得るやうに躾けることである。卽ち形の上の盲人を訓練して社會的正常者にすることである』（三四六—八）

だが現実はそうなっていないことを告げている。東京盲人技術学校教諭、森田嵩英は書く。

『ところが、今日の世の中となつては、何一つ、さう云つた盲人保護の方法が無くなつて了つて、いや、無くなつた許りか、盲人は手引きを連れて旅行しなければならぬ關係から、汽車賃、船賃は少くとも普通人の二倍を支拂はねばならなくなつて來ました。加之、前申上げた通り、眼明き《（ママ）》の失業者があんまや針灸で、盲人の職業戰線にまで喰ひ込んで來たやうな状態であります。近代文化は、何人も平等な扱ひをする精神の下に解放されましたが、ひとり、吾等盲人にとつては、これは解放の近代的精神でなく、むしろ、大きな壓迫でさへあることは、只今申上げたことでお判り下さいますことと思ひます』（三六四—四）

この当時から晴眼者による、鍼灸師への進出があったことが窺われる。これは平成の現代にあっても、障害者側から見ての職業に対する、「圧迫」になっている問題《こと》である。

高木と共に、明治になる前の（幕末生まれの）著者がもう一人いる。森盲天外である。

2 森盲天外（恒太郎）（一八六四〜一九三四）享年七〇歳。

《シリーズ番号、二。森盲天外著『一粒米』〈頁数＝二三九頁〉（底本：初版明治四一年、第八版大正一一年）より》

森盲天外、本名恒太郎は元治元（一八六四）年八月一三日、愛媛県松山市に生まれる。森も明治二三年、満二六歳で愛媛県会議員となった政治家である。そしてそれから六年後の三二歳の時に、**眼疾で両眼を失明**（一八九四年、三一歳の時に左眼眼底出血、翌一八九五年に右眼も異常をきたしたすえに）していることも、高木正年と似ている。ただ『一粒米』は森本人の著作であることが、高木とは違っている。

森もまた盲目となったことに苦悩、煩悶し、その命を断つことを決意する。しかし食膳に向かい、たまたま箸からこぼれ落ちた一粒の米を拾おうとして、それが指先に触れた瞬間、そのはかり知れぬ重さを知り、豁然として心眼が開かれていき、それを思いとどまった。一粒の米が人の血肉となって、その働きを全うする姿を思い、暗黒の世界から一転して、死生の大問題は解決されていったのだった。この本では、そんな森の懊悩の様子、そしてそれからの開眼の事情が語られ、その後の彼の思索がつづられている。

いま少し本文の記述に沿って、森のその心情を、障害（失明）の受容過程を見つめていく。

明治二七（一八九四）年九月一六日、森は仕事先の広島で左眼に異常を感じる。それまで全く視力に問題はなかったので非常に驚かされる。すぐに松山に戻って、松山病院で診察を受けるが、この時にはもう左眼は見ることが出来なかった。それで東京にも行って、名医と言われている帝大の河本博士に診察を受け、また半年間入院した。

しかし回復することはなかった。諦めて、博士に帰郷を伝えると、「右眼にも病の徴候がある」と言われる。そしてその言葉通り、松山に帰った時には右眼も見えなくなっていた。老母の顔も子供の愛らしき顔も見ることが出来なくなっていた。

同じ年に再び上京した。せめて右眼だけでもと願ったが――一時的に回復をしたが――、やはり出血を見て、無駄に終わった。博士より、「回復の見込みなし」と宣告されて、もはやこのことを受け入れて気持ちを切り換えなければならなかった。

『是に於て予は豁然《かつぜん》として悟つた。予は是まで眼の「明」を得んことに急にして、心の「盲」することを念《おも》はなかつたのであつた。一眼たりとも、一度恢復したしとの希望が、様々の妄想を生じて、苦痛となる、煩悶となつたのであるが、其希望は今根本より芟除《さんじょ》せられたのである。病に打勝たんとせし苦悩は、即ち絶体《(ママ)》の無となつたのである。故に将来は兎も角、現在は一身の苦痛煩悶を全く脱却して、一身の軽きを覚ゆるのである。斯く観じ来れば、河本博士の宣言は、予の為めに不滅の光明である』（六一—一二）

と言っている。森は両眼を失うことについては、次のように言っている。

『愈々盲目となつて、昼夜の別なく只暗黒の中に起き臥しするやうになつては、人世の事物に接触する毎に、復も悲みの念を生じ、失望交々《こもごも》至つて、之を制することを得なかつた』（六二—一〇）のであり、両目を失うということは、歩き行くことも自由にならず、何か物をつかむのも自由ならずで、両手両足を失ったのと同じであると。彼が『盲せざるものは、唯だ口のみである』（六四—一）と。

この本のタイトルである『一粒米』とは、何か？「一粒米」にどのような意味があるのか。そこに込められたものは何か。

それは数分間以前まで植物であった一粒米が、人間の体内に入って、胃で消化されると血液となり、乳汁となる。『植物が人間とまでも進化向上するではないか、此の如く短時間に、最高位の向上を遂げて居るものなる事を思へば』（九七—一〇）、賛嘆しない訳にはいかないではないか。『一たび進化向上し来りては、もはや素との一粒米でない。万物の霊長たる人とまで向上したのである』（九七—一三）。これは敬服の外ないではなかろうか、と言う。

進化向上する努力を払うのが、尊敬するに値すると。森自身も、そうならなければならないと思う。そう考えるとたちまち勇気が起こってきたのだ。『両眼の明を失つた位で、失望し、挫折し、以て悲観に沈むが如きは、如何にも意志の弱いことである』（二〇三―五）と。そして、さらに続ける。

『（略）一粒米が其身を食はれ、樹木が其身を切らるるの類《たぐい》は、彼等が向上の手段其ものであつて、所謂《いわゆる》犠牲なのである』（二〇七―五）

その犠牲が新たなる生命を造っている、とし、『犠牲も亦人世に必須《ひっす》の犠牲』（二一〇―八）なのであると。

『予は一粒米に対する尊敬が、犠牲に払ふの感謝と、天真を失はざるの恐懼に依るものなることを知つて、（略）、人世の趣味多き事を覚《さと》つたのである。故に今迄死すべしと思ひし一念も、消え果て猶ほ永久に生くべく愉快になつた。予は忽ち一の新なる生命を得たのである。此の新なる生命は、彼《か》の一粒米が与へくれたのである』（二一九―一二）と、失明に対する心の変容を語っている。一粒の米が森に与えた影響の大なるを語っている。そして度々出てくる「向上」と「犠牲」という言葉についても、森はこう言っている。『向上は人世の円満を為すにあり』（二五四―上見出し）と。『犠牲の目的は人世の円満を期するにある』（二八四―一二）と。つまり「向上」と「犠牲」は、「人世の円満」ということを介して等意であるということを。

森はこのような心の変容を経て、失明という障害を受容していく。

『盲目の境遇は、必ずしも人世に処し得ない者（ママ）でない。仮令両眼の明を失ふても、人世の光明は、盲と不盲とを区別しない。心霊の光明は、人世一切の共有である。盲目の予、豈《あに》独り遺漏せらるる者ならんや。故に、両眼の明なくとも、又人世に処して、人世の快楽を得る事が出来る。目を失へば聴覚や、臭覚や、触覚が意外に発達して、其足らざるを補ふて居る』（二〇七―四）

『畢竟予が此の境遇に処して、而して此の如く楽しく、人世の要務を果さうと云ふのは、只一点の光明を得たからであらう。之に由つて暗黒を照されて、以て人世に処するの安心を得て居るからであらう。此の安心を得なければ、又一日の生を全ふする事も出来ぬのである。されば一粒の米より発射した光明が、眼なき予の為めに、人世の暗を照し、無尽の燈《あかし》となつて、千万燭光の電燈に勝るの無尽燈となつた』（二一一－五）

また同書巻末近くの「盲天外先生と盲唖教育」で、二神寛一（愛媛県立松山盲学校長）はこう言っている。

『（略）三重苦の聖女ヘレンケラーのことから説きおこし、（引用者注：盲天外は次のように言った）／「我々不具者はしばしば常人の想像し能わざる不便を感ずる上にその不便不自由以外、社会より或る制限を附せらるることは実に心外千万である。その制限とは我々の眼が見えぬとか耳が聞えぬとか乃至は、ものが言えぬとかいうその不具の点以外に絶対に無能力視せられ社会より圧迫せられるこの一事なのである。盲人と雖も絶対能力者として当然享有すべき人権があり、国民としての責任をも尽すことができるのである」／思うにここに述べられた理念は古今東西を問わず特殊教育不変の原理であり、現代教育の原点ともいうことができよう』（三二九－一）

今から一〇〇年ほど前に書かれたものであるが、このことは現在でも言えることに変わりはない。

3　好本督（一八七八～一九七三）享年九四歳。

《シリーズ番号、四。好本督著『主はわが光』（頁数（以下略。数字のみ明記）＝二二四頁）（底本：昭和五六年）より。尚、正確にはこの本は、玉田敬次（日本盲人キリスト教伝道協議会書記）の書く「序」と、好本著の『わが隣人とは誰か』（一三頁～一五九頁）、及び今駒泰成（日本基督教団豊島教会牧師）著の『盲人の父、好本督の信仰と生涯』（一六一頁～二一八頁）とから成っていて、底本では好本と今駒両名並記の著という形になっている》

好本から明治生まれ（一一年）となる。大阪市東区に同年一月二三日に生まれる。父は外科医。彼は既述の高木や森と違って生来の弱視（**網脈絡膜色素変性**）であったが、努力して東京高商（現、一橋大学）を卒業し、イギリス留学も果たし、そして現在まで続く盲人の為の唯一の新聞、「点字毎日」の設立にも関わった。

好本の人となりを知る手がかりとして、玉田の書く「序」を見てみる。
『好本督《よしもとただす》は、日本盲人の父と言われた人である。ある時、日本点字図書館館長の本間一夫氏が「日本に於ける盲人の先覚者を挙げよといわれたら、日本ライトハウス創設者・岩橋武夫、毎日新聞点字毎日初代編集長・中村京太郎はじめ、ただちに幾人かの名前を挙げることができる。しかし、その中で好本督だけは別格である」といわれた。なぜ好本だけが別格の先覚者なのであろうか。

好本は、日本盲人キリスト教伝道協議会の創設、点字毎日の設立、日本語点字聖書の出版に大きな役割を果した。また日本盲人の初期の指導者、岩橋武夫、中村京太郎、熊谷鉄太郎（盲人牧師）、秋元梅吉（東京光の家設立者）、その他多くの人々を育成し、援助の手をさしのべた。そうしたことを思う時、別格に偉大な先覚者であったことがよくわかる。

では好本は、なぜ日本の盲人とその世界に奉仕と貢献をしたのであろうか。

好本は、明治のなかば過ぎ東京高商を卒業し、イギリスのオックスフォード大学に留学した。その頃好本は、内村鑑三に出会ってキリスト者となった。更にオックスフォード精神の「主はわが光」（詩篇二七・一）に打たれて、その生涯を神と隣人にささげる決心をした。好本は、生来弱視で失明のおそれがあった。そうしたことから、好本にとっての隣人とは、日本に於ける盲人であった。好本は、その決心を生涯をかけて実行した。日本の盲人に対して、精神的な援助の手をさしのべるだけではなく、自ら経営する貿易商の収益の殆んどを、日本の盲人のために献げた』（五一－五）

好本は留学中に英国の精神的遺産に強く打たれる。オックスフォードで彼はキリスト教の遺産を真に体現していると思われる人たち、大学の著名な先生たちと交わりを持つ機会に恵まれた。彼にとってこれらの人たちは、まさに《隣り人》であったのだ。また彼は弱視者だったので、盲人こそは特に《隣り人》なりと感じていた。彼が接した盲人の中には、多くの絶望の淵にある人たちがいたが、彼等に、西欧の盲人の福祉事業について語った時、彼等が変化し、彼等に非常な勇気を与え得たことを知って、盲目に苦しむ者に対して、日本でも同様の福祉事業を始めることを思い立ったのであった。

日本における盲人のための社会事業は、今や世界のどこにも比肩し得るまでになった。これは何といっても、英国の例に負うところが大きい。そしてその上、この盲人社会事業は、あらゆる身体障害者に対する、そしてさらには一般社会における福祉事業にも多大な影響を与えていった。『わたしの兄弟であるこれらの最も小さい者のひとりにした』（二八―五：マタイ二五―四〇）奉仕が、そのすべての源であった。

好本は生涯を通じて多くのキリスト者に出会った。そしてそこで発見したことは、彼等が真にキリストに従うこと。従うところにキリスト教の遺産が――たとえ無からなりとも――生み出され成長するということであった。それ故にこの何ものにも代え難い、キリスト教の遺産の中に秘められている驚異と力とを証せざるを得ないのであった。彼はこのようなことからキリストにより深く入り込んでいった。『祈りによって、私たちキリスト者の理想は、生活の現実となり、力となる。聖霊の力によって、私たちは世の悪と誘惑に立ち向うことができる』（二一―六）。好本は人生に対して力づけられていく。

一九一七年九月一五日の日記に、『私の視力は次第に弱くなってきている。今では大きな活字の聖書だけしか読めない』（四一―一〇）と書かれてある。三九歳の時である。

今駒泰成の『盲人の父、好本督の信仰と生涯』から少し見てみる。

好本は、『真の英国』という本を著したが、その中で彼の〝盲人と職業〟に対する考え方が出てくる。

『（略）日本では失明すれば誰でも彼でも按摩か琴弾きにするが、これは不正かつ残酷でさえある。人間には一人一人違った天分と適性がある。教育の常識からみても従来のやり方は大きな間違いである』（二六七―一一）

一〇〇年も前から盲界の先駆者たちはその職業に就いて異議を唱えていたのだ。ノーマライゼーションという言葉さえなかった時代だが、当時においてもすでに盲人の職業について、西欧との比較において、日本の現状を憂えていたことが判然とする。

また盲児の教育についても、好本はその著書『日英の盲人』において、次のように言っている。

『盲児を晴眼児とひとしく配慮し、かつ十分に教育すること。それには第一に盲児に義務教育を施す。もし盲学校をつくる余裕がないなら普通の小学校で晴眼児といっしょに教育することである。それは盲児には活発な気風と独立心を養い、晴眼児には知らず知らずのうちに博愛の徳を養いうるからである』（一六八―一一）

これは現代で言うところの、総合教育＝インテグレーションと何の違いもない考えである。当時から、一貫してこのことは言われ続けていることなのである。また、「盲児の父兄に告ぐ」として、次のようにも同書で書いている。

『盲児は晴眼児と同じように配慮し、いっしょに遊ばせるように』（一六九―一二）と。好本は言葉だけでなく、あとに続く日本の盲人に精神的・経済的援助を惜しむこともなかった。それゆえ彼は〝盲人の父〟と言われたのである。

『好本は煽動者ではなかった。彼の識見に燃やされ志しを立てた若き盲人が真に立ち上る時には精神的にも経済的にも父親のごとく助けた。熊谷鉄太郎が関西学院神学科に学んだとき、その学費は好本の奨学金であった。そもそも関西学院に盲人の入学の門戸を開かせたのも好本の働きであった。中村京太郎が日本で初めて盲人で公費留学生として渡英したとき生活の面倒を見たのは好本である。日本ライトハウスの創立者岩橋武夫が一九二五年（大正十四年）英国エディンバラ大学へ留学の際も便宜をはかり援助を惜しまなかった。それは決して単なる人情によってではなく、日本の盲人を救うために二人でも三人でも、よい指導者を育てることが必要なのだとの好本の信念からであった。

（略）

（略）好本が日本の盲人福祉の根幹をなすものとして盲人伝道を唱導し、盲人信徒を奮起させ、点字聖書の印刷や、点字新聞の発行を促して、盲人の社会参加と平等のために生涯を生きたことは、盲教育への貢献とあわせて彼が「盲人の父」と敬慕されるにふさわしい功績であろう。

毎日新聞社が一九六四年（昭和三十九年）に「点字毎日文化賞」を設定し、初の受賞者に好本督を選んだのは道理にかなったことであった』（二六九―一四）

このような好本の信念はどこから出てくるのか。彼の経済観がキリスト教と結びついていることに所以することも挙げられる。

『好本の経済観は、貪欲のためにでなく社会への奉仕のために正しく生産し公平に分配することによって神の摂理にあずかる至高の特権をもつ、ということにつきるであろう。／キリスト教は、この世的関心を持つ宗教であって人類の物質的福祉を真剣に考える。それはこれを精神的なものの外なる現われと見るからである』（一七九―一一）

好本の、好本自身の盲に対する受容、心の動きにも少し触れておきたい。

『私は漸くにして、私の眼の悪いことに就て安心立命の域に入った。ただこれだけは打ち消し難い悲哀であったのである。「我が恵み汝に足れり」という囁きを聴いたのである。……求めた物より悪い物を与えられたことは一度もない。私の視力に就て考へて見ても、今の状態が最上であり、これ以上のことは有り得べからざることだ。……世間の人がよく見えると誇る眼よりも、私の眼の方が遙に善い。何故といふに私はこの眼の故に、一層真剣に祈ることができ、いよいよ深い思い遣りを盲人のために寄せることができ……陽の光を恵まれぬ兄弟たちのために、霊の光を齎《もたら》すべく招かれる御声を、私は明かに聴くのである』（二一〇―三）

好本は目の悪化を肯定的に受け入れ、むしろこれを「一層真剣に祈」れるから、また「深い思い遣りを寄せることができ」るから、良いとしている。信仰を極めれば、こういう心境に達するものなのだろう。

尚、好本は英国で貿易業を始めた頃、英国婦人（マーガレット）と結婚し、二男一女をもうけている。

4 中村京太郎（一八八〇～一九六四）享年八四歳。

《シリーズ番号、四一。中村京太郎著『評論集「光よ照らせ」』〈七八頁分〉、阿佐博著『中村京太郎―目を閉じて見るもの―』〈七七頁分〉（底本：昭和六二年）より》

自叙伝シリーズでは四一番目の本で、中村の評論集のタイトル、「光よ照らせ」は世界盲人教育の始祖、バランタン・アユイ（フランス）の言葉である。『評論集』の内容は、大正二年から昭和一三年にかけて書かれた評論や随筆を集めたもので、全三章から成っている。第一章には、「点字大阪毎日」に書かれた二六篇が、第二章には、『六つ星の光』に記された四篇が、そして第三章には、『内外盲人教育』で報告された四篇が、それぞれ収められている。後者は、阿佐博の書く『中村京太郎―目を閉じて見るもの―』（日本盲人福祉研究会）で、中村の評伝である。尚、阿佐は『点字ジャーナル』編集長で、やはり四歳の時、失明した視覚障害者である。

ここでは阿佐の記述から中村の人となりを見つめ、評論集から中村の活動を見て、彼のその思想を考察していく。阿佐の『中村京太郎』のその冒頭に、日本盲人福祉研究会会長、本間一夫（既出、日本点字図書館館長）の文章がある。「本書の刊行にあたって」という表題で書かれていて、その中で中村の簡単な経歴が述べられている。

『中村京太郎は、わが国盲界の先覚者の中でもその筆頭に置かれるべき人であろう。明治一三（一八八〇）年の生まれで、明治四五（一九一二）年には既に盲人最初の留学生としてイギリスに渡り、二年間かの地で高等教育を受けているのである。同じく先覚者の熊谷鉄太郎は東京盲学校の教室でその講義を聞いているし、岩橋武夫も失明後の苦悩の中で進むべき道を示され激励されている。

中村は、第一に敬虔なクリスチャンであり、第二に優れた文筆の人であり、第三に活発な国際人であった。中村といえば点字毎日を、点字毎日といえば中村を思い出す人は、今なお少なくないと思うが、大正一一年、請われるままにその主筆を引き受けたのも、その後関西盲婦人ホームの創立に深くかかわったのも、人間は神の前には皆平等でなければならない、盲人だけが取り残されては神に申し訳がないという中村の強い信仰と固い意志とによるものであった。

主筆としてのその筆は、必ずしも鋭いものではなかったが、点字毎日巻頭の一文は常により高いものを目指し、物事の明るい面を強調して、読む者の心にともしびを灯し続けたのである。明治・大正・昭和と数度海外に出かけているが、その明晰な頭脳と優れた英語力はその都度大きな収穫を得、まだまだ遅れていて欧米との交流もままならなかったわが盲界に世界に向かっての窓を開いてくれたものである。明治三七年という早い時期に台湾に渡って、その盲教育に貢献していたことも忘れてはならないであろう』（Ⅲ－六）

中村は明治一三年、静岡県浜名郡の一農家の嫡男として生まれたが、好本と同様**生来の弱視**で、学齢期に達した頃には既に視力は学習に耐えられないほどに低下していた。そして失明するが、山野を駆け回る元気な少年でもあった。明治二七年東京盲学校に入学する。同校の教諭として居た、同じ浜松出身の石川倉次――点字の日本語を完成させた、近代日本の盲界にあっては、やはり忘れてはならない人物――にはよく面倒を見てもらった。尋常科五年、鍼按科五年をそれぞれ修了・卒業し、明治三三年、二〇歳の時に、同校の普通科教員第一号となった。

明治三七年、同校を退職し、台湾へ渡った。この時、イギリス人宣教師キャンベルの導きを受けて、キリスト教信仰を確実なものにした――盲学校の学生であった頃、時の小西信八校長が欧米を視察して帰国し、「盲教育の根底にはキリスト教信仰がある」と語ったことを胸に止めていた。

台湾生活七年が過ぎ、三〇歳を越え、彼は英国留学を考え出した。そして台湾から帰国後、好本やキャンベルの援助、好意により、明治四五年五月、ロンドンへと発った。

彼は英国滞在中、様々な時間を持ち、多くのことを学んだ。かつて小西校長が語ったことに、改めて実際に触れた。『（略）欧米における福祉や教育の根底を支えるものは、キリスト教的ヒューマニズムであることを聞いてはいたが、中村はそれを実感することができた。そのことが後の中村の生き方に大きく影響した』（四七―九。以下の引用文もすべて、阿佐の書）

また盲教育の意義について、そして盲人の成功を妨げるものも、この英国滞在で知ることとなった。

『盲学校が盲児に教えなければならない最も必要な課目は〝可能性〟ということである。盲教育の真の意義は盲児を強くすることだ。自己の実力を信じさせることだ。盲人の独立ということは晴眼者に比してそれほど困難ではない。失明は決して自立を妨げるものではない。ただ決心と忍耐力の欠乏は常に盲人の成功を妨げる敵である』（五〇―一）

と言う、サー・カンベル博士の言葉に強い共鳴を受けた。

大正三（一九一四）年、中村は帰国し、同五（一九一六）年に点字新聞『あけぼの』を創刊し、盲人に多くの情報を提供した。そして同一〇（一九二一）年、四一歳の時、阿野アツ（三七歳）と結婚した。彼女も熱心なクリスチャンであった。

それからその翌年の大正一一（一九二二）年に、「点字大阪毎日」（後に「点字毎日」となる）の主筆となる。英国の盲人教育や盲人福祉の実態を見てきた彼にとって、わが国の盲界に望みたいことはたくさんあった。それらを伝えるために、「点字毎日」は天からの贈り物であった。

『点字大阪毎日はいよいよ本日第一号を発行します。発刊の目的は、失明者に対して自ら読み得る新聞を提供し、本社発行の各種の新聞と相まって、新聞の文化的使命を徹底せしめんとするに他なりません。かくして、一方には盲人に対し、一個の独立せる市民として社会に活動するに必要な、知識と勇気と慰安とを与え、他方には、これまで盲人に対して、眠れる社会の良心を呼び覚さんとするにあります』（八―二〇）

これは点字毎日第一号に中村が寄せた発刊の言葉の一部である。盲人に各種の情報を提供して、各自が人間として向上することを願い、他方、一般社会に呼びかけて、盲人に対する理解を深めようとする中村の理想を、その中に窺い知ることができる。好本が願っていたことも、情報提供によるわが国盲界の啓発ということであった。今自分がその情報のメディアを手にして、好本の恩に報いる喜びにも浸ったことであろう。

彼はある日の評壇（＝コラム欄）に、次のようにも書いた。

『「村に不学の徒無く、家に不学の人無からしめよ」との詔を畏みて既に五〇年。しかし盲学令児の就学、実になお百名中僅かに七、八名に過ぎず。身を盲教育界に置く者、はたして何の面目ありて、明治大帝に答えんとするか。（大正一一年一二月一二日）』（六二―一三）

中村はそれから戦争の激しくなる昭和一九（一九四四）年まで「点字毎日」の編集に携わっていた（同年郷里の浜松に引き上げて、その職を離れた）。つまり、四二歳から六四歳という人生の後半生をその仕事に打ち込んでいたことになる。この新聞はわが国の盲界に様々な影響を与えたが、それは中村の人となりに大きく関係していた。彼は好本同様、キリスト教徒であり、西洋の風に当たっていた。それ故に、彼の知る福祉先進国イギリスと比較することとなり、同国を範として、日本の盲界に新風を吹き込もうとしたのである。

尚、彼もまたこの時代の盲先覚者の一つのパターン（典型）だったのかもしれない。優秀であったが故に、海外へ留学できたのだから。一般の盲人のことを考えると、とても恵まれた者であったといえる。晴眼者でさえ大学へ行くことが容易でなかった時代であったことを――限られた階層の者たちしか進学できなかったことを――考えると、尚更そのことはいえる。

彼は戦後は、横浜訓盲院や東京へレンケラー学院の教壇に立ったほか、東京盲人会館理事や中央盲人福祉協会理事などに就任した。晩年彼は次のように語っている。

『（略）目を閉じて見るものこそ本当のものである』（七六―一二〇）

と。この言葉が、彼が後輩たちに贈る最大の贈り物であった。

5 大橋五男（一八八一～一九六三）享年八二歳。

《シリーズ番号、四四。大橋寛政著『あめにたから　盲人牧師大橋五男の生涯』〈一九四頁〉（底本：昭和三九年）より》

この本の著者は、大橋寛政（＝大橋五男《かずお》の長男）となっているが、実際には彼はその巻末に「あとがき」を記しているだけで、全体の半分以上は五男自身が書き残していった言葉である。前半の「自伝篇」一〇九頁までがそれである。後半一一一頁以下一九二頁までは「追想篇」で、五男ゆかりの人たち二七人による追悼文である。

大橋五男は明治一四（一八八一）年五月二一日、京都府宮津に生まれた。五男の父は宮津藩主、松平伯耆守に仕えた鉄砲方に属した武士だった。明治維新となり武士は生業を営まざるを得なくなり、父は扶持をはなれて巡査となった。しかし鉄砲方だったこともあり、床の間にはいつも小銃が掛けてあった。

明治二二年の冬一二月、小学二年（八歳）の時、父の隠していた火薬を押し入れの天井裏で見つけた五男は、翌朝その壜を学校に持って行った。講堂でその壜を、暖をとるために置かれてあった大火鉢に近づけ、「さあ、やるぞ。爆発するぞ」と一四、五人いた仲間に声を掛けた。彼等はそれを聞いて、逃げ出した。

火薬をパラパラ火鉢の火に振りかけているうちに、『びんの中の**火薬に引火**したか、ゴー然たる音響とともに、身体は持ち上げられそして板間にぶちつけられたまま気を失ってしまいました。びんを握っていた右手は小指だけ残して、他の指は全部ふッ飛び、そのうちのあるものは、高い講堂の天井にはりついていたそうです。**両眼失明**、ことに右眼は眼球が、とび出してしまって完全に失明、左眼はその後の手術でしばらく視力を恢復したが、それも二十年足らずで完全に見えなくなってしまいました』（七―一三）

この出来事以来、父はぴたりと鉄砲いじりをやめた。そして彼は五男を、僅かに残った左眼を治すために方々の病院に連れて行った。彼は隠していたにせよ、火薬を置いていたことに対する自責の念があったので、一生懸命五男をあちこちの病院に連れて行ったのだった。

五男は一二歳の時、父の転勤先の西舞鶴で、そこにあったキリスト教の講義所の日曜学校に通い出した。そして、一四歳の時、再び郷里の宮津に住むと、宮津キリスト教会に導かれた。明治二九年一一月、同教会に京都から来た同志社神学校の教授であり、牧師である、M・L・ゴルドン博士から洗礼を受けた。

明治三一年、兄とともに京都に行き同志社に入った。そして同三四年、同志社神学校を卒業すると、直ちに京都の平安教会に伝道師として招かれた。その後各地の教会で牧師としての日々を送った。

明治三九年六月、寺村きよ野と結婚する。満二五歳。

明治四一年一〇月、東京霊南坂教会から、〝来援せよ〟との依頼があり、行くが、翌四二年三月に激しい喀血をし、次兄が開業医をしている舞鶴で療養することになり、東京を離れた。

明治四三年一月、療養のかいあって健康を恢復し、京都に出てメソジスト派の講義所で牧会伝道を始めた。

同年夏、かねて考えていた無料診療事業「日本健康会」を、京都の資産家・大沢善助翁、そしてその子息・徳太郎の援助を得て、また京都府立医専の教授連や医局、薬局の協力を得て設立した。これは、『キリスト教は言論で伝道することも大事だが、社会的実践が必要だ。愛のわざを行うことが今日のキリスト教のなすべくしてなされていない欠陥の一つだ。肺を病んでは今後説教することは無理だからひとつこの方面で働いてはどうか。（略）何といってもこの世の中で貧乏で且つ病気に苦しんでいる人たちほど気の毒な隣人はあるまい。ひとつこの人たちのために無料診療の道を開いてやることが、われわれクリスチャンの使命ではあるまいか』（三四－四）と言う京都・丸太町教会牧師、石黒猛次郎の示唆から実現をみたものだった。

その後、五男は富山県滑川、福井県福井市の教会に転じたが、福井に居た大正七年、再び大喀血をした。

『（略）肺の一部に穴があいて血が噴出したような病状でしたが当時の手当も原始的なもので、ゼラチンを注射してその穴をふさごうとするような治療法であったと思います。

京都の日本健康会の同労者、不破ユウ姉からも早速に優秀な浜保看護婦を派遣され、その後約三ケ月にわたる期間中、親身も及ばぬ看護をうけることができました。おかげでついに危機を脱してやがてもとの健康体にかえることを得たのであります。

（略）

わたしは一生涯家庭をかえりみるということはほとんどありませんでした。若しわたしが社会に対して何ほどかのご用をなし得たとするならば、それは全く家内きよ野の内助の功によるものであります』（五七―五）

妻の内助の功に触れている。五男の人柄が読み取れる文章である。このことを含めて彼の書く文章には、ほとんど全く彼の障害のこと、ハンディキャップのことには触れられていない。まるで文章だけをみたら、健常者のキリスト教者のことを書いているようにも思える。ここに五男の精神的強さを窺い知ることができる。

彼はキリスト教を通じて、「メンソレータム」の近江兄弟社の基礎を築いたヴォーリズ（のちの一柳《ひとつやなぎ》米来留《めれる》）と知り合い、のちに同社設立の図書館の副館長として招かれた。また、彼の子供たちも成長後、社員となって同社と関係を深めていった。

『近江兄弟社の理想のひとつは「物心両面の充実にある」と思いますが、物質的充実というのは人間の欲望には際限がありませんから、衣は寒さに耐え、食は飢をやしない、家は雨露をしのぐを以って足れりとすべきで、決してぜいたくを競うべきではありません。／われわれが充実をはかるべきは先ず心の問題であって、これが充実するところ、物質の方もおのずから恵まれるというのがわれらの信仰であります。「まず神の国と、その義を求めよ、さらば凡てこれらの物（衣食住）は汝らに加えらるべし」とはイエス・キリストの約束であります。したがってわれわれの理想は地上に宝をつむことではなく、天《あめ》に宝《たから》をつむことであります。／近江兄弟社の生活に於て、われらの憂いは足らざることではなく、等しからざることであります』（八三―二）

最後に、五男永眠の際に寄せられた縁故者たちからの文章のうち、橋本常一郎（岐阜、長谷虎紡績、専務取締役）のもの（表題「大橋五男先生追憶記」）を、いくつか記してこの項を閉じる。

『（大橋）先生はよく新島襄先生の〝Unseen hand lead us〟（引用者注：見えざる聖手）というこの短い言葉を引用してこう説教された。「人生の流れというか、人間の運命というものは、一寸したはずみに、自らの希望や決心や願望を乗り越えて、あらぬ方向に押し出されてゆく。これを人間的視点から考えればまさに運命論者のようであるが、神の聖旨を信じ、神を愛する者、キリストの愛に生きる信者には〝凡ての事相働きて益となる〟（ロマ書八の二八）信仰が生れてくる。誕生の事、入学の事、結婚の事、就職の事、そして死そのもの迄凡そ人生の最重大事はすべて、この〝見えざる聖手〟の導きを信ずる信仰によってはじめて真の解決が出来るわけで、神の摂理とはこういうことを指すのである」と』（二七四－一〇）

『生来の豪放闊達《かったつ》で、明け放しの磊落《らいらく》な気性と、博覧強記でインサイトの深い、しかも豊かな信仰体験を通じて流れ出る説教を初めて聴いた人は、これが全盲の人かといぶかって、先生の顔をマヂマヂと見直すのが常であった。事実、自分も最初は先生の説教をきいた時、見事、この事に気づかず、してやられた一人である。（略）

先生の説教は常に盲人特有の敏感さをもって直感的に神の啓示にふれ、神の召命に応じ、神とキリストの恩寵を肌身でじかに感じた体験を卒直《ママ》大胆に説教された。従って先生の説教の基調は常に体験からにじみ出た神の恩寵の証しであり、この恩寵に応えんとする燃える伝道心であった。従って先生の説教は魂によく響くものがあった』（一七九－一六）

社会事業家としての大橋に触れている記述もある。

『社会の片隅で近代医学の恩恵を受けることなしに病魔にさいなまれて、希望なく生きている貧しい人々の多いのは、昔も今も変りはしない。昭和の初期には、現代のような、福祉国家という進歩的な社会連帯意識は発達していなかったし、まして気のきいた近代医療設備がこれらの貧しい人々に解放されていようはずがない。これらの忘れられた弱者の味方となって医療事業に奉仕するということは、一牧師の手で到底やれる業ではなかった。然るに先生は牧会の傍ら、この至難な事業を見事やり遂げたのである。／即ち日本健康会を興し、自ら理事長の責任ある地位に立ち、自ら資金集めに奔走し、無料診療から投薬まで行った』（一八三―一五）
キリスト者としての大橋の姿がこんな処にも見られる。

第二節　熊谷鉄太郎から栗原光沢吉まで

やはり男性のみ五名の著書から。

1 熊谷鉄太郎（一八八三～一九七九）享年九五歳。

《自叙伝シリーズ番号、五。熊谷鉄太郎著『薄明の記憶　盲人牧師の半生』〈二三九頁〉（底本：昭和三五年）より》

この本の「はしがき」に、『すべて私自身の生活体験の記録』（一―五）とある。そしてこの生活記録を書こうとした理由も挙げられている（二―四～同―一二）。

① 長い月日にわたって私を導きたもうた目に見えない不思議な手、「みえざる御手」のあることを証したく、
② 盲教育、盲人福祉事業その他盲人関係の仕事に従事しておられるかたがたの参考にもと思う老婆心から、
③ 盲児を持つ親兄弟や盲人の友となろうとしていられるかたがた、あるいは盲人を友だちに持っている人々に対し、盲人の心理を幾分でも理解してよりよき盲人の友となっていただきたいと思う心から、
④ 盲人として、それから人生のトラックに立って勇敢に勝負を争わねばならない若い盲人諸君へのプレゼントと

して、

⑤　いかに多くの盲人たちがこのきびしい人生という競争の場にあって血みどろになって戦っているかという現実を、一般社会の人々に知ってもらいたい、という心から、

と。また、『この本は「内省的盲人心理学」とも呼ばれるように考えます』（二―一四）とも書いている。

熊谷鉄太郎は明治一六（一八八三）年、西南北海道の美谷という一小漁村に生まれた。母は数え一六歳で父の嫁に来たが、父は酒、バクチ、女遊びをするというどうしようもない男で、家の中はいつも修羅場だった。鉄太郎が数え三つの春に、母は離婚を申し出て、家を出て行った。すでに両親の居なかった彼女には行く処はなかったはずだが、その後の行方は杳として知れなかった。

鉄太郎は祖父に可愛がられて育ったが、満三歳六カ月の時、全国的に流行った**天然痘**に罹り失明した。しかしそれでもこのころは活発に動き回っていた。六歳位までは、濃い色の色別がつく位の多少の視力は残っていたからだ。但し、物の形などは全く分からないし、距離の感覚も徐々になくなっていってはいたが。このようにして幼少期において彼は盲となってしまったが、そんな盲児の世界にも明るい要素があったことも語っている。

『春は来れども花咲かず、秋は来れども月澄まぬ、常暗《とこやみ》の夜――それが盲人の住む世界であるとは一般の通念であります。盲人自身もまたこのことを深く悲しんでいるのはいうまでもないところです。（略）

しかし、こうした一面の暗い事実だけをあまり深く考えすぎると、他の一面に隠されている明るい要素を見失ってしまう危険があります。しかもこの明るい要素こそ、盲教育や盲人福祉事業の哲学的基礎をなすものでなければなりません。それで私はここに盲児として過ごした幾春秋の経験をふり返ってみて、自然は盲児にも平等にその恩恵を与えるものだ、という事実を語りたいと思うのであります。そしてそれが盲児を持つ親たちに、ないしは盲教育に当たっておられる人々の参考ともなればこの上もない喜びであります』（四九―一〇）

熊谷は盲児と自然との接触は、視覚を除いた他のあらゆる感覚を通して行なわれるという。耳や鼻の感覚はいうに及ばず、舌や歯も唇も、筋肉や関節の運動感覚もみな、大きな役割を持っていると。このことを彼に教育してくれたのも故郷の自然であったと言っている。

『(略) 私はとても乱暴な子供でありました。その代わりに、柱や立木に頭を打ってひたいにコブの二つや三つできていることは当然のことと考えられていたのです』(五三―一四)

『(略) しかしこうして私の感覚が知らず知らずのうちに訓練されていったのであります。私は後年、沖縄から北海道まで幾度となく一人で旅行することのできたのも、(略)、みな子供時代にあのツブタラケ (引用者注：美谷の近くの土地名) の自然という大教師によって訓練された賜物であります』(五四―六)

目は見えないが彼は川遊びが大好きだった。近くの小川で魚を捕って、そのしっぽやヒレの動き方、泳いでいる時の状態を実際の感覚を通して体得していった。まさしくこの上もない立派な盲教育を自然から受けたのだった。

明治二六年の秋に小田西 (美谷近く) の浜に小学校ができたが、彼は「座頭」だったので行けず、それまで一緒に遊んでいた子供たちと差がついたことを感じた。同時にそれまではなかった彼等からの軽蔑の言葉も聞いた。悔しかったがどうしようもなかった。

北海道は当時、辺境の地であったが、それでも多くの人が訪れて来ていた。内地からニシン漁の出稼ぎ人や、また盲人も鍼、按摩、易者としてやって来ていた。

明治二八年春、ニシンは来ず、祖父は落胆もあって重い病に倒れてしまう (父は彼が六歳の時に家を出て行ってしまっていた)。それで鉄太郎は浜に働きに来ていた、青森出身の館田という夫婦者に引き取られて青森へと行くことになった。祖父が夫妻に託したからだった。

青森に着くと、鉄太郎は館田のおかみさんに連れられて、青森一の鍼医・高井賢益の処に弟子入りした。館田の家からの通い弟子となった。館田のおかみさんは大変優しく親切な人で、毎日朝夕の送り迎えをしてくれた。だが彼は二週間ほど経った頃から一人歩きを始めた。

以下は、その頃（明治三〇年頃）の盲人に対する人々の態度、言動が語られている処である。

悪ガキどもに盲を笑われたり、からかわれた。『前にまわって顔をのぞきこんだり、後から背中をつついたり、ひどいのになると大事な大事な杖をふんだくるという始末』（八四―六）。強い憤激を覚えるが、三次郎叔父の戒めを思い出してガマンした。『座頭の坊の杖をふりまわすことは、人の笑いものになるだけで何の役にも立たないはんで、お前大きくなってもそれだけはするもんじゃねえよ。かりに一人や二人たたいても、後で何倍もしかえしされたら結局は損になる勘定だ』（八四―一一）

青森あたりの田舎では、盲児がこんな目に遭わされることは日常の茶飯事で、別に取り立てて問題にするほどのことではなかった。もっと面白おかしく大人からの揶揄《からか》いもあった。

『「おい、ぼさま（引用者注：坊主《ぼうず》――以下、（　）内は同じ）！　まなぐはめねば（目が見えなければ）可哀そうだな。あねさまだずのつらこも見られねべさ（娘《おんな》たちの顔も見られないだろう）。大きくなってもかかになるもなねべさ（大きくなってもお嫁さんに来る者もないだろうに）――」／「なに大丈夫だべさ。いたこ（盲女のほとけおろし）もいるし、ごぜ（盲女の門付け芸人）もいる。びっこもいれば、はなかけもいるべさ。心配したものでねえべさ（心配したものでないよな）……ねさ（そうだよな）ぼさま！」』（八七―五）

一五歳の夏頃から熊谷は鍼をもって人の身体を治療することになったが、いろいろなことがあって、その年の暮れには高井師匠に『鍼も按摩もやめたい』（一〇九―一六）と言って、そこを飛び出してしまう。そして明治三一年、祖父の居る小田西に戻った。

しかし翌三二年には小田西を出て、寿都に行き、翌三三年には札幌に出た。ここで彼は盲学校に入学する。そしてまた、ここにある美恵教会で、初めてキリスト教に触れる。祈禱会に出席したのだ。彼はもともと（七～八歳の頃から）無神論者であったので、教会に来たのも神を求めてのことではなかった。〝耶蘇教では、神も仏もあるものでない〟

と教えるそうだから、何か面白い理屈でも言って聞かすのだろうと思って来たのだった。それに入学した北盲学校の校長がクリスチャンだったので、彼を熱心に誘ったからだった。耶蘇は西洋の教えだそうだから、まさか神だの仏だのというそんな愚にもつかないものに線香を焚いたり、柏手を打ったりして拝みはしないだろう、と思っていた。だが祈禱会に来ていた人たちは真剣に拝んでいた。線香こそ焚かないが、彼等は真心から神を拝んでいた。年をとった者も若い者も男も女も、どのような恰好の人たちも、あるいは感謝し、あるいは懺悔し、あるいは禰宜ごとをささげていた。彼はひどく驚かされた。それをまた不思議――あまりにこれまで見てきた祈りの姿とは違っていたので――とも思った。

彼をさらに強くひいたのは、集会の前後を通じて彼という『小汚たない見知らぬめくら小僧に対して、ここにいる人々は、何らさげすむような気配を見せることもなく、憐れっぽい口をきく者もな』（一四三―五）かったということだった。いやそれどころではなく、ここにいる人々の中の幾人かは、

『（略）今夜初めて来た兄弟をお恵みくださいますよう、お祈り申しあげます』（一四三―七）

とも言って、祈ってくれていたのだ。「今夜初めて来た兄弟」とは、自分のことであるとも知った。人々の祈りの態度やその言葉、語る話、歌う讃美歌、読む聖書。こうしたもののなかからにじみ出るものに、彼は不思議なものを感ぜずにはいられなかった。この新しい有神論の前に、彼の無神論はぐらつき始めた。ここにいる人たちの信じている神とは、一民族の守護神でもなければ、一民族の所有でもなく、ましてやこの町、あの村だけの神でもない。この地球上だけの神でもない。幾億万里彼方の空に輝く無数の星座も、み心のままに治めたもう神秘の力であるとともに、路傍に咲き薫る名もない草花までも、色も香りも美しく装いてくださる〝愛の父君〟だという。『今日ありて明日炉に投げ入れられる野の草をもかく美しく装わせ給う』（一四四―四）お方なのです、と。

かつて父の姿も母の愛も知らず他人の手から他人の手へと渡されて、幼い頃から浮世の荒波にさんざんもまれてきた熊谷の胸には、この新しい教えはまさに天来の福音であった。そして彼はキリスト教へ帰依することを決めた。聖

書を読んで人生観は一変した。なぜこの世に〝盲人があるのか〟にもキリストは答えてくれていた。

『（略）イエス道行く時、生れながらの盲人《めしい》を見給ひたれば、弟子達問ひて云ふ、

「ラビ、この人の盲目にて生れしは誰の罪によるぞ。この人の罪なるか親の罪なるか」

（略）

イエス答へ給ふ。

「この人の罪にも非ず、また二親の罪にも非ず」

（略）

「ただ彼によりて神の栄の現れんためなり」』（一五九―一二）

と。因果でも、罪でも、偶然でもないのだと。それは「宇宙」の神の愛の御手が動いているということなのだと。

熊谷はこれを知ってひどく驚き、また『何たる明るい人生観』（一六〇―一一）だろうと思った。これはまさに暗夜における光明であった。

熊谷は大正七年四月、関西学院の友人、福永盾雄の妹・みね（二三歳）と結婚した。それから四〇年、妻は貧乏牧師の家庭を切り盛りし、子供（娘二人）らの養育に、また教会の仕事に、あるいは熊谷のための読み書きに涙ぐましい努力を続けた。そんな妻あっての彼の活躍ということができる。

以下の文章では熊谷が盲人として生きてきた態度がよく現れている。

『「目が見えないから御不自由でしょう」とよくいわれますが、私はいつでも「不自由でないとは申しませんが、私は不自由というものに征服されることなく、常に不自由を征服しつつ動いているのです」と答えるのですが、事実私は家の中だけではなく、教会の仕事や盲人運動のために出歩くときなど、どんな所へでも自由に一人で行きました』（二二〇―四）

と言い、これまで一人で歩いた各地のことを述べ、そして続けて、

『ここにことわっておきたいことは、私だけが自由に歩きまわる特別な能力を与えられているわけではないということです。訓練された盲人なら、誰にでもこれはできることなのです。要は訓練ができるかできないかということです』（二二〇―一六）

彼の積極的な人生が窺われる。

最後に彼の夢が語られているところがあるので、それを記したい。

『（略）私の生涯の夢を一言でいえば、「私もはばかりながら人間よ」と大手を振って天下の大道を闊歩したいということです。――大学の教室においても、盲学校の教壇においても、会社のデスクにおいても、工場のワークルームにおいても、基本的人権を、晴眼者と同等のレベルで主張し、また尊重されるべきである。言いかえれば温情や憐憫ではなく自由に出入りすることのできる世界を造りあげたいということであります』（二三七―八）

2　石松量蔵（一八八八～一九七四）享年八五歳。

《シリーズ番号、六。石松量蔵著『盲目の恩寵　盲人牧師の記録』〈二四二頁〉（底本：昭和四〇年）より》

石松量蔵は明治二一（一八八八）年九月二八日、熊本に生まれた。父は彼が満七歳の時、他界し、残された六人の子供を母が育てた。**先天的に視力に欠陥**があった彼は、母のより深い愛によって育てられた。

修学年齢に達した時、その小学校入学を諦めていたが、土地の小学校教師、船越照太という人の訪問を受けて、入学を進められて通えるようになった。そして四年間通って卒業した。この四年間こそ量蔵にとっての、知識の基礎を作ったものだった。彼のその後の、そして現在の生活を思うにつけ、この四年間の教育は、とても大切なものだった。彼に光を与え、また知恵の宝庫の鍵を握らせたのだったから。

小学校を卒業すると、一二歳の彼は三味線を習いだした。先生は千代寿という老盲女（この時七五歳）で、とても優しい人だった。二年近く千代寿についている間に、端唄、小唄、長唄、清元などを学んだ。このことがあって、小説や戯曲にも興味を抱くようになっていった。しかし千代寿は彼が一四歳の時に他界した。

量蔵は二〇歳まで三味線を続けたが、自分の才能に限界を感じて、それを辞めた。辞めてもしかし按摩をやろうとは思わなかった。その仕事が人々から蔑みの目で見られていたからだった。

彼は将来のことを思い悩んだが、いい考えは浮かんでこなかった。そんな折、一七歳の時に、習っていた点字が将来の道を照らした。彼はそれから点字書を読み耽った。当時点字書といえば、鍼按のためのものが多かった。自然なこととして、解剖や生理や病理の書も読むことになった。

それで流れとして鍼按の試験を受けてみることになり、首尾よく合格した。明治四〇年夏（一九歳）、鍼灸師免許の証書を手にし、翌四一年春には、佐賀盲唖学校の盲人部に教師の欠員が生じたことから、それを助けて欲しいとの依頼を受けて、それを引き受けた。正統な教育を受けていない自分につとまるのかとの不安はあったが……。

無事二年間を同校で教師として働き、明治四三年に職を辞して、郷里の熊本・鐘崎に帰った。そこで東京盲学校に入る準備を始めた。石松はこの頃（明治末）の盲人教育について次のような考えを持っていた。

『（略）およそ教育を受けている盲児は大抵富貴の家庭のものに限られ、我国の盲児の中でもその率は極めて低いものである。その大多数は文明の世に生れながら全くの〝暗から暗へ〟一生を送ってゆくものである。どうかして彼等に教育を授けてやりたいものだが、既に貧困な家庭に生れている以上（其原因は多く不衛生に基くものである）それには費用の全体を給与しなければならない。欧州では盲児一人に対しいくらという教育費を国庫から支給している国もあるが、我国でもこんなことが行なわれるならば、盲人はどんなに恵まれるであろう。（略）。しかし今日に至るまでこんな福音を耳にしないのは、盲人教育に対する熱意が低いためであろう』（三一―一二）

また彼の心を痛めていたことに、盲女の問題があった。多くが男子の玩具とされているという実態を目の当たりにしていたからだ。これは盲界識者の頭を悩ます重大問題でもあった。

その後彼は宗教生活に入ってこの救済問題に明答を得ていった。つまり知識への教育と共に宗教教育をも受けるということであった。知的教育と宗教教育とがあいまって、健全で幸福な生活に導かれるという結論であった。キリスト教信者の信仰生活の尊くも美しいものを、彼は強く感じていたからだ。明治四二年二月、数え二一歳の時、彼は受洗した。


『（略）二十一年間の闇のとばりは破れて、霊の光明が輝き渡った。私の今までの生涯は罪の子として葬り去られ、ここに私の魂は力ある産声をあげた』（四七―一）

石松もまた、明治時代の盲人の職業について触れている。

欧米には講師や牧師や弁護士がいるというのに、わが国では鍼按と音曲の二つの道しかない。高木正年や森盲天外のような盲目の政治家がいるが、いずれも後年失明した人であって、幼児からの盲人としては、他の方面で社会的活動をしている人はほとんどいない。それで晴眼者に伍して盲人といえどもその能力があることを社会に認識させるべく、彼は天に命じられたのである。

とはいっても盲人の一般的性行からみて、誰もが鍼按や音曲以外の道で活躍できるものではないということも分かっていた。元来盲人は、そうであるが故に外界への進出に積極的でなく、むしろ引っ込み勝ちになり易い傾向にある。石松自身は、旅行は好きだし、できるだけ快活に楽天的に生きようとしていた。またこのような心の状態こそ盲人に欠くべからざるものでもあると思っていた。

彼は盲人として生きてきて、次のように感じていた。これは彼の盲目に対する受容の内奥ということもできると思う。

彼にとって社会は常に愛すべきものであった。しかし勿論そこには少しの動揺もなかったということではない。いやその動揺は外部生活以上のものであったかもしれない。しかしそうした動揺の中にあっても常に恵まれていた。その「恵み」について、盲目であったが故に感謝すべきものが多い。すなわち神が盲目という門より彼を救い入れたことはその一つである。勿論神は全能であるから、み心にさえ叶えばいずれの道からでも救ってくださるが、彼の場合は盲目という道から救いたもうたのである。彼は盲目ということが神の賜物であるとさえ思われてならなかった。

少年期から青年期へ、そこにはいろいろな目覚めが待っていた。しかし彼には盲目という重い錨がつけられていた。彼はどんなに焦慮悲憤したか。しかもそこには絶望の暗礁が横たわっていた。半ば破船していた。彼は神、キリストの救いを受けた。主は肉の世界から霊の世界に導きたもうた。そしてそこに彼を解放し、自在に働くべきことを命じたもうた。霊の世界を海に喩えれば、彼は白帆を弓のように張ったヨットのようなものといえるかもしれない。そして黄金の海岸と緑の山とをもつ未知の島々を、このヨットはいくつも見いだしたのである。

また戦傷で失明した者に対しての石松の励ましの方法が語られている。

『（略）まず点字を学ぶこと、次には一人歩きの練習、第三には宗教的に生きることをすすめ、また既に戦死したつもりで、盲人の新たなる世界にはいれ。復活した気持で失明者の生活に生きよ。特に宗教的な生活は霊的自由を得るので、無限に精神的な活動ができる』（二一七－五）

と。これはしかし戦傷失明者に限らぬ失明者全般に対しての励ましにもなると思う。このことも障害の受容に至る過程の一つとも言えよう。

尚、石松は大正一五年一月に内藤エイと結婚し、エイの他界するまでの一一年間に三人の子をもうけた。また、昭和二八年に熊本ライトハウスを設立している。

3 新里貫一（一八八〇?～没年不明）

《シリーズ番号、四五。新里貫一著『闇に閃く聲なき聲』〈一七五頁〉（底本：昭和一一年第五版）より》

新里貫一《にいさとかんいち》の正確な生年月日は、その著書からは窺い知ることができなかった。ただ本文中の記述よりの推定として、一八八〇年代から一八九〇年代にかけてと思われる。その根拠として、一九二一（大正一〇）年に、『六歳の娘』（一八—一二）がいたということから、娘は一九一四、五年生まれということがある。また昭和九（一九三四）年にすでに『中年』（はしがき、二—三）との記述があるからである。中年とは四〇～五〇歳代と考えるのが適当と思われるので。

新里も前二人、熊谷鉄太郎、石松量蔵と同様、キリスト教徒である。しかし日本からアメリカへの移住民であること、盲目で聾《ろう》者であるという点では前二人とは違っている。

同書の序で、奥住猶文（ロスアンゼルス在住者）は次のように書いている。

『我等の新里君は、前《さき》には愛妻を失ひ、後《のち》には愛児を失ひ、次ぎには眼を失ひ、又其の次ぎには耳を失ふた人である。此の「四失《ししつ》」なる敵が、各々特殊の武器を携へて、彼が生命の本陣に切り込んだ。斯《か》くの如く多くを失はれた其の中に、唯だ一つ失はれざる物がある。それは「傳道」である』（七—三）

在米一四年の新里は一九二〇年には裁縫女学校の経営者だったが、この頃に左眼に異常を覚え、やがて見えなくなった。医者の診断では『**隔膜炎**』（二三—八）ということだった。左眼を失った二週間後には右眼も徐々に見えづらくなっていた。一九二一年八月一一日、昨夜まで微かながらも見えていた視力は全くなくなって、彼は完全失明者となった。

一九一八年までの間に先妻は一男一女を生んだが、翌一九一九年急病で斃れた。新里は妻の遺骨と共に子供を伴って一時帰国し（一九二〇）、長男を残して、帰米した。

その後程無くして再婚したが、失明という状況に遭遇した。失明してそれまで経営していたグロッサリー（食料品）店は破産し、その店は人手に渡り、住んでいた家も明け渡さなければならなくなった。それで、かつて住んでいたロスアンゼルスより東にあるAzusaへ、五年ぶりに帰った（一九二二）。再婚した妻と長女が一緒だった。彼女との間にも娘が生まれていたが、生後五日目にはその短い命を閉じていた。

六カ月後、妻の力づけもあって、再びロスに戻った。しかしそこでの生活は窮乏を極めた。一銭の金もなくなり、一枚のパンも買うことができなかった。しかし酒本喜三郎という伝道隊の人から、白米一袋と醤油一ギャロンを送られて、助けられた。これが縁で新里も伝道隊に入った。

妻も洋食店で働きだした。人生の奈落のどん底から少しずつはい上がりだした彼は、信仰的一大画成期に到達した。しかしロスに来て借りていた一軒家の大家から立ち退きを迫られ――『お前は第三期の梅毒で眼が潰《つぶ》れた相《そう》だから、そんな病者はこの家に置く事は出来ない』（九六－一）と言われ――途方にくれたが、たまたまロスアンゼルス・リフォームド教会の兼子牧師に出会って、同教会の地下室に住むことを誘われた。それでその言葉に甘え、そこへ引っ越した。

そのリフォームド教会の地下室生活は彼の信仰上に、また性格上にも大きな影響を与えた。処世と人生観にも大いに悟りを得させしめた。新里の社会奉仕の精神はこの六年間の穴倉生活で培養された。社会問題の知識と経験、月刊誌社会欄の担当、日本語学私塾開設、路傍伝道の素地、精神界貢献の画然たる決心は、実にこの穴倉生活の賜物であった。この間にまた、熊谷鉄太郎や石松量蔵がアメリカに来て、彼の家を訪れ、祈りを共にして体験による信仰を彼に示してくれた。

一九二六年、彼は初めて地方伝道の旅に出た。山崎節牧師（南加基督教連盟社会部長）を団長として彼を含めて四人で、帝国平原とメキシコへとの一カ月半の伝道旅行であった。

一九二七年九月、日本の伯母の処に、一歳半から預けていた長男・裕をサンフランシスコに着いた日本郵船の「天洋丸」船内で迎える。裕は九歳になっていた。その翌日から親子四人の生活が始まった。

この新里貫一の書物を通じて感じられることは、その再婚した妻の、彼への愛情の深さだ。失明し、愛妻を失い、破産もし、また聾者となった彼に対し、深い愛情を注いで支えた彼女もまたキリスト者だった。

4 **鳥居篤治郎（一八九四～一九七〇）享年七六歳。**

《シリーズ番号、四二。鳥居篤治郎著『すてびやく』〈二八八頁分〉、『随筆・紀行』〈三六頁分〉（底本：前者初版＝昭和四二年、再版＝昭和五六年。後者は一九一六～一九六九年の間に書かれたもの。昭和五一年に『鳥居篤治郎の英知』として出版されたものの一部）より》

この書（『すてびやく』）を、その巻頭で、元京都府立盲学校長、馬渕一夫は次のように――「すてびやく」を拝読して、と題して――書いている。

『（この書は）ハンディを克服して、たくましく生き抜いて来た盲人の生活と思考との赤裸々な訴えである。これは、現在と将来の盲教育と盲人福祉とを考えるうえの貴重な指針である』（五―一）

『（この書の文章の魅力は）内容が、「盲」を記しながら少しも「盲」を感じさせぬ、淡々とそして悠然と流れる大河の如き先生の人生観そのものであるからにほかならない』（六―七）　〔昭和四十二年五月三十日〕

鳥居は明治二七（一八九四）年八月一二日、京都府興謝郡（丹後地方）に生まれた。しかし二歳半の時（明治三〇）、**感冒に罹り**、右眼の視力が衰えた。そして程無くして左眼にも異常をみた。父（府会議員）は驚き、京都市に出て、京都病院の眼科に連れて行ったが、良くならなかった。父はその後も諦めずに、六歳の頃には、東京の名医の元に連れて行き、診察を受けさせたがやはり恢復せず、両眼は完全に失明した。

一九〇五年に京都市立盲唖院尋常科に入学する。その後、同校高等科、鍼按科をも卒業して一九一四年、東京盲学校師範科鍼按科に入学して、東京に居住した。

一九一六年、同校を卒業して、同時に妻帯する。

以後、静岡県江尻（現・静岡市）の鍼按学校や、三重盲唖院、京都市盲学校の教員となって、盲教育に尽力していく。

鳥居は幼くして失明したが、父は彼を一人前の子供として人前で扱った。このことを彼はとても感謝している。障害児を連れていることに対して、父は決して卑下するような態度は取らなかった。この父の態度があったからこそ、彼は卑屈になることもなかった。父は芝居や、博物館や、相撲見物にまで連れて行ってくれた。このような父母の行動が、いかにその後の彼に強い影響を与えたか知れない。このことを考える時、父母の人生観がその障害者の人生に強い影響を与えることを、鳥居の生き方は物語っている。

鳥居は一八歳の時に、クリスチャンになった。しかしどうしてもそれは彼の気持ちにピッタリとせず、エスペラント運動の方に入っていった。そこでバハイの教えに触れた。

「バハイの教え」とは、一切の偏見を捨てさせること。人種的、宗教的偏見を捨てて、世界の人類は一つだとするもの。どんな宗教に対しても排他的ではなく、お互いに尊重していこうとする。そこには愛があるのであり、従って平和にも繋がっていく、という考えである。これは鳥居にとって一番分かり易いもので、彼の一生を通じて支配する教えとなった。それは、彼の失明とも関係していた。つまり、目が見えないと、物の差（判）別が分かりにくい。差（判）別が分からないというのは、一切が無差別ということにもなったからである。

『すてびやく』の一四九頁から一八〇頁までは、「盲の孤独」という中見出しで、盲人の心理学、盲人の考え、盲人の行動について語られている。この部分がこの書物の肯綮であるように思われる。いくつかの文章を見てみたい。

『盲人には理屈家が多いと言う。考えようによっては、それは無理からぬことであるかも知れない。環境の視覚的認識によって自己の位置と存在とを自覚する目あきに比べて、目くらはそれを内部の論理性に求めなければ生きて行くのに不便だからである。（「仏眼」昭和十八年二月号）』（一五一―二）

つまり盲人が理屈っぽいと言われるのは、目くらは自己の位置と存在とを内部の論理性に求めているのだから、そうなるのも仕方ないのだとしている。

「冬の点字」という小見出しの処には、かつての盲学校の状況の実態が語られている。

『冬が来た。点字を読む指先が冷える。指先の冷たいのは私達には禁物だ。と言って手袋がきらいである。目かくしされたようで、うるさくてならない。（略）

冷たいからと言ってしょっ中火鉢に手をかざしていると、指先の皮が乾いて堅くなり、触覚がにぶって点字が読み難くなる。これは日本の盲人なら誰でも経験のあることだ。

「指先が堅いよりも冷たい方が点字の触読には禁物だ」と、イギリスのロッチヘッドは点字学習法と言う本に書いている。だから点字の読み方の勉強にかかる前には、手の運動をしたり、お湯で手を温めたりして、血のめぐりを良くしておけと教えている。

（略）

今年も冬中ストーブのない教室で、赤くなった手に息を吹きかけ吹きかけ、幼い盲児たちがこつこつと点字を書くであろうと思うと、可哀想でならぬ。たとえ予算が足りなくとも、電燈のない夜間学校がないように、教室の暖房だけは何とかしていただきたいものだ。

冬がくる度に、私は毎年しみじみとこんなことを感じるのである。（「日点研究会報」昭和三十年十二月）』（一六二―一三）

〝失明〟とは、また〝盲人〟とはどういうものかということを、イギリス人盲人弁護士、ワシントン・レンジャー著の『盲人論』（好本督訳）から鳥居は述べている。

『（略）失明とは、ただ目が見えないようになるばかりで、人の性質や才能の上には、何の関係もありません』（一七〇―一一三）

そして盲人は、たえず練習することによって、その残りの諸感覚を確実に、かつ迅速に用いることが出来るようになる。すなわち、必要に迫られて、自分の持っているすべての能力を使用する結果、視覚欠損に対する自然的代償作用として、他の諸感覚が発達するのであると。目くらだからといって、特殊の人間でもあるかのごとく考え、あるいは特別な感覚の所有者であるかのごとく思うのは、大きな誤りである。この誤りを悟って、真に盲人を理解するのでなければ、そしてその心理を基礎として出発するのでなければ、盲人の教育も救済も、保護も、すべて盲人問題の徹底的解決を見ることは不可能である、と言っている。

また、レンジャーは次のように、**盲人には3つの大きな不利益と3つの利益**があると語っている。**不利益の3つとは、**（以下一七二－六～。但し、原文のままではない）

①　美しい自然の景色も、親愛なる妻子友人のおもかげも、人の愛のこもったほほ笑みや親切な目つきも、見ることが出来ないこと。

②　人間は自己の行動の自由を有すべきであるのに、盲人は、往々にして他人からうるさく干渉されることである。それは言うまでもなく、人々の親切と同情からであって、私ども盲人としては、満腔の感謝をもって受くべきではあるが、一個の自由人としての盲人としては、かなり有難迷惑な事があるということ。

③　盲人にはしばしば自分が目が見えないために、自分の活動の範囲が全然制限されているかの如く、おのずから考えて、安価な安心とあきらめに満足しようとする傾向を持っていることである。これは、おそらく盲人の有する最大の不利益であろう。

利益の3つとは、

①　盲人は他の身体障害者よりも、一般の人々から一層無限の同情を受け得ることである。これは盲人に属する財産であり、特権である。

②　目あきの人々から分外に厚遇されることである。どんな偉い人でも、盲人に面会を求められて、断わる人はまず無いであろう。このことは有難い幸せと言っていい。

③　それは驚くかも知れないが、「失明の永久に継続する事」である。盲人の目の開かない事である。大抵の盲人は、一年間にただの十分間でも、自分の失明していることを悲しむ者はなかろう。盲人は、外から想像されるほど自分では、苦痛を感じていないものである。

またレンジャーは、**盲人の一生を支配すべき2つの原則**を挙げている。

ⅰ　盲人は自分の失明しているという事実を、外面の言葉や行動だけでなく、内面の心中深き所にも、平生から十分明白に自覚しておくことである。それは、盲人の安心と幸福とを増加するもっとも確かな道であり、また盲人が真の同情と正しい保護とを受ける位置に、盲人を置くもので、盲人の生活を容易にするものである。

ⅱ　心得るべき原則の第二は、盲人であるという自覚を、はっきりと持っていると共に、他方では出来るだけ自分の失明していることを気にかけず、目あきの人々と同様に活動し生涯を送るべきである。そうして、その活動の範囲は、みずからの経験によって発見すべきで、決して他人の経験や実例をもって標準としてはならないのである。

以上が、レンジャーの「盲人という身体障害者についての意見である」としているが、鳥居は、鳥居たちの負っているハンディキャップには、身体的なもの、社会的なもの、経済的なもの、精神的なものなどいろいろあるが、身体的なものについては医学が解決してくれると語る。

また社会福祉や社会保障については、政治や法律や社会正義の徹底によって改正されるとする。しかしだが、精神的な問題は環境の改善や法律的な解決策だけではどうにもならない面が多々あると指摘する。盲人自身の精神的な部分の解決が図られてゆかなければならないとしている。鳥居自身としては、両親、兄弟、親族、知友、そして妻の愛に恵まれたとして、精神的にとても恵まれていたと語っている。

『大抵の盲人は、殊に中途で失明した者は、一度や二度は自殺を企てるものですが、私は、幸か不幸か幼い時に目がつぶれたので（引用者注：そしてみんなの愛と親切のうちに何の苦労もなく育ったので）、そんな苦労は経験せずに済みました』（一六七－五）と述べている。

またそんな優しい妻の愛に満ちた言葉として――盲人の妻として――、次のような文章を寄せている。

『あなたの目を、あなたの手を、ほんのちょっと貸して下さい。そうすれば、盲人がどんなにか助かることでしょう。

目が見えなくとも、大抵のことは工夫と練習でやってゆけます。もう駄目だと、諦めるほどつまらないことはありません。頭ですることなら、勿論何のハンディキャップもなく出来ます。だが、身のまわりの日常生活では、見えないと色々不便不自由があります。

例えば、はがき一枚さえ、誰から来たのか分からない。回覧板がお隣りから廻って来ても、読めない。着ている着物の、色や柄がわからない。どのネクタイが似合うのか、他人の目で判断してもらわなければならない。知らない道は、歩き難い。交叉点を渡るのは、命がけだ。だまって会釈されると、相手が誰だか見当がつかない。点字にするかテープに吹き込まなければ、思うように読みたい本も読めない。あわてると、紙幣の見分けが難しい等々。

このような苦労も、なんとかして克服出来るとしても、ほんのちょっと目を貸してくれる人があったら、どんなに便利で幸せかしれません。生き甲斐のある人生とは、こうした盲人への協力と奉仕にあると、妻が言ってくれます。（「婦人生活」昭和四十年三月号）』（六二一－一〇）

最後に、題名の『すてびやく』とは、久しぶりに故郷に帰った時、弟の動静を尋ねた折、母が言った言葉だった。「今日は、お宮のすてびやくでな、留守だ」と。

『察する所、「捨て日役」で一日を捨てて労働に服する努め、と言う意味らしい。現代語で言う、「勤労奉仕」であろうと思われた。（「仏眼」昭和十八年十月号）』（五五－一五）

と書かれている。

5 栗原光沢吉（一八九七〜）一九九三年三月までは健在。

《シリーズ番号、五一。栗原光沢吉著『光うすれいく時−明治の盲少年が教師になるまで』〈一三六頁〉、『点字器との歩み』〈一五七頁分〉（底本：前者、平成五年。後者、昭和六三年）より》

栗原光沢吉《つやきち》は明治三〇（一八九七）年二月二八日に母の里（群馬県群馬郡岩鼻村）で生まれた。父母は当時としては珍しくない従兄妹同士だった。ということで、婚家の藤井家には血の繋がる小姑が六人も居て、また伯母である姑が厳しい人だったので、母は光沢吉を身ごもりながらもいたたまれなくなって、里へ帰ってしまったのだった。

一年後に母は藤井家に戻るのを拒み、光沢吉のみが父親と祖父母に引き取られていったのだった。

満三歳の時に、小学校の教員だった、子供の居ない栗原家の養子となって、一人息子として育てられた。光沢吉は**幼い時から、ものが見えずらかった**が、視力は年をおうごとに衰えていった。高等小学校を卒業した時には、細かい字を読む視力はすでになかった。

大正二（一九一三）年、一六歳の時に群馬県師範学校付属特別学級に入学し、同五年四月に東京盲学校に編入学した。そして同八年三月の卒業まで寄宿舎生活を送った。

彼は東京盲学校に入って、それまでの視覚中心の学校から触覚中心の学校に移ったことを実感する。そしてその喜びを次のように書いている（尚、引用文はすべて、『光うすれいく時』より）。

『算術の時間には、盲人用のソロバンといって、将棋のこまみたいな玉を前後に倒して使うものを初めて見せてもらった。（略）／理科の時間には、さんしょう魚の血管系統の模型を指で触らせてもらい、地理の時間でも、点線であらわした地図をやはり指先でふれて勉強』（七三−八）した。

『これまでの永い間、私は視覚中心の学校や設備、教え方の環境にいて、そこで最も大切な見る力が弱く、薄い霧の中にでもいるような不充分で苦しい毎日を送っていた。それが、今や触覚中心の教育を受けられることになった喜びは、たとえようもないほどだった。すべてが確実な知識の光となって心に輝くようだった』（七四－一）

盲人にとっての盲学校の有効性を語るものである。また大正時代の盲学校の寄宿舎生活をこのようにも書いている。

『寄宿舎の朝は、六時に起床の鐘が鳴る。七時には舎生が部屋の前に並んで先生の点呼を受けた後、皆そろって食堂へ行って朝食をすませる。七時半から三〇分ほどの自習時間で授業の準備などをして登校する。午前の授業が終わると、寄宿舎の食堂に戻って昼食である。

放課後には、浴室で入浴することができて、夕食は五時であった。七時から八時半までは自習時間で、九時に朝と同じような先生の点呼を受けて就寝、というのが日課であった』（七五－五）

栗原は大正八年三月に東京盲学校を卒業すると、同年四月、私立前橋盲学校の教師となった。盲学生から盲教師への変化は、寄宿舎生活との別れも意味していて、卒業後は両親の元から盲学校に通勤することとなった。父母はこのことを自分のことのように大変喜んだ。

八年後の昭和二年三月に、同盲学校が廃校になると、そこから西二〇〇～三〇〇メートルの県立群馬盲学校に移動した。そして彼は終生、盲教育に携わる人生を送った。

『光うすれいく時』の冒頭、「はじめに」に彼は次のように書いている。明治の頃の視覚障害者の状況が、その本人の口から語られているので引用する。

『私は、幼少の頃から眼がだんだん不自由となり、ついには完全失明となったのだが、当時の障害を持った子供は、その親が、可哀そうがったり、あるいは世間体を気にしたりして、子供を家へ閉じ込めてしまうのが一般的であった。また小学校教育などもその障害のために受けさせてもらえず、まして職業につけるすべもなく、あたら養育ざかりを無為に過ごし、したがって社会的には取り残されたみじめな境遇に甘んじなければならなかった。

当時は、こうした障害者に対する社会的認識あるいは行政制度などがまことに欠けた状況であるのに加え、健常者でも上級学校へ進学する者は村の小学校でも年に一名か二名、まして東京の学校へ出して貰えるのは村でも何年に一人という時代であった。

このような背景の中で、視覚障害者でありかつ養子であった私は、養父母の心からの慈しみのもとで育てられ、貧しい教員の家計の中から、東京で人並み以上の教育を受けさせてもらったおかげで、いろいろな困難にも挫折することなく、今日まで健全な社会生活を営むことができたのである。

こうしたことを思う時、父と母の生みの親にも及ばぬ真実の愛情が、私の生命と人生にとって、いかに大きな力となっていたのか、図り知れないものがあったことをひしひしと感ずる。そして、この深い恩恵と父母のご苦労について、ただ手をこまねいているのに忍びず、障害者を持つ親の苦労を世の人に知ってもらうことにより、いささかなりとも父母の恩に報いたい、というやみがたい思いがあって、これがこの小文をまとめた動機の第一点である。

また、国あるいは地方公共団体の行政面においても、いろいろとご努力を願い、障害者福祉は格段の進歩をみせているとはいえ、障害者側からすればやはりいまだしの感は否めない。要すれば障害者固有の精神および肉体上の特性を充分に把握し、これに基づいた教育方法の研究と実践、そして自立を促す職業訓練とともに、雇用、福祉などのきめ細かな施策が望まれるのである。

このような観点から、はなはだ不備なものではあるが、私の体験を省みて、障害からくる不利益、不条理、社会生活の困難さ等についてありのままを記し、障害者に関係する各界の方々に対し、いくらかでも参考になりうればとの思いもあった。これが動機の第二点である。（一九九三年三月）』（一―七）

第三節　三原時信から長谷部薫まで

やはり男性のみ五名の著書から。

1 三原時信（一八九七〜）出版された一九六二年までは健在。

《自叙伝シリーズ番号、四六。三原時信編『白い杖に頼りつつ』〈一五八頁〉（底本：昭和三七年）より》

三原時信は明治三〇（一八九七）年、愛媛県松山市に近い瀬戸内海の海辺（西垣《にしはぶ》）に生まれた。満五歳の時に、父・常五郎はアメリカに渡るが、彼は母とともに日本に残っている。なぜ、父のみがアメリカに行ったのかは書かれていない。それ（父の不在）でも地元で中等学校を卒業するまでは、何の苦労をすることもなく、平和に過ごしている。

大正五年中等学校を卒えると、東京に出て、早稲田大学英文科予科に入った。しかし翌六年春に目の異常を覚え、順天堂病院で診察を受けると、「**単性緑内障（青そこひ）**」という宣告を受けた。『眼疾で眼球の中の水が増え、晶水が増加し、奥の網膜の神経が網膜からはなれて陥没し、視神経が働かなくなって行くので、四十才か五十才頃には自然に失明するであろう』（一二－五）と告げられた。

同年夏、キリスト教に関心を持ち、内村鑑三の聖書講演を聞き、キリスト教を深めていく。大正九年、早大英文科本科を卒業し、同年一二月、母とともに父の居るアメリカに渡った。

これは三原の信仰生活の体験記である。聖書の文句（＝聖句）の註解が多くを占めている。キリスト教を深めていった三原もまた、失明を告げられた当初は、

『（略）折角地上に生き乍ら、人様の世話になるよりも、いっそう自殺したほうがよくはないかとさえ、何度考え

た事かしれません』（一三―一）と言っている。ただこうしたある意味、悲嘆の中にある時、聖書にあって救われたとしている。『こうした試練に遭った時に、私の生涯にとって最も幸福だったと思われるのは、一巻の聖書が私の手許にあった事でした』（一三―三）

すでにこれまでの著者の中でも触れているものだが、彼もヨハネ伝第九章のキリストの言葉、『この人に由りて神の御業の現れん為なり』（一四―八）の聖句を目にして、

『（略）暗黒の中に大きな光明が差し込んで来たように思いました。自分のような弱く愚かな者に何が出来るかを自分は知らない。けれども、そんな悲境に立つ時が来るとしても、神様が己の栄光を顕される為に、自分のような者を使って御業を顕されるとしたら、自害してはならない。大きな生命の綱にすがるように、私はこの一つの聖句に縋《すが》って立上る事が出来たのでありました』（一四―一四）

と。そして、キリストは言うのである。

『（略）この人が盲人として生まれたのは、成程この世から見れば悲しい境遇であろう。然し、この人が盲人である事に依って、或いは、この人が不治の病いを負って、寝床に倒れる事に依って、或いは愛する者を天国に先立たせて、この世に生きる凡ての喜びと希望とが、この人から遠く放れ去ったかと思う時に、或いは又事業の破綻に依り、世の友達という友達から見離されて、自分が孤独の苦境に立たねばならなくなった時に、神様の御手が働いて、その人の頭上に御業を現わすようにな』（一〇―一二）ると。

『（略）世の中には盲人だけでなく、小児麻痺とか色々な不具の子供が生まれる事もあり、若い身体で生涯寝床から離れられない不治の疾患に悩む人も出来ます。そうする時、家庭の人達の愛、社会の愛はこの人の上にそそがれます。又そうなる事に依って、この人が今迄気付かなかった尊い使命が、この人の心に芽生えて来ます。その人の力に依るのではなく、神の御業が、この人を加護していると直感されるようにな』（一一―一二）ると。

三原は失明を強く意識し、また現実のものとなってきた当時のことを次のように述べている。それは太平洋戦争開始二～三年前のことで、ある日、右の目が全く見えていないことに気付いて……。

『（略）右の目は全く死んで用をなさず、左目だけで歩いていたのを知りました』（七六－一二）

『神様、私が唯今気付いた事でありますが、私の右の目は私よりも一足先に天国にとられて、あなたの御許《みもと》に行ったようであります。考えて見ますとこの目は忠実な僕《しもべ》としてよく私の為に働いてくれました。この目があったから私は愛するものの顔も充分に見る事が出来ました。この目の働きで幾らかの書物も読ませてもらいました。こうして、美しい自然の景色を心ゆくばかり探る事も出来ました。悉《ことごと》くこの目がまめやかに働いてくれたからです。私は、ありし日の一日一日をこの目の故に感謝しております。どうかこの目を安らかにあなたが見守って下さい。しかし幸いな事にまだ私の左の目は少しその視野を残しております。どうかこの視野の残っている限り、私の使命の全うされるよう働きを続けさせて下さい。しかしこの左の目もやがてつむらなければならぬ日が来るでしょう。その時、今日右の目を閉じて感謝に溢れているように、左の目を閉じる時も同じ感謝で溢れさせて下さい。しかしそれでも私は尚健康な手と足とが残されているでしょう。この手で働き乍ら足で歩んで、どうかあなたの御用をさせて下さい。口の続く限りあなたの御栄光を宣べ伝える事を許して下さい。然し乍らいつかは、この手も萎え足も衰えて、立つ事も出来なくなる日も来るでしょう。その日に私の生涯をかこつ事なく、今日目を失ってももつ事の出来る感謝と同じ感謝をあなたに捧げつつ静かに眠る事をお許し下さい』（七七－一五）

三原は失明と向かい合い、それを受容していく。

『（略）よく失明を歎《なげ》き悲しむ人がこの世には沢山居られますが、私は失明を不自由とは感じても、悲しいつらいと感じた事は一度もありません。これはまけおしみではなく、私自身不思議だと思っております。世の人には見る事が生命である事と感じているようでありますけれども、目にばかり頼らないで、見ないでも生きていかれる別の世界のある事を知り得た私は、むしろ水と空気との間に生息出来る両棲動物のようなものだとほほえましく感ずる

事もあります』（七八－一一二）

三原たち日本人及び日系人は、太平洋戦争中、一一カ所の転住所（＝Relocation）に強制収容された。彼は当初（一九四二年四月下旬から同年八月下旬まで）、南カリフォルニアのポモナ市外の競馬場に臨時収容された。その後、ワイオミング州のハート山収容所に移されたが、この時、妻と二人の息子が居た。彼はそれ以前にサンフランシスコの盲人施設のライトハウスで点字を学んでいて、英語の聖書を読めるようになっていた。

一九四二年から一九四五年の三年余りの収容所生活は、忘れることの出来ない〝黄金のような日々〟であったとしている。その後の生涯は、この三年間がなかったら異なったものになっていただろう、とも述べている。

彼はアメリカにとって、敵対国の日本人ではあったが、アメリカ社会の〝盲人に対する寛容〟を次のように語っている。アメリカ社会の障害者全般に対する考え方といってもいい。日本人及び日本社会の障害者に対する態度との対比において触れている。

日本人がアメリカ・ボストンのパーキンス盲学校に留学に来る時、その多くが白い杖を持って来ないことに触れて、『こんな乱暴な習慣があるのを見て、実に非常に驚いている』（一〇五－五）と。こうした傾向を盲人の間に生み出したのは、日本の社会的風潮がその背後に影のように潜んでいる、と指摘しながら、

『即ち、盲人は罪の塊《かたまり》が盲と言う結晶を生んだのであって、家庭か、その両親か又は祖先に、何か見えない罪がひそんでいる証拠である。だから盲人を見ると、その人を厄介視し侮辱する傾向がある。目明きでさえ生きて行く事の困難な社会に、盲のような厄介な寄生虫的存在は、一歩後にさがっていて貰い度いと言う傾向である。そんな人を踏み倒して行かねば生きて行けない、と言ったような気分である。

敢《あえ》てアメリカを無上に買いかぶった意味ではないが、このアメリカに住む人達の社会的な考え方にはおおかたの日本人のそれとは全く違ったものがある。この世の中には、盲とか、聾《つんぼ》とか、跛《びっこ》とか、普通の人通りにいかない気の毒な人達が沢山いる。これをハンディキャップ（身体障害者）と呼んでいる。私達の住んでいる社会で、これら

のこうした人達が幸福になれなければ、私達の住む社会は幸福な社会となれないのである。だから彼等に住み易い社会的条件を与えねばならない。自分達よりも彼等を先に幸福にし度いと言うのが、一般の米人の社会的常識である。これは、聖書を中心とした、永い間の宗教的訓練に依る事も多いだろうが、日本とかけはなれる事が余りにも大きいと考えさせられる事がしばしばある』（一〇五―八）

三原は、戦後もアメリカで生活を続けている。

2　岩橋武夫（一八九八～一九五四）享年五六歳。

《シリーズ番号、二一。岩橋武夫著『光は闇より』（含む『パンを貫く聖愛』）〈九七頁〉（底本：昭和六年初版、平成四年新版）。同著『母・妹・妻　女性に與ふ』〈九五頁〉（底本：昭和一五年第九版）。岩崎きを著『菊と薊《あざみ》と灯台』〈一〇三頁〉（底本：昭和四四年）より》

ここには岩橋武夫の著作、二編と、その妻・きをの一編が収められている。ここでは夫・武夫について触れていく。彼はここまでの数人の先人達の著作の中にも登場してきたように、日本盲界に大きな足跡を残した人物である。「盲人の父」とたたえられたり、あるいはまた、「日本盲界に昭和維新をもたらした」人物とも言われている。英国に留学したことをきっかけに、愛盲事業に献身し、欧米に倣って、日本に初めて「ライトハウス」を建設したのも彼である。また日本に「障害者福祉法」を作るきっかけをもたらした、ヘレン・ケラー女史の二度までの招聘を実現させたのも、彼であった。日本の盲界を語る時、必ず出てくる人物の一人である。

そんな岩橋に〝**失明**〟という運命の嵐が襲いかかったのは、早稲田大学で平凡な学生生活を送っていた二〇歳の春のことであった。診察した東京帝大の河本博士から、『もうこれ以上手当の施しようがない。（略）むしろこのまま国に帰ってゆるゆると身体の養生をした方が良かろう』（『光は闇より』二四―八）と言われて、治そうと思うことを諦めた。

婉曲的に失明を宣告されたにも等しいものだった。

このような運命に襲われて、落胆し、そして自殺をも考えたが、それを救ってくれたのは、岩橋の場合、〝母の愛〟だった。

『しかるにこの秋から冬にかけて一つの事件が起こった。それは母が信仰によってこの窮地から逃れようとする最後の対策であった。京都と大阪との間に柳谷《やなぎだに》の観音があるが、そこに母は二十日の願を掛けて、

「今度息子の目が治らなかったら一家がどうなるかは分からぬ故どうぞ助け下され。それがためには私の目が悪くなろうと命が無くなろうと構いませぬ」

とあの山を女の足で下駄を減らしながら毎日のように日参した。私は母が気の毒になった。それで、

「お母さんおよしなさい。拝んだって何にもなりはしませんよ」

と言うと母は向きになって、

「またそんなことを言う。もうお前は黙っていておくれ。お前が何と思おうと、私の念力で今度こそは治してみせる」

と言って参り続けた』（『同』三一一一二）

子を思う母の愛が伝わってくる。また、大晦日の夜、岩橋は自殺を図ったが、母に見つかり、成し遂げられなかった。

『「何でも良いから生きていてくれ。お前に死なれてはどこに生きがいがあるものか」

母のこの言葉は難しい説教でも理屈でもなかった』（『同』三五一一二）

この言葉によって、岩橋の『内部に激しい価値の革命が起こった』（『同』三六一五）。『この絶対の愛に私は触れた。真《まこと》の生命というのはそれである』（『同』三六一一四）。

『真《まこと》の生命《いのち》とは母が正に私に示したものであった。私が立派に成功した人であるから生きていてくれ――と言うな

らば、交換的な異教徒的なものに過ぎないが、私が家にとって不幸の原因であり、涙と物的負担との軛《くびき》であるにかかわらず、なお私の生きていることは母の生きがいであるというに至っては、これは驚くべき未踏の世界と言わなければならない。私は人間の持っているすべての中でこれほど尊いものはあり得ないことを教えられた。人は、金だ、地位だ、学問だ、芸術だ、と言う。しかし私はこれらの一切はこの愛の前には無価値であることを信ずる。もしそれらが価値であるとしても、この愛を条件とする第二義、第三義的の価値であらねばならない。この愛が私をして今日有らしめたのである。この愛にもし私が触れ得なかったとすれば、恐らく私は道端の名も無き冷たき墓石の一つになり終わったであろうと思われる。しかして更に考うべきは、私が今日こうして諸君の前に立ち得らるる所以《ゆえん》はより大いなる愛故である。すなわち母の愛を通じて未知の、否、呪詛《じゅそ》と反逆をもって迎え来った天父の愛が、この不幸の子を捨てさせ給わざりし結果なのである』（『同』三七―三）

岩橋は、この〝母の愛〟を感じたことにより、キリスト教へと深く入って行く。キリストの言葉と、母の愛とを重ねていく。

『「イエスの愛、我を励ませり」と言ったパウロの言葉が教うる愛の故である。パウロを励ましたイエスの愛は、同時に私を励ました母の愛であり、しかしてそれは一切を生かす神の愛であることは前述のごとくである。この愛によって、私にはよし肉の目は開かれずとも、心の目は開かれ始めた。そうして更に最大の問題であった失明者としての人生を開拓する唯一の鍵となったのである。「一粒の麦、地に落ちて死なずば、多くの実を結ぶ能《あた》わず」という聖句はこの間の消息を十二分に語っている。よし私は多くの実を結ばずとも、いくらかの実を結ぶために地に落ちて死ぬことを必要としたのであった。神を呪って死の瀬戸際に至った私は、自らの力では死に得ず、神の恩愛によって全く別様な死を体験させられたのである。「闇に死して光りに生きた」私は、「古き己《おのれ》に死して新しき己に生きよ」とのイエスの声を期せずして生活化し得たのである』（『同』三八―九）

と言っている。岩橋もまた、ヨハネ伝第九章に触れている。イエスが盲目の人を見て答える。

『この人の罪にも親の罪にもあらず、ただ彼の上に神の業《わざ》の顕れん為なり』（『同』四九―七）
『イエス言い給う「われ審判《さばき》の為にこの世に来れり。見えぬ人は見え、見ゆる人は盲目《めしい》とならん為なり」パリサイ人《びと》の中《うち》イエスと共に居《お》りし者、これを聞きて言う「我らも盲目《めしい》なるか」イエス言い給う「もし盲目《めしい》なりしならば、罪なかりしならん、されど見ゆと言う汝《なんじ》らの罪は遺《のこ》れり」（ヨハネ伝九章39～41節）』（『同』五〇―四）
「見ゆと言う汝らの罪は遺れり」と教えたイエスの霊界の偉大さを思う。生まれながらの盲目、それは誰の罪のゆえでもなくして、彼の上に神の作為の顕れん為だと、イエスは説いている。
『母・妹・妻』の中から、ここでも盲《めしい》ても、自殺しなかった訳に触れている処があるので、そこを抜粋して岩橋の項を閉じる。
『眞實大観すれば、人間がどんな生活や、思想や、悲しみや、呪ひや、感謝や、喜びを有《も》つとしても、結局それは神といふ動かない存在の膝の上での、立つたり坐つたりする出來事に過ぎない。この一大自覺さへ有《も》つてをれば、強ひて己《おの》が生命《せいめい》を我が手で絶つに當らないではないか。否、さうすることは却つて、この生命を與へ給うたものに對して、最も恐しい叛逆である。從つて罪惡である。
　故に私は自殺するほどの決心がつくならば、世間ていや見榮や名譽や、くさぐさな利害から、綺麗さつぱり死んだつもりで離脱して、幼兒の如き心に歸り、抱かるべき天地の胸へ「死んで歸る」のではなく「生きて歸る」べきだと思ふ』（二一一―一）
そして、生き続けていくことに、確固としたものがあることを語っている。
『私は今も失明者である。失明は人生最惡の一つであることは、今も昔も變りはない。しからば、十五年前《ねんぜん》の不運不幸が、今日同じ姿の私に、幸福であり、幸運になるに至つた所以《ゆえん》は何であらう。私はこの間に横《よこた》はる祕義（ママ）を最後まで信じ貫ける人は、倒れても倒れぬ人であると思ふ』（二三一―一）

3 河野憲利（一九〇〇～）一九九〇年までは健在。

《シリーズ番号、五〇。河野憲利著『ああ　この速さ・この広さ―言いたいこと・聞きたいこと―』〈三九七頁〉（底本：平成二年）より》

この書物は河野が平成二年に出した同書を底本にしているが、ここでは第6、第7章は割愛されている。従ってここに収められているのは、第1章から第5章（三五〇頁）までと、第8章から「あとがき」（五〇九頁～五五六頁）までである。一応各章のタイトルを列記しておく。

第1章「教育篇」、第2章「伝記篇」、第3章「障害者篇㈠」、第4章「障害者篇㈡」、第5章「随想篇」、第6章「歌集篇」、第7章「宮崎盲学校史篇」、第8章「自分史篇」、そして附章、「あとがき」である。

第2章の「伝記篇」には、本論ですでに触れた幾人（好本督、中村京太郎、熊谷鉄太郎、石松量蔵、鳥居篤治郎）かを含めて、二五名の盲界の先達たちについて述べられている。

第3章の「障害者篇㈠」には、盲人の生活全般に亘る心得が、また第4章「障害者篇㈡」では、盲人の心理等が述べられていて、盲人を理解するには好個の書のようにも思える。その二つの章に書かれるものを、本論では多く参照したい。

河野憲利は明治三三（一九〇〇）年、大分県西国東郡に生まれた。もともと右眼が悪かったが、小学二年の時（明治四〇年頃）、**はしり風眼＝淋毒性膿漏眼**＝により失明している。大正三年、大分県盲啞学校を卒業し、また同九年三月東京盲学校師範部を卒業して、その年の一〇月、広島盲啞教育慈善会教諭となり、広島県立盲学校訓導、宮崎日向訓盲院教諭を経て宮崎盲学校教諭、そして同校の校長になった。

河野は、「障害者篇(一)」の中で、障害（視覚）を克服する為の心得を次のように言っている（タイトル名〔盲の克服〕）。視覚障害者は、先ずその障害を自覚し、如何にしてこれを克服するかである。これは自分自身の心の置き所の問題である。すなわち、自己の能力を信ずることである。

『（略）もともと人間生活において目ほど便利重宝な器官はないのである。従って、それだけに人間はこの目というものを失った場合、その人間を過度に無能視し易い。これがため必要以上に落胆、懊悩、劣等意識が発生し、自ら無能観念の捕虜《とりこ》になりやすい。

（略）

盲の克服には、まず何よりも自己の能力を信じ、自己を尊重し、希望と勇気を堅持することである。而《しこう》してその源泉たる健康に留意し、更に倦《う》まず撓《たゆ》まず、人一倍勉強努力することである』（一四八－一五）

また盲人の姿勢及び態度について次のように言う。タイトル名〔姿勢および態度〕

『よい姿勢を保つことは保健上からは勿論、容姿を整える上からも極めて大切なことである。人の健康が姿勢の良否に大なる関係のあることは、脊柱の正、不正によって、その人の健康が左右されることや、また丹田に力のいるような正座法などが、心身の健康増進に役立つことからも容易に頷《うなず》けることである。／盲人にありがちな体の前屈、側湾、斜頸、あごの出たもの、膝の曲ったものなどが如何に容貌の美を損うかを思えば、容姿の上からも姿勢の忽《ゆるが》せに出来ないことがよくわかるであろう』（一五九－七）

『態度は身構えまたは挙動の意味で、姿勢に比べ多分に、気分、意志など精神作用を伴っている。／盲人が、その場所と時とに相応しい態度を保つためには、教養と経験とをつまなければならない』（一六一－一二）

他にも多くの、盲人の生活に関すること。そしてそれに対する意見が述べられている。すべてを書きたいがそれも出来ないので、そのタイトル（既記二つ以外の）だけ（その一端だけでも分かるだろう）を挙げていく。

〔生活規範――盲人生活五原則〕〔目というもの〕〔盲人としてのエチケット〕〔交際〕〔容儀について〕〔身体の清潔〕

〔口腔の清潔〕〔食事について〕〔目の美とその保護〕〔見えざるものへの礼儀〕〔歩行——盲人の独歩〕〔点字の手紙はかくありたい〕〔恋愛と結婚——盲人の恋愛〕〔盲人の結婚〕〔盲人の結婚〕である。ここで最後のところにある、〔盲人の結婚〕において書かれていることを少し抜き書きしたい。

どんな人が盲人の配偶者として理想的であるか、との設問に対する答えである。

『⑴心身共に健康で、⑵ヒューマニティに富み、⑶よく機転が利き、⑷読み書きが相当にでき、⑸明朗で、⑹包容力（引用者注：原文は「抱擁力」）があり、⑺骨惜しみをしない人』（一九九一二）

実際論として、次のように河野は続けている（一九九一七、以下の要約）。

① 盲人同士の場合は、これは相手を得るためには最も容易であるし、精神的にもある意味気楽であり、夫婦の愛情も細やかであるとも考えられる。しかし、現代のごとく生活が複雑になり、世相が厳しくなった時に、どちらも全盲では一家を維持経営することは至難である。のみならず、結婚に当たっては生まれてくる子供のことをも考慮に入れなければならない。育児の困難は勿論、子供が相当の年齢に達した時、彼等が受ける精神的、肉体的な重荷は非常なものである。これを考えると、全盲同士の結婚はなるべく避けるべきだといいたい。

② 全盲と半盲の場合。どちらか一人がかなりな残視を持ち、ともかく〝読み書き〟〝育児〟〝旅行〟などのヘルパーになれる程度であれば、おおむね可といえよう。しかし残視があっても不安定な者は、晴眼者と結婚することを勧める。

③ 盲人と他の障害者の場合。これも四肢不自由など、他の障害で軽度の者との結婚は至極適当と思う。だが、余り重度の者では、お互い苦労が多いから、四肢不自由者も全盲とでなく、半盲位と結婚することを勧める。

『（略）盲人も心身の完全な人と大いに美しい恋愛をして、スイートホームにまで漕ぎつけることを念願して止まないが、実際は前にもいったように、盲人の恋愛にはかなり困難があるし、また、恋愛結婚は双方の期待が大きいだけに、倦怠期の失望も大きいともいわれているから、盲人が恋愛結婚ができなかったからとて悲観するには及ばない。

（略）

要するに、盲人の恋愛結婚には、より以上に忍耐、思慮、時間、援助者、指導者などが必要である』（二〇〇―一六）

と。また、〔盲人と宗教〕とのタイトルの中では、

『盲というハンディーをうけて人生の難路を歩むことは容易なことではない。信仰の力によってその障害を克服して、少しでも〝この世を楽しいもの〟〝意義あるもの〟という明かるさを持って進むことは極めて大切なことである』（二一八―一五）

と述べている。

第4章「障害者篇㈡――障害者と差別」では、その冒頭で、盲人が嫌われる二つの原因が述べられている。その一つの原因は、「嫌われる側の原因」であり、もう一つは、「嫌う側にある原因」である。河野はその二つの原因の中身を次のように言う。

『⑴　嫌われる側の原因

盲人は役に立たぬ、無能、格好が悪い、醜い、不作法、疑い深い、けち等々。

ところが、そのような心の欠陥を持っている人間は、五体の完全な者にも無数にいるが、健常者には、目につくような体の特徴的なことがない。盲人はどうしても何かと目立つ。それに結びつけて、〝盲人とは皆かくの如き人間〟と十把ひとからげに、欠陥を持った人種のように、論理学でいう〝概括の虚偽〟に陥るのが健常者の悪い癖である。

⑵　嫌う側の原因

人間はきれいなもの、格好のよきものを好み、かつ愛するものである。また、能率的で便利なものを礼讃し、重宝がり、高く評価する。盲人は一般的に上述のような条件に乏しい。盲人が嫌われる大きな原因がここにもある。

ゆき届いた教育と、盲人自身の深い反省と、修養研鑽に努め、ひたすらに己れを磨かなければならないゆえんである。また囚目誤観（引用者注：「しゅうもくごかん」と読む。河野の造語。目というものは、遥か遠くも見える。また微細なものも見え、かつ、その瞬間の動きも認め得る。色彩僅かな違いも鑑別できる。正に目は万能機関である。従って、その便利重宝な目の威力に幻惑し、心は目の囚われものになってしまうから目無きは万事無能と思い込む。故に観察も観念も誤ったものになる。これが即ち「囚目誤観《しゅうもくごかん》」である）も大きな原因の一つである』（二二四―一）

河野はこの章の中で、同じく盲人についてよく言われる〝盲人の猜疑心〟について語っている。これは盲人にとって間違った認識であり、はなはだ迷惑なことだが、しかしかなり根深く社会に浸潤していることである、と苦言を呈する。

『（略）盲人の猜疑心については、物語や小説にもよく扱われている。そのせいかどうかは分らないが、盲人は猜疑心が深いという、盲人にとってはまことに不愉快なことが世間ではしばしば聞かされる。／盲人自身としては、こうした悪い世評が改まるよう、大いに修養研鑽しなければならない』（二四七―一）

『猜疑の心は、人間が環境に最もよく適応するために用心深く入念に、という自己防衛の心理であると思う。だから注意散漫な低い能力の者には、猜疑心は起こり難いのかも知れない。もしこの自己防衛心理が適度に働き、その結果が概ね適正な判断に終わったときは、猜疑とはいわず、むしろ洞察作用といえるであろう。必要以上に念入りに相手を疑い面白からぬ結果になったおり、猜疑心として非難されるのであろう。こう考えてくると猜疑心も、ある意味において、洞察力と一脈通ずるものがある。

盲人も盲というハンディキャップを克服して生を全うするためには、自然に用心深くならざるを得ないから、教養のない盲人はこの防衛心理が多少強くなり、あるいは相手の行動を視覚で観察できないから、具眼者に比し、その結果が適正を欠くことが多いかも知れない。偶然それが事実と齟齬するような結果になった場合、悪意がなくても相手から猜疑深いとして嫌悪されることになることがしばしばあるであろう。

だが、一盲人の事例や、全く無教育であった徳川時代の盲人のことや、物語などの例をみて、現代の盲人をも十把一からげに〝盲人は猜疑心が強い〟、などというのは、論理学でいう〝不当なる観察〟または〝概括の虚偽〟に陥っているものであろう。

猜疑心は、消極的で懐疑の念が過度でしょうしょう（ママ）感情的だが、洞察は、積極的で猜疑の念を伴わないか、または適正でかつ理性的であるといえようが、しかしある場合は、ほとんど同様の心理過程を辿ることもあるであろう。そして、相手に好都合になったとき、洞察力の勝れた人として賞賛され、もし相手に不都合であり、結果が適正でなかった場合、猜疑心の強い人間として非難されるということになるのではなかろうか。

言語というものは、人間の心理を表わすためのものとしては極めて不完全なものである。ただ、その概念の半ば、または一部分を表わすに過ぎないものもあるであろう。

心理学者の説によると、優越感と劣等感とは表裏の関係にあるという。猜疑心と洞察力についても、ある意味ではそういうこともいえるのではなかろうか。こう考えてくると、スターリンや源頼朝が猜疑心が強かった、ということも理解できることであり、また同時に、余程頭の働きの悪くない限り誰でも猜疑心を持っているが、それを教養や処世術で露骨に表わさないものが、この非難を免れるのではなかろうか。個人同士の争いや民族間の戦いも、実はこの猜疑心が大きな原因であることは否定できない事実である』（二四九―七）

河野は他にも、〔盲青年に期待する〕というタイトルで、憲法に挙げる権利の確認をしている。第一四条の「平等権」、第二六条の「教育権」、第二五条の「生存権」、第二七条の「勤労権」、第一三条の「福祉権」、を挙げて盲人においてもそれら権利は当然保障されるべきだとしている。

また〔障害者問題の様々〕のタイトルで再び、盲人心理を取り上げてもいる。盲人と晴眼者とを比較して、何も違いはないということ、盲人は決して特殊な人間ではないということを述べている。

この河野の著作は、盲人をより知るための最適なものの一つである。

4 明石海人（一九〇二?～一九三九）享年三七歳?。

《シリーズ番号、二六。明石海人著『海人遺稿』〈三一五頁＋跋一六頁分〉、（底本：昭和一四年第一六版）より》

明石の正確な生年月日はこの本には記されていない（が、本文中の記述から推察して、この年ではないかと考えて、ここに入れた）。ただその亡くなった日は、巻末に記されている、長島愛生園医官・内田守人によって書かれた「跋（其の二）」（以下、「跋・二」）から、判然（＝六月九日）としている。

そのことでも分かるように、明石は**ハンセン病**者として、発病後はその施設で生涯を終えている。彼の人となりをその「跋・二」、及び同園園長・光田健輔の手による「跋（其の一）」（以下、「跋・一」）から見てみる。（尚、内田、光田の文章は旧字、旧かな遣いであるが、現代漢字、現代かな遣いにしている。後述の明石本人の文章も同様に現代漢字、かな遣いに直している）

『（略）明石は元来無口な人であったが、友達に対してやさしく遠慮勝ちであった。毎日入浴を好み、短歌文芸を耽読し、又外国の書籍をも理解する読書家であった。併し入園後には入浴を嫌い、人に対して無遠慮になった様である。無論本病も次第に重く、失明も迫って来た。其以後彼は俳句短歌詩謡等に専念して、いたましき迄に推敲を重ねて居るが如き姿を見た』（「跋・二」、一一一二）

『明石君は湘南某地の名門に生れ、中等学校卒業後、画家たらんと志した事もあったが、二四、五歳の頃は或る会社に勤めていた。既に相愛の婦人と結婚生活に入り一子を設けていた。二八歳の頃青天の霹靂の如く癩を発病するに至り、其の驚愕は言語に絶した。彼は生来多才であって、世の中に対する野心が多かっただけに、其の思いがけず襲った苦難に対する憤懣も甚しかった。彼は二、三年の間各地の病院を訪ねて放浪し、折角決心して入院した明石の病院にも落ちつく事が出来なかった。（略）

而して其の頃彼の歌日記にある様に、紀州の粉河寺附近に閑居して、心の静けさを養い、又次女の死等に逢ったりして、可成りの心境の変化があった』（「跋・二」、五―二）

昭和七年、明石病院は経営困難により、閉鎖となり、長島愛生園に移った（三〇歳頃）。この頃、海人は原因不明の熱病におかされ、意識朦朧となっていた。そんな状態で愛生園に移ったが、一年以上その混迷状態は続いた。

昭和八年末、ようやく海人の頭は正常に戻ったが、翌九年夏以後、癩菌に侵され、眼が痛み出して、次の同一〇年には充分な読み書きが出来なくなっていた。海人が充分に勉強できたのは、昭和九年の一カ年だった。昭和九年から一〇年にかけて海人は多くの俳句を作り、詩を作り、短歌を作り、創作随筆を書いた。

昭和一一年の正月頃には、彼は大分眼が悪く、**癩性角膜炎**の為、角膜が混濁し、又、**癩性虹彩炎**の為に瞳孔は閉じてしまい、その上激烈な眼神経痛に襲われて、その苦痛は言葉では言い表わせないものがあった。

昭和一三年一一月上旬、癩者の最も恐るべき**喉頭狭窄**に襲われ、それを遂に切開して、外部より金属製の呼吸管を挿入して呼吸するようになった。

癩者の二大受難は失明と咽喉切開とであり、この二つの体験を持たねば一人前ではない。失明は全患者の一〇～二〇％、咽喉切開は二～四％位である。この二つを体験した患者の闘病生活の困難は、全く文字通り陰惨なものであった。声を出したくても出せない時は、シートの上に殆ど動けなくなっている手指で、字を一字一字書いて、これを相手の人は大きな声で読んで、全文の意味を判断するのである。

『（略）咽喉を切開すると寒冷の空気が直接気管から肺に入るので種々な故障が起り易く、冬は中々困るのである。彼は特別に医局のはからいで小さな個室に入れて貰って、窓の隙間は毛布でおさえて冬籠をやった。「喉切《のどきり》三年」とは癩院の熟語であり、後一、二年は海人もがんばってくれると期待していたのであるが、意外にも結核が伏在していて、腸を侵され、猛烈な下痢が襲う様になった』（「跋・二」、一三―九）

昭和一四年三月初めには、毎日数回の下痢と不眠に悩まされて、彼は加速度的に衰えていった。そして、

『六月九日午後十時四十五分、海人は園当局並に病友達の手厚い看護を謝しつつ安らかに永眠した』（「跋・二」、一五－五）のであった。

その後家族に電報が打たれ、その死去の知らせを受けた郷里の母と妻は、この病者にありがちなことではあるが、『死水すらやられなかったのを抱き合って泣いた』（「跋・二」、一五－八）と言ってきた。彼には又、女学校二年になる可憐なる女児がある。父の癩なるを知らず、文学者として如何に名声が高くとも、聞かしてもらえない宿命の皮肉を世人は如何に見るであろうか。

『（略）一日も早く遺伝の迷妄を破ると共に、此の国辱病を聖土日本より無くすることに協力されん事を地下の海人の霊と共に祈るものである』（「跋・二」、一五－一二）

ここで明石の書く記述から一つを抜き書きしてみたい。癩患者収容施設での彼等の生活の一部が語られている。【随筆】の中にある、〈ある日ある夜〉というタイトル中にある、〈ある夜の記録――明を失って四年気管切開の手術を受けて三ケ月を経た末期の一癩者の手記〉という小タイトルの中でのものである。

『「おうい、附添は居らんか。熱い湯を持って来い。附添の阿呆は居らんか……」

寝しなに服んだ催眠剤が効きはじめたらしく、十二時の鳴るのを聞くともなく数えてからしばらく、やがてうとうとと浅い夢を見かけていた私は、この喚き声にびくりと眼を醒ましてしまった。〝気違いが、またはじめたな〟舌打しながら耳を手で塞ぎ気にかけまいとするのだが、硝子戸一重の隣室で、深夜の冴えを振るわせて喚き続ける精神異状《（ママ）》者の声は、異様な陰影を拡げながら仮借なく私の鼓膜を突き刺す。

水星と名附けられた鉄筋コンクリートのこの病棟の一隅に、六畳敷位の部屋が二つある。一つは窓に金網を張った監禁室、此処では謹慎室と呼ばれ主に精神異状者が入れられることになっている。もう一つは普通の個人病室で、私は気管切開以後三ケ月あまり其処に入っている。

隣室の精神異状者は、山村という眼の見えない耳の聞えない、ただ癩には珍しく指先の麻痺していない四十男で、一月ばかり前不自由舎から移されて来た。はじめの間は言葉つきも温順しくあまり口数もきかなかったが、この頃は夜となく昼となく、眼さえ醒めれば附添夫を呼びたてる。〝今夜もまた眠れそうもない〟そう諦めて私は耳から手を放した。催眠剤が頭蓋の中を掻き毟る。いまいましくてならないが、相手が気違いでは仕方がない。

隣室の声は相変らず同じことを繰返しているが、附添夫も毎度のことに起きては来ない。その中さすがに疲れたと見えて山村も喚きをやめてしまった。殊更に深くなった静けさが、刺すような冷気となって四方の壁から襲いかかる。

〔物音の　けはいは絶えて家ぬちに　わが脈鳴の　ひとり昂《タカ》ぶる〕

うとうとしていた時から出はじめた盗汗《ねあせ》が、べとべとと肌衣に滲み出して来る。これは熱瘤――といっただけでは分らないが、寒い空気に触れた皮膚が凍傷のような変化を起し、小さいのは米粒位、大きなのは天保銭大に発疹し、三十九度前後の高熱が出るためで、たいてい二週間位で癒るのだが、私のは髪の毛が脱け落ちて丸裸になっている頭蓋を侵されるので、癒った頃には新しいのが出来、もう二ケ月あまり毎晩のように盗汗をかいている。

汗は麻痺したところからは出ないので、僅かに感覚の残っている腋の下と胸の一部と下腹部とから滲み出す。場所が狭いだけに出る量が多く、しばらくすると濡れた肌衣が冷くなり、着更えずには居られなくなる。

晒の肌衣の上に毛糸のジャケツを着、汗が出ると肌衣だけを取り更えることにしていたのであるが、眼が見えなくなってからはそれも億劫なので、胸から腹へかけて布を巻きつけることにした。これは附添の人が傍にいてやって呉れる時には便利であったが、この頃は、一晩中ついていてもらうほどの容態でもないから、附添さんは用事を済ますと自分の舎へ帰って行く。たとえ傍に居ったとしても毎晩のことであるから、三度も四度も起す訳にはゆかない。どうしても一人でやらなければならないのだが、曲がりなりに五本の指は残っていても、神経を侵された手は力も感覚も消え失せ、布を撮むことはおろか摺粉木程の役にも立たない。

たたんである布を拡げるだけのことさえ、一時間かかっても出来ない芸当である。それで新聞紙を代用することにした。肌へぢかに当てるのは冷くもあるし、肌触りも良くないが、そんな贅沢は云っていられない。四つ折にたたんだ新聞紙を四、五枚枕元に置き、汗をかく度毎に取り更えることにしている』（三一―一一）

また眼の具合がだんだん悪くなってからの思い、そして自殺を思い止めた理由が述べられているところも抜粋する。『〃俺も愈々盲になるのか〃そう思いながら、自分をとり囲む色相の世界――庭先の花や、草や、空や、雲に、儚い愛着の思いを籠めて、訣別の眼差を送ったのもこの頃であった。縁側にさしている柱の影や、畳を這っている蟻の姿など、何んでもないものがはてしない深さと美しさをもって、脳の髄に沁み入った。アルバムに小さく並んでいる母や妻や子供の顔に、喰入るように見入ったことも幾度あったか。

私の周囲の光は、影は、像《かたち》は、色は、私の眼の昏むのに反比例して、次第に鮮かさと美しさを増してゆくようであった。

晴れ渡った秋も終りのある日、深く澄んだ蒼い空が次第に夕暮の薔薇色に移ってゆく暫くを、裏山の松の梢越しに購めていると、嬉しいとも、悲しいとも、楽しいとも、苦しいともつかない、おそらく私が曾つて経験したあらゆる感情が、一瞬に迸って、脊柱の端から脳の髄までを、ぢーんと貫いた。

いつか私は涙をさえ浮べていた。聖書にも、経典にも、曾ってついに一度も心からの親しみを感じることの出来なかった私に、将に喪われようとする肉身の明の最後の光に、神は自らを現し給うたのである――そんなことを思いながら、蒼然と暮れ落ちてゆく大地に、私の限りない愛着を感じていた。

〔暮れ蒼む　空に見えくる　星一つ　さし翳す手に　跟きてまた一つ〕

〔あらぬ世に　生れあはせて　をみな子の　一生の命　をくたし捨てしむ〕

在るに甲斐ない命、あらゆる望とよろこびから逐い除けられた私の生命を、兎に角この世に繋ぎとめたのは、子供達の笑顔と、母の眼と、妻の言葉であった。これらのどれか一つが欠けていたら、私は、敢て生き永らへていようとはしなかったかもしれない。

こうして一日一日が暮れて行った。十余年過ぎた今では、命ある限りは生恥を曝して居たい程の心持になっている』（六四―一一）

明石に死ぬことを思い止めさせたのは、やはり肉親の笑顔や言葉であった。不治の病に見舞われたからこそ、彼等の存在は大きなものであったと推察される。

尚、多くのハンセン病患者がそうであったように、この「明石海人」という名前は本名ではない。明石自身が考えた仮称《ペンネーム》であることには違いないが（明石は、彼が長く居た兵庫県・明石の私立の癩病院に依っている）、本名はこの書物のどこにも記されてはいない。

5 長谷部薫（一九〇三〜）一九七一年現在健在。

《シリーズ番号、九。長谷部薫著『この人びとに青い鳥を』〈三七二頁分〉（底本：昭和四六年）より》

この本は昭和四五年一月から同四六年二月にかけてまとめられたものである。それは長谷部、六七歳から六八歳の時である。彼はこの時、脳出血による半身不随の身体となっており、従ってこれは病床で、テープ一九本に吹き込んだものを、妻が墨字になおしたものである。

長谷部がこの中で伝えたかったのは、盲人が今の社会をどのように受け止め、その中で何を考え、何を望んでいるかということである。そのことを体験（長谷部自身の）を通して明らかにしたかったのである。ややもすれば非情になりがちな現実の社会に対して、盲人たちがどうしたらもっと明るく生きられ、希望の持てる日々にすることが出来るかを考えてみたかったからである――現実の社会は今も昔も盲人にとって決して甘いものではなかったからだ。

長谷部薫は明治三四（一九〇一）年、山梨県甲府に生まれている。中等学校を出ると、上京し、苦学したが、関東大震災に遭い、帰郷した。そして県庁（全農）に就職し、昭和四（一九二九）年に結婚した。二男を設けた後、同一三年（三五歳）暮れに沖縄県に派遣された。そこで産業組合の仕事に就いた。この頃の沖縄の農民たちは、サツマイモを常食とし、換金作物としては、サトウキビを栽培し、それを部落の共同精糖場に持ち込んで、共同作業で黒糖や白下糖を作っていた。しかしその相場は農民たちの自由とはならなかった。

二〇数軒の委託問屋や、ほんの二〜三の大手の買い手との談合で相場がたてられ、せっかくの公定価格があっても、いつもその下値で買いたたかれていた。この那覇市場の取引関係を少しでも有利にしようという意味で、県産連が生まれたが、まだその統制力は弱く、那覇市場の二〇％程度がやっとで、農民たちの生活は依然として貧しく、そして苦しかった。

三五歳で沖縄支部の普及主事になった長谷部は、貧しい沖縄農民の実態に触れて、何としても彼等を解放しなければならないと考えるようになった。そして県産連による黒糖、白下糖の一元集荷と直接移出の断行を説いて回った。

昭和一五年夏までこの難しい交渉に当たっていたが、そんなある朝寝床から出ようとして身体のふらつくのを覚えた。それと同時に眼も濃い霧の中に包まれてしまったように、何も見えなくなっていることを知った。

一週間ばかり寝たうえで、県立病院に行って精密検査を受けたところ、「**視神経萎縮**」と診断された。黒糖問題での過労と沖縄の亜熱帯気候からくる食生活の変化で、一種の栄養失調などが原因を作ったかも知れないと思われた。

昭和一五年九月、黒糖問題に一応の落ち着きが見えてきたこともあって、彼は東京の本所に転職することになって、沖縄を離れた。

昭和一六年一二月、太平洋戦争が起こると、その灯火管制は別の意味で長谷部に一つの負担を負わせた。昼間の明るい時は問題なかったが、夜の灯火管制下では、目の不自由さを実感させられたからだった。

そして戦争は負けて終わり、戦後の食糧不足を迎えた。そんな栄養失調の結果であろうか、急に両眼の視力が衰えていくのが分かった。それで昭和二二年一一月に、彼は自分にきっぱり見切りをつけ、全農を辞めた。それからいくつかの仕事に就いたり、事業を起こしたりしたが、昭和二七年春、一切の事業を清算して、一〇月からヘレンケラー学院に入ることにした。この時長男は大学を卒業し、次男も大学に入学して、もう子供のことで心配をせずに済んだこともあっての決断だった。

同学院で点字を習い、本格的に盲人としての人生を歩み始めた。しかしここで彼をして盲人を自覚してからの——白い杖を持ってからの——、葛藤が語られる。

『(略)私は必ずこの白いつえを持って学院に通うようになった。交差点を横切る場合でも、人ごみの中を行く場合でも、それは確かに安全であった。が、それと同時に、劣等感ともいうべき卑屈な感情が、払いのけても払いのけても私につきまとった。現に今まであいそのよいあいさつを交わしてくれた近所の人たちまでが、私の白いつえをついて歩くのを見ると、はれ物にでもさわるように黙って私をやり過ごすことが多くなった。それが何の感情によるものかは知るよしもなかったが、私の心を明るくするものでは決してなかった。しかし、それが自分自身のこれから生きていく道なら仕方がないと私は思った』(五八—六)

また盲人の職業選択の狭さについても触れている。

『(盲人には)あんま師かはり師になる以外に、これといった職業の道はなかったのである。かりに何らかの職業を身につけたとしても、それが自営でない限り雇用してくれる所がなかったらなんにもならないのである。結局、盲人には職業選択の自由などというものはもともとなかったのである。それは悲しい現実であった。しかし、それがきびしい現実である以上、そこに突破口を開かなければ、私は生きて行けなかったのである』(五九—一〇)

昭和二七年一二月、長谷部は三カ月のヘレンケラー学院での生活に別れを告げて、甲府に戻った。そして翌二八年四月に山梨県立盲学校に入学した。この時彼は四九歳で、入学生の中では最年長だった。

しかし同盲学校には六カ月しか居なかった。というのも山梨県で盲人団体を作る話が持ち上がり、彼の隣家に住み、そして親類関係にもなっている山梨日日新聞社の編集局長のKの力添えもあって、同年一〇月に、「山梨ライトハウス協会」が設立されたからである。長谷部もその常務理事として参加することになったからである。ここから彼の山梨県における盲人福祉に対する活動が本格的に始まった。

まず点字図書館事業からはじめ、次に「点訳奉仕」運動を進め、また県議会の承認を得て、募金活動も行なった。それは「青い鳥募金」として、広く県民から集めることを目的としたものだった。

昭和二九年三月、山梨県下で初めての「盲人福祉大会」を開催し、「盲人に文化の光を」、「盲人に社会保障を」のスローガンを掲げて訴えた。この大会には一二〇名もの関係者が集まった。

同年九月、「青い鳥募金」、そして個人寄付、県からの助成金を得て、点字図書館は完成し、同年一一月一日に開館した。

同三〇年三月、「山梨盲人会」を結成し、その初代会長に推され、〝盲人福祉不毛の地〟と言われた山梨県の汚名をそそいだ。

ここで再び白い杖について、ここでは使用する盲生徒の思いについて見てみる。全国七〇数校の盲学校にアンケートを実施して、回答のあった五〇数校の結果からである。

『（略）それによると、白いつえを使っての歩行訓練を、盲教育の一環として正式に実施しているのはほんの二、三校にすぎなかった。盲学校の生徒たちは一般的に言って「あんまさん」とからかわれるのがいやさに白いつえを突きたがらない。特に、その傾向は女生徒に多い。

そう指摘しながらも、それを不思議とも何とも思わない感情が、アンケートにも流れているのはいったいどうしたわけであろうか』（九六－一一三）

『だから、独歩訓練などということは夢にも考え及ばず、また、それらしいところをついぞ一度も私は見かけたことはなかった。つまり盲児童生徒は「かわいそうだから」とか、「あぶないから」とかのあわれみの対象にはなっていても、目は見えなくても一個の人間としてあくまでもその可能性が追求されるという、人間尊重の立場には立たされていないようであった。盲教育がこんなところで停滞している原因がどこにあるかは別として、少なくとも袋小路になっている。盲人即あんまさん即白いつえ即劣等感の関係をどこかで突き破らなければ、盲人は絶対にしあわせになれないと私は思った』（九七―九）

長谷部はそれで、一一月に「白いつえ愛護運動」を行ない、まず盲人に白い杖を交付することから始めた。

『（略）盲人が白いつえを持たなければならないことは、交通法規の上でもはっきりと決められていたが、それを知っている盲人も少なく、一般も理解していなかった』（九八―一五）

このことの意識の改善、そして徹底を図るように運動していった。

また、国の盲人政策について、そして盲人に対する社会からの不当な扱いについて述べている処があるので記していく。盲人の解放をうたっている処でもある。

『山梨ライトハウスの運営と車の両輪の関係で、昭和三十年に創立された山梨盲人会も、もう十三年の歳月を重ねるようになった。その県盲の組織が十三年たった現在でも、いぜんとしてはり・きゅう・あんま業者によってリーダーシップが握られていることに、とかくの意見を言うものがある。しかし、盲人の主要な職業がはり・きゅう・あんま業であるばかりでなく、それによってりっぱに自立している盲人が多い以上、現実的には仕方のないことではなかろうか。

もしも問題があるとすれば、だれでもが視力を失えば、いやでもおうでもはり・きゅう・あんま業でなければ生きていけないような社会構造にしている、国の盲人政策そのものに問題があるのではなかろうか。それよりも私ががまんできないのは、そのはり・きゅう・あんま業さえが「あんまさん」の呼び名にいみじくもにじみ出ているように、社会から不当にいやしめられ、盲人自身も卑屈なこだわりから抜け切れないでいるという、現実的な姿があることである。
　私はこの暗い現実的な姿から、何とかして盲人を解放しなければならないと思った。そして高い所から見おろしているようなあわれみの感情ではなくて、もっと明るくて、のびのびとした人間尊重、それが私の盲人会運動のスローガンであった』（二四三―一二）
　再び盲人の職業問題に触れている処がある。盲学校を卒業したばかりの盲青年たち六～七人を招いて、話し合った時のことである。
『（略）盲青年たちは異口同音に／「僕らだって、何も好きこのんであんまになったわけではなく、他に職業がないので、仕方がなくあんまになっているにすぎないですよ。もちろん、あんまも有利な職業だということは知ってはいますが、あんま以外に適当な職業があれば、その方に進みたいというのが僕たちの本当の気持ちでしょうね」』（三二三―一三）
　そして長谷部はこのことについて、次のように言う。
『（略）もし、ここにはり・きゅう・あんま・マッサージ以外に幾つかの職域が社会的に保障され、そのための職業教育を、盲児の自由選択によって就学できるような学校制度が生まれた場合には、いわゆる学習の意欲の問題も、今とはだいぶ異なったようすのものになるであろう。要は末しょう的教育的テクニックが問題なのではなくて、どうすれば人間としての盲児を尊重することになり、その能力の可能性を無限に広げることができるか、そういう根本的な立場から学校制度そのものをとらえ直してみる必要があるのではなかろうか。その時期がもう目の前に来ているような気がして、私はならないのである』（三二六―一四）
　最後に、盲人の思いと世間の思いのギャップに触れて、この項を閉じたいと思う。
『盲人も同じ人間である。たまにはにぎやかな町の雑とう（踏）《ママ》の中を歩いてみたいと思うこともあろうし、ピクニックをしたいなどと思うこともあろう。しかし、盲人の多くは手引きがなければ、そうしたことができないのだ。それを家族の者に話してみても、なかなかウンとは言ってくれない。「目が見えないのではどこへ行っても仕方があるまい。それに、けがでもされたら大変だ―」そんなふうに盲人は思われてでもいるかのようだ。それどころか、そうした盲人を家族に持っていることをはずかしがったり、隠したりするような思想が、まだまだ根深く残っている今の世の中である』（三三九―七）

そのような思想が根深く残る世の中が、少しでも変わっていくことを願ってやまない。

第四節　大村善永から斎藤通雄まで

やはり男性のみ五名の著書から。

①　大村善永（一九〇四〜）一九八八年三月までは健在。

《自叙伝シリーズ番号、二四。大村善永著『三死一生　大村善永自叙伝』〈一五〇頁〉（底本：昭和六三年）より》

大村善永は明治三七（一九〇四）年一月七日、山梨県東山梨郡八幡村北で生まれる。幼児受洗をしている。それは明治二〇年代にカナダから宣教師が甲府に来て、山梨県下にキリスト教を広めたことの影響による。善永の祖父・義知が入信し、その子（善永の父）房太郎も入信したからである。そのことで自然と善永も生まれると間もなく受洗したのだった。

父・房太郎は長男であったが、その弟（四男）に子供がなかったことから善永（もまた四男）が養嗣子となって、その叔父・貞平の暮らす満州へと一九〇七年に赴いた。善永まだ三歳のことで、彼はそのことをほとんど覚えていない。その地満州で、彼は小・中学校を卒えている。

一九二一（大正一〇）年、高等学校に入るために彼だけ内地に戻り、岡山第六高等学校に入学する。学校の寮に入っての生活が始まった。がしかし同年暮れ、目に異常を感じる。これが失明への最初の兆候であった。

岡山医大病院で診察を受けると、『**急性網膜炎**であるから一年ほど休学して、療養するように』（二三－一四）と言われる。しかしすぐには満州に戻らず、一年次を終えてから帰満した。帰宅した翌朝、満鉄病院に行くと、『急性の**網膜硝子体出血**だから直ぐ入院するように』（二四－四）と言われ、それから半年あまりを入院することになった。半年後、退院する時、『左眼は、もはや回復の見込みはない』（二四－一四）と言われる。右眼も、やっと明るい所で大きな活字であれば、読めるというものになっていた。

退院したが満州の冬は寒く、慢性気管支炎にかかってしまい、郷里の山梨に帰ることになった。

一九二三年七月大連を出港し、一六年ぶりに故郷に帰った。横浜港には、兄・勇が迎えに来ていた。そして着いた翌日山梨に帰った。

夏休みになって、すぐ下の妹・秀代が帰省してきた。彼女は勝沼の親戚の家から、勝沼小学校に教諭として通勤していた。少しおしゃべりだが、いつも家中をにぎやかにする特性をもつ娘だった。

長かった夏休みも終わった九月一日、南東の方向からゴッーという得体の知れない無気味な地鳴りが聞こえてきた。と見る間に、家の大屋根がゆっさゆっさと揺れ動き、天井裏のしきみがギッチンギッチンと切れる音が聞こえ出した。関東大震災であった……。

そんなことがあった混乱の中にも秋の自然は着々と実り、家の周りの梨・柿・栗などは見事に実をつけていた。勇と彼はにわか百姓に成りすまして、精を出した。毎日せわしなく働いたおかげで、彼はもりもり食欲を増し、かつてないほど健康体になっていった。

兄弟は毎日郷土の秋を満喫しながら今後の自分達の身の振り方について、さらに一家の建て直しの根本策について話し合った。一番の懸案は家の復興策であった。この地方における伝統的自作農家は、もはや将来の見通しがつかないほど暗いことになっていたからだ。

そこで朝鮮に居る姉夫婦の所に寄寓して、彼の地での農業経営を学んでいる父が、近く家に帰るのを機会にじっくり話し合い、まず第一に、家屋敷や田畑を全部整理し、一家を挙げて朝鮮移住に踏み切ることを進言する。第二に勇は大連の貞平叔父に頼んであちらで就職をし、やがて復学をはかる。第三に、善永は来年の徴兵検査が済んだら、養家から投資してもらって、朝鮮の同じ地方で農園を始める、という案《こと》になった。

そして父が朝鮮から帰って来て、その案を話すと、それを了解してくれた。大村家の「民族大移動」となった。そういう中で、勇の大連での職場も決まり、昔の学友や、近所の青年たちに見送られて、彼は日本を発って行った。

大村も計画通り、養父母に朝鮮での農園経営の志を話し、資金援助の約束を取り付けて、朝鮮に渡った。

そしてその農業も順調にいっていたが、マラリアにかかってしまう。体力を極度に落とし、遂に僅かに残っていた、大切な視力も完全に奪われてしまう。それが二三歳の初夏のことだった。ここに至って、『何を目あてに生きたらよいのか全く希望を見失ってしま』（三六―一三）う。

その頃、勇は大連の勤めを辞めて、青山学院神学部に復学していた。その卒業前の夏休みを帰郷して山梨で過ごしていた。ある日地元の日下部教会で小林全二という熱心な盲人信徒に会い、善永の話をすると、「まず点字を覚えさせること」と言われた。それで、そのことを善永に伝える手紙と共に、『点字聖書』も送った。受け取った善永もそのことを覚り、点字を勉強し、だんだんとその聖書も読めるようになっていった。

朝鮮の小学校で教師となっていた、妹・秀代も慢性気管支炎にかかり、別の部屋で寝たきりになっていたが、『おい！秀代、おれ、字が読めるようになったぞ！』（三七―七）と言うと、彼女は泣いて喜んでくれた。

『（略）なつかしい故郷を離れて半年近くを遠く離れた異郷の地で病んでいる妹秀代。母が毎朝来て秀代の顔を拭いてくれたり、食事を運んでくれたりする以外は誰も来てくれない病床の彼女にも天のお父さまはみこころをそそいでくださる。空のとり、野の花が何だ。私たちは彼らよりもはるかに愛されているじゃないか。

「ありがとう兄さん！　ありがとうイエスさま。ありがとう天のお父さま」

私も思わず妹のやせ細った手を握りしめて泣いた。不幸な兄と妹の清らかな涙は、春まだ浅い陽光に輝いていた』（三七—一六）

だがその感激にふるえた日から、幾らもたたないうちに、大村は一つの大きな疑問に捉えられた。イエスキリストは彼の理解では完全無欠な人格者である。それなのに国の宗教上の権力者たちからは憎まれ、訴えられ、法廷に引き立てられ、鞭打たれ、つばきをかけられ、裸にされ、ついにはゴルゴダの丘で十字架にかけられ、人間として耐え得る極限の苦痛を受けた。しかしその時イエスは何と言ったか。

『父よ、彼らをおゆるし下さい。彼らは何をしているのか分らずにいるのです』（三九—一）

こんな矛盾！　こんな非合理があってよいものか？　あるというのなら、キリスト教はでっち上げた作り話だ。「俺はいま愛する一人の妹まで失おうとしている」。何の望みがあって、こんな世を生きていることがあろうか。「死だ！死だ！」。これが彼に残された唯一の、そして最後の解答だった。

それから彼は、義兄が警備用に預けていった小型拳銃を取り出し、自殺を覚悟した。固いオンドルの上に端座し、その冷たい武器をじっと握りしめた彼に唯一つ気がかりなのは、一発の轟音が病床の妹をどんなに驚かせるだろうということだった。彼は皮のサックをあけ、その冷たい武器を握り直した。

『その時である。いつの間に、どうやって来ていたのか、妹がやせ細った手を私の腕にかけ、消え入りそうで、しかも決然とした声で叫んだ。

「兄さん！　ごめんなさい。私が悪かったのよ！」

私は電撃に打たれたように拳銃を手からはなし、妹のなすにまかせて座り直した。それまで一度も経験したことのない感動が私の全身を走りぬけた。

「ごめんよ、秀代！　僕こそ悪かったんだ！」

その時、最近読んだ聖書の中の逆説としか受けとれない聖句が私の脳裡を走った。

「私たちが神を愛したのではなく、神が私たちを愛してくださって、私たちの罪のために、あがないの供え物としてみ子をおつかわしになった。ここに愛がある」（Ⅰヨハネ四・一〇）

その時まで、私は愛ということを、自分の本能の欲求を満足させるための自然の衝動と思いこんでいた。ところがいま、妹の全身全霊を投げ出した犠牲の行為を通して私は、イエスにある無限の愛を知ったのである。

〝ここに愛がある〟そうだ。これこそがほんとうの愛なのだ。

ほんとうの愛に目ざめた私の魂はこの時に初めて〝絶望から希望へ〟〝死から生へ〟〝滅びから救いへ〟と呼び返されたのである』（四〇―一）

大村もまた〝死〟を考えたことが述べられているが、そこからの、そして絶望からの生還を以上のように述べている。

この頃大村は、大阪から取り寄せて読んでいた「点字毎日」の記事から、ヘレン・ケラーのことを知り、また早稲田大学に在学中失明し、刻苦してイギリスのエジンバラ大学に学び、今関西学院の教授として活躍している岩橋武夫のことなどを知って、抑えていた学問への情熱が再び燃え上がった。

それで大連の養父が内地出張の途中、朝鮮に立ち寄ったのを機に、その志を話して承諾を得た。養父に伴われて内地行きが決まったのは、それから間もなくのことであった。妹・秀代に別れを言うと、「身体に気をつけて、行ってらっしゃい」と。しかし、去りかねていると、小さなすすり泣きが聞こえてきた……。

大阪に出た彼は、毎日新聞社点字部を訪れた。そこで主筆の中村京太郎らと会い、日本の盲界事情を聞いた。午後は市立盲学校に行き、授業を参観した。ここで養父と別れ、盲教育の実地研修のため、一週間を同校の寄宿舎に泊めてもらうことになった。

盲学校を辞してからは、岩橋家の近くに下宿し、岩橋の妹（静子）に週二回来てもらい、英文タイプライターを教わった。

翌一九二九（昭和四）年四月、関西学院に聴講生として入ることが出来た。二年からは成績次第で本科生に編入ということになり、そしてそういうことになった。

一九三〇年一月中旬、父から手紙で、秀代が亡くなったことを知らされた。大村はそれを知って、一人自室にこもって、胸のひきちぎられるような悲しみに、声をあげて泣いた。

関西学院で四年間学び、そして卒業した（一九三三年三月）。と同時に横浜訓盲院に教師として就職した。その就職前にもう一度、少しでも視力の回復を願い、東大病院に行って天下の名医に手術を受けた。

しかし結果はやはり――眼底の網膜出血のため――回復の見込みがないというものだった。だがこの時大村は、真に〝見える〟ということを覚った。

『たとい天下の名医の腕をもってしても、肉の目は見えるようにならなかったが、しかし肉の目にまさる霊の目が開かれ、この私という罪人を極みまで愛してくださる主の愛を知ったことの内に幾十倍もの恵みを体験したのである。

又私は知った。ほんとうに〝見える〟ということは、人が自然に、又機械的に、物が見えるだけのことではなくて、その人の〝内なる人〟を発見し、何びとも加え、又減ずることの出来ない個々人の使命観を極みまで尊重すること、そしてその使命観を助長し、奨励することに外ならないと云うことを』（五一―五）

関学時代に読書奉仕をしてもらった平間輝男の妹のきみ子と会い、お互い気に入って、一九三四年三月に、訓盲院で結婚式を挙げた。

しかし時代は次第に軍事色を強めていく。横浜訓盲院内でも大多数が好戦論者であった。大村を含めて、二〜三人だけが非戦論であった。このようなことから院内にいざこざがあり、大村は一九三九年、訓盲院を辞した。そして翌年、満州の盲人福祉を推進するためにその地に渡った。

一九四一年三月、「奉天盲人福祉協会」が発足した。市長、市当局、市内日満官民有力者が、支援と協力をした結果のことであった。同福祉協会の主な事業は、①市内盲人の実態調査、②盲児の教育施設の設営、③市内外における失明防止運動、などであった。なかでも、最重点事業は、男盲児教育施設「啓明学園」の開設だった。

同年一一月一日、五人の新入園児を迎えて開園式が行なわれた。しかし同年一二月に太平洋戦争が起こり、その経過と共に市民生活はだんだん窮屈になっていき、福祉協会の事業にも影響を及ぼすようになっていった。

一九四五年五月、陸軍から失明軍人の再教育の依頼を受け、奉天郊外のゴルフ場にあった失明軍人教育所に教官として迎えられた。

同年八月、敗戦を迎え、すべての事業は彼の手から離れた。一九四六年九月初め、満州の地をあとにし、苦労して一〇月中旬に九州佐世保に着いた。四〇日間がかかっていた。

引き揚げ後は、東京の阿佐ケ谷の牧師館に居た兄・勇の所にしばらく厄介になってから、高田馬場に一戸建てを購入して、引っ越した。この地に「シロアム教会」の土台となる家が建てられた。

一九五一年七月、日本盲人キリスト教伝道協議会（盲伝）の創立総会が開かれた。初代委員長に好本督、副委員長に柏井光蔵、事務局に今駒泰成を迎えた。一九七五年より大村が同会の議長となって、牧師として活躍していく。

一九七八年八月、脳腫瘍の診断を受け、同月慶応病院で手術を受ける。二カ月間入院する。

この書のタイトル、「三死一生」とは、をこの書の最後の所から引用する。

『思えば二歳半の幼い日、私には何の記憶もないが、生れ育った農家の肥溜めに落ちて一度は決定的な死の渕におちいった時、母親の捨身の愛によって辛うじて生きかえることが出来た。これが私の生涯の第一の死の経験である。

第二は多感な青年期に、南朝鮮の僻村で、指一本動かせば決定的に死ぬべきところを、今は亡き妹の必死のいさめで死をまぬがれたことであった。兄の不審なようすに気づいた妹が、結核の重症の床よりはい出て来て、正に引金に指をふれようとしている兄の手にしがみついた。その時妹の口から放たれた一言が私の生涯の大転機となって今日に至っているのである。

第三に経験した死が、この脳腫瘍手術の時であった』（一三四―五）

七三歳と八カ月の時だった。タテ七cm、横五cm、厚さ二・五cmの腫瘍だったという。

2 中川童二（一九〇四〜）一九五九年までは健在。

《シリーズ番号、一七。中川童二著『たとえ光は失われても』〈二五六頁〉（底本：昭和三四年）より》

中川童二（本名、光二）は明治三七（一九〇四）年、東京下谷に生まれ育ったが、この本では幼い頃や若い頃のことは何も記されていない。主に失明に至った経緯やその後の日々について語られている。いくつものタイトルからなるエッセイ集のようなものだが、中川はひどくユーモアのある人らしく、またその文章はとてもウィットに富んでいる。尚、この書物には「序」や「序文」、あるいはそれに類する、始まりを記す文章、また、巻末に普通ある「あとがき」や、それに類する文章、あるいは「年譜・略歴」といった著者を紹介する等の記述は何もない。純粋に、彼によって書かれた文章のみの本である。


冒頭で失明のことが語られている。

『私は戦争が起きる前、洋画を描き、西銀座に図案社の事務所を持っていた。戦争が終ると、私は仲間に呼びかけ以前の道へ早く復帰しようと思った。その友人も紹介された人も共に図案家で、新津の裏街にあるその友達を訪ねたのは、そうした気持があったからだ。

その家の入口に、薄黄色いおしろいの花が咲いていた。それが、自分の目で最後に見た花の色だった。

私が行った時、私の友人とその家の主人と若い画家達が酒を飲んでいた。

その家の妻君は、梨を摩った汁の中に酒を入れて私に出した。

「兵隊が復員する時に、持ち出して来た素晴しいヤツなんですよ」

その家の主人はそういって、私へ奨めた。

同席の者は、みなコップをかたむけている。

私は、酒には贅沢な方で焼酎などは口にしないのだが、釣り込まれてコップを持ってしまった。

私はその**少量の酒で失明**した。

だが、同席の友人達は、軽い頭痛を覚えた程度だという事が後でわかった。

栄養失調と、極度の疲労が、肉体的な個人差を強くしていたのだ。

私は、新京で展覧会をするため新潟から渡満しようと思い、女房の疎開先である姉の家へやって来た。そこで飛行場の突貫工事に引き出され、馴れぬ重労働でくたくたになっていたのだ。

「あなたは何んで失明しましたか」

後年になって人からそう聞かれると、

「**視神経萎縮症**ですよ」

と、私は逃げる。だが、中にはそれをどういう病気かと追求してくる人もいる。仕方がないので酒を飲んだためだというと、

「ははあ、**メチール**ですか」

と、相手の語気が変る』（二四―八）

その後、新潟医大に入院して経過を見たが、やはり視力は回復しなかった。この頃中川には、女学校四年の長女と、小学校五年の次女、そして五歳の長男がいた。長女と次女は妻の姉の家に預けたままで、彼と妻と長男は病院を出ると、新潟の白山浦という町に家を間借りして暮らしていた。年が明けて、長女と次女も一緒に暮らすようになった。彼は終戦後間もなく、新潟県盲学校に入学した。彼のような年齢（四〇歳を過ぎていた）の者を受け入れるのは開校以来二人目ということだったが、校長は、「歓迎する」といってくれた。

点字の読めない彼は中学一年クラスに入れられた。普通、盲学校の生徒は入寮するのだが、彼は家庭もあったこともあり、家から通った。次女が彼を盲学校に送り、それから反対方向の小学校に通うのだった。

しかし、ある日こんなことがあった。彼を送った後、次女は腕白小僧に「盲の子、盲の子」と囃したてられて、かっとなってその男の子をその家の前まで追いつめ、そこで頰を打ったという。中川はそれを良いとも悪いとも言えなかった。

次女が中学に入ると、小学生になった長男が彼を送り迎えすることになった。長男が迎えに来てのある帰り道、乏しい財布を開いて太鼓焼を買わせた。そしてそれを分け合って歩き出した。

『庶民的なこの食べ物は長男の冷たい手と私達の心を温めてくれた。／太鼓焼の買えない時には、歩きながら、プーとかキェーとか妙な声を出した。／長男は笑い、怒り、

「お父ちゃん、よせったら……」

と、私の手をつねったり、わざっと突っ放したりした。／擦れ違う人々は、私達が何んの為に悶着を起しているのかと、不思議に思ったのかもしれない。

私は細い支え棒の心に、私の顔が憂鬱に映らぬようにそんな事をしたのだ』（四四―一二）

以下、盲学校での出来事や、日々の生活の中で感じられたことを、タイトルをつけて小文にしている。それらの中からいくつかを拾ってみる。深刻さを感じるものもあるが、ところどころに中川の機知に富む性格が垣間見られる文章もある。（尚、ここでの文章は原文通りではなく、引用者の要約である。また（　）内は引用者。以下同じ）。

タイトル（以下同じ）［夢の中の色彩］（六四頁～六九頁）

『夢では色が見えて、夢の醒めぎわに、やはり盲目であると、気づいて涙している（夢の中で眼が開いたのではないかと思って、醒めてから無上に悲しくなって泣いた）』（六六－一辺）

［学園の春］（六九～七六）

『春は学校行事が次々と始まる。野球、相撲大会、音楽会、弁論会、お琴の会、等々。（略）相撲大会があって、私のシコ名を体育部のY君が聞きに来た。私は四十五kgしかないので、「螽蟖（引用者注：きりぎりす）はどうかな」と言った』（七三－八～七五－六辺）

［村松の家］（八四～九〇）

『村松町に住む義姉が遊びに来た。筍を土産に持って来た。義姉が帰ると、長女が、「この筍、伯父さんの所に持っていったらどお」と言った。普段お世話になっていて、何のお礼もできないからこんな時、お裾分けしようと思って、翌日女房と出かけた。その途中、「私は盲の亭主なんか持つとは思わなかったわ」と言われて、カッとして、私は女房の手を振り切った。それでそのまま行けばある川に身を投げようと思ったが、「莫迦ね……」と言う声と同時に、腕をつかまれた。

私と女房はそれから黙りこくって歩いた。伯父さんの家に着いて筍を渡して帰ってくる間に、町が騒がしい。村松の方から火が上がっていると言う。そしてラジオのニュースは、村松町の大半が焼失したと伝えていた。

翌日、女房がその様子を見に出かけていって、戻ってきた。「まる焼けなの……。裏の土蔵だけ一つ残って、そのなかに家中の者がボンヤリ坐っていたわ」「……」「火事なんか滅多にないから、火災保険なんか、雀の涙ほどしか入っていないのよ……。姉さん達どうなるのかしら」と、女房は暗無として言った』

［松風］（一〇〇〜一〇七）

『私は時々、誰かが自分の方へそっと寄って来るような錯覚を起す。私だけでなく、全盲の盲人には時々そういう事が起るようだ。学校で海水浴に行って、海から上がったが、私は砂の上に腰を降ろしてからも、自分の幻影に怯えた。私の周囲に、男や女の海の亡霊達が、立ったり坐ったりしていたような気がしたからだ』（一〇〇―一五〜一〇二―八辺）

『便所掃除を終えると、校舎近くの松林に行って、その木の下で――片足の不自由な、いつもステッキを突いている老人の――、元小学校長のM先生の指示を聞いてから、自由行動になった。

木登りをする者の他は、私の話を聞きに周りに集まった。私は、東京の話や、満州の話や、台湾の話をした。その話を聞いているうち、スヤスヤと寝息をたてる者もいた。

そして時間になると、M先生の号令で帰る支度をした。私の手引きをしてくれるU君が、

「誰か中川さんを引っ張ってくれ、目玉を落しちゃったすけ……」

U君の片方の眼は義眼で、寝る時には、目玉が高くなるので取り外す事にしていた。

「困ったヤツだ。自分の目玉を落すヤツがあるかや」

私たちは、M先生の言葉に声を立てて笑った。U君は間もなく引き返してきた。

「よかったぜ。カボチャ畠に落っこっていて。おらの方を見ていたわや」

女生徒達は、隊列を乱したかと思う程、笑い合っていた』（一〇四―一四〜一〇七―三辺）

［点字］（一〇七〜一一二）

『小学部の生徒が私のところにやって来て、

「僕の足に蚊が点字を打って行きました」

「どれどれ、足を出してごらん」
と、私はその生徒の足に触れてみた。藪蚊にさされたあとが、点字のようにポツポツと膨れている。
「ナナカヤ……て、打ってらア……。これが蚊の言葉ですか……」
と言って、その生徒は笑った』（一〇九－八～同－一六辺）
［盲人の感］（一一九～一二五）
『点字を考案したルイ・ブライユは、舗道に立つとステッキで道路を叩き、音の反響で周囲の家の高さや道路の巾を知った、ということだ。
嗅覚も感を作り出す重大な要素だ。／商店街などを歩いていると、臭いを嗅いだだけで一つの、町内風景を描き出すことができる。クリーニング屋は、蒸気と洗剤の匂いがし、魚屋は生臭いし、お茶屋は香ばしい。喫茶店からは、コーヒーの馨りが流れてくる……。ムーッと空気の澱んだ町中を歩いて行くと、スーッと気流の流れを感じることがある。そこが、道路の曲り角になっているわけだ』（一二〇－一一～一二一－一）
T君は一人で町中を歩いている。
『「人間は、こっちが盲らだと思うと、向うから避けてくれるすけのォ」
しかし、牛はいけないとT君はいった。馬と違って牛は、衝突するまで黙っているからだそうだ』（一二三－七）
［新しい風］（一三二～一三八）では、盲人に対する別視や軽蔑について言う。
『生徒を主体とした生徒会が作られ、ホームルームが誕生し、クラブ活動なども盛んになった。そして弁論会も催され、次のような意見も飛び出すようになった。
「我々盲人も、一個の人格である。我々は不幸にして、五感の一つを失ったが、それは自らが肉体上の苦痛を感じるというだけであって、そのために、別視されたり、軽蔑されたりするのは不合理である」』（一三四－一一～同－一六辺）
［盲学校卒業］（一八九～一九六）では、卒業の日の感慨が述べられている。

『卒業日の午後、私達は世話になった先生方や学校職員を迎えて、ささやかな謝恩会を催した。「……盲学校は、ドックのようなところだと思います。私達は暴風に遇って破れた難破船でした。四年前、校門にたどり着いた姿がそれです。その後、先生や職員の方々のお骨折りで、破れた船体を貼り替えて戴き、新しいマストを立てて戴きました。……」

私は生徒達を代表して謝辞を述べながら、校門の前で女房が私の腕を押えて、「よしましょうか」

といった時のことを思い出して、感慨無量だった』（一九三―三～同―八辺）

［長女の結婚］（二四九～二五六）では、娘を嫁がす、父親の、盲目の父親の気持ちが語られている。

『長女の結婚式は、青山にある結婚式場で催されることになった。その当日には女房はすっかり自分を取り戻していた（それが決まった時、「体の半分を持って行かれるようだ」と言って泣いていたから）。そのことは家中を明るくした。花嫁衣裳に身を包んだ長女を見ることができず、この時だけは視力が少しでもあればいいと思った――盲目の世界に慣れたから、物を見たいと思ったことは殆どない。どんな場合でも、情景が頭に描けていたから。でも今は……』（二五一―四～二五五―一〇辺）

父親はどんなにか、娘の晴れ姿を見たかったものか……。これも盲人の父親の悲しい宿命なのだろう。

3　中道益平（一九〇七～）一九六七年までは健在。

《シリーズ番号、八。中道益平著『雑草に支えられて』〈一七七頁〉（底本：昭和四二年）より》

中道益平は明治四〇（一九〇七）年五月二九日、四人兄弟の三男として、福井県小浜町に生まれた。大正一〇（一九二一）年、父が病に倒れたため、一四歳の益平が家計を助けるために行商に出た。長兄は兵隊に取られていて、次兄は早逝していたからだ。母は行商用にと、その当時三五円もした自転車を買ってくれた。その荷台に山のように海産物を積み上げて、一四㎞離れた白石部落という山の里に売りに行った。その間にある村落の農家一軒一軒にも声をかけてゆくのだが、結構それは良く売れた。といっても現金取引ではないので双方気楽だった。盆と正月に大福帳を下げて集金して行くのだった。

同年八月に父は亡くなり、益平の中学入学の夢は破れた。あとは水産学校に入って、軍人になることが夢となった。しかしこの願いは兄が除隊してくるのを待つよりなかった。

同年一二月、二カ年の軍隊生活を終えて兄が帰ってきた。

大正一一年二月、彼は故郷を後にして、京都に向かった。そこで父の妹の世話で、京都魚市場内の水産会社で働き出した。

同一四（一九二五）年、一八歳の春、待望のセリ人に立たされた。魚市場で一人前として認められたことだった。だが……。

同年一〇月末、**突然右の目が霞み**でもかかったようにボンヤリとしか見えなくなった。病院に行って検査を受けたが、原因も病名すらも分からなかった。この頃、会社から静岡支店への転勤命令があったこともあって、それを断わり、職を辞した。

失職と眼病、二重の断崖に立たされた。しかし父が生前残した言葉、

『しっかりせんかい益平、人間思い切りが肝心や、お天道さまと、米の飯はどこにでもついて廻るわ』（二五－八）を思い出し、これがまことに効果あるカンフル注射となった。

その後、兄の世話で、D百貨店に入社し、そこで一生懸命働いた。やがてその食料品部の特売場の責任を任され、自分でも充実した日々を送っていた。

しかし二年程経ったある日、見えていた左眼も霞むのを知った。それでその日は仕事を休み、翌朝、京都大学付属

病院の眼科で診察を受けてみた。その結果は、「網膜剥離症」というものだった。「直ちに入院するように」とも言われ、翌日そうすることにした。

それから一年二カ月の長い入院生活が始まった。この間四回の手術を受けたが、結局視力は回復しなかった。医師にそれを宣告されたあと、彼は病室に戻ると、ベッドの手すりにしがみつくようにして、崩れ落ちるように板の間にしゃがみこんでしまった。その時の心理を、中道は次のように書いている。

あらゆる「夢」が、失明という鉄槌によって無残に粉砕された。夢どころか明日からは自分一人で歩行することも難しい。『それどころか、自分を取り巻くのは〝暗黒の世界〟だけです。身の栄達どころか、生きることさえ覚束か《ママ》ない自分。食事をしても砂を噛むようで、箸をもつ気にもなれません。人の笑声も、騒音も、死の深淵へ私を誘う葬送曲に聞えます。／(略)むっつりと黙し、あれほど交際上手だった私が、〝人間嫌い〟になってゆきました。死神と対峙している者にとって、現実世界の凡ては無縁の存在でしかありません。病室におれば人との接触もあり、これを避けるために、毎日中庭に出てぶらぶらと散歩するようになりました』(四七―一三)

そして、〝死への執着〟についても語っている。

『(時が経ち)次第に視界を失った自分をみつめる余裕が出てきました。落ちつきを取り戻したと云っても、生きる力が湧いて来たのではありません。矢張り死への執着は断ち難い太綱となって、私を緊縛しております。〝死ぬは一定〟といっても、死を遂ぐることは生やさしいことではありません。その頃、軍人が潔ぎ《ママ》よく自決した話をよく耳にしましたが、自分がいざその立場になるとそう簡単に死ねるものではありません。観念的に死を美化し、あこがれてもその決断には相当の勇気が必要です。以前のようになかば狂気となっていた頃でしたら、それも容易だったかも知れませんが、冷静さをとりもどしつつある今となっては、ひるむ心も出て来ます。死の幻影に追われつつ、空しい日々を送っていました』(四八―五)

やがてしかし、生きることを悟る日が、生きようと思う日がやってきた。

『或る日のこと、いつものように、（中庭の）大石に腰を掛けて、死神との対話を続けていました。所在なさのまま何気なく、大石をまさぐっている手を段々苔むしている地面の方へと向けてゆきますと、一本の細い名もなき雑草の葉先に触れました。別に不思議なことではありません。一面芝生をしきつめ緑の絨毯《じゅうたん》のような庭にでも、雑草が生えていることでしょう。心をひかれたのは、その草の根が大石の下におしつぶされそうになってなお生き生きと呼吸していることです。大石から飛びおりた私は、地面を嗅ぐようにして草の葉先をたどり、そしてぐいっと力まかせに引っ張ってみました。大盤石の重量をもつ大石の下から出ていますから、葉先が少しばかり私の指先にのこりました。この時です。私は**天の啓示**でも受けた如く、はっといたしました。この名もない一本の雑草ですら、自分の生命《いのち》を全うし、花を咲かせ、実を結ぶための天与の使命に生きているではないか。万貫の重圧に抵抗してまでも！生きた教訓とはこのことです。母の愛、そして私にそそがれた人々の愛のすべてが、この名もなき一本の雑草に変化し、私を教え、励ましてくれたのでしょう。負けるものかこの雑草に、私は立ち上りました。のびのびと天空を支える気持で背伸びをしました。この時、私の身辺に機を伺っていた死神はあえなく飛散してしまいました。今まで息もつまりそうに窮屈だった天地が広々と、無限の光に照らされてそこにあるではありませんか。「負けないぞ、お前には」私はそのちぎれた雑草を握りしめて再び心に叫びました。

（略）

（略）人の生きる道は、かほどまでにきびしいものか。今日の日を迎えるために私は、どれだけ長い歳月を悩みつづけてきたことか。廻り道をしていたのか。

生れかわって出なおそう。第一の夢は右の目で、第二の夢は左の目でやぶれたが、第三の夢、いやもう夢じゃない。第三の人生だ、第三の道を生きてゆこう。その道ははてなく茨の道であろうとも、命ある限りこの雑草の教訓を支えとして進んでゆこう。

そうだ、私のこれからの人生は〝雑草に支えられた第三の道〟と呼ぼう。「有難う雑草君。私が捨てようとしたかけがえのない人生を君は拾ってくれたのだ。きっとお前に負けず男らしく生きてゆくよ」。私はこの時を境にして生まれ変ったといっても過言ではありません。

（略）

やがて一年二ケ月の長い病院生活に別れを告げる日が来ました。時に昭和八年六月、私は二十七才（引用者注：満二六才）になっていました。思えば長い療養の日々は、苦しみの連続でしたが、然し人生いかに生くべきか！の難問題に見事、解答がつけられたのですから、身も心も軽く、又さわやかです』（五〇－七）

その後中道は、雑草に支えられた第三の人生を送っていく。

昭和九（一九三四）年四月、二七歳の時、福井県立盲学校の門をくぐる。そこで、点字を勉強し、それから鍼、灸、あんま、マッサージを学び、四年後、三一歳の時、そこを卒業した。生活のために、下宿しながら「あんま療治」を続けた。

同一三年八月、二二歳の清子と結婚した。彼の希望で、全盲の相手を選んだのだった。新居で、式の翌日より、「治療院」の看板を掲げて、二人で共稼ぎを開始した。

日本の戦時色の強まるなかで、いろいろ苦労もあったが、その間をやり過ごし、戦後もどうにか生きてこられた。

昭和二六年には、推されて福井県盲人協会の会長にもなった。また、かねてよりの念願だった、身体障害者収容施設の「光道園」も、同三二年九月に開所することができた。下肢障害者＝九名、上肢障害者＝二名、視覚障害者＝七名、聴覚障害者＝二名、発育不全者＝二名、計二二名からの出発だった。

また、同四一年三月には、全国初の盲精薄者収容施設「光道園ライトセンター」も開所させた。

振り返って中道は、目の見えなくなることへの心理を次のように語っている。

『（略）目が見えなくなる程、心細いものはありません。実際盲人となってその苦しみが冷徹な実感となって、その人の心をしめつけます。盲人心理とか苦悩というものを、とかく晴眼者が理解しようとする時、同情心理による皮相的な見方しか出来ません。彼ら盲人の心の奥にまで入り込むなどは恐らく不可能でありましょう。傍観者としての目は、ものの真実をとらえようとして、かえって、上すべりな見解に堕し易い』（二一四－九）

また、〝盲人と職業〟について語っている処があるので、それを記す。

『（略）盲人にやれる職業と言っても、社会においては残念ながら何んにもないというのが事実であります。中には琴の師匠になったり、盲学校に奉職したり、或いは盲人関係の団体役員になって才腕を発揮している人も少なくありません。しかし、全国盲人の数から見れば問題にならぬほど僅かの人々です。（略）。盲学校へ入学してくる生徒にしても同様で、将来按摩、マッサージを開業したいからという一つの理由で盲教育を受け、学校の先生方もこの方面の指導に相当のウェイトをかけておられるのではないでしょうか。職業の選択を全く遮ぎられた実態をすみやかに打破すべきであります。そして、盲人も一個の人間として職業の開発、適性訓練が研究され、行政面において具体化され、盲人福祉に寄与することを願って止まない』（二二一－九）

4 海老名正吾（一九一〇～）一九八〇年までは健在。

《シリーズ番号、二五。海老名正吾著『社会と私－見えないこと－』〈二二七頁（底本：昭和五五年）より》

海老名は明治四三（一九一〇）年一月、青森県南津軽郡野沢村に小学校の校長をしていた父の五男として生まれた。**小学校に入る時にはすでに目が悪かった。**しかしそれが劣等感として心に固定することはなかった。記憶力がさえていたからだ。

旧制弘前中学に入学と同時に、一家をあげて、弘前に引っ越した。そして中学二年の夏休み、東京に住んでいる姉の所に遊びにいった時に起こった出来事が……。

ある一日、姉に頼まれて買い物に行った。昆布を頼まれていたのだが、煮干しを間違えて買ってきてしまう。そのことに彼女は驚き、日赤病院に彼を連れて行った。診断の結果は、「**網膜色素変性症**」ということで彼の将来の失明は決定した。しかし彼にはこの時、そのことは聞かされていない。

旧制弘前高校を卒業し、東京の大学を受験する時は、学校の教師になりたかったので、文学部を選んだ。そして大学に合格したが、『どうせ目が見えなくなるなら勉強したってどうにもならない』（失明の履歴書――まえがきにかえて――）と考え、遊びつづけた。従って、単位は取れず、友人が心配してカンニングをさせてくれ、ようやく卒業したのだった。

しかし卒業（昭和九年）できても、就職はなかなか出来なかった。やっとどうにか深川にあった女学校に国語の教師として、職を見つけた時には、ほっとすることが出来た。

そんなある日、旧制高校の同窓会があり、神奈川県庁に勤める友人から、不良少年の鑑別機関に来ないかと誘われ、そちらに転職した。昭和一四（一九三九）年のことである。

やがて戦争はエスカレートして、彼のような者にまで召集令状は来た。入隊はしたが、目の悪いことは明らかだったので、すぐに除隊となった。そして戦争は終わった。

少年鑑別施設から次に、中央児童相談所に移り、そこの所長をしている昭和二七年の秋のある朝、新聞の読みにくいのを感じた。ただ人を見分けたり、道を歩いたりすることに問題はなかった。

そんな折、目のことを少し話していた友人から、聞いた、ということで、やはり旧制高校時代の友人の、順天堂に勤めるM君から電話があり、話し合った結果、手術することになった。海老名はこの頃にはすでに結婚していたが、家族はそのことにあまり賛成ではなかった。

手術の結果は、ちょっと明るくなったような気はしたが、〝見え〟は返ってこなかった。彼の失明の歴史はここから意識的なものになった。児童相談所長には、昭和四〇年まで、一五年間おさまっていた。

そして同年に、精薄児の収容施設「県立ひばりが丘学園」の園長として移動した。もうこの時にはほとんど何も見えず、園の子供達は彼の姿を見ると、みんな走り寄って、手を引いてくれた。障害をもつ者同士として共感を覚えた三年間だった。

昭和四三年、同園で長かった公務員生活にも終わりを告げた。そして見えないのに見えるふりをして生きた一五年間にも終止符を打った。退職後は、日赤の神奈川県点字図書館長として迎えられ、勤めることになった。もう見えるふりをする必要はなくなっていた。


本書は、神奈川県ライトセンター（旧神奈川県点字図書館）の機関誌『かけはし』に、海老名が連載してきた「社会と私」をまとめて一冊にしたものである。彼はこの連載の中で、そのタイトルが示すように、視覚障害者と社会、についていくつもの問題を提起している。そのどれも本論と関係深いので触れてゆきたいが、それは紙幅的に不可能なので、その中のいくつか、特に記しておきたいものを抜き書きしてゆく。

尚、本書に発表（寄稿）されている六〇話のエッセイの日付は、昭和四三年一〇月から同五五年一月までのものである。そして引用文内に記されている年月が同じものは、同じエッセイからの引用である。

差別と偏見、について海老名は次のように言う。
『私達はよく差別と偏見を問題にするが、それは意識されているものではなく、競争社会に住んでいる人々の自然発生的な心の在り方なのだと思う。だから私達は、逆に差別と偏見を社会に意識させる必要があるのかも知れない。そのためには、私達はできるだけ街を歩く必要がある。遠くの方から差別と偏見をやめろと叫ぶのではなく、行動の実体の中から叫ばなければならないのである。（昭和43年10月）』（一八－八）
また、

『（略）私達、視覚障害者も「差別と偏見」という言葉をばかのひとつ覚えみたいに使うのではなく、人格的にも経済的にも社会人として立派に生きていけるように教養を高め職業に励む必要があるのではなかろうか。（昭和44年10月）』（二八―七）

社会と障害者、その疎外感、について。

『（略）自分のことだけしか考えていない人間の集団が社会だとすれば、この社会の意識を変えていくためには、大変な努力がいるのだと思う。いや、永久に不可能なのかも知れない。しかし、とにかく私達は、晴眼者に接近する努力をしなければならない。何千倍もある晴眼者の目を、私達のために提供させる努力をしなければならない。

道が分からなかったら、横断歩道が怖かったら、通りすがりの人に目になってもらうことが平気であるようにならなければ、私達は晴眼者と同等であると主張してみてもはじまらないのである。人手を借りたくないとか、人の世話になりたくないとか、そういう考えこそ、私達が私達を社会から疎外している理由なのである。（昭和43年10月）』（一九―一）

海老名は実際には見えなくなっていても、なかなかそれを受け入れようとはしなかったと述べている。障害者になりきれず、白い杖を持たず、見えるふりをしていたと。おかげで人にぶつかったり、物にぶつかったりで、ケガがたえなかったと。点字図書館に移ってから、そんな彼を見ていた職場の職員たちが、身障者手帳をもらって白い杖を持つように勧めた。彼はそれで三カ月位経ってようやくその気になって、その手続きをした。それから二カ月ほど経って、手帳が交付され、白杖ももらったが、その帰り道は心が暗かった。

そして、手帳や白杖を持つようになっても、なかなか自らを障害者として受け入れ難く、乗り物で席を譲られても、また町中の道で手引きを申し出られても、断っていた。それはひとえに、ばかにされたくないという思い、蔑視されたくないという背伸びの感情からのことだった。しかしある時、一人の読者に、きっぱりとこう言われて、その考えを変えた。

『それは、あなたが視覚障害者になっていないからですよ。そんなことではこれから視覚障害者としては生きていけませんよ（昭和44年10月）』（二七―七）

そして続けて、

『視覚障害者になり切ることは難しいですよ。視覚障害者であることは形ではなく心です。世の中のどんな人の親切でも素直に受け入れる心が大切なのです（昭和44年10月）』（二七―一〇）

と。晴眼者社会で生き続けようとしていた彼に、気持ちの切り替えをさせた言葉だった。彼は、〝障害の受容〟について、次のように言っている。

『障害の受容という言葉があるが、それはただ単に障害を持っていることを確認するという表面的なものではなく、心の深いところで障害があっても全人格的な否定にはつながらないのだということを理解することだろう。視覚障害者という形式的なものに対しては、差別や偏見を持ち得たとしても、全人格的なものまでべっ視出来るはずはないからである。（昭和44年10月）』（二八―四）

日本人と欧米人の、白杖を見た時の違いについても述べている。両者では、車の運転者の態度にはっきりした違いが現れるという。欧米では視覚障害者を町中で見かけたときには、決してクラクションを鳴らさないという。それによって障害者に注意を払わせるようなことはしない。車の方がゆっくりと走り、あるいは危険を感じたら、停車すると。一方日本の道路では……。後方からそれを鳴らされて、スピードを緩めることもなく、通り過ぎるのが常だ。このことは、子供の時からの教育に欠陥があるからだ、と海老名は言う。

『以前、日点（引用者注：日本点字図書館）の本間館長が書かれた「欧米における盲人福祉」というのを読んでひどく感動したことを覚えている。盲人である私が一面識もない外国人に接して、いよいよその感を深くしたのである。日「メイ・アイ・ヘルプ・ユー？」という高い意識が日本人の心になぜ育たないのだろうかと嘆かれてならない。日本人は障害者を哀れむことは知っていても、手伝うことは知らないのである。宗教心によって支えられていないとか、政治が社会福祉の施策をおろそかにしているからだとか、その他いろいろな意見はあると思うけれど、私には子供のときからの教育に欠陥があるような気がしてならない。子供の心を豊かなものに育てるべきはずの家庭が貧困で、他を顧みる余裕など少しもなかったのである。「かせぎに追いつく貧乏なし」とか「他人をみたら泥棒と思え」などという環境の中で育った人間に、他をいたわる心など育つわけがないのである。学校教育にしても記憶力の訓練だけが強調されて、入学試験の合格だけが目標になっているのではないだろうか。子供の心には他を排除して、自分だけが先へ出ようとする競争心は育てられても、他と連帯して社会を明るくしたり、障害者の生活も自分達と同じように豊かなものに引き上げて行こうなどという、高い意識の育つはずがないのである。（昭和45年10月）』（三三－七）

5 **斎藤通雄（一九一二～）一九七六年までは健在。**

《シリーズ番号、五三。斎藤通雄著『妻の手を杖にして』〈二四六頁〉（底本：昭和五一年）より》

斎藤通雄は明治四五（一九一二）年六月、宮城県遠田郡小牛田町に男兄弟四人の次男として生まれた。父の代まで地主の家柄だった。


一九二九（昭和四）年、同県立、旧制角田中学を卒業し、上京して日本大学に学んだ。

一九三四（同九）年、図書出版社を創立し、児童雑誌を刊行する。

一九三八（同一三）年、二木よし子と結婚。

一九五四（同二九）年、診察を受けたT大学病院で失明の宣告を受ける。

一九五五（同三〇）年、**網膜炎で完全失明**。

一九七六（同五一）年、底本出版当時は会社役員、障害者団体役員、経済研究所と健康法の会主宰。

この本は、九つのタイトルからなるエッセイ、及び小説集である。「あとがき」には、『盲人の心を晴眼者に訴える方法として、創作したい、と』（二四四―一四）あり、『テープレコーダーを相手にして雑念を吐き出せば、明るい気持ちになれるだろう』（二四五―一）とのことから書き出したという。タイトル毎に盲人としての彼の思いが――一部の小説は除くが――つづられている。どの文章も達観からか、淡々として、逆に印象深いものがある。

タイトル【僕の遺品】（三四頁～五三頁）では、妻と、小学校三、四年の時――斎藤は当時かなりヤンチャ坊主だった――の担任だったK先生を訪ねた。今は八五歳の御隠居ばあちゃんで、娘や孫たちに囲まれて静かに余生を送っていた。帰りしなに、斎藤の手を握り、

『「目が見えなくっても心の目が見えるから感心していますよ。創作をするのも健康が一番ですからね。体に充分気をつけなさいよ」

思わず熱いものが込みあげてきて別れがつらかった』（三五―六）

それから斎藤は、同タイトルのエッセイの中で、東京時代の思い出の物としていくつかを挙げて、それについての雑感を記して、『遺品』としている。それぞれ小見出しを付けて語っている。［経済学全集］［インキ壺］［琉球の壺］［スケッチ画］［版画］などであり、それぞれに彼は思いを記したあと、

『以上が、僕の遺品物語だ。いつも思うことだが、過去は美しく懐かしい。それにくらべ、現実は全て儚く、空しい感じがする。そっと自分に呼びかけてみた。そうだ僕も自分の人生を絶対に安売りはしない。目が見えなくても、生命の炎を自分のものにして、とことんまで高く燃やし続けたい。嵐の中で、吹雪の中で、生きている盲人の一人として悔いのない生涯を送りたい、とつくづく思う』（五二―一三）

斎藤は世の中に起こることを冷静に見ている。タイトル【カボチャの花】（一〇一頁～一一六頁）では、

『僕の二十代は暗澹たる文字通り灰色の時代で、神州不滅、八紘一宇の超国家主義的愛国心で国民を駆りたて、個

人の自由と尊厳を踏みにじり、世界地図で見る小さな東海の島国はファッショ一色に変わり、真理も生命も、神風とやらに吹き飛ばされる思いだった。僕は気まま者のくせに臆病だったので、時代の嵐に手も足も出ず、途方に暮れて巷に彷い、ただただ見知らぬ土地をほっつき歩くだけだった』（一〇五―一二）

斎藤は教育については次のように言っている。

――自分が子供の頃勉強して来なかったので、自分の子供に勉強しろとは言えない――

『（略）過剰な知識は人間性をスポイルし、豊かに生きようとする力を弱めるだけだと思いこんでいるためで、今もって僕は必要以上の知識は持たないことにして、頭の中に半分程度の余裕を持たせることに努めている。どうしても覚えておかねばならないこと、つまり忘れてはいけないことだけを脳の中にちゃんと入れておくが、どうでもいいものは片っ端から忘れることにしている。一口にいえば須く人生は万事四捨五入すべし。この妙味こそ幸、不幸を決定する大きなポイントになるだろうということ。これを理屈だという人もあるだろうが、僕はこれを、日常の信条として生きてきた。盲人になった今、なおさらこの感じが深い』（一〇九―一三）

また、【ある盲人の生涯】（二〇六頁～二四二頁）というタイトルの小説の中で、主人公が戦争の大勝利を祝って数人の仲間と飲み屋に入って、コップ一杯半のウイスキーを飲んで失明したあと、彼に語らせている。失明するということがどういうことか、またその現実を突きつけられた時の真実の気持ちを。

『（略）どこの病院、どこの医者に見てもらっても、私の目は二度と光を見ることができませんでした。

「盲とは、光を嫌う動物か。昔は人か、目の跡がある」――誰が詠んだ歌でしょうか。私は、盲目にした酒や仲間を恨み、医師をののしり、運命を呪いました。でも、それをどう書けばよいのか、書く力を持っておりません。ちくしょう、ちくしょうと、家の中であたりちらし、どなり、わめき、手に触れたものをかたっぱしから外へ放り出し、狂ったように暴れました。狂人になるか自殺するか。二つに一つだと思いつめました。が、そのたびにしげ（引用者注：主人公の妻）が必死になって私をとめました。人間にとって目が見えなくなるということがどんなに辛いことか、晴眼者に納得してもらうことは、どんな表現をつかってもできないと思う』（二三二－一四）

そして、戦争についても敷衍している。

『我が物顔に飛びかう敵機が焼夷弾と爆弾でしげの実父を殺し、しげの足を不自由にさせたのです』（二三五－五）

『（略）目の見えない私にとっても、それは地獄絵図そのものでした。戦争は、体験したものでなければ分からない最も残酷な非情なもので、どんなに巧みに言いまわされても、二度とするものでは決してないと、断言できます』（二三五－一六）

第五節 「ノーマライゼーションの原理」からの考察

高木正年以下、斎藤通雄までの明治期（それ以前の二人を含む）の視覚障害者の『自叙伝』を見てきた。日本が近代化への道を歩み始めた頃――今から約九〇～一五〇年前――に生まれた人たちの記述から、当時の彼等（盲人たち）の置かれた状況を少し知ることができたと思われる。「ノーマライゼーション」という言葉さえない時代の、その頃のことを、ベンクト・ニィリエが提示した「ノーマライゼーションの原理」の項目から検証してみる。

第一章第一節で述べたことの繰り返しになるが、確認のためにここでそれを再掲したい。

ニィリエの「ノーマライゼーションの原理」は、知的障害者やその他の障害をもつすべての人が、彼等がいる地域社会や文化の中で**ごく普通の生活環境や生活方法**にできる限り近い、もしくは全く同じ生活形態や毎日の生活状況を得られるようにするための**基本原則**である。またその権利を行使するということも意味している。

「ノーマライゼーションの原理」が示しているごく普通の生活様式や状況の側面や要素、及び障害をもつ人が経験し共有している**平等の権利**とは次のものである。

①　一日のノーマルなリズム
②　一週間のノーマルなリズム
③　一年間のノーマルなリズム
④　ライフサイクルにおけるノーマルな発達的経験（＝ノーマルなライフサイクル）
⑤　ノーマルな個人の尊厳と自己決定権（＝本人の選択・願い・要求の尊重）
⑥　その文化におけるノーマルな性的関係（＝男女両性のいる世界での居住）
⑦　その社会におけるノーマルな経済水準とそれを得る権利（＝ノーマルな経済水準）
⑧　その地域におけるノーマルな環境形態と水準（＝ノーマルな住環境）

以上が同原理の主な論点である。ここではこの「平等の権利」八つの項目を主な観点として高木以下を見ていく。尚、次章以降（第五章〜第七章まで）の各章末の考察も同様である。

高木正年は衆議院議員であった四一歳の時に失明しているが、国会議員ということ自体、特別な地位ということ故に、彼自身は大いに不便は感じただろうが、そのことを理由に、その職を解かれることはなかった。従って、のちの「ノーマライゼーションの原理」にいわれる「ノーマルなリズム」（①〜③。以下同じ）は送られていたし、⑤の「個人の尊厳」及び「自己決定権」も失明前と変わらずにあった。また⑦の経済水準（経済的に）も満たされていただろうし、⑧の住まいを含む環境も変わることはなかった。むしろ彼の場合、その障害の「受容」が問題になってくるが、それは本論の高木の処（六四頁以下）でも示したように、「しだいに諦めがついて」ということだった。失明によって職を失うということもなかったので、また議員として一般庶民より恵まれた待遇があったので、あるいはその「諦め」もスムーズだったかもしれない。

森盲天外も、高木に近いことが言える。失明は三二歳でその時、愛媛県会議員だったからだ。彼の場合、『自叙伝』のタイトルにもなっている「一粒」の「米」によって失明という「苦痛煩悶」から救われる。当時の盲人を含む不具者の置かれた状況を語る文章が同書の巻末近くに出ている——二神寛一（愛媛県立松山盲学校長）が書いている（すでに本論七二頁で示しているが、再び記す）。

『（盲天外は次のように言った）「我々不具者はしばしば常人の想像し能わざる不便を感ずる上にその不便不自由以外、社会より或る制限を附せらるることは実に心外千万である。（中略）。盲人と雖も絶対能力者として当然享有すべき人権があり、国民としての責任をも尽すことができるのである」』（同『自叙伝』三二九—三三〇）

つまり不具者には、社会によるある制限があった（＝自由ではなかった）ということであり、自由であるという〝人権〟は、往々にして認められることはなかったのである。森や高木はその地位（職業）故に、人権はたぶん全く認められていただろうが、一般の不具者は『無能力視せられ社会より圧迫せられ』（同書、同—五）ていたのである。障害者（不具者）に対する社会の偏見が本書からは浮き上がってくる。

好本督の場合は、前二人とは状況を異にしている。彼は生来の弱視であって、政治家でもない。但し、父が外科医ということで家庭的・経済的には恵まれていた。東京高商（現、一橋大学）を卒業し、明治期にあってイギリスに留学していることからもそれは明らかである。「ノーマライゼーションの原理」に挙げる「ノーマルなリズム」の生活は日々送れていたものと、また「個人の尊厳」や「自己決定権」も、そして「ノーマルな経済水準」、「ノーマルな住環境」も得られていたものと推察される。彼は恵まれぬ盲人たちに援助の手をさしのべている。当時失明すれば、誰でもが按摩か、琴弾きになる以外なかったが、盲人といえどもそれぞれ天分と適性があると言って、その人に合った教育をほどこそうと訴えたのである。そして努力する者に援助の手をさしのべた。「ノーマライゼーション」という言葉さえない時代に、盲人の「普通化（＝普通の生きる権利獲得）」を目指して活躍した。

中村京太郎の『自叙伝』は、自身の書く「評論集」と、阿佐博が記す「評伝」から成っている。中村もまた好本と同じく生来の弱視であったが、家庭的には農家生まれで、好本ほどは恵まれていなかった。だが、両親の理解もあって、当時の盲児としては順調に成長していった。二〇歳の時には盲唖学校の教員となれていたことを考えると——そしてその後の経歴を考察すると——不便はあっただろうが、「ごく普通の生活」は送ることができていたように考えられる。彼は好本の援助をうけてイギリスに留学を果たし、帰国後は、「点字毎日」の設立に深く関わっていく。中村もまた当時の盲人たちの〝生活改善〟に日々を費やしていた。「ノーマライゼーション」という言葉はなかったが、のちの時代で言う、その原理に示される「平等の権利」獲得のために日々が費やされていたことが推察できる。

大橋五男は八歳の時に暴発事故により失明、また右手指欠損となり、かなり不便な生活を強いられたが、両親をはじめ周りの環境にも恵まれて、それらの障害を除けば「ノーマルな生活」は送ることができていた。そしてキリスト教に触れて、一五歳の時洗礼してからは精神的にも満たされていった。神学校卒業後は伝道師として招かれ、二五歳の時には結婚もし、⑥「男女両性のいる世界での居住」も、⑦「ノーマルな経済水準」も、⑧「ノーマルな住環境」も得られていた。尚、同書は、前半部分が五男自身が記す「自伝」で、後半は彼の長男・寛政他、五男にゆかりの人々が書く「追想篇」となっている。第三章の分類で言えば、「自伝」と一種の「他伝」の合わさったものと言える。

熊谷鉄太郎は、満三歳と六カ月で失明したが、その『自叙伝』を彼は彼自身の「生活体験の記録」と言っている。また、『この本は「内省的盲人心理学」とも呼ばれるように考えます』(同書、二一一四)とも言っていることからも分かるように、本節で検証するライフ・ヒストリー(＝生活史)の書としては格好のものと言える。同書の中で彼は明治二〇年頃の北海道の一漁村における日々を、また同三〇年頃の青森での盲人の扱われ方を語っている。普通、家庭に恵まれていない——彼の父は〝飲み打つ買う〟の遊び人で、母は家を出ていってしまっていた——盲児の日々は悲惨なものであると。従って「平等の権利」の①〜⑧は、ほとんど満たされることはない。特に成人前においては、①〜④の項目は満たされていない。このことはここまでの高木から大橋までの「ライフ・ヒストリー」と違って、当時の恵まれない盲人の姿が垣間見えて興味深い。彼は子供の頃「座頭」だったので、学校にも行けなかった、と述べている。また一二歳の春には育ててくれていた祖父の元を離れて、鍼医の処に弟子入りさせられたとも言う。当時の名もない盲人は――ということは圧倒的にそういった盲人たちが多かったということだが――、その多くがこのような少年期を送ったものと考えられる。そしてすでに本論の熊谷の処でも記したが、悪ガキどもからの――不具者故の――いじめにも遭っていた。しかしじっとそのことにガマンをしていたことも記されていて、盲人の置かれた状況を知ることができるという点では貴重な書ということができる。彼もしかしのちにはキリスト教と出会い、妻帯もし、子も設け、牧師としてその生涯は満たされていく。

石松量蔵は先天的な盲児であったが、父は村会議員や郡議員を歴任し、また彼が生まれた頃には郵便局長、そして村の助役も兼ねていたので家庭的、経済的には恵まれていた。但し彼が七歳の時に父は他界した。その後は母の深い愛をもって育てられ、二〇歳で佐賀盲唖学校の教師となり、彼もまたキリスト教に帰依して、「神の恩寵」を受けながら比較的平穏な日々を送っている。彼の生涯において、やはりいくらかの不便はあったが、「平等の権利」の八項目は満たされていたものと推察される。但し、彼もまた当時の盲児の教育について、次のように記している。『およそ教育を受けている盲児は大抵富貴の家庭のものに限られ、我国の盲児の中でもその率は極めて低いものである。その大多数は文明の世に生れながら全くの〝暗から暗へ〟一生を送ってゆくものである。どうかして彼等に教育を授けてやりたいものだが、既に貧困な家庭に生れている以上（其原因は多く不衛生に基くものである）それには費用の全体を給与しなければならない。欧州では盲児一人に対しいくらという教育費を国庫から支給している国もあるが、我国でもこんなことが行なわれるならば、盲人はどんなに恵まれるであろう。（略）。しかし今日に至るまでこんな福音を耳にしないのは、盲人教育に対する熱意が低いためであろう』（同書、三一－一二）と。

これが明治期の盲人教育の実態である。この時期の盲人の先駆者たちは、皆家庭の経済状況に関係なく、教育が受けられるように奔走していたのだ。盲人教育の必要性・重要性を訴えていたのだ。本論で取り上げる盲人たちは、むしろ少数派の人たちであるということを考慮していなければならない。

新里貫一の『自叙伝』はここまでの七人とは少し違っている。というのもその記述の舞台がほとんどアメリカであるからだ。当時のアメリカにおける盲人の状況を知ることができる。彼は、アメリカに渡る頃は晴眼者だった。中年（三〇～四〇代）になって失明し、また音も失うという重複障害者となった。しかしその時までの日々はアメリカでの事業にも成功し、妻子も持ち、「平等の権利」①～⑧はすべて満たされていたものと思われる（勿論その間、妻の死や愛児の夭折という悲しみの日々もあったが）。

しかし失明後は事業もうまくゆかなくなり、生活に困窮し、一枚のパンも買うことができなくなってしまう。だが、彼もまたロスアンゼルスの日本人社会の中にあってキリスト教の牧師とめぐり逢い、その貧窮生活から脱け出すことができていく。彼の書で最も感じられることは、家族（特に再婚した妻）への愛情ということであり、障害者にとって、まず最小単位の社会（家族）に恵まれてさえいれば、「ノーマルなリズム」の生活は送られるということである。

鳥居篤治郎は二歳六カ月という幼い時に熱病によって失明したが、京都府会議員の父はそうではあっても彼を一人前の人間として育て、扱ってくれたことにより――障害からの回復として家族愛が大きいことが彼の場合にも見てとれる。彼の父は彼を決して卑下するような態度は取らなかった――、彼のその後の人生は真直なものになっていった。

盲唖院の尋常科入学は一〇歳と普通より遅れたが、その後は順調に成長していって、二二歳の時には静岡で鍼按学校の教師にもなっている（この年に結婚もしている）。このことを見ても分かるように、彼自身の「平等の権利」のほとんどは満たされていたものと思われる。但し、盲学校教員として働いていた頃（昭和三〇年当時）、盲児一般の置かれていた状況が彼の『自叙伝』からは読み取れる。『冬中ストーブのない教室で、赤くなった手に息を吹きかけ吹きかけ、幼い盲児たちがこつこつと点字を書くであろうと思うと、可哀想でならぬ。たとえ予算が足りなくとも、電燈のない夜間学校がないように、教室の暖房だけは何とかしていただきたいものだ。／冬がくる度に、私は毎年しみじみとこんなことを感じるのである』（同書、一六三－一一二）

この文章は本論序章に引用した、赤座憲久のそれと重なって論者には見える。また鳥居は盲人には三つの大きな不利益があるとして、次のことを挙げている。「①美しい自然の景色も、親愛なる妻子友人の表情も見えないこと。②人間は自己の行動の自由を有すべきなのに、盲人は、往々にして他人からうるさく干渉されること。③自分の活動範囲が制限されているように考えて、安価な安心とあきらめに満足しようとする傾向を持っていること」（同書、一七二―六辺からを要約）と言っている。「平等の権利」八項目とはまた別に、③の制限は障害者自身の内面に由来することということができる。②は全く「自己決定権」の侵害であり、①は盲人の宿命というものであろう。

栗原光沢吉は幼い頃から目が悪かったし、家庭的にも実母と離れて暮らさなければならないということがあったが――年少時に「ノーマルなリズム」の日々を過ごせなかったことはあるが――、盲学校卒業後は前橋盲学校の教員となって、成人後は比較的恵まれた日々を送ることができていた。

しかし、明治の頃の視覚障害者の一般の状況を、彼はその『自叙伝』でこう記している（既述しているが）。『当時の障害を持った子供は、その親が、可哀そうがったり、あるいは世間体を気にしたりして、子供を家へ閉じ込めてしまうのが一般的であった。また小学校教育などもその障害のために受けさせてもらえず、まして職業につけるすべもなく、あたら養育ざかりを無為に過ごし、したがって社会的には取り残されたみじめな境遇に甘んじなければならなかった』（同書、「はじめに」一―七）と。この文章においても当時の障害者（盲人）の置かれていた状況が判然としてくると思う。つまり普通一般の障害者――盲人もまた――は、その親が世間体を気にして家に閉じ込めたままにしてしまい、小学校教育も受けさせてもらえず、従って、職業にも就けなかったということである。多くの盲人の子供は、「平等の権利」八項目のどれも満たされることはなかったのである。

三原時信は大学在学中に緑内障の宣告を受け、視力を低下させていったが、卒業後は父のいるアメリカに渡り新聞記者になった（アメリカ生活ということでは、既記の新里貫一と似ている）。彼も目を悪くしたが、家庭的には恵まれており、またキリスト教徒となり、「平等の権利」はどれも損なわれることはなかったと思われる。彼は内面的には、目にばかり頼らないで、見えないでも生きていかれる別の世界のあることを知り障害から回復していったが、外面的には、そのキリスト教と触れたことと共にアメリカ社会の障害者に対する寛容さにも触れて、生き易くなったとしている。アメリカ社会にあっては「ノーマライゼーション」の意識が、こと障害者（人種差別等は厳然としてあったが）に対しては強く働いていたと。『この世の中には、盲とか、聾とか、跛とか、普通の人通りにいかない気の毒な人達が沢山いる。これをハンディキャップ（身体障害者）と呼んでいる。私達の住んでいる社会で、これらのこうした人達が幸福になれなければ、私達の住む社会は幸福な社会となれないのである。だから彼等に住み易い社会的条件を与えねばならない。自分達よりも彼等を先に幸福にし度いと言うのが、一般の米人の社会的常識である』（同書、一〇五－一〇四）

アメリカ生活は、〝見るからに弱者〟には寛大だったのかもしれない。日本とはかなり違った社会構造を当時からしていたことが窺われる。

岩橋武夫も、三原と同じく大学在学中に目に病を得、しかし三原とは違って岩橋はこの大学生の時に失明した。大人になってからの失明で大きな不便は出て来ただろうが、彼もまた母の深い愛と、そしてキリスト教に触れることによってショックから回復していく。すなわち一時的な、「一日のノーマルなリズム」や「一週間のノーマルなリズム」の崩れはあったが、やがて失明前と同じような「普通の生活環境」に戻ることができていった。彼は後年「日本ライトハウス」を立ちあげ、愛盲事業に献身し、また盲人の権利獲得に奔走した（「障害者福祉法」を作るきっかけをもたらした）。彼が日本盲界に果たした役割は大きい。

河野憲利の『自叙伝』は、全八章から成っているが、うち二つの章（第三、第四）が「障害者篇」となっていて、障害に対する心構えを述べている。盲人の生活規範も述べられていて、盲人がよりよく暮らして行くための心得が述べられていて興味深い。それらは盲人が積極的にノーマライゼーションを獲得していこうとする姿勢が垣間見られる。座り方や立ち居振舞いなど、盲人だからといって蔑視されないための心得。また盲人が嫌われないための心得も述べられている。「ノーマル」に生きるためには障害のある以上、普通人より、努力していかなければならないと。盲人が盲人として「平等の権利」を得るための、盲人側として実践すべきことが述べられている。河野自身は小学校低学年の時に失明したが、大分盲唖学校から東京盲学校に学び、卒業後は広島の盲唖教育慈善会で教員となり、のち宮崎盲学校長になっている。同書で推察する限りでは、成長後の彼自身は「平等の権利」は得られていたものと思われる。

明石海人は、これまでの一三人とは違って、ハンセン病患者である。従って彼が二八歳で発病した後は、それまでの人生――妻子を得て、会社勤めもしていた――とは全く違った道を歩むことに（歩まなければならぬことに）なる。三〇歳の頃に一人、長島愛生園に入るが、四年後にはほぼ失明している。そしてその後も喉頭狭窄に襲われ、声も失ってしまう。彼は本来多才な人で、健康な時には、短歌、俳句、詩、随筆等も書いていて、また画家になろうと思った時もあったというほどに、絵画もよくしていた。

しかしハンセン病を発病してからは、妻子とも別れ、ゆっくりそれらを筆にするということもなくなった。彼が自殺を思いとどまったのは、別れて暮らすことを余儀なくされたが、妻子、そして母の愛があったからだった。発病後からは「地域社会や文化の中でごく普通の生活環境や生活方法」はできなくなっていっている。①~③の、日々の「ノーマルなリズム」もなく、⑤「個人の尊厳と自己決定権」もなく、⑥「ノーマルな性的関係」もなく、⑦「ノーマルな経済水準とそれを得る権利」も奪われ、⑧「ノーマルな住環境」ともかけ離れた暮らしとなった。ハンセン病収容施設での生活はつい最近まで、「ノーマライゼーションの原理」で主張されている権利とは対極にあった。

長谷部薫の『自叙伝』では、盲人が今の社会をどのように受け止め、その中で何を考え、何を望んでいるかということが書かれている。彼自身の失明は四〇代半ばで、それまでは「ごく普通に生活」していたのである。しかしその失明後は、白杖を持って歩くということに劣等感ともいうべき卑屈な感情が、払いのけても払いのけてもつきまとった、というように自分の内なる声との葛藤であったことが述べられている。障害を負ってからは、晴眼者の時には思わなかった他人の目が、ことのほか気になるようになったという。必要以上に自分自身がその障害を意識していたことから来ていたのだ。

また彼は盲人の職業選択の狭さについても語っている。これは「平等の権利」で言う、⑤の「個人の尊厳と自己決定権」の不足を語ることであり、⑦の「ノーマルな経済水準」とも関連してくることでもある。彼もまた後年、地元山梨県に盲人施設（ライトハウス）を造り、盲人の福祉のために、権利回復のために奔走した。彼自身について言えば、失明しても人間としての尊厳は損なわれることはなかったし、失明前と生活の「基本原則」に変化はなかった。

大村善永は祖父も父もキリスト教信者であったこともあって、幼児受洗をしている。四男の彼は当時日本領土であった満州へ、叔父――子供がなかった――の元に養嗣子として引取られた。一八歳の時、内地に戻り、岡山第六高等学校に入るが、目に病気を得てしまう。診断によると、急性網膜炎で、休学して療養をすすめられたが、一年間放っておいたことが災いして、二四歳の時には完全失明した。彼はこの時まで家族（両親、兄弟姉妹）愛に包まれて、ごく普通に暮らしていたが、やはり失明を知って、「死」ぬことを考える。しかし妹の機転もあってそれを踏みとどまった。それからはキリスト教に深く入り込み、精神的にも回復していった。三〇歳の時結婚もし、横浜訓盲院の教師となり、またのちに満州で盲人の福祉のために尽した。彼自身にとっては、失明後にも「平等の権利」八項目は満たされていた。彼の『自叙伝』からは、キリスト教が「ノーマライゼーション」の意図を包摂するという風に読み取れもする。

中川童二は四一歳の時、メチルアルコールで失明したが、その年齢が示す通り、すでに妻子をもち、「平等の権利」が失われるというようなことはなかった。但しまだ幼かった子供が、「盲の子」とはやしたてられ、いじめられたということは、「ノーマルなリズム」はその時期こわされたと言える。またその子供達の「ノーマルな発達的経験」は損われ、また「ノーマルな個人の尊厳」は傷つけられたかもしれない。

彼の書く『自叙伝』はむしろ、「自伝」というよりエッセイ集のような構成になっている。いくつかの小タイトルを添えて、それぞれの内容が語られている。既述したように、彼の文章は機知にとんでいて、盲人というハンディに対しても決して暗い印象を持たせせない。これは彼が精神的に満たされていたことの証左であるようにも思える。

中道益平は父が病に倒れたこともあって一四歳から働き出していた。このこと自体は明治・大正時代にあっては特に珍しいことではない。一五歳で故郷（福井県小浜町）を出て、京都に向かい、そこで働き出した。しかし一七歳の時右目に異常を覚え、二五歳の時左目もやられた。それまでは「ごく普通の生活」を、それぞれの地域において送っていた。目を患ったあと、夢も粉砕され、「死」も考えたが、やはりそれを「受容」することができ、生きることに邁進していった。彼の転機は一本の雑草だった（森盲天外の「一粒」の「米」と似ている）。

その後、盲学校に入り、卒業後、鍼灸治療院を開業し、結婚もした。盲人となっても、プライドを持って生きてきたことが窺われる。「ノーマルな生活」を送っていた後年（昭和三二年）、身体障害者施設「光道園」を開所し、さらには同四一年、盲精薄者収容施設「光道園ライトセンター」を開所し、盲人たちの⑤「ノーマルな個人の尊厳と自己決定権」の保持を、また盲人福祉に対する強い情熱を印象付けている。

海老名正吾の『自叙伝』は、正確にはエッセイをまとめたもので、「自伝」ではないが、彼の人となりはそれでもよく知ることができる。彼は子供の頃から弱視だったが、盲学校ではなく普通の学校に通い、弘前高校から東京の大学に入った。卒業後は女学校の教師を経て、神奈川県庁に入庁し、少年鑑別所に勤務した。視力にコンプレックスを持っていたが、全盲ではなかったので、「ノーマライゼーションの原理」でいう「平等の権利」は対外的には充分に満たされていた。公務員であり、また役職にも就いて、社会的にも認められた地位にいたのだから。加えて晴眼者とも結婚し、子も設けていたのだから。昭和二七年頃（四〇歳代前半）には新聞も読めなくなったが、それでも特別「平等の権利」がその後に損われたということはなかった。

斎藤通雄の『自叙伝』は九つのタイトルからなっている。エッセイと小説からなっているが、いずれも盲人が書いたものとは一見思えない程、リズム感のある文体である。

彼の失明は四九歳の時であり、人生の半分以上を過ぎてからのことで、少なくとも「平等の権利」①～④が阻害されたという記述はない。「ノーマルな生活」が、そして「ノーマルなライフサイクル」が送られていた。むしろ彼の生きた青年時代が日本の戦争の時期と重なっていて、その意味では「自己決定権」は障害者に限らず、誰もが国家によって握られていた側面もあった――以下は本論中にも示したが（一五五頁以下）、再記する。『僕の二十代は暗澹たる文字通り灰色の時代で、神州不滅、八紘一宇の超国家主義的愛国心で国民を駆りたて、個人の自由と尊厳を踏みにじり、世界地図で見る小さな東海の島国はファッショ一色に変わり、真理も生命も、神風とやらに吹き飛ばされる思いだった。僕は気まま者のくせに臆病だったので、時代の嵐に手も足も出ず、途方に暮れて巷に彷い、ただただ見知らぬ土地をほっつき歩くだけだった』（同書、一〇五―一一二）と言っているように。

彼自身は失明後においても障害者団体役員となり、彼が生き生きとして、この『自叙伝』が書かれた頃には生きていることが窺われる。障害（失明）は苦しく、不便なことであるが、それを運命として受容してしまえば、「ノーマライゼーション」ということに対しても積極的になれるようである。但し、やはり「経済水準」がある程度満たされていなければ――貧困とノーマライゼーションの「平等の権利」獲得には密接な関係がある――、無理なことかも知れないが……。

以上、明治期生まれの二〇人を検証してみた。上で記しているように、ハンセン病患者となり、その後失明した明石海人以外は皆比較的恵まれたその時代を生きてきたように思われる。書物に残すことのできる者は当時としてはむしろ中流以上の家庭環境にあった者とすれば、当然の結果といえるかもしれない。但し、その一人だけの事実だが、明石の置かれた現実は重く、深く論者に訴える。

尚、ここでの二〇名は先天的な盲人も含めて――成人後の失明者は当然であるが――全員が妻帯している。⑥の「ノーマルな性的関係」もクリアされていたものと思われる。

以上《これ》で明治生まれ二〇名の著者たちの考察を終え、次の第五章から、大正生まれの人たちとなる。

第五章　大正期に生まれた視覚障害者の著書から

『自叙伝』シリーズに収められている六〇巻（二〇〇三年現在）のうち、著者の生年が大正であるのは、一一名である。生年の古い順にその著者名を示すと、次のようになる。

近藤正秋＝大正二（一九一三）年、森赫子＝大正三（一九一四）年、武井イネ＝大正三（一九一四）年、松井新二郎＝大正三（一九一四）年、松本馨＝大正六（一九一七）年、鈴木敏之＝大正八（一九一九）年、木村龍平＝大正九（一九二〇）年、青木優＝大正一三（一九二四）年、畑美喜三＝大正一五（一九二六）年、坂本勉＝大正一五（一九二六）年、金夏日＝大正一五（一九二六）年。

この一一名を便宜上、五名と六名の二つに分ける。第一節は、近藤から松本まで、第二節は、鈴木以下、金までである。

尚、この章でも引用文中の傍線（一重線及び波線）、太字、ゴシック字体は引用者によるものである。

第一節　近藤正秋から松本馨まで

男性三名、女性二名の著書から。ここで初めて女性が登場してくる。

1　近藤正秋（一九一三〜）一九七四年までは健在。

《自叙伝シリーズ番号、七。近藤正秋著『試練を越えて』〈頁数＝三二一頁〉（底本：昭和四九年）より》

近藤正秋は大正二（一九一三）年一二月一四日、愛知県御器所村（現・名古屋市）に生まれる。この時代に生まれた日本人男子の概ねが経験する軍隊体験（昭和九年一月入隊）を彼もしている。

そしてその配属地満州で、濱江県五常県四道河子付近の戦闘において、**顔面貫通銃創を受け、両眼を失った**。昭和一〇（一九三五）年五月二五日、満二一歳の時であった。同年七月に内地に送還され、一〇月に兵役免除となった。

同年一一月に愛知県立盲学校に入学し、盲人としての生活が始まった。

昭和一三年一一月には、東京盲学校中等部鍼按科に移り、同時に失明軍人教育所師範部に入所した。同一五年三月、東京盲学校を、また一〇月に教育所師範部をそれぞれ卒業した。同年一一月には愛知県立盲学校の教諭として郷里に帰った。

昭和二〇年四月に同盲学校を退職し、一一月に鍼按治療院を開業した。同二一年一〇月、愛知県盲人福祉協会を創立し、理事となり、同二三年七月から理事長となった。二六年七月には同協会を社会福祉法人・名古屋ライトハウスと改組した。

これが近藤の大まかな略歴である。中途失明者が辿る心の軌跡、彼もまた複雑なそれを経験している。**戦傷**であるとは言え、突然の、光の世界から暗黒の世界への急変。絶望感が襲ったことは当然のことだった。諦観し、再び〝平穏心〟を得るまでには多くの紆余曲折を辿った。更生への道も平坦では決してなかった。しかし彼の心を鞭打ち励ました言葉があった。それは、

『運命を愛し希望に生きよ』（「発刊のごあいさつ」XI―一五）

というものだった。この言葉を支えとして、彼は生き続けてこられたのだった。

近藤は八人兄弟（兄三人、姉三人、弟一人）の七番目として、農業を営む家庭に生まれた。彼は小学二年の頃から、家の畑で採れた野菜を売り歩き、中学生になってもそれを続け、その金を学資の足しにした。これをみても分かるように強い独立心と、逞しい商魂がその頃からあった。

昭和六年、愛知商業学校を卒業すると、同年に醤油醸造商店に入り、三年間住み込み店員として働いた。そして同九年に軍隊に入ったのだった。当時は二年間の兵役義務があって、彼もまたお国のために奉公することに何の疑問も抱かなかった。しかし戦闘によって、顔に銃創を……。

『病院へ入ると直ちに手術が始まった。弾は左のこめかみから入り、左眼の奥を通って右眼に貫けていた。麻酔はほとんどきかず、四人の看護兵が手足をおさえていた。もがけば、

「帝国軍人がこれくらいのことで……」

とどなりあげられる。じっと歯をくいしばって我慢する、そのつらかったこと、痛かったことは一生涯忘れられない』（五七―八）

『（引用者注：手術）一週間後、包帯を取る日が来た。私はこの時にあたって、まだ片目は見えるだろうと希望的に観測していた。（略）包帯がすべて取られた。しかし、まっ暗だ――手を顔の前に持ってきて、目を見開いてもなにも見えない。

（略）（引用者注：井上軍医はそんな様子を見て）

「ちょっとむつかしいかも知れないな。まあ、内地へ行ってゆっくり治療するのだな……」

（略）

（略）こうして暗に失明を宣告されると、心の動揺はおさえようもなかった。

〝ついに来るものが来た――自分は一生涯暗やみの世界にさまよわねばならないのか〟

からだ中から冷汗が流れる思いがした。

〝どうすればよいのだ……〟

絶望感で押しつぶされそうな気持をぐっと我慢した』（六二―一二）

そして、周囲の人々の善意とあたたかい看護によって再起への気持ちにもなった。

『自分にあたえられた運命を潔く受け止めよう。それが軍人精神なのだ』（六五―一六）

近藤は失明宣告をこのように受け止めていく。それは彼の個性と関わっている。あまり深く悩むことをしていない。

『普通の盲人が失明する際には、深刻に悩み、悲しみ、果ては自殺さえ真剣に考えるという体験談をよく耳にするが、私にはそれほどの深刻さも長い間悩みつづけるようなこともなかった。生来あきらめが早く、あまり物事にくよくよしない性質が、かえって素直に大きな運命の変化に対応できたのであろう。さらには、軍人であるという心の支え、一瞬にして光を失った意外さなどが、かえって心の迷いをなくし再起を早くしたのであった。

「もはや軍人としてのつとめは終った。しかもなお命と健康なからだを残しておいてくれた神様は、なにか私になすべき使命を与えてくれるに違いない――こうした使命観の上に立つと失明もまた幸いであるかも知れない」

これがハルピンの病院生活でたどりえた結論であった』（六七―三）

その後、病院船「アメリカ丸」で昭和一〇年八月二日、数百人の送還患者と共に、大連港を出港し、同月四日宇品港に入港した。帰国後は広島の衛戍病院、それから故郷の名古屋衛戍病院に移された。

名古屋で一カ月して、傷も相当固まったので、九月一五日、東京第一衛戍病院に転送された。もはや両眼とも視力回復の見込みはなく、義眼を入れることになった。その製作を終えると、名古屋に戻り、兵役免除の通知を受けた。彼の軍人としての務めは終わった。

実家に戻ると、すぐに盲学校に入る手続きをした。そして同年一一月四日には愛知県立盲学校の門をくぐった。中等部予科に入学し、一カ月ほどで点字を習得した。

翌一一年四月、中等部鍼灸マッサージ科に進み、それらを学んだ。

昭和一三年一〇月末、東京に失明軍人の再教育機関が開設された。彼はその教育所師範科に入ると共に、官立東京盲学校にも入学した。同一五年三月、同盲学校の中等部鍼按科を卒業し、また同年一〇月には同教育所も卒業して、そして翌月、郷里の愛知県立盲学校の教師となった。

戦後は愛知県盲人福祉協会を立ち上げ、またそれが改組されて名古屋ライトハウスとなってのちも、同県の盲人福祉の先頭に立っていった。近藤は盲人及び障害者の職業開拓について、ことの他熱心に心を砕いていく。彼等が働く場を得られてこそ、福祉が実のあるものと考えていたからだ。盲人の新職業について次のように語っている。

『今日、盲人のもっとも普遍的な職業として鍼按治療があり、社会的通念でもそれがすべてのように考えられている。しかし、盲人にとってこの職業がもっとも有利ではあっても、これが唯一のたずさわり得るものではない。それればかりか、これにたずさわり得ない盲人も数多いということは事実である。

たとえば、現在わが名古屋ライトハウスには六十名の身体障害者が入所しているが、そのおよそ半数三十五名が視力障害者である。この三十五名のうち、十名は鍼按治療部で、五名が簡易作業部、さらに五名が図書館ならびに点字印刷の仕事に就き、残り十五名が金属工場で働いているのである。この鍼按治療部以外で働いているものたちの、その職を選んだ動機を分析してみると、盲学校中学部を卒業したものの按摩科、理療科等へ進学する能力がなく当施設へきたもの、せっかく盲学校を卒業し鍼按の免許を持ちながら病気とか老齢その他の理由でやむなく働くもの、いったん鍼按にたずさわったがどうしてもうまくいかなかったもの、あるいはぜひ鍼按以外の職種で働きたいという積極的な熱意をもって勤務しているものなど、まさにさまざまであり、どんなに鍼按が有利な職種であっても、その能力、個性、環境等でこれに従事できない人々が現にいるのである。能力に応じた一般教育、適性に応じた職業教育という基本理念からいっても、すべての盲人を鍼按のきずなの中に閉じこめてならないことは当然というべきである。

わが国で新職業が伸びにくいのはなぜかというと、わが国の盲教育ではあまりにも鍼按オンリーの教育がおこなわれ、治療家になるためには十二分な保護、助成の道がなされているのに反し、新職業をこころざすものは異端者扱いをされ、養成機関もほとんどない実情にある。それに、せっかく新しい仕事をマスターしても、雇用の門はことにせまく、さりとて自営をするための対策もまったくないありさまである。

今日、有利といわれる鍼按にしても最初は新職業として開拓されたのである。したがって、いま新職業とされている職種の中にも、また将来は有望なものに育つ可能性が含まれている。海外における盲人が多くの職種に従事して働いている事実、現にわが国においてもその数こそ多くはないが、新職業で立派に働き輝かしい成果をあげている事実は、その可能性を立証している。（略）

元来、私は、

「数多い盲人問題の中で職業問題がもっとも重要である。とくに新職業の開拓が必要である」

と痛感して、過去二十五年身をもって実践してきた。

私は現場でプレスやドリルやシーマー巻の機械と取り組んで働く一方、原材料の入手、製品の製造、販売活動などを管理し、従業員の能力評価、適性配置等、近ごろ喧伝される経営管理の可能性についても確信をもつことができたのである。これは要するに、わが国における盲人の新職業問題はなお多くの問題をかかえてはいても、〝意志のあるところ、必ず道あり〟で、洋々たる前途がありうると信ずるのである』（三〇八―一〇）

近藤は盲人の新職業に対する希望を捨てていない。

2 森赫子（一九一四～）一九五八年までは健在。

《シリーズ番号、三九。森赫子著『盲目』〈頁数＝二五三頁〉（底本：昭和三三年）より》

この書物は小説である。著者の森と思われる女性が主人公であるが、小説という形態をとっているので、フィクションとして読み進めた。

森赫子は失明前には舞台女優として活躍していたが、巻頭にも巻末にもその経歴を示す記述はない。また、失明に至る経緯にも触れられていないので病名等は判然としない。小説であるが故に、そのことはあまり重要でないかもしれない。

主人公＝松谷昌子に語らせている記述から、失明についてみてみる。

〈序章〉（六頁〜三四頁）

医師（講師）から失明を告げられ、もう再び光を見ることの出来なくなった自分を意識する。その大学病院からの帰りのタクシーの中で、

『今まで何を考えていたのだろう。気が転倒していたのだろうか、そんな筈はない、落着いて講師の言葉もよくきいていた。しかし、それでも失明などということは私からまだまだ遠い世界にあるような気がしていたのである。失明！　この言葉が実感となって私の身に迫って来ると、私はがくんと車のクッションに背をうずめた。全身の皮膚という皮膚、毛穴という毛穴から、すべての力が空気のように抜け去ってゆくのを感じた。そして自分が、ただ空虚な魂の脱けがらのように思えてくるのだった。

一段とスピードを出してとばす車の振動で、私の体は後へ後へと果てもなく、地の底へ引きずり込まれるように感じた』（三二一七）

失明を宣告され、それを現実としてとらえなければならなくなった時のショックをこのように語っている。『皮膚という皮膚、毛穴という毛穴から、すべての力が空気のように抜け去ってゆく』ような、そして、『地の底へ引きず

り込まれるよう』な、と。

この最初の章で、昌子の家に、お手伝いに来ている通いの「はるみさん」と、文芸グループの友達で、同じアパートの別の部屋に住む、美術学校を出て油絵を描いている「瀬川」という男が出てくる。

〈第二章「瀬川」〉（三五頁～六六頁）

ここでは将来に対する不安が語られている。

『私はこれから一体どうすればいいのか、明日からでも、盲目になった今からでも、どうやって生活していけばよいのか、考えねばならないいろいろのことが一ぱいあるような気がした。しかし何から考えていいのか見当がつかなかった。しびれているような後頭部、動きを止めてしまったような重い頭の中を、ただどうしよう、どうしようと、同じ言葉がくるくる馳けめぐるだけだった』（三八―八）

〈第三章「母」〉（六七頁～八八頁）

母、則江は六五歳。昌子は養女であり、実の母子関係にはない。それもあってか、昌子にとっては決して良い理解者ではなかった。母は、母のいとこの初子と一緒に深川に住んでいた。母には母なりの思いがあって、目を悪くした昌子と接しようとしたが、昌子には昌子の母に対する思いがあった。

『私はたまらない淋しさが次第に濃く自分を包んでゆくのを感じた、いったい母は何しに来たのだろう。もちろん、見舞に、そして慰めに来たことは重々判っていた。しかし彼女の与えていったものはこの淋しさばかりなのだ。私はひそかに母に何かを期待していたのではなかったのかと考えてみた。何も望んではいなかった。だが、私の苦痛と、同じ苦痛を母も感じてくれはしないかと思っていたことも事実だ。だが母の心は少しも痛みも傷つきもしてはいなかった。むしろ傷ついた者に情をかけてやる喜びにはつらつとしていたではないか。もし……私は曇った眼を壁に向かって見開いて考えた。

もしも、母が私の失明を知ったとき、出かけるための化粧も、髪をとかすのも忘れ、勿論土産など考えることも忘れて、車を拾い、かけつけて、そっとドアの中をのぞき枕元に座って、「見えなくなったの、困ったわね、どうすればいいのかしら」……と、それも私にきかすための言葉でなく、母自身の溜息のように、心から洩れた言葉であったら、私はもうそれだけで十分だったのだ。（略）

ただもっとも近い肉親である母が、私と同じ苦しみの場に立って、一瞬なりとも考えてくれたとしたら、それは私にとって、どれほどの理解者を得たほどにも思えただろう。堅く冷く氷りついた心が春の暖かさに逢ったように、一時に堰を切って、解け始めたかも知れない』（八六―八）

失明した者が望む肉親の対応が語られている。そして昌子は母には頼れないと思い、自分でこの状況に立ち向かってゆかなければならないと決心する。

『頼るものはない、人生に永久に頼れるものなんか何もないのだ。自分のことは自分で処理するよりないのだ、人に頼ってはいけない、甘えてはいけない』（八八―六）

昌子は死を決意する。

〈第四章「一つの転機」〉（八九頁～一一四頁）

『私は死ぬことを決心すると、あらゆるものから開放《ママ》された気軽さを覚えた。もう何も考えなくともよい。何をしなくてもよいのだった。失敗の数々を残す過去も、傷ついた肉体も、すべては灰と化し、大地の中に消えていってしまうだろう。

（略）

とにかく、後は決行さえすればいいのだ。何時でも気の向いた時に……』（九二―六）

ガスで死のうとした。しかし彼女はそれができなかった。それは、**はるみと瀬川のおかげだった**。二人が、寝たきりでいたこの一ト月半を明るく楽しくさせてくれたからだ。失明ということを突きつけられていたが、決して彼女を惨めな気持ちにはさせなかったからだ。二人は自分たちの生活の一部であるかのように、さりげなく当然のように彼女をかばっていてくれたのだ。

そして瀬川から、『共同生活をしてみたらどうだろう』『僕の部屋へ、一緒に住むんだ』（一二〇―一、一三）と誘われる。昌子は、死ぬということを少し延ばしてもいいと思った。

〈第五章「引越し」〉（一二五頁～一三八頁）

昌子が瀬川の部屋に移ることになり、引っ越した。彼女は千代田区三番町の彼のアパートに住み始めた。

〈第六章「家事」〉（一三九頁～一六四頁）

昌子は引っ越してからは、生活が一変し、まるで文筆家にでもなったように、心理学や哲学や小説を読み、また何かを書こうとした。しかし失明した故に、一冊の本を読むにも人に読んでもらうことをしなければならず、それは大変なことだった。

また家事に慣れようと、部屋の大整理も始めた。それはどこに何があるのかを覚えるためでもあった。他人から見れば何でもないことだが、彼女にとってはそうすることで、自分の生活に自信がつき――部屋の中のことは、自分でほとんどのことはできるようになったから――、それが喜びにもつながった。

家事に慣れてくると、自分の時間も持てるようになり、いつの間にか胸を張り、健康と明るさを取り戻していった。

〈第七章「いさかい」〉（一六五頁～一八八頁）

母、則江との気持ちの行き違いが書かれている。則江は失明したことを宗教にすがって良くしようとしたり、来なくてもいいのに、様子を見に来たりした。昌子にとって、本当にして欲しいことは何一つしてくれていないというのに。昌子はそのことに対して不満をぶちまけた。

〈第八章「若いつばめの卒業式」〉（一八九頁～二〇八頁）

瀬川が描いた漫画のタイトルが「若きつばめの卒業式」。昌子との生活を象徴しているのかとも思ったが、それを聞きただす勇気はなかった。瀬川との関係にすれ違いを感じ始めていた。瀬川は、お互い干渉し合わない生活を望んでいたので、そのような食い違いが生じていた。

〈終章〉（二〇九頁～二四二頁）

昌子が書いた作品が映画になり、封切られた。瀬川とそれを見に行くつもりだったが、急に彼の都合が悪くなり、行かなかった。部屋の中は自由に歩けても、外へ出る時には、見えないということの不自由さをしみじみとかみしめた。

昌子はしかしやはりそれを見たく思い、一人で見に行く決心をし、タクシーで三原橋（銀座）まで向かい、そして映画を見た。映画は、ただ彼女の生活からにじみ出す苦しみであり、救いであり、喜びであり、迷いであるに過ぎなかった。決して美しい夢ではなかった。むしろ醜い怒りであるかも知れなかった。そしてしかしその怒りさえも十分に表現されてはいなかった。あまりに単純すぎていた。昌子がその小説で描こうとした人生は、もっと複雑なものだった。

帰りは人にぶつかりながら、歩いて、銀座四丁目、数寄屋橋、日比谷、桜田門、三宅坂、半蔵門、そして三番町のアパートへと戻った。瀬川はこの日帰って来なかった。

瀬川に対して昌子は自分の考えだけで計り過ぎていたように感じた。瀬川には彼なりの、昌子とは異なった性格や考え方や生き方があった。

『男女の間も、夫婦の仲も、それぞれが他人として、心の負担を切りはなして眺め、ともに生活出来るようになれないものだろうか。私はもう一度自分から切りはなして瀬川を、一人の人間として眺め理解しなければならぬようだ。

私は見えなくなってから、見える人と変りなく生きようとするためか、人間として変りないことを理解してもらいたいためにか、あらゆるものに抵抗を感じていたようである。

見えない自分を理解してもらいたいと願う前に、私は相手をもっとはなれて、深く理解しなければならぬようだ』

（二四〇―五）

昌子に語らせているが、これは森が愛する者との関係において感じていることであるだろう。

この本は、森にとって『女優』に次ぐ二冊目の本である。この本を出すキッカケになったことを、その〝あとがき〟（二四七頁～二五三頁）から見てみたい。

『見えなくなって三年、どうやら私も盲目の生活にやっと馴らされて来たようです。

少しでも見えている時には、見えなくなる事が、どんなにか哀れに惨めに思えていたのが、実際そうなって見ると、考えていた程の事は無く、けっこう希望も喜びも、仕事も出来て来るものです。全く何処にも人生はあるものです。と云っても「女優」出版の折、多くの方々に読んで頂き、版を重ねられた事が、其の後の私の生活の上に思いがけない大きな支えとなりました事を改めて深く感謝致します。

始めて《ママ》歩き出した子供のように、手さぐりで、つまづきそうになりながら、それでも色々と新らしい経験を経て私は又、書いて見たくなりました。と云うのは、見える方々が盲人を書かれたものはかなりありますが、見えない者が見えない人間を書いてあるものは殆ど見当りません。

書かれてあるものはどれも文学的に優れていて、立派なものであるかも知れません。でも見えなくなって考えて見ると、大変惨めに哀れっぽく書かれていたり、又非常に片寄った性格にえがかれていたり、そうでなければ、逆に心の目が開くと云った立派な形容で、どれも特殊に扱われているように思えるのです。盲目の子供達が「まるで人間ではない動物のように書いている」と話合っているのを聞いて、書く方では、そんな気持はないのでしょうが、見えない者は見る事さえ取りのぞけば、他の人達と少しも変りのない事を、そして別扱いされない事を、どんなに望んでいるか知れません。そんな意味も手伝って見えない者自身が書いたら、どんな感じになるだろうかと、筆の未熟さ、文章のつたなさも省みず、又、再び心臓を強くして書いて見た訳です。

体の不自由な方々が「私は何も出来ませんから」と淋しく引込んでいられるのに接すると、私はつい自分を忘れて「何でも出来ますわ。やりたい事はなさって見る事ですわ」と偉そうに云ってしまうのです。勿論実際には何をするのもそう簡単な事ではありません。でも自分がそうでありたいと願うように、不自由な生活であればある程、少し位一般の常識からはづれて奇抜に思われる事でも、自分の生活や仕事を幸福に守って行く為にも、もっと積極的に勇敢であっていいように思うのです。

多くの不自由な方々がもっと幸福に、もっと勇敢であるように、もし此の本の中から、そのかけらでも感じ取って頂けたとしたら、私は此の上の喜びはありません。そして此の本を読んで下さる見える方々が、不自由な者を今までよりもっと身近に理解して頂けたらと、ひそかに願いをかけている訳です』（二四七－二）

多くの方々がもっと幸福に、もっと勇敢であるように、との思いからこれが書かれたことが判る。不自由な者への応援の小説であることが判る。

3 **武井イネ（一九一四〜）一九七五年までは健在。**

《シリーズ番号、五九。武井イネ著『神が書かせた思い出－全盲女性のアメリカ留学』〈頁数＝二二八頁〉〈底本：昭和五〇年〉より》

武井イネは大正三（一九一四）年一二月二日、朝鮮の京城で父、昌三郎、母、あき子の二女として生まれた。昌三郎は足利の名門・旧武井家の出身で家柄的には恵まれていたが、イネは**生まれた時からの弱視**で、世間体を気にする家族（特に母親）からは愛情をもって接して来られなかった。のちの彼女の人間形成に、このことは大きな影響を与えた。

満一〇歳の時、全寮制の横浜訓盲院に入り、「愛と平和の全人教育」に触れた。そして一六歳の時、選ばれて盲教育界のメッカ、米国ボストン郊外にあるパーキンス盲学校に留学した。留学したのはイネともう一人、二級上の盲女子学生・猿田恵子だった。ここで三年間、「育ちの教育」（「出版によせて」今村幾太、二－二）の講義を受けていく。

昭和六（一九三一）年九月五日、イネは少女の好奇心一杯で、横浜港から船上の人となった。恵子の他に、横浜共立女学校の卒業生で、東京の聾唖学校に勤めている古川さん（晴眼者）も一緒に船でいくことになった。彼女はアメリカの聾唖学校に研究に行くということで――ボストンからあまり遠くない所にその学校はあるということで――、イネたちをパーキンスまで送ってくれることになったのである。船上においても二人の世話をやいてくれた。

横浜を出て一一日目、九月一六日にカナダ・バンクーバーに着き、その夜のボストン行きの列車に乗り、一九日朝モントリオールに着いた。そして同夜八時にボストンに着き、パーキンスに電話をかけて迎えに来てもらった。四五マイルの道を車に揺られてパーキンス盲学校に着いたのは一〇時近くになっていた。早速寮の部屋を与えられて第一夜を送った。

翌日から同校での生活が始まった。それから一九三四年七月二七日帰国までのことが主にこの本には書かれている。校長はMr・ファーロー、前校長のMr・アレン（この時は不在）、女生徒の主任Miss・サイモン、寮母のMiss・ローと、Mrs・ギア、手芸の先生のMs・バーニーと、Miss・ペドラー、体操・ダンスの先生のMiss・ファーグスン、地理の先生のMiss・リード、男子生徒の担当の先生Miss・バーバー、Miss・バーバーの妹のMrs・トマス、帰国の際お世話になったMrs・ハマン（ハワイの盲人のために働き、盲教育の研究にパーキンスに来ていた）、などがアメリカ生活で主に登場している。

横浜から一緒になって、イネたちの目となり耳となってくれていた、また通訳ともなってくれていた古川さんは、パーキンスに着いて数日後に聾唖学校へと発っていった。

一九三一（昭和六）年当時のアメリカの盲学校の姿がここには活写されている。

パーキンス盲学校の敷地には礼拝堂の他に、数百人は入れると思われる大講堂、完全に設備の整った雨天体操場、それからプール――当時日本の盲学校にはプールのある学校は一つもなかったが、アメリカではそれのない盲学校は一つもなかった――。一生かかっても読み切れないほどぎっしり本の詰まった図書館。動物や植物の模型や剥製も数え切れないほどあり、学ぶに必要なものはすべて備えられた標本室。そして数多い教室。

それから男女の寄宿舎がそれぞれ四棟ずつあった。さらには校舎のすぐ近くに小さな病院もあった。そこにはいつも看護婦さんがいて、生徒や職員の健康に絶えず気を配っていた。そして必要とあらばいつでも校医がかけつける態勢となっていた。

寄宿舎のその各自の部屋の入口の両側の柱には、ちょうど手の届きやすい所に、鳥や動物や花などの簡単なものが彫られてある。アレン先生の心遣いのものだ。シャレた飾りがしてあるのは、それが自分の部屋の目印だとのこと。同じ部屋がずらりと並んでいるので間違えて人の部屋に入り、恥ずかしい思いをさせては可哀相だとの思いやりからの飾りだった。

またパーキンスはアメリカ人でさえも驚くほど美しい。ある人が、『盲学校をどうしてこんなに美しくするのか』（三五―七）と尋ねた時、アレン先生は、『盲人であるからこそ少しでも多く美しいものにふれさせて、美を愛する心を起こさせ、なごやかな気持を与えてやらなければならないのです』（三五―八）と、声を強くして答えたという。

またイネたちの暮らした寄宿舎についてでは。

パーキンスでは寄宿舎における生活を学校教育と同じように重要視して、寮母の権威は先生と同じであった。寮母たちは自分の受け持つ子供たちの行動を細心の注意を払って見守っている。日常生活の躾は厳しく、部屋の整理整頓、着物の着こなし、食堂での作法、言葉遣い、目上の人に対する態度、来客への接し方など、細かく注意されていた。

一軒の家にはハウスマザー（寮母）と五、六人の先生と一人のコック、そして約二〇人の生徒が一つの家族として生活していた。生徒たちの中で最上級のものは、キャプテンとして、カテージ全体の世話をしたり、寮母や先生の助けをしていた。

これが昭和六年当時のアメリカの盲学校の姿である。当時の日本の盲学校とは何とした違いであろう。

学校の授業については、次のように書いている。

一日八時間。一クラスには七、八人の生徒がいて、先生はそのクラスの劣等生を標準にして、ゆっくりと確実に進めていく。優秀なものは学期の途中でも進級させた。

イネと恵子には英語の勉強をするため、他の授業時間を少なくしてくれた。科目には、英語のリーディング（読み方）、ライティング（書き方）、ペンシルライティング（鉛筆書き）、英文法、話し方、スペリング（綴りの勉強）があり、その他の科目として、裁縫、編物、唱歌、体操、ダンスがあり、すべてで週に三〇時間以上あった。

イネは英語に追いつくために予習、復習に時間を取られた。食事と寝る時以外はほとんどそのことに取られ、他に何もする余裕もないという日々がしばらく続いた。

アメリカの盲人教育、盲学校の状況と、日本のそれとの違いを、また盲教育者の姿勢の違いを語る記述をみてみる。

『（引用者注：手紙を書くための）封筒用の下敷きもできているので、上書きも自分で書けるのだから有難い。こうしてアメリカでは、盲人をその不自由から一つでも多く解放しようと努力してくれる。（引用者注：それにひきかえ）高等部を卒業し、十二年間の長い学校生活をして来て、人の前で楽しんで食事をすることもできず、りんごの皮をむくことも知らず、ほころびを縫ったり、ボタンをつけたりすることさえもできないものの多い日本の盲教育を嘆かずにはいられない』（三九－一）

二月二二日はジョージ・ワシントンの誕生日である。パーキンスではこの日を記念して、一年に一度の学芸会を開くことになっている。盲生徒たちが勉強しているすべてのことを社会の人たちに見せるのだ。アレン先生は常々こう言っていた。

『盲人を教育すると同時に社会の人々を、盲人に対しての理解を深めるように教育しなければならない』（五五―四）と。

地理の授業において。

『地理の教室は、二階の特別大きい部屋だった。壁には木でできた大きな地図が何枚も掛けてあったし、地球儀もあった。点字の地図も無論たくさんあった。一つの国について勉強する時、例えばイタリアとするならば、そこの地勢、産業、風俗、習慣について学ぶことはもちろんであるが、ただ本の上の勉強でなく、イタリアの人々が、着る着物から冠るものなど、いろいろ持って来て着せて見せてくれる。日本をやったときは私たちが持って行った日本の着物や、履物その他いろいろな物を教室へ持って行って、私たちと同じくらいの生徒を選び、着物を着せるやら足袋や草履をはかせるなど大騒ぎだった。みんな珍しがって方々触りまわした。そして扇子だの羽子板だの、はし箱を持ったところを、ミス・リードが写真に撮って下さった。それが終わると、その国の地図を粘土で作らせるのだ。そして最後にテストをして終わる。街に最近習った国に関する講演や映画があると、のがさず連れて行ってくれる。日本についての講演があった時は雪が降っていたけれど、聞きに行った。

どの学科もこのように実物教育なので、何の設備もない訓盲院から行った私には勉強がとても楽しかった。訓盲院でもこうした勉強をさせてやれたら、子供たちがどんなに喜ぶだろうとつくづく思った。私もアメリカに生まれて、初めからパーキンスに入学できたら、どんなにか幸福だったろうと思った』（九八―五）

イネが自分の家庭環境について述べているところがある。この項の冒頭でも触れたように、彼女は目が悪かった故に、父母から愛情を持って接してこられなかった。猿田恵子が四歳年下の彼女を、本当の妹のように愛してくれたこ

とを語った後、

『厳格な父親と、冷淡な（ことに私に対して無理解な）母親の手によって育てられ、生まれつき盲の私は人に愛情を示すことを知らなかった。恵子さんはその私に、大きな忍耐と努力をもって、それを教えてくれた。人と話もできず、人中へ出ることを拒み、自分の思うこともなかなか言えない私は、ただ一人でいるのが好きだった。ただ小さい子供たちと遊ぶ時が、心から楽しかった。そういうだんまりの私に、恵子さんは少女時代に読んだ物語など、いろいろと聞かせてくれた』（五九―三）

両親を、また母を語っている処は他にもある。

『（略）その日のパンにやっと間に合うほどの訓盲院の経済状態では、私たちは本一冊買うのさえ、なかなか大変なことであった。私の両親に話して少しでも援助して貰おうと思えば、「今村先生（引用者注：訓盲院院長）におまかせしたのだから、何でも先生に言いなさい。一生面倒見てくれるとおっしゃったのだから」と言って、私がよくよく困って五円のお小遣いをねだった時に、そう言って断わって来た。こんな無責任な話ってあるだろうか。自分たちの子供、まして不具な子供なのに……。その子が一人前になるまでは、どこまでも責任をもって教育するのが親の義務ではないだろうか。いくら人が、「俺にまかせろ」と言ったって、まかせて放って置けないのが親心ではないだろうか。放りっぱなしにしておいて、後になって「こんなはずではなかったのに」なんて言って、人を恨むのは大間違いだと思う。家で困っているのなら、私だってねだりはしないのだが、たとい少しでも田地を持ち、山もあり、お米は売るほどあるのに、私には五円のお金も気持よくくれなかった親たちである』（七六―七）

『私の母はそう悪い人ではないし、母性愛だって深い方であったけれど、人間の魂を尊重し真実を愛するよりも、どちらかと言えば、見栄や体裁、世間体を思うほうであった。不具の子供のあることをなるべく人に知られたくないので、私を家の中に閉じこめて置きたいのだった。周囲のものが知ってしまえばよいのだけれど、新しいところへ越して行くと、なるべくかくそうとする。小さい時はそんなことなどおかまいなしに外へ出て行くので母もどうすることもできず、自分もあまり気にかけなかった。しかしだんだん大きくなるに従って母の気持もわかるようになり、自分と人との程度の差もわかって来て恥ずかしいと思うようになったので、自分でも出て行かなくなった。横浜に来てからは私はほとんど学校に行っていたし、つきあう人が全部変わってしまったので、そうした気持を一層はっきり表わすようになった。私がお休みに家へ帰ると、母は、「**いま誰か見ていやしなかっただろうか**」と言った。姉は、「いいじゃない、見てたって、家の子だもの」と言った。姉はいつも私にはとても親切だった。自分の縁談が決まった時も、「私には目の見えない妹があるけれど、それを恥と思うなら断然お断りします」と言ったそうである。母は窓をなるべく閉めるようにするし、私が庭の方を見ていれば、「こっちへおいでよ」と奥へ呼ぶ。お客が来れば、「あっちへ行っておいで」と言った。私もそろそろ、ものごとを感ずるようになっていたので、母のそうした仕打ちには耐えられなくなっていった。この地上で最も住みよいはずの親の許《もと》が私には住みにくいところに変わっていた。訓盲院に帰ると元気が出た。アメリカ行きを承諾したのも一つはこの母の許から逃れたいからであった。先生方は親切にして下さるのにどうして母にはそれができないのだろうかと思った。目が見えないからといって、なぜそんなにかくす必要があるのか。自分が悪いことをしたためにできたわけではあるまいし、何もそう恥ずかしがらなくてもよさそうなものだ。人と違った子供を与えられたのだから、これをできるだけ立派に育ててみよう。マイナスの子をプラスにしてみよう。あるいはそれ以上になるかもしれないと心に決めて全力を尽くして、その子の教育に当たったら、心ある人々は、どんなにか感激し、その母をほめ讃えるであろう。普通の子供を立派に育てるよりも結果においては劣るであろうが、それに何倍も増して人の心を打つ、やりがいのある尊い仕事ではないだろうか。そうして立派に育てられた子供は、誰よりも母を愛し、母に感謝する。母親の心掛け一つで不幸な子供が幸福になれるのだ。

　アメリカから帰って来てからは、もう一人前にしてもらったつもりで訓盲院にすっかりまかせてしまい、十幾年もの長い間、ただの一度も来てくれず、弟たちが応召して、もう生きて帰れるかどうかというお別れの集まりにも呼びもせず、妹の縁談を決める時も、私をいないものとして決めてしまった。
　父はまた姉と気が合うとみえて、「八重子、八重子」とかわいがっていた。私は親も人間だから、やはりかわいい子供がかわいいのだろう諦めた。無表情でかわいげのない子供は、親だって愛するのは難しいのだろう。かわいがられて育った子供は、とてもかわいい。かわいいから、よその人からも愛される。愛されるから、人を愛するようになる。かわいいから愛するのか、愛されるからかわいくなるのか、私にはわからなかった。愛されない子供は人を愛することを知らない。私も**この愛し得ぬ苦しみにどんなにか泣いたかしれない**。素直になりたくても、どうしてもなれなかった。自分の性質を変えることの難しさをしみじみ感じた。こうした苦しい私の気持を一番よく知っていたのは、やはり恵子さんだった。親でさえ愛しにくいこの私を、なぜこんなに愛してくれるのかと不思議に思うほどだった』（一六三―三）
『（略）二月一日（引用者注：一九五一年）午前三時、母はついに七十余年の生涯を終わった。（略）よその人でさえ涙を流しているというのに、私は一滴の涙も出なかった』（一七五―一四）
大正から昭和にかけて生まれた、盲女性の一つの生涯が語られている。

4　松井新二郎（一九一四～）一九九〇年までは健在。

《シリーズ番号、一〇。松井新二郎著『手の中の顔　「視覚障害者の自立」の夢を追いつづけた失明者の記録』〈頁数＝二五五頁〉（底本：平成二年）より》

松井新二郎は大正三（一九一四）年一二月二八日、山梨県に生まれた。彼もまた既述の近藤正秋と同様、**満州において戦争によって失明した**。昭和一五年五月二八日、満二五歳の時である。この時のことを松井は次のように書いている。

『（引用者注：五月二十八日、日曜。光を完全に失う日が容赦なくやってきた）それまでは描かれた看護婦さんの赤十字のマークまで、ぼんやりながら見えました。しかし、白衣の姿がぼうっとしか見えないのです。「ああ、こんなになっちゃったのかな」と溜息が出ました。その時でした。突然、世界が暗転したように、目の前の明かりがすべて消えました』（二八―六）

しかし松井はそのことにいつまでもくよくよしていなかった。病院内で音楽に親しんでいった。バイオリンを習い、マンドリンも習い、そのうち患者が集まって、バンドまでできてしまった。

『（略）こうして私は、**音楽の世界に気持ちをふり向けることで、絶望のどん底から少しずつ這い上がっていった**』（三三―一三）

松井は失明はしたが、音楽方面に進んでも、何とかやっていけるかもしれない、と思った。それで、琴の稽古もやり、またピアノ調律士の訓練もうけた。ほかにも将来を考えて、「鍼灸はどうか」「本屋はどうか」とも思いをめぐらせた。結局しかし彼が選んだのは、音楽でも鍼灸でもなく、大学で勉強することだった。

『私には、「盲」ということを突き詰めて考えてみたい、失明した自分自身を掘り下げてみたい、いわば哲学的な探求をしたいという気持ちが強くありました。

なぜかというと、「見えないことは不自由であるが、不幸ではない」と私は思うようになっていたからです』（三七―六）

松井の積極的な人柄が窺える。彼は、『失楽園』を書いた盲目の詩人ジョン・ミルトンの言った言葉、「失明は本当に苦しいことである。それでも次の三つのことを考えてごらんなさい」を、失明後の人生のカテとしていた。その三つとは、

第一は、〝感謝すること〟＝泣きながらも苦しみながらも、生きていることに感謝しなさいということ。ある意味では宗教的な考え方かも知れないが、自分が生きている、生かされていることに喜びを感じなければ嘘だとすること。

第二は、〝何でも話せる友達を持つこと〟＝悲しみ、悔しさを偽らずに話せる友達である。大勢はいらない。一人でいいという。彼はその本を贈ってくれた友人のことを考え、本当にそうだなと思った。

第三は、〝楽しんでできる仕事を持ちなさいということ〟＝長い人生を考えた時、そのような仕事に就かなければ、ストレスがたまって、より暗い日々を送ることになってしまうとすること。

松井はこれを読んで深く感動し、自分もこの三つを身につけた人間にならなければならないと強く思った。それで彼は、第三の、楽しんでできる仕事を見つけるために、大学に進むことを選んだのだった。

自由に勉強するためには目の代わりをしてくれる存在の必要性を感じた。そういうところに盲導犬がやって来た。シェパード協会会長で新宿・中村屋社長の相馬安雄がドイツから仕入れたうちの一頭の、「ルティー」という雌を与えてくれた。失明者にとって最大の重荷の二つのうちの一つ、「歩けないこと」はこのルティーによって解消された。もう一つの重荷の「書けないこと」は、点字やカナタイプを習得したことで、これも解消した。松井は、『身につけた技能が明るい明日を呼ぶ』（四一－一）と思った。

彼にとって、両眼の光を失いそれに伴って失ったものは確かに大きかった。しかしその代わりに素晴らしいものも得たと思った。この辺が松井らしさの表われである。

戦争中から文通していた松原糸子と、大学生（日本大学）となった時に結婚した。戦時の中にあったが、彼女はよく失明した彼を助けてくれた。同大学院に進んだ昭和一九年九月には長男が誕生した。これも彼の人生に対する積極性の表われであると思える。失明による挫けや挫折は、松井には見えてこない。むしろ目明きの者を凌駕さえしているようにも見える。

『目の見える学生たちと一緒の大学生活で、私はいろいろなことを学びました。何千人、何万人といる学生の中で、目の見えないのは、自分一人ということに圧迫感を感じたこともありました。しかし、そのうちに「目が見えてもガラスの目がいっぱいあるな」ということに気づきました。そこから、フィジカルな目よりもっと大事な目があるのだという私の哲学が生まれてきました。

目が見えないのは、身体の障害の一部にすぎない。いわば、私は視力のない健康人である。そういう自覚が私の中で強くなっていきました。そして、盲人だけの社会より、目の見える社会の中に積極的に関わって生きていこうという気持ちになったのです。私は、盲人だけの別の社会をつくろうという考えを持ったことはありません。

目の見える人たちの中で学んだことで、私は心の広がりを持つことができました。そして、私は盲人も社会的な存在として立派に生きることが、今は亡き先生方や、一人ひとりの友達に報いる道だと思っています』（五一－一五）

戦後、大学院を出た彼に山梨学院大学から心理学の講師の依頼があった。それを受諾して、昭和二一年四月から教壇に立った。そしてその半年後、山梨県教育委員会（教育長）から『県立の盲唖学校の教師になってほしい』（六二－一）と頼まれて、そこの教師となった。大学の講師より身分は安定していたからだ。

しかし当時は盲学校には点字用紙さえない時代だった。まだ社会には目の見えない人間のことを考える余裕などなかった。

昭和二三年に、盲学校の義務制が敷かれたが、山梨県下の目の見えない児童の就学率は、四二％にすぎなかった。目の見えない子を持つ親の意識が、「盲学校などにやっても、仕方ない」というものだったからである。

同盲学校初代校長代理を任され、就学率一〇〇％を目指したが、親の理解はなかなか得られなかった。盲学校で運動会を計画し、一般の市民にも、「見学に来て下さい」と案内を出したところ、ＰＴＡから猛反対を受けた。『うちの子供たちを見世物にする気か』（七三－一一）と。当時はまだ、『障害のある人間は世間の目に触れさせたくない』（七三－一二）という偏見が強かったからである。

同盲学校には昭和二六年三月まで居て、同年四月から東京光明寮（＝失明傷痍軍人の為の保護施設）に点字とカウンセリング担当教官として赴任した。この光明寮での教官生活において、彼が感じたことをいくつか見てみる。その中に、晴眼者と失明者の関係、また失明者と自殺のことが語られている。

『（略）「目の見える人に、見えない人間の気持ちがわかってたまるかっ」と、晴眼者の先生に厳しく反発した生徒がいたからです。これは世間から冷たくされていた失明者のうっぷん晴らしの言葉でしょうが、こういう考えに立つと、見えない生徒を教えられるのは見えない先生だけという間違った結論にたどり着いてしまいます。

私たち盲人に必要なことは、「見える人に見えない人間の気持ちがわかるか」と、感情をぶつけることではなく、見える人たちに自分たちを理解してもらう努力をすることです。盲人のことは盲人にしかわからない、あるいは盲人には盲人のやり方があるという考えにこだわると、とんでもない間違いを犯すことにもなりかねません。お互いが理解し合い、ともに生きていくことが普通のことであり、ノーマライゼーションということです。まったく盲人だけの社会というものは成立しません。

見える人たちには、「依存されるのは困るが、目の見えない人にはできるだけの協力をしたい」という誠意があります。その誠意を引き出すのは、盲人の誠意です。盲人の誠意とは、盲人も社会の一員であるという自覚を持つことにほかならないと思います』（九〇―八）

松井は、失明して自殺した光明寮生に対して、次のように述べている。

『（略）生きていく以上は、どんなに泣きながらでも生き抜かねばならないのが人生です。彼はそこにたどり着くことができなかったのです。

私もそうですが、こういう死線を越えるような体験は、失明者は誰でも何度か乗り越えなければならないのです。そこからたくましさが生まれてくる。むしろ、中途半端な苦しみをするのはよくない。苦しむなら徹底的にどん底まで落ちて、そこから自分の力で這い上がってくるような苦しみ方でないといけないのです。あえていえば、死んでしまった人たちには、私たちの苦しませ方が中途半端であったのかもしれないと思うこともあります。

自ら命を絶ってしまった人たちが、その命をもって私に訴えてきたことは何でしょうか。それは、私たちが失明者の一人ひとりの苦しみ、悲しみをしっかり受け止めながら、**挫折に負けることのない強い人間として生き抜いて**いかなければならないということではないかと思います』（九八―四）

光明寮はのちに軍人以外の盲人の入所が増えていったことに伴い、「国立東京視力障害センター」に組織を改めた。同センターには常時二五〇～二六〇名の生徒がおり、毎年一〇〇名近い生徒が卒業していく。昭和三〇年から同センターの相談室長に松井はなっている。そこでの入所者に対するアンケートによると、自殺を図ったことのある者は、五七％もあった。彼は自分の失明の経験から、生徒に身近なカウンセラーとなっている。

『（略）見えないことはたしかに不自由ではあります。しかし、不幸になったことではありません。長い歴史の中に培われて社会の通念になった障害者に対する「差別と偏見の文化」が消え、見える人と見えない人が自由に交流し、心を通わせることができたら、どんなに素晴らしいことでしょう。私はそういう輝かしい社会を夢見て、その夢見る力をささえとして生きてきました。

見える人と見えない人がひとつになるために、私が力を注いできたのは視覚障害者の「自立」ということです。視覚障害者の自立とは、視覚障害者が職業能力を身につけ、積極的に社会の中に飛び出していくことだと考えています。

現在、視覚障害者は、おそらく一般の人たちが考えている以上に、社会の多くの分野で活躍しています。視覚障害者が「自立」を獲得した時、その視覚障害者はかわいそうな存在でもなく、同情されるべき存在でもなくなるのです。そして、最後には、「目が見えないことはひとつの個性である」という地点にまでたどりつくのだと私は信じています。

ご存じのように、一九八一年の国際障害者年による「完全参加と平等」の理念のもとに、**ノーマライゼーションが声高く叫ばれ**、コミュニティ・ケアの充実とともに「ともに生きる街づくり」がようやく行なわれようとしています。私ども障害をもつ者も、この村に生まれてよかった、この街に生活できて幸せだったというように、障害者

自身に障害をハンディ・キャップと感じさせない心豊かな生活ができるような社会が、私の願う理想社会です』（二一二）

松井の考える障害者にとっての理想社会が、「まえがき」の処で、このように述べられている。

5 松本馨（一九一七～）一九八七年までは健在。

《シリーズ番号、四九。松本馨著『十字架のもとに』〈頁数＝一七三頁〉（底本：昭和六二年）より》

生年を一九一七（大正六）年としたが、本書の記述からは一九一八年とも考えられる。経歴を記する頁はないので、正確にはどちらか分からない。底本の発行年は昭和六二（一九八七）年（出版元は「キリスト教図書出版社」）となっているが、本書は松本が、収容されていた施設に居た時、そこで発行されていた雑誌に発表したエッセイをまとめて一冊にしたものである。従って、各タイトル毎にそれが書かれた時期は違う。ここに集録されているのは、一九七五年一〇月から一九八三年一月までのものとなっている。

松本は一九三四（昭和九）年頃（一六歳の時）に**ハンセン病**の宣告を受け、そして多磨全生園に隔離収容された。一九五〇年には**失明**し、また**両手と下半身麻痺**という**重複重度障害者**になった。

そんな彼は必然的に、〝自由〟について考え、そしてそれを渇望した。戦前において、現実的〝自由〟とは無縁であったことによって、「精神の自由」を求め、これも必然の結果としてか、宗教（聖書）に行きついた。戦後、現実的（外出）自由は得たが、失明によって再び、その自由を奪われた。

『（略）自由は、それほどに私をとらえて放さない。もし聖書に自由についての問題がないとすれば、聖書は私にとって、退屈なものになってしまう。

（略）自由は人間の根源にかかわる問題なのである。

しかし、私が自由に、誰よりも強烈に心を奪われるのは、私の人生のほとんど全部が、隔離収容所に収容され、不自由な生活をしたためであろう。またハンセン病という病気にかかり、自己からも世人からも忌み嫌われ、人間であることに自信をなくしてしまうような生き方を余儀なくされたためである。

戦後、特効薬の出現によってハンセン病から解放され、政府はまた、隔離収容所から解放療養へと政策を転換し、外出が自由になった。かくて人間復帰の道がひらかれた時、私は失明し、一切の自由を奪われた。私が誰よりも自由にあこがれるのはこのためであろう。（タイトル「告白—自由」＝一九七六年四月）』（七—一〇）

松本は、「罪」について、次のように言う。
『罪には人間存在の根源にかかわるものと、世俗社会の中で起る行為とがある。（同「同—罪」＝一九七八年六月）』（一一—一〇）
人間の根源的罪とは何か？
『（略）人はまた永遠に生きたいと思うが、死は確実な足どりで近づいてくる。誰もその死から逃れることはできない。それ故に、人は誰でも人間存在の根源にかかわる罪の問題にかかわっているのである。（同「同—同」）』（一五—一）
『人間の根源的罪は、自己自身によっては解決できない。私たちが、その罪を知らされるのは十字架のイエスなのである。そこにのみ、罪の自覚と解決がある。（同「同—同」）』（一一—一二）
『若い頃の私は、苦難についてそのように（引用者注：世の罪をイエスと共に負うことなのであると）考えていた。言語に絶したハンセン病の末期的症状の悲惨な同病者を私は世の人に代って、神はこの人に苦しみを負わせたのだと考えた。また私たちの受けている苦しみは罪の結果であり裁きなのだ、罪の結果とは災難の無意味性であり、病む者にとってそれは耐え難い苦痛である。（略）

私はまた、結婚の時その結婚が神から拒否されているというふうには考えなかった。信仰者同志の結婚は神によって祝福されていると考えた。なぜなら、神は愛だからである。

ところが、結婚五年目にして妻が突如として何の予告なしに医師から死の宣告を受け、慌ただしく死んでいったとき、神の怒りに震撼した。神の怒りとは自己の罪に震撼したことである。それまで私は自己の罪について全く無知であった。（略）医師から妻の死の宣告を聞いたとき、妻を殺したのはお前だ、という指摘を受けたのである。

一夜にして失明したときも、私は怒りの神の裁きとして自己の罪に震えおののいた。（同「同－神の怒り」＝一九八〇年九月）』（二九－一三）

松本は信仰することで絶望から救われている。

『（略）地上で受けている悲しみ、そして苦しみは地上で癒やさなければならない。そこ以外に私の喜びも悲しみも苦しみも存在しないからである。ハンセン病の宣告を受けてから四六《ママ》年になる。そして隔離収容されて四六年、失明してからでも三十《ママ》年になる。四六年の間にうけた病気による悲しみ苦しみは地上で癒やされなければならない。（同「同－旅人」＝一九八〇年九月）』（三三－五）

『（略）私の場合、失明と肉体の破れ、その一生のほとんどを隔離された場所で、そのままの姿で神の支配に移されたのである。四六年間の悲しみ苦しみが、その場所で癒やされたのである。しかし、破れた肉体はそのままであり、地上の私は依然として昔のままである。けれども信仰によって、私はその世界から救われている。この意味で、地上における私は旅人であり寄留者である。同時にまた、神の国に移されている。（同「同－同」）』（三五－四）

『この世的に私は視力障害者であると共に、両手と下半身のマヒした重度障害者である。不自由と言えばこれほど不自由なことはないし、このような身体をもって生きていくことは私にとって地上は旅先に過ぎない。しかし、信仰においては私は神の国に移されている。（同「同－同」）』（三六－一）

『様々な苦難や逆境にあって最後に残るものは信仰だけである。しかし、その信仰をも取り去られなければならない。神の前に信仰をも放棄し、絶望するとき初めて信仰がわかる。これは、私が関根先生から学んだ最大の賜物であるが、最後に残った信仰そのものを取り去られなければならないという言葉は、頭ではわかるが、そう簡単に受けとれるものではない（同「同―同」）』（三七―一二）

『信仰者と無信仰者の相違は、前者は自己を放棄し神に生きるのに対して、後者は自己を拠り所に生きます（タイトル「自治会活動の中で―自己からの解放」＝一九七八年三月）』（四八―六）

『失明だけでも私は生きてゆくだけの力もなければ、希望もありませんでした。この世で最も不自由な者、肉体的に奴隷としての位置にある者はハンセン病の視力障害者でありましょう。失明だけでも大へんなのに、手足の感覚はなく、客観的にはこの世の何処にも自己を支える拠所とするものがありません。（同「同―同」）』（五一―七）

しかし、

『十字架にある義が恵みであるとわかったとき、完全に私は自己に死にました。信仰そのものが神の恵みであること、イエス・キリストの信仰によって義とされる、と言うことを受け取らされたのです。その時以来、私は自己自身を見ることができなくなりました。私のうちに生きてい給うのは私ではなく、キリストだからです。それ故に私はこの世とかかわっても、それによって拘束されたり、奴隷になることはありません。自由なのです。（同「同―同」）』（五二―五）

松本はハンセン病の宣告を受けた時、自殺しようとしたが、思い止まった。その時のことを次のように語っている。

『私は、ハンセン病の宣告を受けて自殺しようとした時、「**俺は何のために生まれてきたのだ……**」という**一大疑問が起こった**。一六才の時であったが、**この疑問を解いてから死んでも遅くはないと、自殺を思いとどまり全生園に入園した**。収容所にはいったのちは、わからないままに哲学書や文学書を手当たり次第に読んだが、文学書を読んでいるうちに聖書を知った。特にドストエフスキーによって聖書の大切なことを教えられ、読むようになったのであった。

「俺は何者だ？……」というひとつのテーマを抱えて聖書を読むとき、生きた書物として私の心をとらえたのであった。ところが、教会で洗礼をうけてからは、聖書は最も遠いものになってしまった。教会の枠の中で読むことは困難で、集会の人たちと当番で聖書を語ることもあり、私の話は、文学的であると批判をうけたが、それは最も身近に聖書を感じるときであった。このように主体的な読み方をすることが、のちの回心につながっていったように思う（タイトル「無教会―無教会㈠」＝一九八二年一一月）』（一六一―一〇）

松本の回心は、一九五〇年である。その『回心は、失明と四肢の無感覚によって歩行も困難な状況の中で起った《ママ》。そして、信仰だけが最後ののぞみとなったのであるが、暗黒の中で、くる日もくる日も壁に向って坐っていると、私は石のように無感覚になった。（タイトル「告白―十字架」＝一九七九年八月）』（二四―三）と述べている。

聖書をひもとくうち、内村鑑三を知り、その弟子の矢内原忠雄を知り、また多磨全生園に一九五二年、伝道に来た関根正雄について、それから関根が語った塚本虎二についても触れている。

なかでも関根の聖書講義は、世界のすべての人間を売ってでも、自分が救われたいという心の奥底に潜んでいる罪、エゴイズムに突き当たった時（＝彼を生かすはずの信仰がかえって彼を罪の虜として苦しめていた時）に聞いたのだった。

『「人間が試練に会わされる時、最後に残るのは信仰だけであるが、その信仰をも放棄し、十字架の許に身を投げ出し絶望せよ」、と。これが絶望的信頼であり、ルターの地獄への放棄であった。そして、これは私にとって第二の回心であった。（七行前と同じ。タイトル「告白―十字架」）』（二四―一五）

と、語っている。

最後に松本が語る、ハンセン病とその患者、そして彼らを収容していた施設（彼が居た多磨全生園を含む）の歴史について記す（本書巻頭の「序」で語っている）。

『多磨全生園は一九〇九年に浮浪患者を収容するために設立したもので、当時ハンセン病（らい）は遺伝病、天刑病として忌み嫌われ、患者の出た家は村八分にされた。こうしたことから、患者は家族を守るために自ら家を抜け出し、当てもない放浪の旅に出たのであった。患者は生きていくためには乞食をするほかはなく、神社やお寺など人の集まる所で物乞いをしたのであった。

明治維新になって海外との交流が始まり、その悲惨な姿が外人の目にとまって問題となった。

政府は、らいは日の丸の汚点であり文明国の恥であるとして、強制隔離収容を始めたのであった。

一九一六年、全国五か所に建てられた収容所の所長たちの強い要望によって、患者を検束する司法権が所長に与えられ、所内には監房が作られたのであった。そして、収容所は一転して患者を弾圧する刑務所に変った。

第二次大戦後、我が国は民主主義国家にうまれ変り、患者は自らの命と生活を守るために自治会を作った。

患者自治会は所長の司法権の行使を拒否し、実力で監房を撤去した。外出の自由をも獲得したのであった。政府と所長はそれを追認するような形で解放政策をとった。これはあくまでも自治会活動によるもので、じっとしていたのでは終身隔離撲滅から一歩もぬけ出すことができなかった。

患者運動は弾圧に対する抵抗運動であり、キリスト者としてその是非を問われるところであるが、私は信仰的決断からこの運動にはいったが、信仰的堕落であるとの非難もないわけではなかった』（一―一二）

第二節　鈴木敏之から金夏日まで

男性六名の著書から。

1 鈴木敏之（一九一九〜）一九七〇年までは健在。

《自叙伝シリーズ番号、一八。鈴木敏之著『指が目になった　ある全盲画家の半生』〈頁数＝三二二頁〉（底本：昭和四五年）より》

鈴木敏之は大正八（一九一九）年七月二〇日、東京下谷区（現・台東区）に生まれた。二歳の時に**麻疹に罹り左眼を失明**した。しかし右眼は見えたので普通の小学校（下谷尋常）に通い、そこを卒業した。中学も下谷二中の夜間部に入り、ここは二年間で終了している。

昭和一一年、結核に罹り、医師のすすめで転地療養をすることになり、父の実家のある栃木県鹿沼に行ったが、当時肺病は不治の病で必ず死ぬといわれ、田舎であればあるほど恐れられていたので、長くそこにとどまることもできず、東京に帰った。

父はしかし、九十九里浜の漁村に再び療養先を見つけてきてくれ、そちらに移った。貝沼留吉という漁師の家で、そこで敏之は病気を忘れる日々を送った。留吉はとても親切で、そこでの生活で体力を回復し、熱も血痰も出なくなり、肥ってきたこともあって、東京に戻った。

父の仕事は彫金師で、敏之も中学を終えた当初はそれの修業をしていた。しかしやがて本来好きだった、絵を描くことの方にうつっていった。父は敏之を気遣ってくれたが、母は彼の結核発病と共に遠ざかっていった。母とのいさかいが帰京後にも起こり、七月に入って母の姉である伯母の住む埼玉県熊谷にある竜淵寺に行った。そこでは伯母をはじめ従兄弟たちが心から歓迎してくれ、住職の伯父柘植明賢師も歓迎してくれた。

そこで敏之には画室もあてがわれた。伯父夫婦には三男四女があったが、上の女の子三人はすでに嫁ぎ、三男は新潟の寺へ養子としてもらわれていたので、寺にいるのは長男、二男と末の娘だけだった。家の中ではみんなわけへだてなく、和気あいあいで楽しい雰囲気だった。そんな楽しい生活の中で敏之の作画も進んだが、一〇月に入って帰京した。

昭和一五年の晩春、伯母が婦人会の用事で上京し、その帰りに彼の家にも寄って、「このお金で目を治しなさい」と言って、二〇円をくれた。それで東大病院に行って手術してもらい、二週間後、左眼に義眼を入れてもらった。今までの醜悪な顔からそれで別れられた。

『（引用者注：病院を出て）東大の裏門の坂から不忍の池へ出て、ゆっくり池の端を歩いた。行き交う人はなんの奇異も私に示さない。胸を張って歩いた。生れて初めての経験だった』（一〇三―一）

昭和一六年二月二〇日頃、作画していた筆の先の一点が、突然かすむように見えなくなるのを自覚した。いくら目をこすっても筆の先の一点のかすみは取れなかった。この日を境に右眼も失明していく（この右眼の失明と前後する頃、母と仲直りしている。母は、過去の彼への態度を詫びた。それからは彼のことを真底から気遣ってくれるようになっていた）。

東大眼科部長の庄司医師の診断では、『**視神経炎**に**虹彩炎**や**葡萄膜炎**が重なってい』（一四七―九）るというものだった。

そして三月一四日、同病院へ行こうと家を出た途中でほとんど見えなくなり、家に引き返した。この日が父の顔を見た最後となった。二一歳と八カ月目のことだった。

彼は絵を描けなくなった自分を考えると、自己の存在を認める術を失った。

『（略）これから、どうして行けばいいのか全く分らなくなってしまった』（一五六―一三）

『（略）私は**自殺をすべきだと決心していた**。（略）／いつ自殺しようかと考えた。いまは生きていきたいとは思わなかった。できれば、**一日も早く死にたかった**』（一五七―八）

そしてそんな彼を見ていた父もまた……。一二月六日の深夜。

『（略）父は枕元まで来ると、しばらく立っていた。それから、そっと坐り、私の寝息をうかがっていた。父の体温と体臭が伝わってきた。この時、ああ、父の手で殺してもらえるのだな、と直感した。父の慈悲を有難いと思った。父は長い時間をかけて柔道帯らしいものをそっと私の首にまきつけた。私はなお熟睡しているようによそおって動かなかった。そして絞められて行く快感を待った。帯が、やや締まって行くように思われた。だが次の瞬間、ぶるぶるとかすかな震動が伝わって来た。

「父さん、早く絞めて下さい。お願いします。今までの親不孝を許して下さい。早く絞めて下さい」

私は心の中で掌を合わせた。ぶるぶる震えていたのが大きくなり、激しい息づかいが聞えたが、すぐ帯がだらりとなってしまった。「殺して下さい、父さん殺して下さい、殺して下さい」と念じたが、帯は二度と首には締まらなかった。はーっと長い、かなしい吐息が父の口から洩れた。父はしばらくそのままで泣いているようだった。それから帯をはずすと、襖を閉めて降りて行った。おそらく階段の下で泣いているのであろう。私も声を殺して泣いた。

私は、私を殺そうとした**親の限り無い愛**を知ると同時に、**その愛によっても断つことの出来なかった生命の尊厳を知った。また人間の責任を知った。**二歳の時、麻疹を患って、死を宣告されても死線を越え、自殺を図っても自殺出来ず、喜んで殺されたいと思っても殺されず、**なおこの世に生きている自分の生命の不思議さを考えた。**自分の生命を虫けらのように考えていたこのころの自分が、間違っていたことに気づいた。死ぬのは容易だが、生き難い人生を生きぬくことはむずかしい。まして、自分には芸術があるではないか。できるかできないか、渾身の力を尽してやってみよう。自殺なんてそのあとだって遅くはない。そう考えが決ると楽になった』（一五七―一七）

こうして彼は、「死」というものから脱けて行く。自己の失明を〝**受容**〟したのだった。

そして絵画から文学へと転向することを決めた。絵を文字で描いてみようと決めたのだった。

その後、生活の糧を得るために、竜淵寺の伯母の勧めもあって、鍼灸師になろうと決め、浅草本願寺裏にあった、「仏眼（仏盲）協会盲学校」に昭和一八年四月に入学した。当初母は、彼が按摩になることを、「絶対にいやだ」と反対していたが、鍼灸は按摩とは別であるということを分かってもらって、了解を得た。

入学前にはその準備として、点字の勉強をした。しかしその点字を覚えていく中で、彼の心の中ではいくつもの葛藤がやはりあった。

『盲学校に入るための準備に、点字の練習に打込んだ。久方ぶりに、しみじみと生甲斐を感じていた。（略）

簡単に点字を覚え、点字を打始めたが、その打った点字や点字の本を読んでみて、初めて、人間の触覚というものがいかに幼稚であるかを知った。点字は簡単に打てても、触覚でそれを読むことはむずかしい。視覚を失って以来、残された他の感覚で、これからの生涯を、生きて行かなければならないとわかってはいたが、まもなく記憶しなければならない触覚が無限に果てしなく存在していることを思い知らされた。同時に一般の人間生活が、いかに狭い範囲の習慣で行われているかも知った。五体満足な生活の習慣は、人間が造り出した、もっとも合法的で単純化されたものである。五体が満足であるということは、なんと尊く幸福な事であろう。点字は、盲人にとっては、実に価値あるものであるが、一般の人間生活には甚だ価値の薄い存在にしか過ぎない。

その点字を覚えようとしている自分の姿を、わびしく思う心は押えられなかった。点字を打ちながら、生甲斐を握ったはずの自分が、ガタガタと崩れて行くような空しさを感じる夜もあった』（一六八－一〇）

翌昭和一九年には東京空襲も激しくなり、五月下旬に、福島県に疎開した。父母の実家のある栃木か埼玉の盲学校との話もあったが、彼はただ一人で盲人生活をしていきたいと考え、担任のS先生の学友のU先生が教師として居る、福島県立盲唖学校の寮に疎開する事を決めたのだった。

そしてそこで三年間を学び、卒業した。仏眼協会盲学校を含めると、四年間盲学校で学んでいたことになる。その間、鍼術の実習も受け、当初の予定通り、それの資格も取得していた。福島には戦後間もない時でも食糧が豊富にあり、幸いにも食べることに苦労はなかった。またのんびりした素朴な日々を送れたことで、ここに来てよかったと、敏之はしみじみ思った。

彼は**失明を受容**したあとは、人生を達観していた。彼のこの書に収められている文章で、そのことの書かれている所をいくつか見てみる。

〈盲目〉について、

『「盲目とはなんぞや」と考えてみた。それは盲という文字が示すように、目の亡びた人間をいうのであって、目の形があっても目がないのである。永遠に絶対に光を見ることが出来ない人間なのだ。視覚は完全になく、他の感覚器官だけで生きようとしている人間をいうのだ。一時失明しても未来に治る可能性のある者はめくらではなく、すこしでも光影を視覚で感得出来るものも盲人ではない。身体障害者という不幸の境遇にあっても、全盲と半盲とは、ここで肉体的にはっきり区別が出来る。そこで、この相違した肉体に宿る精神は当然違ってくる。生活の条件が本質的に全く違うからだ。全盲である私は「一瞬間でも、かすかな光でもいい、見たい」という思いが離れたことはなかった』（二七三―二三）

〈盲人としての大切な感性〉について、

『盲人だけには限らないが、特に盲人がひがんでしまったならば、その盲人は人間社会では生活できない。盲人だからこそ、一層正確な感覚と判断が必要なのだ。視覚を失った盲人がひがんで歪んだ感覚をもったならば、判断も結論も当然歪められたものとなり、社会を歩いて行くことは出来なくなるだろう』（二〇四―六）

〈俗悪な社会の人たち〉について、

『（略）職業に上下はないという。これは否定しない。しかし、実際の社会では単に表面だけのことで、按摩業の場合は目明きの按摩師はまだしも、盲の按摩師が軽蔑的にみられていることはいうまでもない。文章や絵や演劇などの上でも、昔から証明ずみだ。私自身、按摩師になるくらいだったら、死んだほうがましだと考えていた。さいわい、失明はしたが学校へ行けたおかげで鍼灸師になれた。人の憐みをうけたり、軽蔑される筋合いは毫《ごう》もないのだ。

俗悪な人間はどこにだっている。按摩師でもない私に、陰で按摩とよんでいる人が開業当時は少なくなかった。母に対して「按摩さんの、おっかさん」という人もあった。母は食事のときに笑って話した。按摩さんといわれるのは、骨身に滲みるほど口惜しかった。母や弟たちにもすまないと思った』（二二六－一一）

『ヘレン・ケラーは、俗悪な社会の人たちに生涯の多くの時間を消耗したという意味の事をいっている。私はこのヘレン・ケラーの言葉に勇気を与えられた』（二二七－五）

最後に不具者故の悲しい話を記したい。

『福島の盲唖学校に来ても、悲しい話が多かった。粉雪が音もなく降っている日だった。舎監室に用があって行くと、舎監夫妻が茶をすすめてくれた。そして、通学をしていた聾唖の幼い姉妹の二児を寮へ入れて、それきり、両親は行方不明になってしまい、学校側で困っていると話した。こんな話は世間に多々あることだ。社会的には立派な地位をもった人が、不具のわが子を世間に対して隠している話も珍しくない。

後日、私は博士号をもった知人に、子供さんが何人いるかとたずねた事がある。博士は一瞬ためらって白痴の子を数に入れないで何人だと答えた。ある青年は、聾唖の兄を兄弟の数に入れないで、世間を通って来たことを私に泣いて懺悔した。盲人マッサージ師が交通事故で死んだ。盲目の細君に補償金など大金が渡されることになった。すると死んだ盲人の親兄弟が集って一切の処理をし、金はその連中で分配してしまって、盲目の細君に一文も渡さなかった。隣近所の人たちは、この盲人夫婦に親兄弟がその地方に何人もいたことを初めて知って憤慨したという。ところが、この憤慨した人たちの中にも、不具者を肉親にもって同じような生き方をしている人があったそうな。

愛情深い肉親を持つ不具者も多いが、また冷酷な肉親を持つ不具者も多い。冷酷な親兄弟が決して悪いのではない。それは人間がだれでも持っている弱点なのだ。許してやらなければならないことなのだ』（一九六－八）

2 木村龍平（一九二〇〜）一九九五年に亡くなられたと思われる（享年七四歳）。

《シリーズ番号、一二三。木村龍平著『ゆ・け・に・ど・め』〈頁数＝一九一頁〉、『緑の雨音』〈頁数＝一〇七頁〉木村龍平遺稿集（底本：二書とも平成七年）より》

木村龍平は大正九（一九二〇）年七月七日、和歌山県田辺市に生まれた。そして昭和一五年、二〇歳のとき徴兵検査を受け、甲種合格し、入隊した。

彼もまた、本章第一節で登場した近藤正秋（1）、松井新二郎（4）と同様、**満州における戦争で**――だがこの書では**失明**に至った詳しい日時や経緯は書かれていない――傷を負い、ほとんど視力を失った。「**イペリット傷**」と病床日誌には書かれている。これは、**毒ガス**であり、木村はこれを浴びたものと思われる。その後、病院船「吉野丸」に乗って内地に戻っている。

本書は『ゆ・け・に・ど・め』（上下二段組み、一九一頁分）と、『緑の雨音』（一〇七頁分）の二つから成っている。

前者『ゆ・け・に・ど・め』の中には、「七夕」、「白い杖の使者」、「札幌の時計台に想う」、「ゆ・け・に・ど・め」、「福祉の階段」、「心の目」、「白樺日記」、「随筆」、「ひとりのための社会福祉」などが収められている。

「七夕」（一三頁〜）は小説であり、「白い杖の使者」（二七頁〜）は随筆であり、「札幌の時計台に想う」（三五頁〜）は、一九六九年八月一〇日、帯広市民会館で開かれた〝北海道点字図書館創立二〇周年記念集会〟に出席した時、加藤善徳（日本点字図書館理事）から依頼され、執筆した『ゆ・け・に・ど・めの人生』（一九七二年一〇月出版）という小冊子の冒頭を飾った一編である。次の「ゆ・け・に・ど・め」（五九頁〜）も同小冊子に収められたノンフィクションであり、木村の満州での失明と、そしてそれ以後一九七一年頃までのことが書かれている。「福祉の階段」（一〇五頁〜）

も同小冊子の収められたものである。一九六四年、ニューヨークで開かれた第三回世界盲人福祉協議会総会に出席し、帰国後に執筆した、日本の盲人福祉の後進性を訴えた一文である。

「心の目」（一二五頁〜）は、当時（一九七一年一月から九月）NHKラジオで放送されていた『人生読本』という番組の中で語ったものを文章化したものである。「白樺日記」（一三七頁〜）は、一九七二年モスクワで開催された盲人のための国際会議に出席した折に、見聞きしたことを詩や俳句や短歌にしたものであり、「随筆」（一四三頁〜）は文字通り、同人誌『土』に収録されたエッセイである。

「ひとりのための社会福祉」（一六三頁〜一八六頁）は、一九七二年一月、毎日新聞社が創刊百年記念事業として募集した、懸賞論文〝日本の選択〟に応募したものである⇩入選作十編の中に入った――父や母のことを、また兄弟姉妹のことを、つまり家族のことを語り、偏見や貧困、そして盲人からみた社会福祉へと、論を展開している。

後者の『緑の雨音』は、木村が詠んだ俳句や短歌を集めたものである。

病院船「吉野丸」で内地に戻った木村は、大阪港で上陸し、日本赤十字病院に収容されて手厚い看護を受けた。しかし、『イペリット傷は、新しい外傷で、治験例も少なく、決め手がありません』（六二上―一一）と、医長のY博士に言われた。その言は穏やかだったが、彼にはつらい言葉だった。しかし、木村はそれでも光への希望を捨てなかった。

日赤病院から金岡陸軍病院に送られ、次に東京の赤十字病院に移され、さらに陸軍軍医学校の病棟に転送された。この病棟で看護婦長から点字器を渡された。

『「婉曲な失明の宣告に外ならないのだ」とさとった時、鉄のハンマーで頭をなぐられたような衝撃を覚えた』（六三下―一一）

足元の大地が突然音をたてて崩れ始めたような不安に襲われ、それからは眠れない幾夜かが続いた。絶望の断崖に立たされ、**自殺**をも考えるようになった。

『（略）私の様子に気づいた病院は、院長命令と称して、軍刀を取り上げ、勤務交替の看護婦には、「特に監視をせよ」と申し送られた』（六四上—二）

不安、焦燥、懊悩、煩悶の日々の中、慰問客の一人が置いていった鈴虫の鳴き声を聞いていると、彼はいつしか故郷の山野に誘われていった。

『（略）美しい緑の山脈、月見草の咲く川原、少年の日の友のあの顔、この声、露にぬれた萩のうねりから、静かに上る名月の姿……明滅し去来する思い出の中に、母の声がした。あの日病院をたずねてくれた温かい母の手が、そして「よう生きて帰ってくれたのう」という**母の声が、死を決意したかたくなな心を解きほぐしてくれたのであった。**

「そうだ、やはり生きねばならぬ」と意識した時、失明の瞬間から忘れていたあの大きな美しい太陽の姿が、心の窓に甦ったのである。

「生きるためには、どうすればいいのか？　それにはまず勇気を出して、この宿命と戦うことだ。そして健康に注意し、忍耐強く努力して、明朗に生きぬくことである。**勇気、健康、忍耐、努力、明朗**、この五つを人生の五訓として守り続けよう」と、この時秘かに決心したのだった。この勇気の「ゆ」健康の「け」忍耐の「に」努力の「ど」明朗の「め」それぞれ頭文字を綴ると、「ゆけにどめ」となる。

「**行《ゆ》け二《に》度《ど》目《め》**（注、ルビは引用者）、そうだ、すべてはこれからだ、再出発だ」

私の新しい人生は、ここから始まったのである』（六四上—一二）

そして、木村は点字器を取り、「アイウエオ、カキクケコ……」と一マス置きに点字を打ち、点が擦り減るまで読んでいったのだった。

やがて東京にもB29米機が飛来してくるようになり、重傷患者ばかりがバスに乗せられて、箱根に疎開した。そこでは空襲もなく点字の練習が充分できた。点字を覚えてからは、将来のことを考え、教員になることを目指して、手当たり次第、古典類を点訳していった。

しかし、戦況悪化とともに、箱根も安全ではないとの情報が伝えられ、彼もまた二人の看護兵に伴われて、郷里の田辺に帰った。そして、八月一五日を迎えた。

一九四六年早春、失明傷痍軍人のための、富山県宇奈月にある「光明寮」に入った。中学教員という夢は捨てて、あんま師になることを決意した。今の日本には、これ以外に盲人の生きる道はないと覚ったからだった。

一九四八年、そこでの勉強を卒えて、鍼灸の検定試験に合格し、一九四九年七月七日の誕生日（二九歳）に田辺市で治療院を開業した。この間、一九四四年に結婚し、翌四五年に長女が誕生している。一九五四年には長男にも恵まれている。二人の子供に恵まれた故に、普段では思わないことを思った、と彼は書く。

『（略）失明に慣れ、「目が欲しい」などとは、久しく思ったことが無かったけれど、この時（引用者注：長男誕生）ばかりは、「一目見たい」という衝動を抑えることが出来なかった。（略）。そして、私は思っている。生涯に、もう一度「目が欲しい」と思うことがあるだろう。それは娘が花嫁姿に着飾った時であると……』（八〇上―一一）

盲人と俳句づくりについて、木村は次のように言っている。

『（略）自然との対話の中に、プラトン以来の哲学があり、人生の安らぎがある。俳句に没入している時、光を失った眼裏《まなうら》に生き生きとした大自然が甦り、暗黒の十字架から解放される。俳句を楽しむことによって、忘れかけようとする四季の感覚が呼びもどされ、文字が思い出される。（略）。光から遠ざかる時間が、長くなればなるほど、自然との対話が少なくなるから、われわれ盲人こそ、俳句に親しむべきだと思』（八一下―一五）う。

全体を通して木村もまた、人生を積極的に生きて来た人だということが窺われる。多くのことに挑戦し、またそれを形にして残していっている。保育園の園歌、小学校、中学校の校歌（＝作詞）をいくつも作り、また各種団体の団体歌、賛歌、会歌も作っている。民謡もまたである。

最後に『緑の雨音』より、俳句と短歌を一首ずつ記す。

点字読む　指かばいつつ　ダリア植う　（一四頁）

めしひたれど　母国に帰り得たるわれ　残留孤児は　人ごとならず　（九八頁）

3 青木優（一九二四〜）一九八二年までは健在。

《シリーズ番号、四七。青木優著『行く先を知らないで』〈頁数＝二九六頁〉（底本：昭和五七年第五版）より》

青木優は大正一三（一九二四）年、広島県呉市に生まれた。昭和一八（一九四三）年に岡山医科大学に入学し、同二三年、同大学付属医学専門部を卒業した。そして、郷里の呉市にある広島医科大学付属病院でインターン生活に入った。同年の夏も終わりに近づいたある日の夕暮れ、何か全身にけだるさを感じた。

それから数日後、家路へのその途中において、『ふと仰いだこの地方で一番高い灰ケ峰（標高七三七メートル）の頂き』（一二―一三）を見た時、一瞬、視野の片隅に何か光るものを感じた。

『（略）不思議に思って目をこらすと、また、視界の片隅に何か糸のようなものがすーっと流れ、そして小さい玉のようなものがただよっているのが見えた。何かがとんでいるのだろうかと視線を動かすと、糸も玉もいっせいに動くので、変化は私の外の世界にではなく、私の目の内側に起こったのだと直感した。しかし痛みもなく視力も別段変わらないので、その日もまた、そのまま家に帰った』（一二―一五）

翌日、眼科に行って診察を受けると、赤木教授は、「**網膜出血**だよ」と言った。とっさに、「あの**若年性反復性網膜硝子体出血**ですか？」と問うと、「そうだ」と言われた。一年前に、臨床講義でその疾患のことを学んでいたからだ。

「半数は失明する医者泣かせの病気」と、その時に講義されたH教授の言葉を思い出した。しばらく家で安静にしていたが、よくならず、同付属病院に入院した。しかし眼底出血は執拗に続き、さまざまな治療の甲斐もなく失明した。医者になることを夢見て、あと少しでそれが実現する筈だっただけに、その落胆は大きかった。

『失明という現実は、あらゆる事の断念を私に迫った。その中でも、決定的に私を打ちのめしたのは「自分には、もはや前途がない……」という**絶望感**だった』（二三―四）

『（略）失明によって私は、急に自分の立っている大地そのものがゆれ動き、大きなさけ目を開いて私をのみこもうとしているのを感じた。

これだけは確かだと信じていた自分自身が信じきれなくなり、しかも前途に何の希望も見いだせない。そこにあるのは、底知れぬ暗黒と、不自由さと寂しさだけ、いったいどうして生きてゆけるだろうか。

自分の生涯の仕事と思い定めていた医師となる道は閉ざされ、私は、真剣に**自殺**を考えた』（二五―六）しかし自殺はできなかった。自殺しようという考えを思い止まらせたのは、**母の言葉**だった。だがそれでもなお、「なぜ自分が失明しなければならなかったのか」という疑問は解けなかった。

『（略）どの死に方にしようか。そのことに私の目標は傾きつつあった。毎日、看病に来ていた母が、目ざとくそれに感づいたらしい。ある日、真剣に私に言った。「優、決して自殺などしないでおくれ」。私は内心ぎくっとしながら、それでも少しとぼけた声で答えた。「だってお母さん、生きていたって仕方ないでしょう。何の役にも立ちませんよ」。すると母は言った。「とにかく生きていておくれ。何もできなくても。あなたが死ぬなら私も死にます」。

この言葉は私の冷えきった心に、何かしらあたたかいものをそそぎこんだ。こんなになってしまった私を、自分でももてあますほどいやになってしまった私を、それでも価値あるもののように思ってくれる母がいる。それがうれしかった。

しかし、ライフワークを奪われ、一生負い続けなければならない失明の苦しみ……それを思うとやはり生きるには堪えがたかった。
そのころの私は、しばしば「なぜ見えなくなったのか」とつぶやいていた』（二五一一二）
『「なぜだ！　どうしてなのだ！」と……。
今考えてみると、無論この「なぜ」は科学的ななぜではない。（略）
（略）「なぜ」は、失明の「意味」をきいていたのである。それはこう言いかえることができるだろう。
自分は今まで健康に生きて来た。自分なりに一生懸命に頑張って来たつもりだ。それなのに、今になってなぜ失明せねばならなかったのか。一緒にインターンに入った一〇人の仲間のうち、なぜ自分だけが失明せねばならないのか。これからの生涯、それがどのくらい続くのかわからないが、失明の重荷を背負いつづけてその長いみちのりを生きて行く意味が果たしてあるのか。そのような人生に、なお生きるに足る値打ちがあるのだろうか、世の中には「運命」というものがあって、それが全く気まぐれに私をこのような状態におし込めて、もてあそんでいるのだろうか。もし、そうであるならば、私は断然死んでやる。死んでそいつの手をふりはなし、そいつをあざ笑い、そいつにつばをひっかけてやる……。
いったい、なぜ私は失明したのか。これは私にとっての最後の問いであり、それを問い続けることだけが、毎日の私の課題であった』（二七一二）
一九四九年に入って間もない頃、呉平安教会の山田忠蔵牧師が訪ねてきた。教会生活をしていた弟から聞いてきたのだ。山田師は岩橋武夫の『光は闇より』を持って来て、朗読してくれた。そして時間がきたところで、途中でやめて母に、「続きを読んであげて下さい」と言って、帰っていかれた。
それから数日間、母にそれを読んでもらった。そして次のような言葉を聞いた。

『「イエスが道をとおっておられるとき、生れつきの盲人を見られた。弟子たちはイエスに尋ねて言った。〝先生、この人が生れつき盲人なのは、だれが罪を犯したためですか、本人ですか、それとも、その両親ですか〟イエスは答えられた〝本人が罪を犯したのでもなく、また、その両親が犯したのでもない。**ただ神のみわざが彼の上に現れるためである**〟」

この最後のイエスの言葉をきいた時、私は非常な衝撃を受けた』（三二—一一）

『「なぜ見えなくなったのだ！」この私の問いに今まで誰ひとり答えてくれはしなかった。

（略）

しかし、今、私がきいたこの言葉は、それまでにきいたどのような言葉とも全く異なっていた』（三三—四）

青木はその言葉を聞いてから、徐々に変化していった。その失明を受け入れようと変わっていった。

『（略）私は一つの事実に気づき始めた。私は自分の両眼を失った事にうちのめされていた。しかしキリストは両眼だけでなく手足はおろか体全体を投げ出し、この私の前に立っておられる。私がいつまでも自分の両眼のみにこだわって、神をうたがい、自分のすべてを投げ出して私を励ましてくださる方を見上げようともしないでうずくまっていてよいであろうか。私の心の底には、何かしら**強い光**がさしはじめた。何かが私のうちで動き始めたようであった。

道端の盲人を見て、彼のために神の**みわざ**があらわれるためと語られたイエスは、みずからのすべてを投げ出してこの私の前に立っておられる。私は自分の失明を男らしく負う決意をすべきではなかろうか——』（四三—四）

そしてイエスの言葉を知って、青木はそれまでの自分とは違った心になってゆくのを感じる。

『（略）私は本当に驚いた。私を愛してくださる神の御手に自分をゆだねた時、不安の嵐は消え、言いようのない安らかさと、満ち足りた落ち着きがそこにあった。正直なところ、私は何度もこれは現実なのかと疑った。私はたしかに病室のベッドの上にいた。聖書の知識も不十分だし、これからの自分の見通しについても、何一つたしかなものはないけれど、私は、**神の支え**が確かにあるのを感じた。何ものをも恐れる必要のない事を感じ、力の湧くのを覚えた』（四六―二）

青木は一九五〇年暮れに、洗礼を受けた。この時にはすでに点字の聖書が読めるようになっていた。というのも知り合いの紹介で、県立広島盲学校高等部に在学中の、自分で歩ける程度の視力をもっていた生徒に、点字を教わっていたからだ。

彼は医師への夢を断たれて将来を考えた時、キリストのみ言葉に出会い、絶望からの救いを得た経験から、次第に伝道者として生きることを願うようになった。それへの道は決して平坦ではなかったが……。

一九五二年、東京神学大学を受験して合格した。そして同年四月から東京での生活が始まった。この時二七歳になっていた。

当初八年かかって出るつもりでいたが、いろいろな困難・苦労もあったが、多くの人たちの協力を得て、一九五六年三月、四年間で同大学を卒業した。卒論を書くにあたって、多くの仲間に朗読や点訳をしてもらい、助けられた。

また当時婚約中だった、小山道代も彼女の学業（東洋英和女学院短大在学中）のあい間に点訳を手伝ってくれていた。彼女とは一九五二年の夏休みに帰郷した時に、教会の英語クラスで知り合い、その年の秋、リーディングサービスを申し出てくれたことで親しくなり、そして翌五三年夏休みに帰郷した時にプロポーズして、受け入れられ、五四年元旦に婚約していた。牧師の妻となると決まってから、彼女も東京にある同短大の保育科に入学していたのだった。

青木の卒業後の受け入れ教会は、盲人ということでやはりなかなか決まらなかったが、どうにか当時無牧であった岩国東教会に赴任することができた。この任地が決まるまでにはやはり多くの学友や先輩たちの力添えがあった――同教会はそれまでは西岩国教会の高倉牧師が兼牧していた。

青木はなかなか決まらなかった時も、祈ることによって――主のみ言葉による約束を改めて信ずるところから――再び体当たりの勇気を与えられ突進したのだった。

『このようにして主は、失明という打撃に打ちくだかれて死人のようであった私をよみがえらせ、伝道者として、開かれた門の前に立たせてくださったのである』（二四七―一）

彼は講壇に立つようになって、説教とは何か、牧師とは何かに目覚めてゆく。講壇に立って説教するために、当初テキストを暗記して備えた。だが説教とはそのようなものではないと覚った。

『しかし、説教の本当の問題点はこのような、経験を積み重ねて技術的に熟練する事によって克服されるところにあるのではなく、晴眼者の牧師、盲人の牧師の違いを越えたはるかに深いところにあることに、私自身気付かされ、真剣なたたかいを始めざるをえなくなった。それは信徒、求道者を問わず、真に信仰が成長するためには、礼拝においで語られる説教によって与えられるみ言葉が一人一人のうちに生きなければならないのだということ、それにはみ言葉を語る者自身がそれによって生かされていなければ駄目だという事である』（二六六―二）

青木は牧師としての生活を送るなかで、日本の社会を、日本の社会の盲人への対応という点について、次のように批判する（昭和五七年当時）。

『（略）盲人であるがゆえに、家を貸してもらえないこと。盲導犬を苦労の末やっと入手できたが、バス、国鉄その他の交通機関がなかなか乗せてくれないので散歩程度にしか使えないこと。家族の結婚式にも参加させてもらえず悲しい思いをしたこと、等々。

それにつけてもTさん（引用者注：盲信徒）が指摘しているように（引用者注：GNPが世界第二位とか言うけれど）、この日本の国の繁栄とはいったい何だろう。繁栄と言われる社会の中での福祉感覚の貧しさ、差別される側に立って決してものを見ようとしない行政の冷たさ、それに次第に飼いならされて、弱い人たちを顧みようとしない家族を含め社会全般の無理解と無関心……』（二四五―七）

そして、日本の教育や文化の程度の低さを訴える。

『国連の教育視察団がかつて日本の教育事情を視察した後に、「日本には競争はあるが教育はない……」と述べたという。日本では義務教育の普及率の高さや大学進学率の高さを誇る。ところが西欧では他国からの教育視察があると、真っ先に障害児教育の施設をみせるという。一人の障害児のために、いかに充分な教育を保障しているかを示す。すなわち障害児教育のレベルの高さがその国の教育文化のレベルの高さを示すというその国のものの考え方が根本にあるからであろう。**障害児、弱い人の人権を保障することこそが、他の人権を保障することの前提であり、文化国家の名にふさわしいとする思想の裏付けがあるからであろう。**

障害児一切の教育をひっくるめて特殊教育と呼び別物扱いをする限りにおいて、日本の国の教育、文化の程度は低いと言われても仕方がないであろう』（二四九―三）

最後にタイトルの『行く先を知らないで』とは、何かについて触れたい。これは〔ヘブル人への手紙一一章八節〕から取ったものであると言う。

『（略）小郡教会（引用者注：青木は岩国東教会に四年間いた後、正教師試験に合格したのを機に、小郡教会に主任担任教師として赴任していた）は、現代日本のさまざまの苦しみを自分の苦しみとして負うようにと導かれつつある。その行く先はどこなのか、それを私は知らない。しかしアブラハムが、神の祝福の基となることを約束され、行く先を知らないで出て行ったように、私たちも前進せねばならない。「彼はわれわれの病を負い、われわれの悲しみをになった」（イザヤ書五三・四）と言われた予言をこの地上で実践された主イエス・キリストに従ってどこまでも歩いて行きたいと願っている』（二六八―一五）

この青木の書は、盲人とキリスト教、いや人間とキリスト教を至極真面目に考えている書である。牧師として、どのようにあらねばならないかを深く見つめている。青木の真摯な人間性がよく出ているように思われる。

4　**畑美喜三（一九二六～）一九六六年までは健在。**

《シリーズ番号、五二。畑美喜三著『孤独と誤解に耐えて―欠点と疎外に生きる工夫―』〈頁数＝三二六頁〉〈底本：昭和四一年〉より》

畑美喜三は大正一五（一九二六）年三月二四日、関西（大阪？）で生まれる。生年（大正の最後の年、つまり昭和の始まりの年）が示すように青年時代は日本の軍国主義の中である。必然的に彼も兵隊にかり出され、そして終戦の時は、名古屋の陸軍病院に居た。一応傷痍軍人ということであったが、実際は**栄養失調と過労で失明**へと進む兵士だったのだ。その症状に対する具体的治療はなく、さりとて軽症ではないので、『絶対安静の一つ手前の一等一級の患者であった。そして、白衣の軍人として復員したの』（二〇―八）だった。

二三歳の時には**網膜剥離**を主症状として失明したが、光覚だけは――心身の快不快によって、それは乳白色からねずみ色の間に変化する――この時にはまだあったが、父母や兄弟の顔を判別することはもはやできなかった。

失明と同時に**自殺**の準備もできていたので、この頃は悩むこともなかった。当時は二五歳まで生きれば運のいいほうだったからだ。理論的には自殺も容易だった。自殺が当然の帰着と確信もしていた。青酸カリを用意もしていた。しかし結局はそれを飲まなかった。一つには両親の世間体、そして未婚の弟たちを思うと、自殺者を家系には残したくなかったことがあった。さらにはまた、これは畑自身の内面からのことだが、

『人はなんらかの存在価値を認められたい。だから廃人としての無意味な生涯は自ら閉じたいと願ったのである。私もやはりよき批判を受けたい。それで自己の価値を確認したい。より多い賞讃と、より立派な価値は安易な道よりも困難な場にある。

そして同じ死ぬなら、たった一度の人生なら、わが哲学を、おのれの価値を、全身全霊を張って試してみよう。

安易なるがゆえに、私は自殺を思いとどまり、楽なるがゆえに死を軽蔑した。

こうして観念的な死の恐怖を現実に越えた』（三二―一二）

この文章からも畑の真面目で積極的な人柄が窺える。彼は**失明を受け入れる**と、大阪府立盲学校に入学し、点字や理療を学んだ。しかし点字本を読む上での苦労、また当時の盲学校の実態を次のようにも書いている。

『蛍の光り、窓の雪はご立派な話。これがわれわれ盲人にはナンセンスであり、悲劇的である。蛍とびこう夏は、点字をさぐり読みする手が汗ばむ。汗には生理的と心理的の二種がある。手は生理的発汗をやらかす。読書に緊張したり、読みにくいとあせって汗ばみ、点字の紙に指がうまくすべらない。ゴシゴシでもないが、力を入れると、ぬれた点字の紙の小さいふくらみがつぶれる。ぬれた割箸で、ちり紙の枚数を数えるような苦労がある。くもった眼鏡で読書してるのとどっこいどっこいかな。冬こそ悲劇。窓の雪で点字を読んだら、指先は麻痺してしまう。雪山の二重遭難ならぬ、失明者が第二の目ともいうべき指先を失ったら、めくらのダブルプレイである。（略）

おまけに点字を書く方の器具は金属で痛いくらい冷たい。点字本は読み進めば進むほど、新たに冷たい紙の上ということになる。初めは本来の紙のなめらかさであるが、極寒には点字本が小さい穴をあけたブリキ板一枚一枚のように感ずる。不愉快というよりも苦痛になる。

室内暖房のない冬の読書は、遠視の人が近眼の眼鏡をかけ、頭痛をこらえ涙をこぼしながら、本を読んでるみたいなものであろう。

もっとひどい残酷物語がある。当時、日本全国に盲学校は七十余校あった。そのうち暖房のある学校はいくつあったろう。私の学んだ関西では有力な大阪府立盲学校、そこにもこの設備がなく、あまつさえ危いからと火気一切が禁ぜられていた。まさか電燈のない夜間高校はないであろう。盲学校に冷暖房の装置がないのは夜間高校に電燈がないのと同じである。

教育ママさんが、頭の悪い子に、勉強しろ、勉強しろとけしかけてるのと、設備の悪い盲学校で、盲生徒に、希

望を失わず頑張れよというのはよく似てる』（一五―一〇）

盲学校を卒業すると、畑は大学進学を志した。ここでも多くの困難なことはあったが、昭和二九年四月、日本大学文理学部心理学科に入学した。その困難なこととは、盲人が大学に入ることとはどういうものであったかを、次のように書いている。

『文化果つるところはどこか。南極か北極かアンデスかゴビの砂漠か。いやいや日本の真中、東京にもある。私の体の障害自体にある。盲人は文化から隔離され、学問から見捨てられてきたのではなかろうか。私という盲人がやたらと志をたて、勉強しようとしても、どうだったか。世間の常識家は無駄だといった。どこの大学もおいでとは言ってくれなかった。国民の税金でまかなっている国立の大学は絶対駄目だという。

　念のためつけたすが、その国家は、その障害者からも税金のとれるだけをとっているのである。立派な人間になって社会のため、不幸な同胞のため、日本の福祉のために役立つよう、働けるよう勉強しようとしても、学資の安い国立には入れてくれない。なんとかやっとこさ、一人前になってそれなりの収入を得るようになったら、容赦なく税金をとりたてる。やはり盲学校の門は狭く、一般就職は、門はおろか、すきますらないという。これでは残酷といい、野蛮というほかはなかろう』（六―八）

また盲人に対する無理解と偏見についてを次のように言う。

『私はみじめな思いをさせられればさせられるほど、頭《こうべ》をあげ、胸をはり、むしろ気分は高まる。私はみじめになればなるほど、不幸な人の心境を理解することができる。私が世界で一番悲惨なめに会えば、世界一の同情深い人になれると心底思うからである。さりとて、不具者のすべてがそうだとはいわない、**めあきの心ない一言で絶望し、呪いながら自ら命を絶った盲人があるやもしれない**。人間は知らず識らずに競争している。今の世間は、これが進学や就職、はては消費生活へと飽くなくあおられている。だから、少しでも他人の弱みが見つかると、それにつけこみ、いばったり侮辱したりする。

無理解は犯罪であるとまで申さずも、めあきとめくらの距離は遠い。いや、距離ではなく質の差である。異質なのである。だからこそ不具者は地獄のような偏見と誤解の中にいる。

　何がなんでも命を滅ぼす危険があろうが、目をあけることもできない絶対的盲人の、絶望的不安と恐怖はわかってもらえるものではない』（一一一—一五）

盲人の日常生活、盲人となってからの心の変化、心のあり方について、

『原始時代の人のように、いつわが命が絶たれるか、まったく広々とした、つかみどころのない恐さ、心細さに、門を出たら七人の敵と思えの如き、熾烈な社会情勢と、対人関係の苦労と、緊張の加わったような生活が、**盲人の日常生活**なのである。

　目が見えず、進みゆかん前方は莫々たる闇、歩むそこには何の手がかりもなく、助けてくれと叫びたいほど。列車にバイク、そんなものは使えるわけでなし、杖を持ちヘルメットをかぶり、いろんな羞恥、不安に耐えてゆく。原始人の生き残ったものが強かったように、盲人も生きぬいているものは、ある強さをわがものにする。

　失明による心の痛手は、**生活態度の変更**を余儀なくした。失われたファイトはある哲学で劇的に取戻すことができる。禅の悟り、見性《けんしょう》という、重大なまことにありがたいその悟りは、雀がチュンと鳴いたのを聞いた、その時であったとか。何かで読んだような、聞いたようなことがある。われわれの転機というものも、本来そうしたものである。また、それだけにいつでも、あるいは本人が自覚しないうちに堕落もできるのである。

　体質改善とか、生活向上の（ママ）とか、改変の（ママ）とかは、そう簡単にはゆかない。何故なら、これは単なる心理的なものだけではなく、身体的にも関係している。それだけに、これらが駄目になりかけると不自由があったり、苦痛があったりで、自分自身ですぐ気がつく。また他の人も、その監視や忠告も容易なのである。また堕落も、この理の逆で、身体的苦痛があったり、不自由があったりするから、すぐ気づくし、他の人もその監視は容易である。盲い（ママ）となった時、私の身体は意識的生活になったのである。

たとえば、歩くこと、前に無意識であった食うこと、それを、失明以前は味わえた。寝る前は解放的であった。全部無意識に、スムースであった。盲いとなり、すべては意識の前面におし出され、最大の警戒のもとに道を歩き、そそうのないよう細心の注意を払い、食べていいものかどうか科学的に考え、体を横たえる時、周囲は皆しめたかとさぐり、のみがいたらどうしようもない。神経を休ませるためにも、神経を使わねばならない』（八五—一〇）

盲人のアパート探しの難しさについても言う。

日本大学は昭和三二年に世田ケ谷に新校舎が落成し、心理学科もそちらに移ったのだが、これは彼には、いささか迷惑な話だった。それは二つの理由による。

一つは、〝心理的地図〟をすっかり作り直さねばならなかったことだ。これはしかし四年生になっていたので、卒業論文もあって、積極策をとって、新校舎の近くに引っ越しを決めたが……。

二つ目の理由は正しくこの引っ越しである。新しいアパート探しは……。部屋探しをやってくれている友人が少しすると、辛そうにこう言った。

『めくらさん一人にはお貸しできませんよ』（二五三—一三）

と、大家や不動産屋に言われたと。

また就職の難しさについても書く。

『就職関係は、話の限りではありそうだったが、いざとなるとつれないものだ。おとなしく盲人はあんまをやっていなさい、と言うふうである。盲界で相当活躍してる人のところへ、相談に行った。いろいろの話にはのってくれるが、さて紹介の段になるとひどい。

そこは盲人の施設であって、その人はそこで職業指導をやっていられる。その所長室前で、こう念をおされた。お話を伺うだけだよ。就職問題を頼んではいけないよ、であった。

無理もないと思う。盲人で大学卒にふさわしい職は、盲人関係の学校や施設にすら見当らない。何かの事情、も

しくは自身の艱難、辛苦の果てにやっと得られる椅子でしかない』（二五三―一五）

卒業後の現実について、また生きることの現実についても次のように言っている。畑はその時、大学を卒業したが、就職先はなく、家庭教師をやって過ごしていた。

『今までやったことは、少しもむくいられず、これからますますつまらなくなるであろう。

将来の不安だけである。みんな俺と関係なくよそよそしく、そして結構楽しく、やっていやがる。まるであてつけみたいに、俺をのけ者にして、ああ、つまんない。

これが、中年の人生の倦怠期にやって来る。抑うつ神経症だ。若い時みたいに、てきぱきはゆかぬからだ。衰ろ《ママ》えを感ずる。友達らがみんな偉く見え、幸福に思われる』（二九二―一五）

『生活の傍観者は悲劇だ、喜劇だ。飛び込め泳げ、死にものぐるいで渡れ。身を捨ててこそ浮ぶ瀬もありだ。

私が人をうらんだら、もうお終いだ。比較して自分を見たら、憎悪だけしかない。

己独自を誇り、自分自身を頼まぬ限り、わが救い、わが発展はあり得ないのは、百も知ってる筈ではないか。

ここを離れ、都心へ行こう。この静かな暇をぬけ出て、活発な、わずらわしい暮しへ飛びこもう』（二九四―一〇）

『そして、私は先輩の矢島高人さんの好意で見つけてもらった新たな住い、東京の一つの中心地の、さらににぎやかな商店街の近くへ引越した。

そして、まもなく一つの幸運をつかんだ。チャンスを自ら作ったのである。

角帽をぬぎ、白い杖だけで、私について何も知らない人達の社会へまい戻った時、私はすべての盲人がそうであるように、あんまさんとしか呼ばれなかった』（二九五―一一）

尚、畑はこれが書かれた当時は――それまでの間に、畑心理福祉研究所を設立し、心理カウンセラーとして経験を積み、産業心理センター相談室長を経て――、多摩病院理事局長となっていた。

5 坂本勉（一九二六〜）一九八八年までは健在。

《シリーズ番号、一五。坂本勉著『大利根の流れに沿うて』〈頁数＝二六一頁〉（底本：昭和六三年）より》

坂本勉は大正一五（一九二六）年八月三〇日、栃木県宇都宮市に生まれる。**幼くして失明**（小学一、二年頃には、まだかすかな視力があって、物の形や模様などは見分けることはできたが）し、一〇歳の時に上京して、宮城道雄に師事し、箏曲と三絃を修業した。かたわら、昭和一一年、東京盲学校音楽科に入学し、作曲と音楽理論を学んだ。

本書は彼の箏曲生活（宮城入門）五〇周年を記念して出版されたものである。彼の主宰する「玉宏会」の機関誌『らくがき』に、起稿していたエッセイを再編したものである。

このことから分かるように、その内容は音楽及び箏に関するもの、またその修業中の出来事、盲学校でのこと、そして日本及び海外での演奏会、演奏旅行でのエピソードなどである。さらには飼い犬についても幾頁にも亘って書かれている。従って、これまでの『自叙伝』のように、盲人としての生き方、苦労、困難みたいなことにはほとんど触れられていない。そういった意味では、本論で取り上げてきたこれまでの各著書とは内容を異にしている。

因みに演奏旅行で訪れ、本書で触れられている外国（都市）名を挙げておくと、フランス（パリ、カストレ、カンヌ、アルル）、フィンランド（ヘルシンキ、タンペレ）、台湾（台北、花蓮）、イタリア（フィレンツェ、ミラノ）、中国（北京、上海、蘇州）、ソ連（モスクワ）、東独（東ベルリン）、チェコスロバキア（プラハ）、ハンガリア（ブタペスト）などである。

この書のなかで、坂本が盲人のことについて触れている箇所はほとんどない。唯一、次の処だけと言っていい。フィンランドへの演奏旅行の処である。

『（略）現在フィンランドには約三万人の盲人がいて国家から年金を受けている。その額は年齢や重症度によって差はあるが、月に五万円位支給されているという。彼らが今一番望んでいることは車を買う際、税金を免除してもらうことと、町に買物に行ったり病院に行ったりする時、気軽にヘルパーをたのみたいと言うことである。福祉の国の彼らにも我々と同じような悩みがあるのだなあと思った』（一一六－一一三）

このような内容の本も、この自叙伝シリーズの中に含まれることも、意義あることのように思う。

6 金夏日（一九二六～）一九九一年までは健在。

《シリーズ番号、二九。金夏日著『点字と共に』〈頁数＝二七七頁〉（底本：平成三年第二刷）より》

金夏日《キムハイル》は、一九二六（大正一五）年九月五日、朝鮮慶尚北道、桃山洞の貧農の家に生まれた。彼のこれまでの人生を、本書巻末にある「著者略歴」（＝一九八七年まで）と共に見てみる。

一九三九（昭和一四）年、二月（満一二歳）、すでに朝鮮から日本へ渡っていた父をたずねて、母、長兄夫婦、次兄らと共に日本に来る。この年から昼間は菓子工場で働き、夜は学校に通う。

一九四一（同一六）年、**ハンセン病**を発病。七月、多磨全生園に入る。同時に園内の小学校、「全生学園」に入園する（満一四歳）。小学五年の教科書一揃いを貸与される。

一九四四（同一九）年、長兄が日本海軍軍属としてとられ、それによる家族の生活苦を助けるために、全生園を一時退園する（全生学園は卒業していた）。

一九四五（同二〇）年、五月、東京空襲に遭い、焼け出される。この頃からハンセン病が再燃し、眼を病む。長兄戦死の公報が届く。

一九四六（同二一）年、病状悪化に伴い、群馬・栗生楽泉園に入る（満二〇歳）。この年、亡き長兄の妻子、次兄ら帰国する。

一九四九（同二四）年、**両眼失明**する（満二二歳）。短歌を学び始め、潮汐会に入会する。キリスト教に入信。母、帰国する。

一九五〇（同二五）年、東京に残った父、そして帰国した母、相前後して他界する。

一九五一（同二六）年、父の遺骨を引き取り、療園内の骨堂を借りて納める。

一九五二（同二七）年、点字を舌読で学び始める。

一九五五（同三〇）年、朝鮮語点字を通信教育で学ぶ。

一九六〇（同三五）年、療園内の同胞たちによって、朝鮮語学校が開かれ、日本統治下では学びえなかった朝鮮語を学ぶ。

一九六三（同三八）年、大腸、胆のうの手術を受ける。

一九六四（同三九）年、点字を間違いなく打ちたいために、手指の整形手術を受ける。

一九六九（同四四）年、ようやく病菌陰性となり、九州へ旅行する。

一九七一（同四六）年、二月、第一歌集『無窮花』を出版する。

一九七三（同四八）年、三月八日、父の遺骨を抱いて故国に埋葬するために帰国する（満四六歳）。

一九八六（同六一）年、二月、第二歌集『黄土』を出版する。

一九八七（同六二）年、八月、「トラジの詩」編集委員会編『トラジの詩』（栗生園韓国人・朝鮮人による合同文集）を出版する。


このことから分かることは、金は盲人である前に、ハンセン病患者であったということ、ハンセン病患者である前に、朝鮮国籍の人であったということである。従って、本書には盲人としてよりも、ハンセン病患者としてのことが、その強制収容所・多磨全生園でのこと、そして療養所・群馬栗生楽泉園でのことが多く書かれ、またそのことよりも朝鮮でのこと、朝鮮人としての日本でのことが、より多く書かれている。これは、『長い療養生活の中で三十年余りの間に書きためた、四十篇からなる随筆、生活記録を一冊にまとめたもの』（「あとがき」二七四―六）とあるように、『高原』誌、『高嶺』誌、『解放教育』誌、あるいは「点字毎日」に発表したものを集録したものである。集録されているエッセイの発表年月は、一九五七年一〇月（〈山の雨〉一五〇頁）から一九九〇年七月（〈父〉六二頁）までである。

金の性格もあるのだろうが、その文章に暗いところはほとんどない。盲人で、また手指の不自由な肢体にもハンディのある重複障害者が書いたとは思われないような明るさが、論者には印象的だった。これは読む者には救われることである。いくつかその内容を、本文中から見てみたいと思う。

《第一章【流れつつ】（一一頁～）》

小タイトル：〈流れつつ〉〈越える〉〈かます編み〉〈庭〉〈渡日前日〉

この章には、子供の頃の韓国でのことが、そこでの日々のことが書かれている。

『一九三九年二月九日の夜に村を出た』（五九―四）〈渡日前日〉。日本に向かうためである。

《第二章【君子さん】（六一頁～）》

小タイトル：〈父〉〈ススメとスズメ〉〈ラムネ〉〈母〉〈君子さん〉〈かじかむ手〉〈戦災の記憶〉〈湯治〉

韓国を出て五日目に東京に着いた。日本語を習うために中野区本町尋常小学校の夜学校に通った。日本語を早く覚えるために旭製菓株式会社に住み込みで働き出した。夜学校（七時～九時）にも通っていた。会社では一番年下なので、みんなから可愛がられた。わけても職場で並んで仕事する、一つ年上の君子さんは、実の弟のように面倒を見てくれた。時には学校の勉強まで手伝ってくれた。彼女はしかし可愛がるだけでなく、時には厳しく対した。こうして仕事を覚え、言葉も覚えていった。

君子さんとはよく多摩川に泳ぎに行った。また川向こうにある梨畑に梨狩りにも行った。慰安旅行で日光に行った時、彼女がお守り札を買ってくれた。その守り札は今でも胸の奥に大事にしまってある。

こうした中、一九四一年七月、彼はハンセン病を宣告される。そして直ちに多磨全生園に強制収容されることになる。

一九四一年七月のある日、夜学校の体育の時間だった。左手の小指と薬指が真っ直ぐ伸びないのを教官から注意された。しかし伸ばすことができなかった。指は曲ったままだった。

翌日飯田橋にある大学病院に行って診察を受けた。冬（一月）に左手がひどくかじかんだこと、指が伸ばせないことを話した。医者に裸になるように言われ、体のあちこちを筆先で撫でられた。「わかるか、わからないか」ときかれた。わかるところとわからないところがある、と答えた。

『「君の病気はここでは治せないので、専門の病院を紹介するから、その病院に行って治療を受けなさい」と言って、一通の紹介状を持たせてくれた。医者の通報により、多磨全生園に強制収容された』（九九―一一）〈かじかむ手〉

全生園での生活は一九四四年の一時退園まで、約三年間続いた。

《第三章【点字と共に】（一一一頁～）》

小タイトル：〈バラ〉〈青木哲次郎さんを偲ぶ〉〈舌読〉〈点字と共に〉〈点字ハングル〉〈粥の味〉〈病室で感じたこと〉

戦後一九四六年、眼の充血がなかなかとれず、眼科医に見てもらうと、「虹彩炎だ」と言われた。専門医に見てもらうように、と紹介状を書いてくれたので、治療を受けたことのある全生園に再び行ったが、「あなたの国も独立したことだから、自国に行って治療したら」と、入園させてくれなかった。

それで群馬の草津温泉に静養に行き、湯治のかたわら町はずれにある「楽泉園」に立ち寄り診察を受けた。すると、「入園してしばらく治療した方がいい」と言われ、入園することになった。全生園とはあまりに違う対応だった。特に、好意的に優しく接してくれた事務分館長の加島さんのことは忘れられない。正式に入園したのは、同年九月二五日だった。

入園はできたのだがしかし僚友の、結果として誤ったアドバイスで打った注射により、より両眼を悪化させてしまう。眼科の安原看護婦さんに、「金さんの眼は神経痛と重い緑内障に冒されており、治療しても視力は戻りません。眼のことは諦め、文芸にでも心をむけるように」と言われる。

『（略）視力の恢復を願って懸命に治療を続けていただけに、安原さんからの伝言は**大きなショック**であった。**眼のことをあきらめる**には多少時間がかかったが、安原さんの言葉を素直に受け入れ、それなら短歌を作ってみようと決心した』（一二二―一二）〈青木哲次郎さんを偲ぶ〉

この時以来、眼のことは忘れようとひたすら歌作りにうちこんだ。

失明のショックはあったが、それを受容したこと＝眼のことをあきらめる＝がここで語られている。そして、手指も不自由であることから、舌先で点字を読む訓練をしだした。いろいろ困難――唾液で点字用紙がベタベタになったり、穴があいたりして――なこともあったが、二カ月もすると点字を読み取ることができるようになった。そして、

『（略）それが言葉になったときには「ばんざい」と叫びたいほどの喜びであった』（一二七―一一）〈舌読〉

《第四章【パンチョッパリ】（一四九頁～）》

小タイトル：〈山の雨〉〈りんご狩り〉〈サムルノリ〉〈エプロン〉〈パンチョッパリ〉〈しあわせはいつ〉

大阪生野民族文化祭の有志による慰問公演が、園内「石黒会館」で四月二九日にあった。民族芸能という珍しさもあってか、予想以上に多くの人が会館に来てくれた。

『「農楽」と「サムルノリ」は同じようなものであるが、「サムルノリ」の方がいくぶんテンポが早く、心を浮き浮きさせるリズム感があった。「サムル」とは四つの物のことであり、「ノリ」とは遊ぶの意味である』（一六三―一三）

〈サムルノリ〉

第一歌集『無窮花』を出版するにあたり、一九七〇年一二月、日本名の金山光雄から本名の金夏日に戻した。それというのも、

『（略）パンチョッパリと言われる中途半端な生き方を捨て、真の朝鮮人としての誇りを持った生き方をしていきたかったからである』（一七九―九）〈パンチョッパリ〉

つまり「パンチョッパリ」とは、在日朝鮮人の間で言われているところの、「半分日本人＝中途半端な人間」ということである。

《第五章【足袋】（一八七頁～）》

小タイトル：〈年金〉〈声〉〈足袋〉〈山下初子さんを悼む〉〈縫いぐるみの犬〉〈リハビリ〉

一九五九年頃、全国一三のハンセン氏病療養所に入所している七〇〇名からなる朝鮮人によって、「在日ハ氏病患者同盟」が結成された。そして、処遇改善を求めて国会へ陳情に行った。差別されている者の惨めさと怒りを直接ぶつけるために。陳情項目は、

『1　外国人療養者に対する差別待遇をやめる。
2　年金法を改正して外国人ハ氏病療養者にも年金法を適用させよ。
3　早急に年金法の改正が難しければ、改正できるまでの間、身障年金に準ずる生活補助金を支給せよ』（一九〇―九）〈年金〉であった。

療養所内においても、差別があったことが窺われる。これは翌一九六〇年、自用費と称する給与金が支給されるようになって、当面取りあえず解決された。但し、年金法における国籍条項が撤廃されるのは、それから二〇年以上もあとの一九八一年まで待たなければならない。

《第六章【祖国へ帰る願いかないて】（二一三頁～）》

小タイトル：〈河田さんの握り飯〉〈飛鳥村を訪ねて〉〈コスモスと私〉〈祖国へ帰る願いかないて〉〈ソウル日報―二四年目の遺言執行―〉〈初夏の日に〉

一九七三年三月八日、父の遺骨を抱えて、日本キリスト教救ライ協会（ＪＬＭ）の人たちと、三四年ぶりに韓国に

帰国した。その日の夜、兄・夏哲のいる大邸に着いた。二四年ぶりに兄と会い、抱き合って喜び合った。三月一〇日、父の遺骨を先祖代代の墓地に納めた。父の願いを叶えて、肩の荷を降ろした。

韓国には一一泊して、日本に戻った。

第三節　「ノーマライゼーションの原理」からの考察

近藤正秋は昭和一〇年（満二〇歳）、満州における戦闘で失明した――この『自叙伝』シリーズの中の、大正生まれの人たちの中には〝戦傷〟による失明者が数人出てくる――。失明した当初は勿論、心に動揺はあったが、生来諦めが早く、あまり物事にくよくよしない性質だったので、その運命を比較的早く受け入れることができた。

成人後の失明ということもあって、それまでの生活は普通に過ごせていたし、失明後も「お国のため」の名誉の傷なのでむしろ、「ノーマライゼーションの原理」における「平等の権利」は明然と満たされていたものと思われる。

彼自身の積極さ、そして努力もあったが、同年には地元愛知県立盲学校の門をくぐり、同一三年には東京にできた、失明軍人の教育機関に入り、そこを昭和一五年に卒業した。すぐに結婚もし、同じ年に盲学校の教師になることもできた。敗戦の年の四月にそこを退職し、その後は盲人のための福祉充実に活動し出した。

彼は失明後においても、バイタリティに富む生き方をしている。「ごく普通の生活環境」にあって、「ごく普通の生活方法」をまっとうしていたことがよく分かる。「平等の権利」①～⑧のすべての項目も充分に満たされていた。いや後年、「名古屋ライトハウス」を立ち上げ、盲人の職業問題に取り組んで、盲人の「自立」のための行動も起こしている。盲人全員の「経済水準」＝⑦や、「住環境水準」＝⑧を彼ら自身で満たすために。

森赫子のここで提示されている『自叙伝』は、それは小説の形態を取っているのでフィクションと考えた方がいいだろう。従って、生活史（ライフ・ヒストリー）とは認められない。しかし本論の彼女の処でも触れているように、本小説の「あとがき」で、『別扱いされない事を、どんなに望んでいるか知れません』（二五〇－四）という生の彼女の声は――「あとがき」での記述故に――真実のもの（＝虚構ではない）であるから、それは換言すれば、盲人が「別扱いされ」ているということを明示しているのである。

つまり、「ノーマライゼーションの原理」でいう「ごく普通の生活」ではないということを。そんなことが多々あることを意味していよう。それは自分の内面の場合もあるし、他者との関係で感じる時もあるだろう。女性の彼女の場合、男性以上に別扱いされていることを感じる機会が多かったかもしれない。

武井イネは足利の名門の家柄に生まれたが、先天盲であった為に、その立場は非常に微妙なものであった。満一二歳の年まで学校にも行けず、ただ部屋で琴の稽古をする毎日であったという。両親が盲人の彼女を表に出さなかったからだ（第四章第二節第5項、栗原光沢吉の文章と相対している）。

つまり一二歳で横浜訓盲院に入学するまでは、①～③の「ノーマルなリズム」では過ごせなかったということであり、従って、④の「ノーマルな発達的経験」もなかったのである。これはむしろ家庭的に恵まれていた盲人女性の一つの典型かもしれない。名門であるが故に、人一倍世間体を親は気にしたということは考えられるからだ。また彼女自身も不満に思うことはあっただろうが、男尊女卑がまだ当然の世の中であった大正《その》時代を考えれば、自分の意見を言うということは難しいことだっただろう――当時においては障害を持って生まれてきた子は、〝歓迎されない子〟であったのだから。

しかしその後、親元を離れた彼女はその寮生活の中において、徐々に人間らしい「普通の生活」を送ることができるようになっていった。そのことが、この『自叙伝』では語られている。アメリカに留学もし、盲人に対する社会の違いを――日本とは大きく違うということを――痛切に感じて帰国している。

松井新二郎は近藤正秋と同様、満州における戦闘で負傷し、失明した。二六歳の時である。彼はしかし失明後に大学に入学し、卒業後は県立盲学校の教師や失明者の為の更生施設でカウンセラーとして働いており、成人後の失明故に生活に不便は当然あったが、「平等の権利」の八項目はその活躍ぶりを見ると、満たされていたと推測される。彼の失明からの回復は、生き甲斐を見つけたことだった。

彼は病院内で音楽に活路を見出した。それによって絶望のどん底から少しずつ這い上がっていくことができた。『見えないことは不自由であるが、不幸ではない』（同書、三七－八）という心理にまで達することができていた。

また失明という困難、苦しみに対する対応の仕方を三つ挙げている。それは晴眼者にも通じることであるが。ⓐ感謝すること、ⓑ友達を持つこと、ⓒ楽しんでできる仕事を持つこと、である。どれも「ノーマライゼーション」を得るためには大切なことのように思う。彼は晴眼者との交流をことのほか大切にした。それが「ノーマライゼーション」に導く近道にも考えられるからだった。

松本馨の『自叙伝』は、いくつかの小タイトルの振られたエッセイからなっている。彼もやはり「自由」に動けることはなかった。それは一六、一七歳の頃、ハンセン病を発症し、療養（隔離）施設（「多磨全生園」）に収容されたからである。第四章第三節第4項の明石海人と同様、その病によって隔離されてからは、彼に「ごく普通の生活環境」はおとずれなかった。①〜⑧の「平等の権利」はほぼすべて失われた。戦後に外出の自由は得られたが、その頃失明し、やはり「自由」に動けることはなかった。

彼は故に、「自由」になれることを強く渇望した。その辺のことは、『告白』というタイトルのエッセイの中で述べられているが、人間にとって「自由」ということは基本的な願望だと思う。「ノーマライゼーション」のどの原理も「自由」があっての権利なのだから。ハンセン病は強制的に「自由」を奪い、そして肉体的障害によって、強制的不自由から解放された後も、彼から自由を奪っていた。次の言葉が重い。『この世で最も不自由な者、肉体的に奴隷としての位置にある者はハンセン病の視力障害者でありましょう』（同書、五一－七）。しかし彼もまた、キリスト教に帰依し、それを拠所として生きていた。

鈴木敏之は二歳で失明した。しかし右眼は見えたので普通の小学校に通い（勿論片眼ということで、いじめられたりはしたが）、中学も普通校に入ったが、結核に罹り療養を余儀なくされた。親元を離れての療養だったが、回復して帰京すると、母とはうまく行かなくなっていた。「平等の権利」①〜③の「ノーマルなリズム」の生活は得られなくなっていた。

父は気にかけてくれたが、母の態度は、彼の兄への態度とは明らかに違い、④「ライフサイクルにおけるノーマルな発達的経験」ということには影響があった。また⑤の「ノーマルな個人の尊厳」を傷つけもした。二一歳の時に右眼も失明してからはさらに大きなハンディを背負い、母との関係はより悪化したが――「ノーマルなリズム」はやはり送れていかなかった――、それでも盲唖学校に通い、鍼術の資格を取った。

戦後は結婚もし、子供も設け、「平等の権利」のすべてを得たようにも思われるが、社会の盲人に対する、その職業＝鍼按師＝に対する蔑みの目を考えると、「ごく普通の生活環境」ということは言えなかった。「ノーマルな生活」を送れない差別は厳然とあった。彼の書からは、如何に障害者にとって肉親の理解がその成長時に影響を与えているか、ということが見て取れる。

木村龍平の『自叙伝』は二つの書から成っている。一つは小説、随筆等であり、もう一つは、彼が詠んだ俳句・短歌集である。どちらも彼のその時々の心の模様を窺い知ることのできるものである。

彼は満州における戦傷＝イペリット傷によって二五歳の時に失明した。それまでは、既述の近藤や松井同様、「ごく普通の生活」を送っていた。失明後、失明軍人の為の学校に入り、鍼灸師の資格を取り、その年の一二月に結婚もし、翌年には治療院も開業した。この大まかな経歴を見る限りでは「平等の権利」、①〜⑧はすべて満たされている。

しかし失明からの回復には、どの後天的失明者とも同じような心の葛藤があったことも事実である。名誉の戦傷とはいえ、やはり「自殺」を考えたこともあった。だが彼の場合は、母の声を聞いて、それを思い止まっている。彼もまた回復後には、鍼灸業の他に文学者として小説や随筆も書いて積極的に生きている。

青木優は二四歳の時、医者になる為のインターンの時に、目に異常をおぼえ、医科大学は卒業したが医師への道は閉ざされた。それからはキリスト教徒として神の元で生きようとした。

彼もまた成人後の失明者であり、「平等の権利」は多く満たされていた。但し、勿論医師への道を断たれたということを考えれば、⑤の「自己決定権」はあったとしても希望は変えざるを得なかったということはあったし、⑦の「ノーマルな経済水準」を得る権利は阻害されたと推察できるし、⑧の「環境形態」にも失明したことによる影響はあったものと思われる。

彼もまた失明の絶望からの「自殺」を考えたが、それを思い止まらせたのは、やはり母の言葉だった。母の「死なないでおくれ」の言葉がそれを思い止まらせた。またキリスト教に触れたことも大きな支えとなっていたが……。

そして彼は牧師となって盲人のために活動していく。その中にあって彼は日本の社会を次のように批判する（以下、二一五頁〜二一六頁ですでに触れている文章だが、大切な指摘と思われるので、あえて再び記したい）。『盲人であるがゆえに、家を貸してもらえないこと。盲導犬を苦労の末やっと入手できたが、バス、国鉄その他の交通機関がなかなか乗せてくれないので散歩程度にしか使えないこと。家族の結婚式にも参加させてもらえず悲しい思いをしたこと、等々。／それにつけてもTさんが指摘しているように、この日本の国の繁栄とはいったい何だろう。繁栄と言われる社会の中での福祉感覚の貧しさ、差別される側に立って決してものを見ようとしない行政の冷たさ、それに次第に飼いならされて、弱い人たちを顧みようとしない家族を含め社会全般の無理解と無関心……』（同書、二四五—七）。

また彼は障害者問題について、次のように言っている。『国連の教育視察団がかつて日本の教育事情を視察した後に、「日本には競争はあるが教育はない……」と述べたという。日本では義務教育の普及率の高さや大学進学率の高さを誇る。ところが西欧では他国からの教育視察があると、真っ先に障害児教育の施設をみせるという。一人の障害児のために、いかに充分な教育を保障しているかを示す。すなわち障害児教育のレベルの高さがその国の教育文化のレベルの高さを示すというその国のものの考え方が根本にあるからであろう。**障害児、弱い人の人権を保障することこそが、他の人権を保障することの前提であり、文化国家の名にふさわしいとする思想の裏付けがあるからであろう。**／障害児一切の教育をひっくるめて特殊教育と呼び別物扱いをする限りにおいて、日本の国の教育、文化の程度は低いと言われても仕方がないであろう』（二四九－三三）。これら青木の主張は、平成の現在の日本社会についても言えることである。

畑美喜三の失明は、戦争による栄養失調からで、二三歳の時である。彼も成人後の失明で、それまでは「普通の生活」ができていたが、その失明後には大きな苦労を背負うことになる。彼の記す文章によれば――地獄のような偏見をうけ、「個人の尊厳」を傷つけられたこともしばしばあり――①～⑧の「平等の権利」はすべて失われたと。

盲学校に通い、大学に入り、そして卒業するまでは晴眼者には分からぬ幾多の苦労があった。その後にやっと働く場を見つけ、①～⑧の「権利」は徐々にだが回復されていった。

彼の失明の「受容」は、たった一度の人生なら、なんらかの価値を認められてから死にたい、自己の価値を確認したいとの思いから、そのことに全身全霊をかけようと思ったことによる。彼もまた失明後、真摯に生きたが、盲人に対する世間の無理解と偏見を、痛切に感じない訳にはいかなかった。

そしてそのことについて、次のように言っている（以下、一つ前の青木優と同じように、大切な指摘なので再記する。二一九頁～二二二頁）。『私はみじめな思いをさせられればさせられるほど、頭《こうべ》をあげ、胸をはり、むしろ気分は高まる。私はみじめになればなるほど、不幸な人の心境を理解することができる。私が世界で一番悲惨なめに会えば、世界一の同情深い人になれると心底思うからである。さりとて、不具者のすべてがそうだとはいわない、**めあきの心ない一言で絶望し、呪いながら自ら命を絶った盲人があるやもしれない**。人間は知らず識らずに競争している。今の世間は、これが進学や就職、はては消費生活へと飽くなくあおられている。だから、少しでも他人の弱みが見つかると、それにつけこみ、いばったり侮辱したりする。／無理解は犯罪であるとまで申さずも、めあきとめくらの距離は遠い。いや、距離ではなく質の差である。異質なのである。だからこそ不具者は地獄のような偏見と誤解の中にいる。／何がなんでも命を滅ぼす危険があろうが、目をあけることもできない絶対的盲人の、絶望的不安と恐怖はわかってもらえるものではない』（同書、一一―一五）。

また盲人のアパート探しや、就職の難しさについても、次のように例を挙げて語る。このようなことが現実の日本の社会なのであると。『めくらさん一人にはお貸しできませんよ』（同書、二五三―一二三）と言われ、そしてまた、『就職関係は、話の限りではありそうだったが、いざとなるとつれないものだ。おとなしく盲人はあんまをやっていなさい、と言うふうである。盲界で相当活躍してる人のところへ、相談に行った。いろいろの話にはのってくれるが、さて紹介の段になるとひどい。／そこは盲人の施設であって、その人はそこで職業指導をやっていられる。その所長室前で、こう念をおされた。お話を伺うだけだよ。就職問題を頼んではいけないよ、であった。／無理もないと思う。盲人で大学卒にふさわしい職は、盲人関係の学校や施設にすら見当らない。何かの事情、もしくは自身の艱難、辛苦の果てにやっと得られる椅子でしかない』（同―一五）。「平等の権利」を得るまでには長い時間がかかることを訴えている。

坂本勉。彼の資料（『自叙伝』）はライフ・ヒストリーではなく、ほとんどが箏曲家としての彼の演奏旅行に関する記述であり、また音楽についてのものである。従って、ここでの記述からは――音楽家として、名を遂げたあとのことであり――、「平等の権利」が損われたというようなものは見出せない。

金夏日は、朝鮮慶尚北道の貧農の家に生まれた。一二歳の時、父をたずねて母・兄弟たちと日本へ渡ってきたが、満一四歳の時（一九四一年）ハンセン病を発症し（手指が麻痺していた）、収容施設（「多磨全生園」）に入れられた。それから三年間、そこでの生活を送る。

収容施設での日々に実質「自由」な時などなく、「ノーマルなリズム」での生活は送られなかった。しかし園内にある学校、「全生学園」を卒業することはできていた。一九四四年、家族の生活苦を助けるために、同園を一時退園する。

そして終戦を迎えるのだが、一九四六年、病状の悪化に伴い、今度は群馬県にある「栗生楽泉園」に入園した。そしてそれから本書が書かれた現在まで、長いそこでの生活が続くことになる。

そこでの生活に、「平等の権利」のほとんどはなかった。施設のリズムで、一日、一週間、一年を過ごさなければならなかったからだ。従って、④の「ノーマルな発達的経験」もなかったし、⑤~⑧のどれも、彼に満たされるものはなかった。また発病前、一五歳までの日々においても、半島出身者ということで、ごく一般的な子供にとっての「ノーマルな生活」は送られてこなかった。一二歳の頃から働かざるを得なかったことを考えると、「ノーマル」な環境でなかったことは容易に想像できる。

彼の両眼失明は、一九四九年である。それによってより、施設内での行動に「自由」はなくなった。しかし点字を舌読で学び始め、また朝鮮語点字も学んだりして、生きることには積極的だった。一九七一年には第一詩集を、一九八六年には第二詩集を出版し、生き甲斐を持って日々を暮らしている。ただ、このような施設においても半島出身者ということに対する差別はあって、そのことに対する処遇改善を求めての行動も行なった。彼の場合、「ノーマライゼーション」の実現には、二重・三重の障害を乗り越えていかなければならなかったのである。

以上が大正生まれの一一人である。ここでも明治生まれの人たちと、その「ノーマライゼーションの原理」でいう、「ごく普通の生活」や「平等の権利」は満たされていた者と、そうでない者がいたということになる。それぞれ大人になってから失明した者と、幼少時にすでに光を失っていた者とは違うし、また生まれた家庭環境によっても、その「権利」取得自体も違っている。

但し、概ね失明というハンディを背負っても、しっかりとその後の人生を歩んできた人ばかりであり、二人を除けば、彼等の個人としての「尊厳」は保たれていた。第四章の明石同様、ハンセン病患者として収容施設に強制隔離された松本馨と金夏日を除いては……。

またここで初めて女性（二人）が登場したが、概して大正時代（昭和の前期も）以前に生まれた彼女等は、男性に比べると、失明すると狭い世界に閉じこもりがちとなる。当時は「女性」ということ自体が、男性より一段低く見られていたことから、それは仕方のないことでもあった――ここに登場している二人は、かなり特別な（恵まれた）人たちである。

一般に職業を持つ女性は限られていた。つまり当時の女性は、家事・育児をするのが一生を通じての最大・重要な務めであったから、失明というハンディはそれを行なうのに大きな障害となり、従って、結婚をせず一生を送る人が多かった。⑥でいう「男女両性のいる世界での居住」についていえば、女性の障害者の場合、満たされる者は少なかったことが推察できる。

第六章　昭和元年から昭和二〇年までに生まれた視覚障害者の著書から

同『自叙伝』シリーズに収められている六〇巻（二〇〇三年現在）のうち、著者の生年が昭和であるのは、二九名である。そのうち同二〇年までに生まれた者は二〇名で、生年の古い順に彼等を示すと、以下のようになる。

磯部昭介＝昭和二（一九二七）年、河相洌＝昭和二（一九二七）年、福沢美和＝昭和二（一九二七）年、近藤宏一＝昭和二（一九二七）?年、田辺建雄＝昭和三（一九二八）年、本間昭雄＝昭和三（一九二八）?年、成尾正昭＝昭和五（一九三〇）?年、佐藤大和＝昭和六（一九三一）年、松本昌三＝昭和七（一九三二）年、佐々木たづ＝昭和七（一九三二）年、田村洋幸＝昭和八（一九三三）?年、竜鉄也＝昭和一一（一九三六）年、大野秋好＝昭和一一（一九三六）年、関幸代＝昭和一二（一九三七）年、天野暁子＝昭和一二（一九三七）年、藤野高明＝昭和一三（一九三八）年、石井康子＝昭和一八（一九四三）年、小木曽和久＝昭和一九（一九四四）年&田吹かすみ＝昭和二五（一九五〇）年、河辺豊子＝昭和二〇（一九四五）年、郡司ななえ＝昭和二〇（一九四五）年。

この二〇名（小木曽和久&田吹かすみ、とは共著の書籍だが、ここでは小木曽の生年を優先してこの項に含めた。また二人で一人としてカウントした）を便宜上、七名、六名、七名と三つに分ける。第一節は、磯部から成尾まで、第二節は、佐藤から大野まで、第三節は関以下、郡司までである。

尚、この章でも引用文中の傍線（一重線及び波線）、太字、ゴシック体は引用者によるものである。

第一節　磯部昭介から成尾正昭まで

男性六名、女性一名の著書から。

1 磯部昭介（一九二七〜）一九七四年までは健在。

《自叙伝シリーズ番号、二七。磯部昭介著『この棘あればこそ』〈頁数＝一八八頁〉（底本：昭和四九年）より》

磯部昭介は昭和二（一九二七）年一〇月九日、愛知県南知多郡に生まれる。父は幼くして亡くなり（のちに示唆されることだが、やはりライによってのようだ）、母とは生き別れた（これものちに知ることになるのだが、磯部がまだ幼い頃に彼を残して家を去ったようだ。そして再婚もして……）。このことは勿論、幼い彼は知る由もなく、漁師をしていた叔父を実の父と、そしてその妻を実の母と思って育った。

小学三年（一九三六年一一月頃）のある日、手首からひじにかけてゴマ粒大の湿疹ができていることに気づいた。これが「**ライ**」の発病だった。この病気がどういうものかは、この時には彼には分かっていない。

診察した医師からの通報を受けた半田市の警察署長が数日後にやって来て、父母に診療所に入れるように勧誘した。当時は強制収容のできた時代だったので、拒否しても連れて行かれたのだが、穏便に運ぼうとした配慮からそのような形がとられたのだった。

両親と祖母はそれを承諾した。この時に入園の手続きに必要ということで、戸籍が明かされ、父母が実の両親でないことが昭介には分かった。それからは二人を、「お父さん」「お母さん」と呼ぶことができなくなった。

しかしこの年には収容されず、一年後の一九三七年までそれは延ばされた。というのは、収容先の岡山県長島愛生園（我が国最初のハンセン氏病療養所として、一九三〇年に開設された）が満員となっていたのと、園でゴタゴタが起こっていて——収容者が園での待遇改善を求めて、ハンガーストライキ等の行動を起こしていた——、子供が入園するのは危険に思われたからだった。従ってこの一年間は、彼はそれまで通り小学校に通っていた。それはライ病に罹っていることを隠しながらの通学だった。

翌年（一九三七）一二月、小学四年の時に、再び警察署長がやって来て、そしてそこに向かうことになった。「病気は三カ月か半年で治って戻れる」ということだったが、この時の別れが祖父母たち——この時、家には祖父母と両親と、他に彼の下に三人の子供がいた——を見た最後となった。夜行列車で署長と二人で岡山に向かった。

この書は、愛生園内にある曙教会が発行している『あけぼの』誌に発表した二〇篇ほどのものを、またそれだけでは分量的に足りないということで、生い立ちから現在までの四〇数年の歩みを自伝風にまとめたものを加えて一冊にしたものである。

全体で一八八頁だが、そのうち前半の七五頁までが、『この棘あればこそ』のタイトルで自伝の部分である。後半七七頁から（タイトルは『証詞と随想』）「あとがき」の前まで（一八四頁まで）は、『あけぼの』に発表した随想二一篇である。それらの発表年月は一九五四年二月から一九七四年三月までとなっている。日本の高度経済成長期前（昭和二九年）から成長期後（昭和四九年）までの二〇年間に愛生園で起こったことなどが書かれている。

磯部はこの書に込めた願いを「あとがき」の処で語っている。

『広い世間には、さまざまな苦難の中におられる方々が多いと思います。私よりももっともっと苛酷な運命に見舞われている人々もいることでしょう。それらの方々に、苦難にめげないで堂々と胸を張って生きて頂きたい、これが私の切なる願いです。私のたどった人生、またこの私の上にのばされた主イエス・キリストの父なる神の愛を知って頂きたい、これがこの本を世に送る私の目的なのです。

人間は環境に支配されやすい、ある意味で弱い存在です。私の生い立ちがそのことを証明しています。しかしどのような環境におかれようとも、それらに左右されないでたくましく生きられる方法があるのです。信仰によって神より与えられる力がそれをなさしめるのです。暗黒が光明に、苦難が喜悦に、絶望が希望にと、逆転する人生、これが信仰による人生です。イエス・キリストの十字架とご復活にこめられている天の父なる神さまの愛、それをいくらかでもさし示すことができたら、これが私の願いです』（一八六―九）

磯部もまたライを発病し、そして二一歳の時、失明という運命に見舞われて、死を決意している。しかしやはりそのことから脱け出している。その運命を**受容**してゆく記述をみてみる。

『昭和二十三年の秋のことであった。**終戦前後の食糧不足や、無理な労働**、治療の皆無などの蓄積が私の病状を悪化させたのであろう。頭のてっぺんから足のつまさきまで全身病魔に犯されていた。そのうえ**光彩《（ママ）》炎を併発**し、眼科病棟に入室せざるを得なくなった。入室してまもないある日のこと、一人の看護婦が私に向かってこう言った。

「まあ、若いのに、こんなにひどいことになって！」』（四五―四）

と、涙を流さんばかりに同情した。この時にはもう目が見えなくなっていたので、彼は自分の身体を指先で触れてみた。すると、それ――全身が病魔に犯されていること――が指先に感じとれた。あたかも豆板というお菓子を手足に一杯並べたように、でこぼこしている。自身でもびっくりするほど悪化し、末期症状に進行していることを知って、彼は愕然とした。

『（略）体に出来ている熱こぶや結節（引用者注：癩性腫瘍）が一度に化膿したら、外科交換に一時間もかかることは火を見るよりも明らかであった。その時私は〈そんなつらい思いをしたくは無い。そんな状態になってまでも生きたくはない。いっそのこと**死んだ方がまし**ではないか〉と真剣に考えはじめた』（四六―五）

しかし目が見えなくなっていたので、外へ出て行って海に飛び込むことも、松の木に首吊りすることもできない。それでニコチンを多量に飲めば死ねると知って、配給されたばかりの「のぞみ」というきざみ煙草を砂糖に浸して飲み込んだ。だがしかしやはり奇妙な味が口に広がって、吐き出して失敗した。

次に睡眠薬自殺を考え、「眠れない」と訴えて、それをもらって溜めはじめた。二〇錠になったところで実行しようと、主任看護婦にそのつど、嘘をついてもらっていった。しかしその数が一二、三錠になった時、ふと考えた。もしこの薬を飲んで死んだら、主任看護婦はどう思うであろうか、と。

『愛生園では死亡者はすべて死因を究明するために解剖されることになっている。解剖されたら、当然私の死因も判明することであろう。したがってそれは主任看護婦の耳にもはいるだろう。耳にはいれば主任看護婦はきっと良心的に苦しむにちがいない。そこまで考えた時、それまで眠っていた私の良心がめざめ、うずき出した。内なる声がささやく。〈今までお前はあの主任看護婦からさまざまな親切を受けた。無理も聞いてもらった。暖《マヽ》く見まもられてきた。だのにお前はその善意をふみにじり、恩を仇で返そうとしている。それでもお前は人間か。犬畜生にも劣るではないか。あの主任看護婦はお前を助けるつもりで頓服をもらってきてくれた。その親切をふみにじってよいというのか。あの人に迷惑をかけてもよいのか。お前はお世話になっている人に対して背信的行為をおかそうとしている。恩を仇で返すような者はもう人間ではない〉。こうして私は良心の呵責に責められ、自分がとろうとしていた行為に反省をうながされたのである。これ以上主任看護婦に迷惑をかけるようなことはすまい、私はこう心の中で誓い、服毒自殺を思いとどまった』（五二―一〇）

一〇歳でライに冒され、二一歳で**失明**した磯部が自殺を思い止まった経緯がこのように語られている。その主任看護婦は、また勤務時間以外にも目の見えない彼のために本を読みに来てくれていた。これは彼女の自発的奉仕からであったのだが、彼にとっては大きな精神的介助ともなっていた。そんな暖かい愛情と配慮を示してくれる、その人を通してもらった薬を用いて自殺することなど、やはり出来なかった。磯部にとっては、その主任看護婦がいたことが、その運命（失明）を受容するキッカケともなったと言える。

　こうして精神的危機から脱出したそのすぐあとに、特効薬「プロミン」が出現した。失明して後遺症のひどい磯部には、〝時すでに遅し〟の感はあったが、とはいえ、その出現は彼にとっても素晴らしい福音であった。彼の身体もその薬による治療を受けることで、日に日に好転していったからだ。病気から来る不安は完全に払拭されていった。

最後にタイトルの、『この棘あればこそ』とは、何であるかを記す。

『わたしの肉体に一つのとげが与えられた。それは、高慢にならないように、わたしを打つサタンの使いなのである。このことについて、わたしは彼を離れ去らせて下さるようにと、三度も主に祈った。ところが、主が言われた、「わたしの恵みはあなたに対して十分である。わたしの力は弱いところに完全にあらわれる」。それだから、キリストの力がわたしに宿るように、むしろ、喜んで自分の弱さを誇ろう。……（第二コリント一二・七－九）』（見開き頁裏より）

によっている。ここでは「棘《とげ》」とは、病気（「ライ」及び「失明」）のことである。

2　河相洌（一九二七～）一九九七年までは健在。

《シリーズ番号、三四。河相洌著『ぼくは盲導犬チャンピイ』〈頁数＝一二三五頁〉。同『盲導犬よもやま話』〈頁数＝五二一頁〉

（底本：前者＝昭和四二年、後者＝平成九年）より》

『ぼくは盲導犬チャンピイ』は、盲導犬・チャンピイが「ボク」となって話は進められていく。つまり犬が第一人称となって、ご主人との関係を語ってゆく物語である。それは夏目漱石の、『吾輩は猫である』を模しているようにも思われる。従って著者の河相洌《きよし》は、「ご主人」として登場してくる。そのご主人の過去について触れている箇所は極めて少ないが、その少ない中にある記述で、河相の失明への経緯をさぐってみる。

『昭和二十年八月、敗戦――ご主人の不幸はその約一年前から芽生えていた。当時、中学五年生だったご主人は、東京・赤羽の陸軍第一造兵廠に動員された。昼も夜も、モーターの騒音の中で、不慣れな旋盤を動かし続けた。いくら若さにあふれているとはいえ、大変な重労働である。しかし、戦争という異常な緊張感が、学生たちを支えていた。

翌年三月、ご主人は慶応義塾大学予科に進学することが決定した。第一回の東京大空襲があって間もない頃である。もっとも、ただ学帽が新しく変っただけで、相変らず旋盤を動かしていることには変りなかった。そんな状況の中で、あの八月十五日を迎えたのである。

さあ、これから何もかもやり直しだ。ご主人は未来への期待に、胸をふくらませた。だが、思わぬ災いが、行手に待ち構えていた。

敗戦後間もなく、ご主人は自分の視覚に異常な変化を発見した。ときどき、目の前に黒い水玉のようなものが、ちらつくようになったのである。気のせいかもしれない。戦争中、思うようにできなかった読書をしすぎて、目が疲れたのかもしれないと、さほど気にもかけなかった。だが、日を追って、水玉の現れる回数が、多くなってきた。それどころか、目に映るすべてのものが、上半分曲って見えるようになったのである。家の柱も、庭の立木も、鏡にうつる自分の顔も、四十五度ほど左に傾き、奇怪な図をくりひろげるのである。もうのんきに捨てておくことはできない。

ご主人は、早速、大学病院の門をくぐった。診察した医師は、事務的に宣告した。

「**若年性再発性網膜炎**です。余病が起きたら手術しなければなりませんが、今のところ内科と連絡をとってやることですね。ただし、長期戦を覚悟してもらわなければなりません」

医師の話によれば、この病気は青年期によく起り、**網膜に出血**し、炎症を起すために視力を阻害されるのだそうだ。その原因は、はっきりつかめないが、恐らく他の内科的疾患から来るものだろうとのことだった。やはり、軍需工場での過労がたたったのだろうか。厄介なことに、治療の決め手がなく、体力をつけ、網膜に出血した血液を早く、吸収させることが何よりも必要なのである。いつまでも、出血が引かなかったり、再三、出血を繰返すと、ちょうど火傷を負ったように、網膜の組織を破壊され、失明のおそれもあるという。

若いご主人にとって、一時はかなりの衝撃だった。だが、まだ失明と決ったわけではない。挫けてはならない。家族や、友人たちに励まされて、つらい闘病生活が始った。

毎日出血の吸収を促進するための静脈注射、栄養剤の補給がおこなわれた。その治療の効果も徐々に現れてきた。約二カ月後一時は、目の前の指の数しか判別できないまでに衰えた視力も、しだいに回復し、おぼろげではあったが、家族の顔が懐しく再現されてきた。この調子でいけば、もうすぐ元の生活に戻れるだろうと、希望が持てた。だが、それもつかの間だった。

昭和二十一年も明け、ささやかだが、正月の祝いの膳について間もなくだった。一瞬、視界がゆらゆら揺ぎ始めたかと思うと、再び薄い幕が、上の方から視界をおおいはじめた。出血が再発したのだ。そして、日一日、垂れ下がった幕は厚味を増し、不安と焦燥にかられるご主人を、暗鬱な世界に引きずりこんでいった。やがて傷ついた網膜は、どんな光にも反応しなくなった。

それから四年、再び明るさを取戻そうと懸命の努力をしたが、その努力もついに実らなかった。ご主人は冷たい現実をはっきり認識せざるをえなかった。これからは盲人として生きていかなければならないということを――。

ご主人は病院を出る決意を固めた。将来のことはともかく、まず大学に復学して、中途で放棄していた学業を完成させたかった』（二四一三）

以上が河相の失明に至る経緯である。これで分かるように、昭和二〇年、一八歳の年（河相は昭和二年、カナダ・バンクーバー生まれ）に目に異常が生じたということである。そして翌二一年には、どんな光にも反応しなくなり、それから四年程努力したが良くはならず、その後は盲人として生きていく覚悟を決めたと。

ここではその当初「かなりの衝撃」を受けた、とあるが、落胆からの絶望とか、あるいは自殺を決意した、というような記述はない。従って失明の受容というのが詳しくは述べられていないが、大学への復学を決めたという時点で、そのようなことからは脱け出せていたものと考えられる（昭和二七年に復学）。

それからあとは偶然から河相に、盲導犬となるチャンピイが与えられることになる。それはアメリカ大使館で行なわれたあるパーティ（昭和三〇年秋）に彼の父が出席して、そこでアメリカ大使館付き海軍武官ウイリアム・C・ノーベル大佐に会ったことによる。同大佐の家では、その数カ月前に五匹のジャーマン・シェパードが誕生（昭和三〇年四月八日）していたからだ。河相の父が、「自分は五人の子供に恵まれているが、一番下の男の子が失明している」と語ったことに対して、大佐がアメリカでは盲導犬がいて、失明者の手助けをしていることを語り、また間接的ではあるが、失明の原因が戦争にもあることを知って、そのことに深く同情し、生まれたばかりの犬の、そのうちの一頭の提供を申し出てくれたことにあった。

この犬が「ボク」であり、日本における盲導犬第一号となるのである。以後の記述は、「ボク」が実際にご主人の家に貰われていく日のことから始められていく。

河相家の一員になったことはいいが、正式な訓練を受けていないため、盲導犬としては役に立たないということが分かり、日本シェパード協会専務理事の新宿中村屋社長・相馬安雄を介して、訓練士の塩屋賢一を紹介される。次に、その塩屋のことが語られ、その塩屋の訓練所のことが語られ、そしてそこに入っての日々のことが語られていく。訓練にはいろいろなことがあるが、本論の要旨とは違うので触れない。

一年三カ月の厳しい訓練を終えて、最終的な盲導犬としての適性試験に合格して、河相に引き取られていく。その時には彼はすでに大学を卒業していて、滋賀県立彦根盲学校の教諭となっていた。以後は彦根でのこと、そして昭和三五年春に静岡県立浜松盲学校に転勤になって、そちらに移動していくことなどが語られていく。

盲導犬の「ボク」として語る文章であって、盲人としての「私」ではない。盲導犬を通しての盲人の大変さには触れているが、やはり直接的な物言いではない。

後者の、『盲導犬よもやま話』も盲導犬についてのものであるので、ここでは触れる余裕はない。ただ一点だけ、未来に向かって発展すべき盲導犬にとっての最重要課題について河相が書いていることを示しておきたい。

『（略）その質を一層高めることだと思う。とかく盲導犬を論ずる際、数の不足を問題視する傾向があるが、これは最も重要な事柄ではない。確かに実働八百頭では不十分である。私見ではあるが、約二千頭は欲しいところだ。しかし全国八ケ所の訓練所が一年に送り出す頭数が百頭に満たない現状を考えれば、短期間に頭数を増やすことは一朝に成し得る技ではない。更に頭数の増加に目を奪われ、質が低下しては何の意味もないどころか逆効果である。粗悪な盲導犬は社会の評価を落とし、視覚障害者の盲導犬離れを助長するであろう。逆に優秀な盲導犬の存在は社会の理解を深め、育成事業に対する協力を得やすくする。この事は、数の増加にも良い結果をもたらすであろう』（五二―二）

なおチャンピイは一二歳で亡くなり、二代目の盲導犬として、「ローザ」を得、それは一三歳で亡くなり、現在（一九八八年）は三代目、「セリッサ」と共に暮らしている。そのセリッサも一五歳という高齢であるが。

3　福沢美和（一九二七〜）一九九〇年までは健在。

《シリーズ番号、三六。福沢美和著『盲導犬フロックスの思い出』〈頁数＝一八三頁〉〈底本：平成二年〉より》

本書は前述の河相と同様、視覚障害者と盲導犬について語られたものである。ただ河相とは異なり、ここではそのほとんどすべてが盲導犬との日々の出来事の記述である。従って、福沢自身の失明についてや、あるいは盲人となっての落胆とか、葛藤とか絶望とかといった心の動きについては全く触れられていない。盲導犬フロックスとの訓練の話や、それからの一緒に生活する日々の話、フロックスと出かけた際の折々のこと――それは散歩であったり、講演や会合であったり、また旅行であったりと――などが書かれている。盲導犬を得て、積極的に暮らす姿が語られている。

福沢美和は、昭和二（一九二七）年一二月一〇日に生まれた。**生れつき視力が弱く（網膜色素変性症）**、それは年と共に悪くなってゆき、これが書かれた頃はすでに全盲となっていた。勿論失明に対しての動揺はあっただろうが、幼児から弱視だったということもあって、そのことの受容には中途失明者のような強いそれはなかったように思われる。

フロックスは昭和五〇年五月二九日に生まれたラブラドル・レトリーバーのメス犬。その父母はイギリスからやって来て、彼女は東京練馬のアイメイト協会（元東京盲導犬協会）で誕生した。体重二二〜三kgの、ラブラドルとしては大きな方ではない。彼女が福沢の盲導犬となったのは、昭和五一年一二月二五日、一歳と七カ月の時だった。福沢とは同年一一月二七日から、そのアイメイト協会で一緒に寝泊まりして、四週間の訓練を受けていた。福沢の住む箱根に行った翌日の一二月二六日からはそこでの訓練がまた始まった。今度は福沢と二人での……。

福沢はこの書のなかで、盲導犬に対しての、また障害者に対しての、社会への希望を少ないが語っている。

『世の中のどんなところでも、障害者を特別扱いするのではなく、（略）、相手を思いやるあたたかい気持ちで気がるに接してくれたならば、障害者にとって住みやすい世の中となることでしょう』（四九―一二）

『障害者に対して特別に大げさなせわをやくのは、かえって、その障害者の気持ちを重くさせてしまうものです。いつでも自分たちのなかまとしてしぜんにつきあって、その障害者がこまっているときにはさりげなく手助けできるような、あたたかいふれあいの心が育つとよいと思います』（七四―一）

『（略）目のみえる人が、みえない人のことを気のどくだから、かわいそうだからと、ただなんでもやってあげるということはけっしてよいことではない、（略）。

やってあげる、やっていただくという関係は、健常者と障害者ののぞましい関係ではありません。おたがいに相手を同じ人間どうしと思って、健常者は障害者が目がみえないためにこまることだけを手助けするのがよいのです。

目がみえなくてかわいそうだから、と食事のときに割りばしを割って手にもたせたり、お茶の入っている湯のみを障害者の口までもっていくのは、いきすぎたやりかたです。相手の人格を認めていれば、そんなことはしないで、割りばしの位置と湯のみの位置を障害者に教えればよいのです。

障害者になにもかもやってあげるのが、よいボランティアではありません。障害者が自立をするのに協力するのが、ほんとうのボランティアなのです。だから、目がみえなくてもできることは自分でやれるように、あるときはあたたかい目でみまもり、あるときは障害者がひとりでできる方法を、ともにくふうして考えるのも必要です』（一三八―三）

福沢は盲導犬をもったおかげで、この数年間、目の見えないことを忘れていたと言う。

『（略）盲導犬は目のみえない人にとってそれほどすばらしいもので、歩けるという自信は精神的な自立につながり、積極的な行動がとれるようにもなります』（九三―四）

とも言っている。但し、盲導犬を一頭育てるのには、約一五〇万円かかるということだから、それを取得できる人というのは、当然に経済的にゆとりのある人ということになる。前述の河相も、富裕な層に入る人だろう。そして、これ以後に触れることになる盲導犬の使用者も、同じようなことの言える人たちである。

フロックスは平成二年一月一〇日、一四歳と七カ月でその生涯を閉じた。人間で言えば、八〇歳を越える高齢で、天寿をまっとうしたものと言える。

尚、福沢美和は、福沢諭吉のひ孫（孫と書かれている資料もある）である。

4 近藤宏一（一九二七？〜）一九七九年までは健在。

《シリーズ番号、一一八。近藤宏一著『ハーモニカの歌』〈頁数＝三八九頁〉（底本：昭和五四年）より》

近藤宏一は既述（本節第1項）の磯部昭介と同様、岡山県長島愛生園に収容された**ハンセン氏病**患者である。本書

でも愛生園内での出来事、人々の死を見送る記述は胸を衝く。終戦の年（一九四五年）の秋のこと、

『隣りのベッドに老人がいた。私が初めて付き添いに来た時からすでにそこにいて、赤痢の症状は一進一退、今も寝たきりであった。老人の本病は俗にいう乾性でやせおとろえてはいるものの、その顔にはハンセン氏病の症状はなく切断された両足と指のないその手が病歴の古さを物語っていた。老人はタバコが好きであった。手にまきつけた包帯にフォークをさし込み、その先に巻きタバコをはさみこんで横になったまま吸う。もちろん、それらはいちいち、付き添いの手をわずらわすのだが、元気を回復した私はその要領を覚えていたので、付き添いの時と同じように、老人の求めるままに手を貸してやった』（八―一〇）

その老人がそれから数日後の、ある日の明るい昼下がりに、死んだ。

『医局の先生がおみえになってからまもなく、四、五名の人が来て老人のベッドをとり囲んだ。亡きがらを棺に納め、釘を打ちつけ、焼場に向って運び出すのに十分とはかからなかった。湯かんが行なわれるわけでもない。線香一本供えられるでもない。もちろん、肉親や知人の惜別もそこにはない。伝染病患者は、天国の入口までも伝染病患者なのであった。私は老人のベッドに残された深いくぼみを見つめながら、その上の方の空間にあのタバコの煙をもう一度描いてみた。虚しさいっぱいの絵であった。千八百余名の入園者のうち、年間死亡者三百二十二名を記録したのもこの年（引用者注：一九四五年）のことであった』（九―一一）

しかしそれ以後の記述においては磯部のものとは大きく違っていく。題名が示すように、音楽を通じての、同園の人々との交流が比較的明るく語られていく。近藤は、「あおいとり楽団」という入園者からなる演奏団の指揮者として、日本各地の病院や老人ホーム、また各種障害者の集会に慰問演奏で訪れてゆく。そのことから日々を積極的に生きていることが伝えられてゆく。

そもそもこの楽団は敗戦から十年も経たない時に、近藤よりひと回り程年上の前畑三郎という西部不自由舎棟にいる人が言い出して結成されたものだった。その誘いを受けた当初、彼はあまり乗り気ではなかった――何しろ目が見

えない、義足、松葉杖、そんな不自由な者ばかりが集まってのメンバーで、どうして楽団などできるのかと思っていたから。それに楽器はどうするのか。楽譜だって読める者は何人いるのか、と――が、しかし前畑の次の言葉に心を動かされて、参加することを決めたのだった。

『近藤さんよく考えてほしいと思うんだ。この愛生園という一つのいわば生活共同体ね、その中のわしらのこの不自由舎は、淋しいと思わんかね。この不自由舎には、何一つ楽しみがない。文芸をやったり、宗教に熱心な一部の人は別だがね、それでない大多数の者は、一日中部屋の隅にうずくまっているか、せいぜいサンルームに出て貧乏ゆすりをするのが関の山だ。これじゃあまりにもみじめだと思わんかね。これじゃどこにも救いはないよ』(五一二)

年上の前畑(全盲ではなく、弱視者)を皆は「マネージャー」と呼び、そしていくらか楽譜の読める近藤が「マスター」と呼ばれて、「あおいとり楽団」はスタートした。しかしスタートしたはいいが、楽器は使い古しのハーモニカが四、五本集まっただけだった。

だがこのハーモニカが不自由な体の者にでも、工夫すれば音の出せるもの、また今手元に揃えることのできる唯一の楽器ということで、ハーモニカバンド結成ということになったのだ。のちに戦争中、戦意高揚のために、大小のドラムが少年舎に支給されていたことを思い出し、それを倉庫から見つけ出して、太鼓とした。もちろん当初は、片側の皮が破れていて使いものにならなかった代物だが、砂糖袋を三重にして張って――アブラも沁みこませて――、皮の代用にして、何とか音の出せるようにしたのだった。

それから古い友人や晴眼者の楽団を訪ねて、トライアングルや楽譜台やハーモニカを譲り受けた。楽団員の浅井が自分で購入したというギターも重要なセクションの一つとなった。

近藤の詳しい経歴は本書には書かれていない。従って、その生年も、出身も、愛生園に来た経緯も、正確には分からない。ただ本文の記述から推察して、一九二七年(昭和二年)生まれではないかと。『一九三八年、十一才にしてこの愛生園に入園し』（三三一四）とあるので、逆算すると一九二七年となるので。

また、二一二頁にある《「らいを聴く夕べ」参加メンバー紹介》に、『大阪府から一九三八年に入園』（二一三一一）とあるので、大阪出身であるのだろうと。同じくそこに、『一九五二年に失明』とあるので、**二四、五歳で失明**したのだろうと。この記述以外に少年時代を記すものはない。

彼は、盲人であるとともに、また、**手指の麻痺もある重複障害者**であって、点字は舌と唇で読んでいるとも書かれている。数少ないがある、ハンセン氏病と彼自身についての記述の中から、ハンセン氏病と彼との関係が語られているところがあるので示したい。

『ハンセン氏病を病む者を、三つの門にたとえて説く人がいる。第一の門は、発病を診断された時。第二の門は、それによって失明した時。第三の門は、生命の終わりを指すというのであった。これはもちろん治らない時代のそれであって、今は早期発見、早期治療することによって治癒し、後遺症も残らないのであって、この説は当たらない。しかし、不治の時代に発病し、失明を余儀なくされた私の体験から言えば、この第二の門が最も苦しいと思う。誰に聞いても、等しく「死にたかった」と言う。ところが、不思議なもので、そのことによって死を選んだ者は、私達愛生園でも、ごくまれであり、大部分の者が、悶え苦しみながらも、その事実を越えて、生きることを求めて来ている』（二〇六一一）

一九六五年、「あおいとり楽団」第三〇回演奏会では、楽器も次のように増えている。ハーモニカ（複音ソプラノ、シングルソプラノ、アルト、テナー）、アコーディオン（ソプラノ、アルト）、ギター、琴、コントラバス、ピアノ、ドラム、チューブラベル、ハンドキャスタ、マラカス、トライアングル。

と。発足した当初は、複音ハーモニカ十丁のほかに、ドラム、ギター、トライアングルという単純な編成であったことを考えると、十年後にはいろいろな楽器が増えて、見違えるほどに充実していることが分かる。

同楽団は園外演奏会をいくつもこなしていく。園外でも演奏する意義について近藤は次のように言う。『私達の演奏を通じて、一般社会にハンセン氏病に対する正しい理解を求める』（二一八―八）ものであると。また必然的にハンセン氏病への正しい理解の『啓蒙』ともなるからだと。

近藤は幼くして愛生園に収容されたこともあって、中途失明に対するショックは一般の中途失明者よりは、小さかったように思われる。失明という運命に対する受け入れも、一般の中途失明者より早かったように思われる。ハンセン氏病という、失明より前の運命をすでに受け入れていたからだと思われる。前述の引用文（二〇六頁）の記述からも、自殺する人は考えているよりは少ないとしていることからも、このことは窺える。

5　田辺建雄（一九二八〜）一九八八年までは健在。

《シリーズ番号、二二一。田辺建雄著『光ある記録―わが六〇年のあゆみ―』〈頁数＝二六〇頁〉（底本：昭和六三年）より》

田辺建雄《たつお》は昭和三（一九二八）年三月二二日、石川県金沢市に生まれる。父・満一、母・美奈の六男。他に、姉一人、妹一人がいた。この書は田辺の自伝である。生まれてから毎年の出来事が一年毎に詳しく書かれている。この『自叙伝』シリーズの中でも幼児の頃からのエピソードが記されているのは珍しい。彼の性格が、またこの本の特徴がこのことからも窺える。

一九三四（昭和九）年四月。金沢市立十一屋尋常小学校入学。一九四〇年三月、同小学校卒業。同年四月、石川県立金沢第一中学校入学。一九四一年一二月八日、太平洋戦争勃発。一九四三年（中学四年）秋、勤労動員で稲刈りをする。一九四四年三月、同中学卒業する。戦時中ということもあって、中学四年でも五年でも、上級学校への受験は可能となり、金沢医科大学付属薬学専門部に受験し、合格する。そして同年四月、入学する。

一九四五年六月（薬専二年、一七歳）。勤労動員で富山化学石動工場へ行く。同年八月、終戦。九月、学校で二学期始まる。

一九四六年一二月一一日。父死去（六三歳）。

一九四七年三月。金沢医科大学付属薬学専門部卒業。四月、石川薬品試験株式会社入社。試験室勤務。

一九四八年三月。同社、退社。四月、石川県衛生部薬務課、衛生試験所勤務。公務員となる。父も公務員（軍人生活のあと、厚生省勤務）だった。

一九四九年九月二〇日（二一歳）。朝刊の小さな活字が急に読めなくなる。驚きすぐに、大学病院に行き、診察を受けて入院する。実は、石川薬品で働いていた時、試験中に**薬品が爆発**していたのだ。その影響から目に異常をきたしたようにも思われた。

同年一〇月。新しい治療を受けた途端、眼圧が上がり、一カ月間激しい眼痛に襲われ、**見えなくなる**。それからは憂い、悲しみ、泣き明かし、祈禱師の力を借り、**自殺を考える**など苦悩の日々が続く。

一九五〇年一月一日。おめでたくない正月を病院で迎え、母とともに泣く。幾晩も眠られない日が続く。枕は涙でべっとりとなっていた。

同年三月頃。富山盲学校の生徒が開眼手術のために入院してくる。同室となり、盲学校の様子をむさぼり聞く。点字にも初めて触る。母の強いすすめがあって、ステッキを頼りに廊下を歩き出す。母の方が先に立ち直っていた。

同年六月。石川県立盲学校高等部専攻科理療科に入学する。病院から白杖を持ち、一人で通い始める。

同年八月二四日。退院し、自宅に戻る。部屋を触って歩く。悲しみがこみ上げてくる。

一九五一（昭和二六）年一月。教室には、火鉢が一つ。点字を読む指を口の中に入れて温める。昭和三〇年代前半よりストーブとなり、現在（同六三年）はスチームでホカホカである。

同年夏。盲学校卒業後の進路を、東京教育大学の理療科教員養成部へと先生からすすめられる。

一九五二年三月。石川県立盲学校卒業。その夜、受験のため上京。その後合格の通知が来る。

同年四月。同大学教育学部特設教員養成部に入学。寄宿舎生活が始まる。

同年五月三〇日。それまで休職扱いだった石川県を退職する。

一九五三（昭和二八）年、二五歳、東教大二年。点字は大変だったが、二度目の学生生活を楽しむ。四月下旬、鍼灸資格試験受験。合格する。

一九五四年二月。鍼灸師免許取得。

同年三月。同大学教育学部特設教員養成部卒業。盲学校教員免状受ける。

同年四月。石川県立盲学校勤務。高等部所属。

一九五五年、二七歳。一人歩きで用水路に落ちる。また自転車にもぶつかる。一人で歩くとはそういうことである。

以後は主に教員となって、医学関連の本の点字書出版の記述、各団体（石川県愛盲協会＝愛盲、石川県視覚障害者協会＝視障協、石川県身体障害者団体連合会＝県身連、日本盲人会連合＝日盲連）の役員や委員に選出・選任された記述、また県や各団体から表彰されたことの記述となってゆく。

一九五九年三月八日。長男俊建誕生。（＊ここまでに、「結婚した」という記述はない）

一九六五年七月。石川県立の、盲学校と聾学校が分離する。長年の願望であったことである。

一九六八年一一月一六日。待望の盲学校の新校舎・落成式、合わせて創立六〇周年記念式典開催。

一九七一年七月。母、脳血栓で倒れる。入院する。

一九七二年四月。財団法人愛盲協会が社会福祉法人石川県視覚障害者協会（視障協）として発展的解消し、点字図書館を設置経営する。引き続き理事を務める。

一九七三年三月一日。昨年一二月二六日に受けた、石川県校長・教頭などの管理職試験に合格する。

同年一〇月二八日。母、病状悪化し、死去。享年八三歳。

一九七四年四月。視障協の理事長となる。日盲連の評議員になる。

一九七五年四月。ガイドヘルパー（手引き）派遣センター誕生。金沢市盲人協会内。

同年秋。国鉄金沢駅に誘導用点字ブロックの敷設や、切符自動販売機点字表記などを陳情。国鉄は早速対応してくれた。

一九七六年二月六日（四八歳）。次男健二誕生。

一九八一年五月。盲老人ホーム「自生園《じしょうえん》」の社会福祉法人那谷《なた》寺光生会・顧問になる。

同年五月一〇日。「自生園」落成式。

同年一二月六日。石川県視覚障害者会館（新会館）・落成式。

一九八三年一二月二八日。ヨーロッパ視察旅行。スウェーデン、フランス、イギリスを回る。

一九八五年三月三一日。特別養護盲老人ホーム「自生園」・落成式。

一九八六年五月一〇日。盲重複障害者の父兄で作る「六ツ星会」発足、顧問となる。

一九八七年四月。ＮＨＫ金沢放送局視聴者会議委員となる。放送に関していろいろな意見を述べる。その一つとして、身体障害者の職業はまだまだ隘路が多い。その現状と展望の中から社会に啓蒙するような番組を作ってもらいたいと要望する。

同年四月二六日。視障協総会開く。会員より生活の中から生まれた要望が出される。「手引きに頼らず、一人で杖を持って歩けるような社会になるよう望む」と。

一九八八（昭和六三）年三月。六〇歳。「文部大臣教育者表彰受賞（昨年一一月）、並びに県立盲学校御退官を祝う会」開催。


以下一九五頁から二〇八頁までは、〈寄稿文より〉という中見出しで、いくつかの新聞に寄せた文章である。その二〇三頁に「まぶたの母」と題して、田辺が失明を乗り越えた経緯を語る記述《もの》がある。北國新聞「夕刊随想」に、昭和三七年五月一三日に寄せたものである。

『（引用者注：失明して）いったん**死を決意した**私が他の途中《（ママ）》失明者よりも早く再起の念に燃え、盲学校に通いはじめたのも、母が盲人の方を病床に案内して私の心をほぐしたり、六〇の手習いでむずかしい点字を覚えるなどして、私より先に目ざめ励ましてくれたためであろう。母は不自由な大きなむすこの手を引き、本を読んでくれ、私のどうしても理解できないところは、参考書をひいて先に勉強してから説明してくれた。（略）。

（略）私の恵まれた現在あるのは、社会の恩恵にささえられ、母の絶大な愛情と励ましによるものだとしみじみありがたく感謝している』（二〇三―二）

失明のショックから立ち直れたのは、母の献身的な愛があったからと、田辺は語っている。

最後に、「盲人福祉」について書いているものを記したい。やはり北國新聞に掲載されたものからである。昭和五一年、夕刊「舞台」欄より。

『とかく、福祉と言えば生活面を保護するという意味に考える方もあろうが、盲人の福祉の柱はなんといっても**「自立更生」**であろう。そして、盲人も「自立更生」に向かって懸命な努力をしており、激動する現代社会に伍《ご》していくには、普通の人以上に努力していかなければならない。しかし、いくら努力しても見えないという決定的な事実によって、さまざまな障害にぶつかるのである。そこで、なんらかの形で目に相当するものを提供すれば、その人自身の才能と持ち味を十分に発揮できるのではなかろうか。

例えば、活字の本は盲人にとって宝の持ち腐れであるが、奉仕者によってこれらが録音されたり、点字書になったりして読むことができ、無から有を生みだすのである。また、点字図書館、盲人用生活用具、ガイドヘルパーなども目に相当する大きなものであろう。

このように、社会の理解と協力によって「歩く、読む、書く」など生活上の基本事項をはじめ職業面にいたるまで、適切な手段を施すことにより、さらに、意欲を燃やし、生きる喜びを感じ、力いっぱい自己を発揮し、社会に貢献しようとしているのである』（二〇五―五）

6 本間昭雄（一九二八？～）一九七〇年までは健在。

《シリーズ番号、一一。本間昭雄著『ぐち』〈頁数＝一四六頁〉（底本：昭和五五年　第二刷）より》

本間昭雄は昭和三（一九二八）年（生年の正確な記述は本書のなかにはなかった。同四年とも考えられる）、茨城県に生まれたが、少年時代は東京杉並で過ごし、そこで小学校を卒業している。その後再び茨城に戻り、旧制水戸中学に入り、昭和二〇年に卒業した。

そして同二三年夏――その頃彼は私大予科に籍を置いていた――、風邪を引いて、**高熱**が出て、それがなかなか収まらなかったことで、解熱剤を注射した。その一本の注射がその後の彼の人生を全く変えてしまう。その注射によって**右手撓骨神経麻痺**を起こし、手首がブラブラになってしまったのだ。その麻痺を治すために、国立第一病院に入院して、手術を受けた。

だが三回それを受けたが、成功はしなかった。しないばかりか、三回目の手術後に、**両眼から出血**を見た。そしてこの時を境に彼は失明してしまう。右手麻痺と、**失明**という二重の障害者になってしまう。本間もやはりこのような境遇になり、「**死**」を考える。だがそれは実行されなかった。その頃のことを次のように書いている。

『（略）悶々の病床生活が続いたのでございます。しだいに荒んでゆく心、ニヒルになってゆく自分をどうすることもできませんでした。生きるというむなしさをしみじみと味わったものでございます。

失明したショック、たいていの人は回復の見込みがないと宣告された時、一度は「**死**」を考えるといいます。私もその例外ではありませんでした。担当の女医先生の懸命の治療の甲斐もなく、再び光を取り戻すことはできませんでした。これからの人生を考えるとどう生きてゆけばよいのかまったくわかりませんでした。いつも脳裏に去来するものは死の誘惑でありました。何回病院の屋上に上ったことでしょうか。

その死の誘惑を押し止めたものは姉のあの顔でありました。

手前みそで大変恐縮でございますが姉と私は幼い頃から非常に兄弟仲良しだったのです。その姉は父の死亡と母の入院とで幼い弟妹を母親代わりになって面倒をみていました。このことを思うとたとえ目は見えなくても、生きなければいけないと我が身に言い聞かせました。同時にドイツの哲学者カントのことばを、何回も何回も口の中で繰り返し繰り返し言い聞かせたものでございます。

「生きるだけでなくよりよく生きなければならない」というのであります』（二二一―八。タイトル「根性一筋に」、昭和四十九年七月十五日、NHK「人生読本」に於ける放送）

本間は三年間入院したが、失明は決定的なものになり、昭和二六年の春に退院し、郷里の茨城に帰った。しかし失明の身では茨城では何もすることができず、何をするにも不便ということもあって、また幸い知人の世話もあって、東京に戻ることができた。そして失明した傷痍軍人がたくさん生活している寮に、彼も入ることができたのだった。

早速そこで、盲人ということの現実を考え、点字の勉強を始めた。そこの盲学校の教師をしていた長井先生に点字を教えてもらうことができた。半年も勉強すると、それが読めるようになり、翌昭和二七年春に、社会事業短期大学の夜間部に入学することができた。

国立第一病院に入院していた時、彼はのちに妻となる看護婦の麻子と知り合う。彼女は同病院を退職して、一時郷里の山梨県に戻っていたが、二七年当時東京都庁に勤めていて、夜、彼の通学の手助けをしてくれた。翌二八年の同大学卒業までの一年間を、ずっと一緒に手引きして通ってくれた。そして卒業を機に、同年五月三日、二人は結婚した。

昭和二九年、聖明福祉協会を彼は設立し、盲人福祉活動に、殊に盲老人福祉に邁進していった。

本書は、二八のタイトルからなる随筆（含む、放送での発言と、社員講話の文字化）である。いくつかその中から本論に関係のある記述を拾ってみる。

失明したことへの感謝、また失明して得るものが多かったと語る。

『（略）今日では失明によって失ったものより、見えなくなった故に得たものの大きい事をしみじみと感謝せずにはおられません。

　目でものを見ることができなくても、一生を通じて働く仕事が与えられたのであります。おそらく、目が見えていたならば、このように充実した仕事につくことはできなかったでありましょう。医者にもなれずおそらくサラリーマンで、私利私欲にはしり、人の仕合わせについて考えることもなかったでありましょう。古い諺に、「災《ママ》を転じて、福となす」という言葉があります。正に私はその通りであります。こんな満ち足りたよろこびの人生を過ごせることも、目が見えなくなったからであります。見えない事の仕合わせをつくづくと覚えるのであります』（九〇―一二。タイトル「奉仕するよろこび」、昭和五十二年五月二十九日）

『見えないということは不自由ではありますが、決して不幸ではありません。私にとって見えなくなって失ったものより、得ることのどれだけ大きかったかはくらべようもありません。失明によってしあわせが与えられたと、私は断言することができます。同じ失明者のために、少しでもお役にたつことができるのも、失明したからなのです。「禍《ママ》を転じて福と成す」とはこのようなことを言うのでありましょう。もし、目が見えていたならば、おそらく己の欲望に負けて、平凡な一生を過ごしたであろうことは、私だけが知っていることであります』（一〇九―一一〇。タイトル「禍を転じて福と成す――失明のしあわせ」、引用者注：日付なし）

但し、本間の内《うち》には、水戸藩旧家出身ということがあって、旧い日本の思想礼讃・皇室礼讃的記述も多くあって、その点は論者には少し読みづらかったが……。

なお、タイトルの『ぐち』であるが、序文のところで、医学博士・佐藤三蔵は次のように書いている。

『(略)ぐちは魚の名前である。「いしもち」の俗称であるともいわれるが、セイゴに似て姿の良い、細鱗に覆われた美しい海魚である。釣り上げて生簀に入れて置くと、グウグウ、ブツブツとよく鳴くところから「ぐち」とよばれるようになった。丁度菜の花の咲く頃が豊漁なので、中国では黄花魚とよび、鯉の代りに料理に使われる。味が淡白なために、わが国では上質のカマボコの原料となっている。

本間さんは大悟徹底された方であり、己を捨てて社会福祉事業に打ち込んでおられるから、先生が愚痴をこぼされる筈はないと誰《(ママ)》もが信じている。しかし、もしも先生がぐちをこぼされるとすれば、一体どのようなものであるのか、お聞きしてみたい気持もある。

日本の社会保障や福祉の制度が、必ずしも十分なものではなく、多くの問題を抱えていることは日頃痛感されるところであり、それを正面切って論議することは易しいが、事の成否には時期があり、カール・ポパーのいうように「われわれは永遠に不完全な社会に生きざるを得ない」のである。その真意をしっかりと見極めておられる先生であればこそ、御自分の考えを「ぐち」という形で、さらりと言いすてられたのであろう。

その点、淡白な「ぐち」の味覚に一脈相通じるものが感ぜられ、本書の表題は妙味溢れたものといえるのではないであろうか』(五—七)

7 成尾正昭（一九三〇?〜）一九八二年までは健在。

《自叙伝シリーズ番号、三一。成尾正昭著『人生はドラマ—光は失われても—』〈頁数＝九八頁・上下二段組み〉(底本：昭和五七年)より》

成尾正昭も本間昭雄と同じく本書にはその生年が明記されていない。従って、本文中よりの推察として、昭和五（一九三〇）年生まれであろうとして、本間の次に入れた。本文の冒頭一行目に、『昭和四十八年（一九七三年）、わたしは四十三歳の後厄であった。この年の五月十八日の朝のことは、生涯忘れることができない。思えばのろわしい朝であった』（一上―八）ということから、その生年を昭和五年とした。また出身地も本文を読み進めるうちに、千葉県成田であることが分かってくる。妻がいて、一人娘がいることも知られてくる。そしてその失明を境にして、家庭内が決定的に気まずくなってゆくことも。

本書も成尾の自伝であるが、それは二つ前の田辺建雄のそれとは違って、失明後のことが主に述べられている。いや、大学を卒業して、教員になってからのことと言った方がいい。つまり、生まれた頃のことや少年時代のことにはほとんど触れられてはいない。

昭和四八年五月のその頃は、成尾は千葉県立八千代高校に勤めていた。

『（略）出勤しようとしていた矢先、右の目から突然何か黒いものが走った。その黒いものは目じりの反対側を三分の一近く埋めたような気がする。何だろうと思い、夢中で目をこすってみたが、その黒いものは一向に消えない。目の表面ではなく奥のほうに異状が起こったのだ。わたしは不安におびえながら出勤した』（一上―一〇）

出勤したが、そのことを同僚に話すと、医者に行った方が良いと言われ、八千代台の校医の処に診察を受けに行った。校医は、「**眼底出血**ですね」と言い、「何か病気をしていますか?」と問われた。それで、「**糖尿病**の治療中です」と答えると、「糖尿病の眼底出血です」と言われた。

眼底出血の前ぶれ、兆候はすでに二年ほど前からあった。景色を見てもどうもはっきりしないし、明るい方を見ていると、小さな虫が目の中で盛んに飛んでいるように見えた。二年前に人間ドッグに入った時も、眼科検査では引っかかっていた。「白斑がある」と言われていた。

六月二日、佐倉の羽鳥というところにS医師という名医がいるというので、早速行ってみた。そこで日を明けての二回の診察後、千葉医大の石川助教授を紹介されてそこへ行く。右眼はどうやら駄目らしく、左眼を診られた。こちらの目にも出血が始まっていた。しかしこの年の夏休みも、いつも通りの仕事等、過ごし方をしてきたので目に良くはなかった。このような無理がたたって、左の方も自覚症状が出てきた。それで左眼の光凝固手術を受けることにした。

その手術はしかし、どうやらうまくいかなかったようだ。

昭和四九年度は休職となった。そしてそれは五二年三月まで結局三年間そうなった。

昭和五〇年三月一〇日、八千代高校の卒業式の日であったが、成尾はこの日、千葉県立盲学校入学試験を受けに会場に向かっていた――後日その試験に合格したことを知る。

同年四月、四五歳にして、同盲学校高等部専攻科理療科に入学した。

盲学校での生活で感じたことを彼は次のように書く。

『(略) 中途失明者に比較するとかれら（引用者注：小中高を盲学校で過ごした者）は非常に明るかった。女生徒の場合など、とても年頃の女性とは思えないほど陽気でむじゃきであった。(略)。これは専攻科だけのことではなく、盲学校全体が明るく陽気な雰囲気に包まれていた。

最初盲学校の門をくぐる時は、暗い雰囲気を予想して憂うつになり足も重かったが、入学して間もなく普通の学校と全く変わらない明るい姿を見い出して救われた思いがした』（二一二上―一一二）

ところで成尾の記述の中には、失明したことに対しての絶望とか、それから来る「死」への衝動というものは書かれていない。自分の過度の飲酒やヘビースモーカーであることの、不摂生を自覚してのことからだったのかもしれないが……。失職後の生活面、経済面での懸念が、その盲学校入学までには書かれている。ただし、失明したことが残念でならないという思い、回復への未練が常にあったことは事実だ。

『(略) 昭和五十二年に退職した際、歓送迎会の席で挨拶に立った時、わたしは金でこの目が開いてくれるなら、全財産を投げ打っても惜しくないというような意味のことを言ったがこの気持は今でも変わらない。片目だけでも普通に見えれば、教壇に再び立つこともできるし、車の免許もまたとることができる。この未練を完全に断ち切って悟りの境地になれるのは、はたしていつの日であろうか』（五九上―一〇）と述べていることからも、それが窺える。

昭和五三年、同盲学校を卒業すると、鍼灸院を開業した。彼は失明から立ち直る方法を次のように書いている（あくまで成尾の場合である）。

『深い霧の中の生活に入ってから、早三年以上がすぎたが、自分でもよく耐えてきたと思う。（略）わたしの経験から言えることは、もし万が一わたしのような不幸な立場に立ったら、ちゅうちょせず同じ仲間のいるところへ、一刻も早く飛び込んで行くことだ。（略）。そこで同じ悩みを持った大勢の仲間達とがっちりスクラムを組んでがんばっていけば、必ず生きる勇気と自信をつけて、いつの間にか社会に送り出してくれる。一人で頭を抱えていても、決して問題は解決しない。運命は悪いほうへ悪いほうへと動いていく。その運命に打ち勝つためにも、仲間の力が必要なのである。人間は一寸先は闇だが、また至るところ青山ありというのも真実であると思う』（七〇下―一三）

仲間の大切さを説く成尾であるが、しかし彼の家庭の中では冷たいものが流れていたようだ。それは本書のあちこちに散見された。妻とのことを書いた箇所を一つだけ記したい。

『（略）もしわたしが初めから盲人であったら、おそらく妻はわたしのところへは嫁いで来なかったであろう。当時二十八歳の五体満足で健康な高校教師であるということで嫁いで来たのであるから』（六〇下―八）

妻の精神的支え、協力に感謝する、というような記述・描写は、全編を通してほとんど出てこない。その原因をつくったのは成尾自身であったようだが……。

第二節　佐藤大和から大野秋好まで

男性五名、女性一名の著書から。

1 佐藤大和（一九三一〜）一九八五年までは健在。

《自叙伝シリーズ番号、四八。佐藤大和著『愛の泉』〈頁数＝三一〇頁〉（底本：昭和六〇年）より》

佐藤大和《やまと》は昭和六（一九三一）年、大分県臼杵市に八人兄弟の末っ子として生まれた。時に父四八歳、母三八歳であった。父は農業のかたわら、山林の仲買人として、伐採した木材を、木材会社に売り込んで生計を立てていた。母はしかし大和が四歳の年に亡くなった。それは九人目の子供を妊娠したが、流産し、その折の手当が悪かったことによって。

昭和二一年三月、中臼杵尋常高等小学校を卒業した佐藤は、青年学校に通いながら建築業で身を立てようと志した。二年後、青年学校も卒業し、同二六年には一人前の**大工**として働いていた。そして故郷を出て一人立ちを、と考えていた矢先、**作業中に顔面と頭部を強打する事故に遭った**（事故の詳しいことは書かれていない）。

その打撲の後遺症の頭痛に悩まされることになり、そのうち、眼圧の上昇を見て、また**視神経萎縮**も起こして、視力が乏しくなってきた。それで眼科医に通院し、二年余りも治療を続けたのだが、その甲斐もなく失明への一途をたどった。視力は日ごとに衰え、日中でも夕闇が迫るような暗さに包まれ、その歯がゆさに眼前をかきむしりたい衝動にかられた。この当時のことを佐藤は次のように書いている――死んでしまいたいとも思ったと。

『（略）果てしない闇の中で、徒にもがき苦しむのみの日々であった。

医師からも回復の見込みがないと見放され、金も尽き家族の負担を思い追いつめられた気持で、一層（ママ）のことこの世を去って、（略）。

家族の留守をみはからって、納屋の二階で首つり自殺をはかった。ところが、腕が硬直して綱がかけられないのである』（二九—一七）

で、首つりは失敗した。他の手段をと、考えていた時に、いつものようにラジオを聞いていると、〝光を掲げた人々〟という、キリスト教のドラマが入ってきたのだった。何か心の安らぐ讃美歌が聞こえ、失明に悩んでいた青年が鉄道に飛び込み自殺を計るが一命をとりとめ、キリスト教を知って主に救われ、立派に立ち直って生きていく内容が語られたのだった。


『この放送をきいて、これまで死のみ考えていた暗黒の私の心に一点の光明が灯ったことを覚えた。

生きよう、生きてみよう。生きるのだ。

無性に、教会のある町に出たくなって、じっとしてはいられなくなった。

もう、アンマでも、鍼灸でも、できる仕事なら何でもやりたい、やってみたい、という気持になっていた』（三〇—一四）

佐藤は、失明からの自殺願望に対して、このようにキリスト教に触れたことによって救われたとしている。以後は「死」を考えることなく、積極的に生きていく。

昭和二八年四月一六日、故郷を出て神戸に向かった。翌早朝、明石駅に着き、そこから中途失明者更生援護施設「光明寮（現・国立神戸視力障害センター）」に向かった。そこには近畿、西日本一帯から集まった目の不自由な人たちが居て生活していた。佐藤にも部屋が与えられた。四畳半に二人というものであったが、同室者となったIは偶然にもクリスチャンだった。

境遇を同じくする者との共同生活、そして職員の行き届いた親切な指導もあって、心安まる寮生活であった。同視力障害センター中等部にも通い出した。

三カ月もすると、点字の読み書きができるようになり、点字学習による新しい世界が開かれていった。そして日曜日には看護婦兼寮母のSに手引きされて、西明石ルーテル教会にも通うようになった。

昭和三〇年三月、按摩課程を卒業し、四月、高等部理療科（鍼灸科）三年課程に進んだ。

同三二（一九五七）年五月一二日、明石市の上の丸教会で受洗した。

同三三年三月、国立神戸視力障害センター高等部を卒業した。鍼灸科の国家試験にも合格し、神戸での五カ年の課程もすべて修了した。一旦、父に会いに郷里に帰り、そして一カ月後の四月下旬、明石に戻り、治療院を開業した。

同三四年一月二〇日、クリスチャンの千寿子（加古川教会で受洗していた）と郷里の臼杵の教会で結婚式を挙げた――この間本文ではいくつかの恋愛について、それの裏切りや裏切られのことが記されている。

明石に戻った同月二八日、父死亡（享年七七歳）の電報を受け取る。新妻を見せられたことがせめてもの親孝行であった。

以下、昭和三五年に長女、同三六年に長男、同四一年に二男、同四六年に三男が誕生したことが語られ、また治療院も順調に行っていることが記されている。

佐藤は生活の安定が確保されると、盲人に対する社会福祉事業に精力を傾注していく。盲老人ホーム建設、あるいは盲重複障害者授産施設建設へと。それは結局補助金などの関係からどちらかを選ばなければならず、その土地を提供してくれる和田山町の意向から、障害者授産施設に決まった。

同五一（一九七六）年五月、幾多の曲折を経て、重度障害者授産施設「恵生園」が誕生した。定員五〇名に対して、盲重複障害者一八名、聾重複障害者二名、肢体障害者二六名の計四六名が開園時の内訳だった。盲老人ホーム、あるいは盲重複障害者授産施設建設に際しての候補地入手・交渉時の苦労苦難の実態が語られているが、その一つを記したい。このようなことは現在（平成一五年）にあっても、耳にすることであるから。

和田山町に決まったが、その前にも決まりかけていた土地はあったのだ。しかしそこに住む人々の本音がやがて表に出てくるようになり、そこには建設できなかった。拒否する理由は次のようなことからだった。

『（略）盲精薄や重度の障害者に、部落をウロウロされると婦女子は、夜うっかり外を安心して歩けん。この部落に、嫁の来てくれ手がなくなったらどうするか。又、こういう声も聞こえてきた。先頃、めくらが手を引かれながら村の中を一軒一軒回っていたが、門、門に立たれると面と向っての反対はできん。乞食でも、みすぼらしい格好して、袋を持って門に立たれると、恵まぬわけにはいかない』（二〇一－四）

こういった声を聞いて、佐藤は、『あらわとなった障害者差別に対する激しい怒り』（二〇一－一八）を覚えたが、どうしようもなかった。引き下がるより仕方なかった。空しさで声も出なかった、と語っている。仲間からはすすり泣きの声も聞えてきたとも。

2　松本昌三（一九三二～）一九九三年までは健在。

《シリーズ番号、五四。松本昌三著『わが心の風景　白杖エッセイ』〈頁数＝二〇四頁〉〈底本：平成五年〉より》

この書は、静かに語られた知的エッセイである。現代社会に多くの警句を発している。

松本昌三は昭和七（一九三二）年四月六日、京都市伏見区に生まれた。父は映画会社に勤めていて、幼い頃彼はよく撮影所に遊びに行った。母は小学一年の時に病気で亡くなった。

小学四年の春に彼が**夜盲症**であることに父が気づいた。これは後に、「**網膜色素変性症**」という生れつきの病気からのものということが分かった。この時から視覚障害という運命と共にあることを自覚する。

昭和二〇年四月、旧制中学（現・山城高校）に入学する。八月、敗戦を迎え戦後の混乱期を中学生として過ごした。彼の世代は旧制中学の最後の卒業生で、そのまま新制高校第一期生として、山城高校に入学した。

同二六年、同高校を卒業し、一年間の浪人生活の後、同二七年春、大学（京大）に入学した。入学して間もない時に、靴を左右違った色のものを履いて行って、視力に対する自信をすっかり失った。

同三一年、同大学を卒業し、大阪市の図書館（同市立図書館）に就職したが、この時も視力が僅かに基準に達していないということで、五月まで採用を延ばされていた。勤務中にも視力が次第に無くなっていくのが分かった。

話は前後するが、大学二年の時、肝臓を患って定期試験を受けられなかったことがあった。多くの先生に追試験をお願いする中、松木教授の態度が実に暖かいものであることに感激した。以後彼は松木のところに出入りするようになり、いろいろな悩みを聞いてもらうようになった。次第に重くなっていく彼の病気に対策も立ててくれた。松木は足が不自由ということもあって、特別な感情を彼に対して持っていたのかもしれない。

ある日、その不自由な体をおして、彼を京都ライトハウスに連れて行ってくれた。そして鳥居篤治郎を紹介してくれた。このことがその後の彼の道を切り拓くものとなっていく。

鳥居の紹介で、松本は日本盲人福祉研究会――盲大学生を母体とした組織で、一般大学を卒業した視覚障害者の集まり。盲人の大学進学や就職についてのアドバイス・情報提供などをしていた――という組織に加わり、そこで兵庫県立盲学校の大上先生と知り合った。この大上の力添えと努力で、彼はのちに盲学校の教師になることができたのだった。

図書館での仕事にも視力の悪化は大きな影響を及ぼし始めていた。それで松本は転職を考えざるを得なくなっていた。その折、大上に相談すると、盲学校教師の道をアドバイスしてくれたのだった。中途失明の彼にとって点字触読の速度は遅く、その学習は大変なことだったが、妻をはじめ多くの友人・後輩の助けを受けて教員採用試験に合格し、昭和四六年四月に、兵庫県立盲学校に就職することができた（大阪市立図書館は同年三月に退職した）。以後平成五（一九九三）年の六〇歳の定年退職を迎えるまで、同盲学校に奉職していた。

以上が松本の凡その略歴である。以下、本書中にある彼が提起する問題――それはいくつもあるが――について二つ三つ触れたいと思う。障害者に対して、もう少し一般人の理解が欲しいということ、関心を持って欲しいということが語られている――問題提起されている。

『私は障害者をとりまく一般の人達が二重の輪になっていると考えています。二つの輪、つまり大小のドーナツのようになっているのです。中のドーナツは私達のことをよく理解し、積極的に援助してくださる人達です。最近はこのドーナツもずいぶん層が厚くなってきました。しかし、その外側に、全く無関心な人達の輪もまた、いぜんとして存在しているのです。これらの人達は、例えば白杖につまずいても、知らぬ顔で走っていってしまう人なのです。また、何度いっても点字ブロックの上に自転車を置く人なのです。そして注意されれば「すみません」とは言われるのですが、次の時には、また置く人達なのです。この、外のドーナツの人達の意識を変えないことには、障害者に対する理解はひろがっていかないと思います。

点訳や朗読奉仕をしてくださるのは、ずいぶんたいへんなご努力だと思います。こうした努力の何分の一かを今の二倍の方々が、社会の目になってくだされぱと思うのです。ボランティア活動の中で知られた障害者のことを、もっと一般の人達に、私のいう、外側のドーナツの人達に話してあげてほしいのです。理解の輪をひろげるためにはたらきかけてくださることを願っております』（五七―三）

また次には、いい方向に変化していっているということの記述であるが。交通機関の職員の対応について――現在では交通機関施設も、かなりバリアフリーが実践されているが、かつては……。

全盲の友人が経験した話として、かつての国鉄の駅員の対応について語っている。

『（略）もう三十年も前なのですが、彼が郷里の北海道から、東京へ一人で帰った時のことなのです。青森で助役さんか誰かが、ずっと介護してくれたそうです。ところが、別れぎわに彼はこういわれたのでした。「あなたね、もうこれからは金輪際、一人で旅をするなんてことはしてはいけませんよ。こんなにたいへんなことになるのですからね」。くどくどいわれた彼は、もう一人歩きは決してしまいと決心したというのです。こんな話からすれば、

ずいぶん時代も変わったというのが私の実感です』（九八－一五）

障害者と戦争について触れている文章があるので、それも記しておく。

『（略）第二次世界大戦の最中、障害をもった人達はどんな目にあったのでしょうか。数々の戦争体験が語りつがれていく中で、障害者の戦争体験も、ぜひのこしてほしいものです。また、戦争のために障害を負った人々の言葉も、確実に記録されねばならないと思います。

頭に記憶された、戦争体験は消えることもあり、ときには美化されることすらあります。しかし、体に覚えこまれた戦争の傷は、消えることがないと私は信じるからです。私達の子や孫の代になって、核によって地球がふっとぶとしたら、それは核兵器をつくった私達世代の責任なのです。障害者であるが故に、反戦の気持ちをより強くもつのは、私一人ではないはずです。根強い平和への願いが、世界的規模でたかまっていくことを、祈らずにはいられないのです』（一五〇－一）

松本の「障害に対する**受容**」は、本書から推察できるのは、たぶん次のようなものだったと思われる。先天的な視覚障害を自然に覚って、中途失明者とはいえ、ある日突然発病したとか、一瞬に事故で失明したのとは違う故に、その受け入れは静かなものだった。失明に対しての取り乱すような記述がないことからもそれが窺える。運命を自然のこととして受け入れたように思う。

この松本の書にはこのシリーズにあっては珍しく、巻末に父と妻への感謝の言葉が述べられている。特に妻へのそのような言葉に接すると、妻の苦労は筆舌に尽くせないほど大変であるだけに――であるのに、そのことに触れる書が少なかっただけに――、論者も読了後に、清々しい思いになったということを記したい。

3　佐々木たづ（一九三二～一九九八）享年六六歳。

《シリーズ番号、五六。佐々木たづ著『ロバータ　さあ歩きましょう』〈頁数＝二三五頁〉〈底本：昭和三九年）より》

この書は失明した日本人の若い女性が、当時まだ日本にはなかった盲導犬を求めてイギリスに渡り、そこでの訓練を受けて、その盲導犬と共に帰国し、その後ともに暮らしていく話である。既述の河相洌や福沢美和の処でも触れたように、佐々木もその家庭はかなり富裕であった。父は大成建設の土木技師で、仕事の関係から昭和三〇年代において、海外にも度々行っていた。

佐々木たづは昭和七（一九三二）年に東京に生まれた。本書ではその失明の兆候の現れる高校（都立駒場）三年（昭和二五年）の夏から書き始められている。

その年の八月四日に**左眼の異常**を意識する。見えにくくなっていた。いや一面がモヤのようにしか見えなかった。夕方父と共に病院へ行った。そこは遠い親戚に当たる女医さんが経営する医院だった。藤原正子という人で、診察してもらったが、「ちょっとはっきり分からない」と言われ、翌日再び診察を受けに行くと、「蓄膿症からの影響かもしれない」と言うことで、彼女が相談をしたという近所の松田耳鼻科医院を紹介され、そちらへと行った。話は通じていて、その翌日には蓄膿の手術が行なわれた。

手術は成功したが、目の異常はしかし治らなかった。やがてその蓄膿の手術は無意味だったかもしれないと思うようになった。松田医院に三日間入院して、退院した。目に回復の兆しはなかった。

藤原医師は彼女の恩師に当たる船川眼科医を紹介してくれ、そこで再び診察を受けた。船川は六五、六の、長い間海軍の軍医をしていた人だった。

船川は、『風の吹きまわしというほかないでしょう』（四二—一四）と。それはたとえば、『同じサバをたべても、じんましんができる人と、できない人があるというようなもの』（四三—一）と。また、今は『**虹彩炎**も出ているし、物がバカに動いて見えるでしょう？　それに、遠い近いがよくわからない。（略）それに視野も相当せまくなっていると思いますよ』（四二—八）。つまり、現在の『お嬢さんの目のなかは、火事にあった部屋のようで、壁はこげてる、ファニチャーはひっくりかえって逆さまになっている、といった状態なんですねえ。（略）原因も、したがって治療もわかっていないんです。（略）。この状態から、まだまだいろんな症状が起ってくると思いますよ。それがだんだんおさまって、まあ、半年……というところでしょうかね』（四三―九）。

その晩改めて両親が船川を訪ね、詳しい話を聞いて来た。**失明の原因は定かには分からないということだった**が、『（略）戦争中に私が均衡のとれた栄養を必要とする発育途上の年齢にあったので、このころの**食糧不足や、疎開中の過激な勤労奉仕**が、遠い原因になっていることは、十分に考えられるとのことだった』（四五―七）以後、治療の甲斐もなく、日に日に目は悪くなっていった。

昭和二六年が明けた。正月も半ばが過ぎた頃、船川から、『何か絵を見て、それを自分でかき写してみるように』（五九―五）したらどうか、と言われた。

それで彼女は画用紙と鉛筆を用意して描き始めた。自分の器官である目を通してものを見、それを自分の腕を通して別の紙に写し出すことは面白かった。鉛筆を置いた後、しばらくの時間も楽しいものだった。視野は狭かったが、写す雑誌を少しずつずらして写していった。たづはもともと絵が好きだった。そしていつか「可愛くて可愛くて見あきない」というような絵本を描く人になりたいと思った――この思いがのちの童話創作につながっていく。

昭和二七年三月、姉が津田塾を卒業し、四月から社会人になった。同年五月、たづは緑内障の権威といわれる平塚の山崎医師に診察してもらった。そしてそこに入院したが手術はせず――僅かに残っている視力を大切にしたかったので――、二週間で退院した。

昭和二八年九月、大田区鵜の木町に引っ越した。もともと両親は易など信じないほうだったが、たづのためにそうしたのだった。

同じ日に母が、用事で横浜に出かけたついでに、「訓盲院を見てきた」と言う。母はとても気に入ったようで、そこでのことを熱心に語った。たづはあまり考えることもなく、そこに入ることを決めた。『気が向いたわけではなかったが、いまの当てのない治療生活を、なおもつづけるのがいいとは思えなかった』（七三―一六）からだ。十日ほどして、訓盲院に入った。そしてそこで須藤校医の診察を受け、精密検査の結果、眼圧が非常に高くて危険、ということで、須藤が眼科部長をしている横須賀共済病院で手術を受けた。視力はこの時もうほとんど残っていなかった。米人眼科医の執刀でそれは行なわれた。まず左眼を、次に二週間後に、右眼が行なわれた。眼圧はうまく下がったが、視力の回復はなかった。

昭和二九年が明け、一月一杯でもう病院には通わなくなっていた。体力が回復しだい訓盲院へ戻ろうとしたからだ。同院院長の今村幾太の娘の貞子がアメリカから帰国する時に、たづは入学することになっていた。当初六月の予定が、九月に延びた。貞子の帰国が延びたからだった。

しかし九月になっても帰国せず、翌年六月ということになった。この間たづは英語の勉強をしっかりやっていた。貞子の帰国は再び六月から九月に延ばされて、しかし九月になっても、やはりまだ帰ってこなかった。たづは、それ以上は待つことはなく、九月に訓盲院に入った。この学校は、国から〝正式の学校〟とは認められていなかったが、授業は普通の学校と同じように行なわれていた。

昭和三一年七月、姉が結婚した。父はインドに出張していて、その式には出席できなかった。貞子はこの年の六月にも帰国しなかった。アテもなく彼女を待てないので訓盲院をたづは退いた。

『（略）貞子さんが帰られたらその指導を受け、将来、この学園の職員として働きたいと望んでいたので、これが実現しないとなると、改めて自分の道をきめなければならなかった』（九〇―九）

それでたづは、童話を書こうと思った。これは「挿し絵を描きたい」という、幼い頃の希望からの移行といってもよかった。頭の中に描いた画面を、絵筆でなく、文字で表わすことは視力なしでも可能だと思われたからだった。

その後彼女は童話を書いていく。また自宅で英語の勉強も続けた。津田塾の姉の大先輩の原田正枝に出張教授をお願いした。

昭和三三年六月末、最初の童話集『白い帽子の丘』を出版した。伯母の知り合いの野村胡堂に序文を依頼したが、『私が書くと、俗っぽくなります』（一〇六－一）と言われ、その代わりとして、武者小路実篤を紹介され、実篤に序文を書いてもらっての出版だった。

同三四年も、童話創作と英語の勉強でくれた。

同三五年一〇月、第二童話集『もえる島』出版。

同年一二月、成城に引っ越す。部屋を二階に作ってもらったことで、前の家よりもずっと独立的になり、それがたづに大きな自信を与えた。

『「これで、自分一人で歩けさえすれば、自分にはもはや〝不自由〟はない！」

という考えが、力強く私の心に押上がってきた。

ふと、盲導犬のことが頭に浮んだ』（一二〇－一二）

父に頼んで、以前盲導犬の提供を申し出てくれた中井豊――彼はたづの童話を読んで盲導犬の話をもって来てくれたのだった――から勧められた、モリス・フランク著『この犬が光を与えた』を買ってきてもらい、母の暇な時に読んでもらった。この本から盲導犬を持とうという気を強くした。しかし日本には犬と人とが一緒に訓練する訓練所とか、学校があるというようなことは耳にしたことがなかった。それで、だが外国へ行ってでも訓練を受けて、盲導犬を持ちたいと思った。

昭和三六年三月末、父が建設機械取り引きで知り合った英国人の結婚式後の披露宴に招かれた。たづもそれに出席し、その新郎オーガンと会った。彼はたづの書いた童話を読んでくれていた。そのことを知って、話は弾んだ。

四月末に、両親と共にオーガンの新居に招かれた。そこには彼の母親も居て、彼女からイギリスの盲導犬事情を聞かされ、イギリスで訓練を受けようと決めた。それからは英国盲導犬協会に問い合わせの手紙を書き、その返事を貰い、それにしたがって書類を整えていった。

五つも六つもその書類は必要だったが、入所するにはすべて揃えなければならなかった。そして多くの人の協力を得て、何とか同年一〇月にその申請書が「受理された」という返事を受け取った。

申請に必要なもののうち、「犬の代価、二五〇ポンド（当時一ポンドは約一〇〇〇円）」、及び「訓練所滞在中の宿泊費&食費、一週＝五ポンド」（一三〇―一二辺を要約）、そして「渡航費用」の合計のすべては、父が三五年間働いた退職金が充てられた。三五年間の努力の結晶が、右から左へと回っていくことになった。

昭和三七年七月二八日、日本を出国した。そして英国に着き、ロンドン滞在後、八月三日、ロンドンから約一四五kmの、英国中部のリーミングトン・スパという町に着いた。

以下は、盲導犬との訓練の様子が語られていく。

八月三日の入所者は、たづを含めて六人。他の五人はすべて男性である。ミスタ・マックグレガーは、森林監督官。ミスタ・リードは、電話交換手（この人は右腕がない）。ミスタ・ダンカンは、ピアノ調律師。ミスタ・ベリーは、機械の技術士。ミスタ・ヘーゲルは、イスラエル人で、ブラインド・ショップのマネージャーだった。

翌日は訓練指導員のミスタ・ターカーが犬の代わりとなって、基本的な犬との歩行の説明をした。そしてその次の日の朝食後に、それぞれの犬との対面があった。たづに与えられたのは、『イエロー・ラボラドア種でメス、生後二十カ月、名前は「ロバータ」』（一五七―一二）だった。

そしてそれからさまざまな訓練を受け、たづはロバータ（Roberta）と共にそれをこなしていく。

九月七日、すべての課程を無事終えて、たづはロバータと共にリーミングトンの訓練所を後にした。そして同月一二日、日本への帰国の飛行機に乗った。帰国して、ロバータとたづとの生活が始まった。

本書を通して言えることは、佐々木が失明という運命に見舞われても、それほどひどい混乱を示していないこと。むしろ父母のほうが大きなショックを受けたようにも感じられた。若い時の失明、まして女性であったのだから、それは大きな落胆だったろうが、昭和ヒトケタ世代であり、また家庭的にも恵まれていたので、芯の強さがあったように思われる。自殺とか、運命に対する呪詛のような言葉は、本書の中では聞かれなかった。盲人ということの〝受容〟は、ごく自然に行なわれたように思えている。

4　田村洋幸（一九三三?〜）一九八一年までは健在。

《シリーズ番号、一二一。田村洋幸著『光は失われても―盲人教授奮闘記―』〈頁数＝二三九頁〉（底本：昭和五六年）より》

田村洋幸の正確な生年は記されていない。本文中の記述からの推定で、昭和八年か九年ではないかと思われる。それは、『昭和三十九年の元旦、（略）。三十歳だった私を（略）』（二一―四）によっている。この文章が満年齢で数えていれば、昭和八年である。

生年が示されていないということでも分かるように本書には、田村の幼年時代、少年時代、そして青年時代のことはほとんど書かれていない。その大部分が成人期、それも職を得てからのこと、大学で教鞭をとっていて、ある日を境に視力を失ってゆく時からのことが書かれている。従って彼がどこで生まれたのかも判然としない（勿論本論にそれは全く関係のないことだが）。ただその昭和三十九年の元旦は、父母が住む山口県小野田市にいたということだから、そして戦災にあって引き揚げたのも『山口県の美祢《みね》市』（二〇―一）ということだから、あるいは山口県のどこかであるのかもしれない。

田村の視力の異常は、昭和四三年九月二〇日の朝に起こった。

『（略）床の中で目覚めた私は何気なく天井の桟を見上げた。と、どうだろう。ちょうど私の視界の中心部分が二、三センチほど欠けてみえるのだ。「メヤニがついているな」と思った私は、慌てて眼をこすった。しかし、依然として桟がかげってみえるのだ。しかし平素両眼の視力が一・二を割ったことのない私には自信があった。

と、その時私の頭に、一年前K病院で診察を受けた時のことが蘇った。私が何も気にしていなかった、蚊に刺されたような直径一センチ位の、足にできた赤い腫物を鋭く見咎めた医者は、「あなたは**ベーチェット氏病**に罹っておられます。今に眼に出ますよ」と言ったのである。

　しかし知らないうちに蚊に食われることはだれにでもあることだし、私にはとてもそんなことは信じられなかった。しかも私はそのとき、ベーチェット氏病という病名すら知らなかったのである。その後調べてみた結果、ベーチェット氏病は何万人に一人しかいない奇病だと知って、私はむしろ安心していた。そんな変な病気に罹る理由は少しもないのだ。

　しかし、この朝の異変に私は、「もしかしたら……」という不安が胸に広がるのを感じた。慌てて跳び起き洗面所で顔を洗って鏡を見た。ごくわずかではあるが、依然として視界の中心部分が欠落して見える。私の心臓は凍りついたようになり、顔から血の気がさっと引いていくのが、自分でもはっきりとわかった。

「そんな馬鹿なことが……」私は同じ言葉を何度も心の中で呟いた。これが私の人生を、功名と希望から一転して、暗黒のるつぼの中に突き落とした朝の出来事であった』（二三―一二）

当時田村は、『京都洛北にあるK大学の助教授《（ママ）》』（二四―一五）だった。またこの年からカリフォルニアの大学に客員教授を兼ねて留学することとなっていた。そして博士論文はすでに提出してあって、博士号を授与されてから渡米すべく、その準備中であった。いわば順風満帆であったのだ。

名医と聞けば、京都、大阪は勿論、東京や北海道にまで足を伸ばして、病院を訪ねた。いくつかの病院を訪ねて、自分がベーチェット氏病であると判然とした時、

『（略）最終的な診断を下された後、私はふらふらと家を出た。どこに行くというあてもない。頭がからっぽになり、いたたまれなかったのである。

　どこをどう歩いたのか、気がつくと、私は線路のそばに立っていた。はるか向こうから電車が、驀進してくる。（略）。

私はふとこのまま線路の上に身を投げ出したいという衝動にかられた。やっと踏みとどまると、電車は轟音を残して通り過ぎて行った』（二五－一四）

失明という現実に直面して、一瞬でも「**死**」を考えたことが語られている。

その後、症状は確実に進行していった。口内炎が起こり、関節炎が起こり、講義中、突然気持ちが悪くなって倒れそうになったこともあった。

眼も次第に悪化して行った。特に右眼は、**眼底出血、硝子体混濁、虹彩毛様体の炎症**などを繰返し、ついに全く見えなくなった。

そして目の奥から頭にかけてまでどっしりと、のしかかるような痛みが続き、特に冬の寒さの中では気が狂いそうな痛みだった。それでついに眼球摘出を決意した。

右眼が摘出されると、正しく身体障害者になったことを実感した。それでもまだ天は非情であり、左眼にも容赦なく病気はふりかかった。日一日と光を失って行った。新聞の字が、いくら目を近づけても読めなくなった。

『（略）この時私は、いよいよ最後の時がきたと思った。もうおそらく、どんな本も、私には何の役にも立たないだろう。これから後、私は一体どのようにして生きてゆけばよいのか。活字が読めないという心の動揺が、すっかり私の頭を混乱させてしまった。この頃から私は、死を決意するようになっていった』（三〇－一〇）

大学人にとって活字が読めないということは最大の悲劇であった。死は間近にあった。というのも、失明に加えて、ベーチェット氏病に対する薬（ステロイドホルモンと制癌剤）の副作用で身体がズタズタになっていたからだ。実際、死を覚悟し、それを実行しようとガス栓もひねっていた。だが、彼は自殺できなかった。彼に自殺を思い止まらせたことが起こった。それは昭和四四年春から数カ月が過ぎた時だった……。

『（略）その時、かけっぱなしになっていたラジオから、「人生読本」の声が聞こえてきた。朗らかな女性の声であったが、どこか口調が普通の人とは違っていた。私はふとこの声に耳を傾ける気になった。吃りがちに、しかし朗らかな口調で、彼女は言った。

「私は重度の小児麻痺で、両手両足がききません。貧乏な家庭に生まれましたので、両親はとうとう私を見捨ててしまいました。私は苦しさのあまり、何度か口で紐をくわえ、自殺しようとしましたが、自殺できませんでした」ところが彼女は、十九歳の時に、はじめて看護婦に風呂に入れてもらい、世の中にこんな素晴らしいものがあるだろうかと思ったそうである。それから後の彼女は、生きていれば、きっと世の中に素晴らしいことがあるに違いないと思い、毎日が楽しくなり、同室の人に俳句の作り方を教えてもらって、さらに毎日がとても楽しくなったという。


私はこの放送を聞いて愕然とした。その女性は体が動かず、ベッドの上に寝たきりで、それでも人生が楽しいという。ところが私はどうだろう。私の身を案じる母がいるし、妻がいる。しかも私の講義を聞いてくれる三千人の学生がいる。彼女に比べれば、私は何という恵まれた人間だろうか。今まで私の頭の中にまっ黒にわだかまっていた雲が、一瞬にして吹き払われるのを私は感じた。私には学問上の恩師もあり、絶えず激励して頂いている。私はこう考えた。

「たとえわずかずつでもいい、研究業績を積み上げながら、大学にとどまって、強く生きよう」

私は自分の心に誓った』（三九―八）

田村の「死」からの解放は、このようなことからだった。運命の**受容**もこの時になされた。この時から、一人歩きのための白杖訓練を受けるために、京都ライトハウスに妻と共に通った。

そこでは、雨の日や雑踏での歩行訓練も行なわれた。買い物の訓練も、また電車利用の訓練も。点字もそこで学んだ。そして点字を読む難しさを痛感もした。

彼は盲人となって――盲人となったことを――、次のように書いている。他にも引用したい文章はいくつもあるが、紙幅の関係上、ここのみを（少し長いが）記す。

『「もし私が盲人にならなかったら……」と時々思う。私は恐らく今よりよほど傲慢な人間になっていたであろう。失明するまで私の人生はおよそ挫折を知らなかった。一年の浪人生活をしたこともなく、学生時代もほとんど希望がかなわないことはなかった。順調に博士課程を修了し、三十四歳で文学博士の学位を得た。さらにアメリカの大学で研究活動を行い、三十五歳で京都産業大学の教授《(ママ)》となった。そしてその得意の絶頂の中で、私は絶望のどん底に突き落とされたのであった。

　その時私ははじめて、弱い者が社会の底辺に這いまわって生きている現実を体験した。社会という楯の表面の黄金の輝きしか見なかった私は、はじめてその裏面を見たわけであった。

　今までが順調だっただけに、私は驕りたかぶっていた。だれからも助けを求めなかった。しかし盲人になった以上はそうはゆかない。だれにも助けを求めないという私の態度は根本から崩れていった。私の胸の中には二つの思いが渦巻いた。助けを求めるという屈辱感と、自分自身に対する腹立たしさであった。同時に私には決定的な足枷があった。それは眼が見えないために、心が波打つほどに動揺するということであった。歩けないということと、心が波打つ焦燥感は、私の胸を張り裂けんばかりにした。その頃白杖の訓練をすることになったのである。

　一度白杖を握って歩きだすと、心を平静に保たなければならない。怒りに燃えたり悲しみに沈んでいると、ほとんど一歩も歩けないのだ。私は自分が歩くためには、無理にでも自分の心を平静に戻す必要があった。

「無になれ」と宮川さん(引用者注：京都ライトハウスの〝白杖の訓練士〟)は私に言った。「無」になるということは、喜怒哀楽の情を超越して客観的立場にたって、自分を見詰めることである。「無」になりきる時に、一歩一歩白杖で歩く自分の姿が鮮やかに脳裏に映り、周囲の状況が手に取るようにわかるのである。

　これと同じことが、点字にもあることを知った。心を平静にして、点字に向かう時、指の先から文字が躍りだすようにして、私の意識の中に入ってくる。そこで一日に一度は、白杖を使うことにより、また点字を読むことによって、否応なしに私は心の修養をすることになるのである。このようにして白杖と点字を習ってから私は盲人となったことが、本当によかったと思うようになった。たとえ姿、形は醜く、他人の眼から見れば、いかに気の毒に見えようとも、盲人になったことが私自身が人間的に成長するきっかけとなるならば、むしろそれは喜ばしいことではないだろうか。

そうは思いながらも、一歩、一人で外へ出ると悲しい瞬間にぶつかることは、一度ならずある。バスの中で、いかにも馬鹿にした態度で、「どうして盲目《めくら》になったんだ」と聞いてくる労務者風の人にも出会ったし、方角が分らなくなって道を聞いた瞬間に、汚ない動物が近寄って来たような、蔑みの言葉を投げかけて行ってしまう女性もあった。

そうした時に、私の胸は、やはり悲しみに溢れてくる。「福祉の時代」などというのは、一時的な流行語であって、永久に日本人には福祉の心は生まれないのだろうかとも思う。そうした時に私の頭の中には、対照的にあるアメリカ人の友人の姿が浮かんでくる。彼は白人の大学教授であったが、黒人の女性にひかれ、熱烈に求愛して、彼女を妻として一生熱愛した。日本人には、姿や形にこだわらない、心と心のつながりは、永久にできないのだろうか、そう思う時もある。

しかし、私はそういうことに、こだわってはおれない。できるだけ心を平静に取り戻さなければ、歩けないのである。悪くすると命にかかわるのである。

私には、毎日毎日が修業の日々なのである。こうして自宅にいても、道路にいても、また大学にいても、毎日このような修業を繰り返してゆけば、平凡な私にも少しは得るところがあるのではないかと思う。とすれば盲人になったことも、心の不遜だった私に対する絶対者の恩恵なのではないだろうか。いや、それに違いないと思う』（一〇九―八）

5　竜鉄也（一九三六〜）一九九〇年までは健在。

《シリーズ番号、一六。竜鉄也著『手さぐりの旅路（改訂版）』〈頁数＝二三八頁〉（底本：平成二年）より》

本書の著者の竜鉄也は演歌歌手である。従ってその内容も、このシリーズの中では異彩を放つものである。芸能関係の職業についている人としては、第五章第二節第5項に出てきた坂本勉以来であるが、このあとにはそのような芸能関連――盲学校を卒業して――の人はいないので、六〇名の中ではこの二人だけということになる――次に述べる大野秋好も音楽家ではあるが、坂本や竜とは、その経歴がいささか違うので、ここではそれに含めない。

竜鉄也、本名田村鉄之助は昭和一一（一九三六）年一月一日奈良県吉野郡に生まれた。三歳の時に林業をしていた父と共に、飛騨高山に移り住む。母が一緒でなかった事情は幼い彼には知る由もなかった。高山では、父は後に鉄也の養母となる女性と一緒に住み暮らし始める。中村セイという人で飲食店を経営していた。

やがて父はその店より百メートルほど離れたところにあった旅人宿を買い取り、セイにその仕事をやらせて、自分は林業の仕事に専念していった。当初セイを「おばちゃん」と呼んでいた鉄也も、そのうち「母ちゃん」と言うようになった。

六歳の時、鉄也は**麻疹**に罹り、ひどい**高熱**を発し、それはしばらく続いた。やがて高熱は収まったが、**視力のほうに異常**をきたした。父母は彼を富山県石動にある桜井眼科病院に入院させた。そこでの治療のお蔭で視力はいくらか回復していった。

半年ほどの入院で退院し、一年遅れの昭和一八年三月、高山の小学校に入学した。この頃には手におえない腕白小僧になっていた。

『戦争の激しかった昭和十八年から、敗戦のどん底時代の二十三年まで、私の小学生時代は飛騨高山という大自然に囲まれた環境に育ったお蔭で、戦火や混乱に直接晒されることなく、のびのびとせいいっぱい、悪ガキぶりを発揮することができたのです』（三〇—一四）

しかし彼の視力は次第に悪くなっていく。富山での治療も全快というものではなかったからだ。小学六年の時には、黒板の字が読めなくなっていた。そしてついに中学一年の頃には、もう本の字も読めないほどに悪くなっていた。学校では「目っかち」と言われ、そんな風にからかわれるのは面白くなく、次第に学校に行かなくなっていった。

その頃、岐阜市にある盲学校から、視覚障害者の入学を奨める人たちが高山に来ていて、鉄也も誘われた。しかし「マッサージや鍼、灸を教える学校」と聞かされ、嫌で断った。父母はしかし彼のことを思い、そこにいれることを考え、彼への作戦を変えた。「岐阜に行って音楽を勉強したら」と誘ったのだ。小さい時から音楽好きだった彼はその言葉を真に受け、岐阜行きを承諾した。

父に連れられて、昭和二五年七月、「岐阜の音楽学校」に転校した。しかしその〝音楽学校〟が盲学校だったと気づくのに時間はかからなかったが、もうその時にはどうしようもなかった。当時の岐阜と高山はひどく遠くに感じられていたし、中学生の彼に戻る術はなかったからだ。それに学校から病院に通って目を治す、ということは約束通りになされたので諦めることにした。

岐阜県立病院や岐阜大学病院に通って、何度も手術を受けた。その度、いくらか視力は一時的に回復したが、諦めの気持ちも芽生えていた。

『「もうあきらめよう。親父やお袋の言うとおり、この盲学校でマッサージや鍼灸の勉強をしよう……」

いつしか、本気でそう考えるようになっていた』（三八—一一）

六歳で最初の視力の異常を感じてから、八年ほど、彼にその**失明という運命に対する受け入れ**ができた時かもしれない。正しく完全治癒に対する諦めが出てきていたのだ。

父母に、音楽学校と言われて騙されて入った盲学校だったが、後に考えてみると、やはり人生で一番楽しく幸せな時代だったと彼は思う。というのも手術を重ねるに従って、視力はかなり回復していたこともあったからだ。先生の、そして友達の顔も見えていたし、街の景色も、夜も昼も見えていたからだ。

高等部にいた頃の視力は、〇・八ぐらいまでに回復していた。『角膜実質炎《ママ》』（五〇―一三）という病名への、岐阜医大の開眼手術は成功した。視力も回復したことで鉄也は、盲学校では「番長」のような存在になっていった――体力、腕力に加え、血の気も多かったので。

しかしその血の気の多いことが関係して……。

岐阜県立盲学校高等部を卒え、専攻科に入った年に教師との間でトラブルが起こり、彼は腹に据えかねた事情から、教師を殴り叩きのめしたことから、退学した。しかしそれから少ししたある日、高山に戻っていた彼のところに岐阜盲学校の校長が訪ねてきた。

『「田村君、今度の一件は教師のほうが全面的に悪かった。それは認めるが、君もあれだけの暴力をふるったのだし、すでに退学届も出ていることだから、私としても君を岐阜の学校へ戻りなさいとは言いがたい。しかし、君もあと一年で専攻科を卒業すれば仕事ができるのだし、このまま退学したのでは、せっかくの君の人生にもったいない。それで、私が手続きをとってあげるから、ひとつ富山の学校へ転校してみないか……」

私にとってはもうどうでもよかったのですが、北村校長がわざわざ心配して高山まで来てくれたのだし、言われてみればあと一年だけの辛抱です。父母も、そうしなさいとすすめますので、思いきって富山へ行くことにしました』（六六―一三）

こうして富山盲学校で一年間を過ごし、昭和三三年春、同校の専攻科を卒業した。そして、高山に戻って、マッサージの治療院を開業した。

昭和三五年、父母の勧めもあって、見合い結婚をした。翌年長女が産まれた。その孫を見てから二カ月後、母は子宮がんを再発して、六一年の生涯を閉じた。この母の死から運命は再び悪いほうに転がっていく。

昭和三七年二月、部屋で横になっていた時、タンスの上から、そこに置いてあったマンドリンが落下して、右眼を強打した。左眼は開眼手術後に次第に悪くなっていて、その頃にはほとんど見えなくなっていた。そしてさらに今また右眼も再び失うことになった。診断した医師は、『眼球破裂で、回復の見込みはない』（七九―八）と。落胆、絶望して、

『ブロバリンを飲んで**自殺**をはかったのは、春にはまだ遠い、ちょうどこのころのことでした。母の死、失明とつづき、マッサージも思うように働けない毎日、いつの間にか私の胸中には「**絶望**」という名の虫がうごめき始めていたのです。

「お前それでも、男か！」

ともすれば弱気になりがちだった私に、もう一人の自分が気合いを入れてはいたのですが、やがて、もう一人の自分の声も聞かれなくなってしまいました。そんなある日、思い切ってガバッと口の中に薬を放りこんだのです。気がついたときは、病院のベッドの上でした。親父に発見されて担ぎこまれたのだそうで、今度も、ま、た、死ぬことさえできなかったのです。

数年前の盲学校時代にもそうでした。元気で明るい鉄ちゃんで通ってはいましたが、目が不自由だという厳然たる事実は、あらゆる希望や人生計画を、一瞬のうちに奈落の底へ叩きこんでしまいます。そしてまた、さまざまな思考の裏側で、常に死の世界へ「おいでおいで」と手招きする、奇妙に魅力的な悪魔の存在を意識するのです。

希望と絶望、光明と暗黒が交錯する中で、正直なところ、私の頭の中から「死」という言葉が離れたことは、一日もありませんでした』（八二―八）

そんな彼の気持ちを光の方へ向けていったのが、**音楽**だった。仲間と組んで、養老院や孤児院などに、慰問演奏に行くようになっていた。盲学校時代に覚えたギターを持って、見えない聴衆に向かって大声で歌っている時、いきいきする自分を発見した。そのことで妻とのいさかいは尽きなくなったが、歌を止めることはできなくなっていた。や

がて離婚した彼は演歌師人生を歩んでいくことになる。

本書は視覚障害者の自伝ではあるが、その職業が示すように、小説のようにも思われるほど、波乱に満ちて、エピソードの多いものだった。失明に対する思いはこれまでのほかの人たちと同じようにも思うが、度々の手術で回復していたことを思うと、より受け入れはスムーズだったかもしれない。これは想像の域を出ないが、小・中・高、大いに彼らしさを発揮した日々だったようで、あまりその人生に悔いは残っていないようにも、その文章からは読み取れた。なお、竜は昭和五六年の大晦日の「NHK紅白歌合戦」に出場している。

6 大野秋好（一九三六～）一九六六年までは健在。

《シリーズ番号、三八。大野秋好著『若い旅びとの歌　ギターと愛と盲導犬と』〈頁数＝二八九頁〉（底本：昭和四一年）より》

大野秋好は昭和一一（一九三六）年一一月二六日、四人兄弟の三男として東京に生まれた。中学（東京学芸大学付属世田谷中学）を卒業し、高校（東京農業大学付属第一高校）を卒業し、昭和三〇年春、東京農業大学農芸化学科に入学した。大学卒業後は、ブラジルに渡って――それが中学の時から考えていたことで、高校も農業や肥料の知識を得るためにそこを選んだのだった――肥料工場の設立を、という計画をはっきりと持っていた。

彼はかなり陽気な学生生活を楽しんでいた。そして、三年のその時までは順調な日々だった。昭和三二年一一月一日～三日の農大伝統の学園祭（収穫祭）も終わり、大学図書館の司書の山岡妙子との恋も芽生えて、光り輝く青春の最中にあった。

学園祭からほぼ三週間後、二一歳の誕生日を迎えた一一月二六日。この日は偶然にも応援団主催のパーティに当たっていた。夕やみに校舎がすっぽりと包まれ、四階の大教室にあかあか明かりが灯されていた。午後七時、パーティが始まった。教壇にしつらえたステージにはバンドマンたちが、それぞれの楽器を携えて並び、マイクの脇には演劇部から借りてきたスポットライトが二基、スイッチが切られたままで置かれてあった。

彼は応援団の先輩から頼まれて、歌を歌うことになっていた。そのことを妙子に伝え、「来てくれないか」と言うと、彼女は嬉しそうにうなずいた。

やがて彼の出番がきた。彼は恥ずかしいこともあって、サングラスをかけ、ライトも消してもらって歌った。一曲目の『サイレント・ナイト』が終ろうとしていた時、「顔を見せろ！」とヤジが飛んだ。彼も自分の声に陶酔していた。無意識にサングラスをはずしてポーズをとった。その瞬間、

『巨大な光の矢が、両眼を貫いた。とっさに「熱い」と思った。そして一瞬ではあったが、グラッとからだが傾いたようにも感じた。二、三メートル先のスポットライトにスイッチが入れられたのである。

なにか知れないが、からだの中で、重大な変化が起こりつつあるなという直感があった。それもすごいスピードを伴って進んでいるようであった。だが歌はやめられなかった。いままで経験したこともないような、寂しくてやりきれない気持ちにおそわれたが、歌い続けることが、課せられた自分の使命のように考えられたのだ。

次の「ホワイト・クリスマス」を歌い始めたときには、次から次へと涙があふれ出てくるのを止められなかった』

（二六一―二）

あとから推察されたことだが、歌う前に飲んだアルコールと、興奮でふくれあがっていた血管と、サングラスによって無警戒になっていた眼球が、急激な光を浴びて衝撃を受けた。そういう状況だったのである。控え室で落着いているとだんだん普通の状態に戻ってきた。

パーティの途中で妙子と渋谷に行き、行きつけのバーで乾杯をした。彼はしたたかに飲んだ。彼女といられる幸せに気がまぎれていて、先ほどのことはすっかり忘れていた。が実はこの時眼球の症状は火に油を注ぐような状況にな

っていた。彼女を井の頭線の改札まで送り、そこで別れ、彼が東横線の電車に乗りこんだ時には一二時を回っていた。

翌二七日、学校へ行ったが、目を下に伏せると、黒いわずらわしいものは下の瞼に消えるが、上目を使うと、その黒いものが雲のように湧き上がってきて、眼球の半分ほどを覆った。何かただならないことが起こっているのを知った。

その日学校から家に帰った時から、再び大学へ行くことはなかった。彼の学生生活にはピリオドが打たれたのだ。

翌朝も前日と同じだった。上を向くと黒雲がムクムクと湧き上がって視界を半分遮る。しかも昨日までは正常だった部分にも、涙の幕が下りて、ぼやっとしていて、その曇った幕の中にハエぐらいの黒点が二つ、上下左右に泳いでいた。

母に目の異常を訴え、彼女のすすめで隅田川べりにある同愛記念病院の眼科で診察を受けた。病院では急患扱いをされ、志賀次郎医師に診察された。『これは**網膜剥離症**です。絶対安静にしていなければいけません』（三四―七）

網膜剥離症――網膜は眼球のいちばん内側にあって、光を感じる視器の中では最も重要な働きをする。その膜が、血管につながる脈絡膜とはがれてしまうのである。はがれた後の膜は、白く濁った色の薄い膜で眼底から隆起しているのが、外側から調べればわかる。この症状は網膜や脈絡膜自体の炎症、外からの強い刺激などによって起こるが、全く原因不明のケースもある。（三四―一〇）

志賀が母に伝えた説明を要約すると、こういうことになる。あとで分かったことだが、この病気は自然に治ることも稀にはあるが、現代の医学では決定的な治療法はないという。それでも手術は早い時期に越したことはなく、手後れになってしまうと、失明は免れないという恐ろしい病気だった。

当時（昭和三一年）父は、三井銀行本店証券部長だった。長兄は、東京ガスに勤務し、一つ違いの次兄は、慶応大学の学生だった。弟は、まだ中学生であった。

同病院で、一一月二九日、第一回目の手術を受け、視力は相当に回復した。クリスマスに妙子が見舞いにきた。視力も戻って、喜びの絶頂にいた。

年が明け（昭和三三年）一月一二日、二回目の手術を受けた。しかしこの手術を受けて再び闇の世界に落ちた。失敗したのだ。しかし患者は、そうであっても医師に任せる以外なかった。

第三回目の手術は、同年六月一九日、だがこの手術によっても光を見ることはできなかった。第四回目は、翌三四年二月。やはり光を見ることはなかった。

五回目の手術は、昭和三五年二月一四日。第一回から担当していた志賀と小田孝医師が、千駄木の日本医大病院に移ったこともあって、そちらで行なわれた。四回目の手術から約一年が経っていた。角膜手術は成功したが、眼球の裏側に血液がこびりついている状況に変わりはなく、彼には何も見えなかった。

昭和三六年一月八日、志賀に呼ばれた。『現在の医学ではどうにもならない状態になってしまった』（八三一―一四）と言われ、同月一二日、退院した。一回目の手術の後に妙子は見舞いに来てくれたが、それから以後は一度も姿を見せず、自然と彼女との仲は消滅していた。

失明後大野は、ギターのレッスンに本腰を入れ、また作曲も本格的にやりだした。音楽の世界で身を立てていきたいという願望が強く出てきた。次兄の紹介で服部正――慶応大学時代にマンドリンクラブにいて、その指揮者として服部がいた――を知り、服部の紹介で、高木東六の家にも行って、作曲について教えを受けた。さらにはいろいろな経緯から、昭和三八年三月には、船村徹を紹介され、その門下生となり、レッスンを受けるために辻堂の船村宅にも通った。

彼が失明という境遇を受け入れ、失望から脱け出すいくつかの記述――上記の、**音楽**、もそうだが――を見てみたい。一つには、五回目の手術の後にも視力が回復しなかった時、同愛記念病院時代に親友となっていた長野在住の高橋という人から誘いを受けて、高橋の伯父に当たる中域無形という七十過ぎの和尚がいる活禅寺で十日間の座禅を組んで過ごした時がある。

『座禅をしながら、自分が五年間の壁に囲まれた病院生活で、大変世界が狭くなっていることを感じないわけにはいかなかった。ひざの下の冷たく堅い木の床は、私を静かな境地に導いていった。そこにくるまで、私にかなり危険な心理状態におちいっていたことを認めさせた。前途は索漠《さくばく》としていたし、迷路を私は彷徨《ほうこう》していた。

否定しても、否定しても、病に負けて自らの命を絶った、病友の気持ちに接近してゆくような気がしてしかたがなかった。

寺で私は、心の底にうごめく、暗くドロドロしたものを徹底的に見きわめてやろうと思った。私が病室の窓から飛び降り、一瞬の苦痛の後に冷たいむくろになる。そんなことになっても世の中はどれだけの変動が起こるだろうか。翌朝の社会面の片すみに「病苦に耐えきれず自殺」と簡単に報じられるだけのことだ。そして家族たちの悲しみの涙に包まれ、私の一生はちりあくたのように永遠に消え去ってしまう。ずいぶんつまらない話じゃないか。私はさらにつきつめた考えを続けた。よし、それなら、オレの死が、世間をすこしでも動かすだけの迫力を生むところまで、がんばってみられないか。死に追いかけられる自分には、おさらばだ。心から満足して死ねる準備のために、生き抜くのだ。準備がすべて完了したときに、私は初めて生に別れを告げ、心安らかに永遠の旅路を歩いて行こう。私の決意は長い瞑想のなかで固まりつつあった』（八一―一〇）

と言うように、自分の死が無駄にならないようになるまでは、そのことを考えるのはよそうと。心から満足して死ねる時までは、生きていこうと考えたのである。これが彼の「死」からの解放である。

さらには、母の愛を思い、また弟の献身を知って、生きて頑張らねばならないと。

『母の愛はこの地上でもっとも崇高なものだ。それにこたえるむすこの感謝などは、ゴミほどの価値しかない。それほど大きく、強く、すばらしいものである。

私にいま奇跡が起こって視力が与えられたら、まず第一番にこの目で見るのは母である』（二七七―一三）

『病苦の絶望に、ともすれば消えそうな生への意欲を、かき立たせたのは、音楽と母の愛であった。

そして、退院後、音楽の道に進む私を、文字通りささえてくれたのは、退院の年に、大学生にまで成長していた弟倫義の献身的活躍であった。私が失明したときは、まだ弟は中学生であった。それが五年の間に、りっぱな若者に育ったのを知って、私は時間の経過の速さを思い知ったほどである。

弟は、大塚先生のレッスンから、船村先生の辻堂通いまで、どんなところにも影のように付き添ってくれた。私の望むことに、いやといったことがない。それも、命令服従ということではなく、自分のほうから快く引き受けてくれた。血のつながりのある家族をほめるのは、照れ臭さがつきまとうものだが、この弟に関するかぎり、なんのてらいもなく称賛できる。

それは、弟の私に対する愛への感謝であり、また私がいつまでも持ちうる誇りとさえいってもよい。

弟はスポーツ万能で、大変に朗らかな、明るい性格だ。レッスンがうまくゆかずに、悶々とする私を、おもしろい話で引き立ててくれる特殊な技術も持ち合わせていた。

（略）

弟の心づかいは完ぺきであった。いつどこででもすばやく動いてくれて、道を歩くときも、電車に乗っているときも、私がまるで盲人にみえないような扱い方をした。

電車のつり皮につかまるときも、ここがつり皮だ、さあつかまってというような大げさな指示でなく、ごく自然に腕を上げるとそこにつり皮があるように私を誘導した。

食事のときも、かたわらにいて、ご飯が私のちゃわんに一口残るころに、そっと自分のハシを置き、お代わりをしてくれるような気づかいぶりをみせた。

弟は、万端にわたって世話をしてくれたが、それでいて、やりすぎるということもなかった。ごく自然に私に接していた』（一四九―三）

『昭和四十一年三月、弟は、大学を卒業して銀行に就職した。社会人になったその日に弟は

「チャン（引用者注：弟は、兄の大野のことをそう呼んでいた）、これからは、ぼくの代わりの人はいるだろうけれど、だれでもが、ぼくのようにはいかないよ。だからといってチャンは、不自由だけれど、けっして腹を立てちゃいけないよ。みんな好意のつもりでやってくれるんだからな」

といった。これははじめて弟にしていえる愛の言葉の贈り物であった』（一五二－九）

本書の後半は、盲導犬プランダを得ての日々のことである。

昭和三六年のある日、次兄が盲導犬のことを話した。大野はそれに強く興味をひかれ、それから、長兄に調べてもらって、練馬に住む、塩屋賢一にたどり着いた。

そしてそこを訪ねて、翌年四月に生後七カ月のメスのセパード、「プランダ」と初めて会った。それが彼の盲導犬となる犬だった。

それから二年間、プランダは塩屋のところで訓練を受けて、同三九年三月三日から、四〇日間、大野も共に訓練を受けて、それを手にすることができた。その後は、プランダとの生活の記述である。

本書で大野が国に対して、あるいは行政に対して、語っているところもある。それを示したい。

『ようやく、世間の関心も、こういう社会施設に向いてはきているが、憲法や児童憲章にうたわれているとおり、平等と人間尊重の精神に基づいて、もっと徹底した国家的援助が必要なのではないかと思う。

とにかく、自衛隊の飛行機一機で、五つや六つぐらいの施設の年間予算が出るのだから……。

そして、いつも思うことだが、施設の看護婦や、先生や職員に対する待遇が、悪すぎるような気がする。相手の善意にかこつけて、この点を考えていないとしたら、それはまちがいだ。

（略）

人間だから、不満もやがて出てくる。そういうことが、子どもたちの教育に影響したら、大変だ。そういった意

味でも社会福祉対策は、十分配慮されるべきではないか』(二二八—一三)

平等と人間尊重の精神は、今でも社会福祉政策に生かされているとはとても思えないのが現実である。

第三節　関幸代から郡司ななえまで

男性二名、女性五名の著書から。

1　関幸代(一九三七〜)一九六六までは健在。

《シリーズ番号、一三。関幸代著『心に愛の星をみつめて』〈頁数=二二二頁〉(底本:昭和四一年)より》

関幸代は昭和一二(一九三七)年六月九日、満州、ハイラル市に生まれた。両親(父は領事館付きの警察官)と二つ違いの姉(晴美)との四人で、何不自由のない生活を送っていた(その後更に妹二人と弟が誕生した)。しかし翌一三年の満一歳の誕生日の夜に**高熱**を発し、それがもとで、目の中の**視神経が焼かれ失明**した。勿論幼かった彼女にその時の記憶は全くない。父母はその目を治したい一心で、ハルビンまで彼女を連れて行き、ドイツ人医師に診てもらった。だが、

『小さいお子さんなので、それはまだちょっとむりです。しかし、手術できたとしても、視神経が冒されてしまっていたのでは、痛い思いをするだけで、無駄ではないかと思います』(二六—五)

と言われ、大きな期待を寄せて、はるばるハイラルからやって来ただけに、目の前が真っ暗になると同時に、腰の

力が一気に抜けて、容易に立ち上がることができなかった。それは失明宣告であり、母にとっては死刑宣告にも等しかったからであった。

二歳になるとどうにか歩けるようになり、声によって父、母、そして姉を聞き分けられるようになった。

六歳の時、雨上がりに道を歩くと水溜まりに入って、足首を濡らした。姉が居れば、そのことを注意してくれた。でもなぜ姉に見えて自分には見えないのか、疑問に思った。そこである日、雲の形について聞いてみた。姉がそれを説明してくれたが、しかし自分には分からなかった。そのことを知って、自分の目の秘密を知った。

まだ六歳という、そんな小さな時にすでに彼女は、自分の現実を知り、それを受け入れようとした。

『「ああ、そうだったのか」

と、防空壕の穴に落ちたことも、箸を上手につかえなかったことも、水たまりに落ちたことも、みんなそのためだったのかと思うと、自分の目のみえないことに、わたしは急に悲しくなったのです。小さなわたしの胸いっぱいに熱い悲しみがどっと一度にこみあげてきて、思わず涙が流れそうになりました。

しかし、どんなに悲しんでみたところで、涙を流してみたところで、今さらどうにもできないことだけに、やがて自分の目のみえないことをどうにか諦めると、わたしは、いつかまた以前の自分をとり戻すことができて、自然に明るく振るまうことができるようになりました。

それは、父や母に自分の心を訴えて、今さら心配をさせてもと思う心と、自分の目に対する気重い疑問がとけて、ふん切りがついたからでした。それに、みえるということがどういうことなのか具体的にはわからないので、そのことにいつまでもひっかかってもいられなかったからです。そして、そうふん切りがつくと、防空壕や水たまりに落ちることはしかたがないとして、直接手でさわれることや耳で聞きわけのできることには、今までにも困るようなことは一度もなかったのではないかと、そう自分自身にいい聞かせ、自分を勇気づけることができたのです。それ以来そして目のことを諦めたわたしだったが、手と耳の感覚でとらえることのできるものに対しては、もう諦め

ることを知らない人間になっていました』（二八－一一）

昭和二〇年八月一五日、終戦。しかしすぐには帰国できず、やっと一年後の、同二一年八月二六日、チチハル駅を貨物列車で発った。父は二〇年一二月二九日に捕虜としてソ連軍に連れて行かれていて一緒ではなかった。チチハルを出たが線路は破壊によってところどころで寸断されていて、その間は歩かなければならなかった。ところがそんなある日、とうとう列車を降りて新京（現・長春）まで歩かねばならないことになった。そこまでずっと線路は破壊されていたからだった。

一日中歩き続けとあってはもう地獄だった。あちこちで落伍する子どもが出てきた。彼女は弟を背負って歩いていた。彼女も何度も落伍しそうになった。しかしみんなから離れて落伍することは、「死」を意味していたので必死に歩き続けた。

新京まで後二～三日になった処にあった砂山では大変な苦労をした。四つ目の砂山を越える時にはもう歩けなかったが、姉の叱責する声でようやくそれを越えて、やっと川のある処に着き、そこから渡し舟に乗って、砂山から解放されたのだった。

くたくたに疲れた体を休めるために、新京で三～四日休息を取って、九月二〇日頃、幸代たちは再び南へ行く列車に乗った。相変わらずの貨物列車だったが、チチハルからの時のように途中下車して歩かなければならないようなことはなかったので助かった。

そして奉天（現・瀋陽）に着き、錦州を経て、コロ島から日本への船に乗ることができた。チチハルを出て、四三日後の一〇月七日に博多港に着いた。

一〇月一〇日、母の郷里の奈良に着き、母の姉（伯母）の処に、その日は落ち着くことができた。伯母も、その夫の伯父も良い人で、そこから五分ほどの処にある大きな家の中の三部屋を借りてくれた。

母は姉を小学四年、妹（恵子）を同一年にそれぞれ一年ずつ遅らせて入学させると、昼間は進駐軍基地にクリーニングとミシンかけに働きに出た。また夜にも編物の内職をして、身を粉にして働いた。どの姉妹よりも疲労していた幸代は学校に行くこともできず、下の妹（征子）と弟の世話をしながらの留守番役となった。

姉や恵子は学校で、彼女らなりのいじめを受けていた。『「ひきあげ者のくせに生意気だ」とか、「貧乏人のくせにいばった言葉を使う」』（八一—二）とか。幸代たちは生まれた時から標準語しか使っていなかったので、関西弁が使えなかったことからのいじめだった。

眼が見えない彼女自身にも、冷たい視線が投げかけられていることも分かっていた。でも彼女は、強く生きていかなければ、と思った。そう言い聞かせた。まだ十歳にもならない彼女であったが……。

『わたしは、あの満州での苦しい砂山を越したときのことを思いだして、これには、奈良の人たちの冷たさも忘れ去る思いでした。

そして、どんなに辛いことがあっても、それに絶望することは、後退するか死を意味することであって、生きていくうえにはなんのプラスにもならないことを子ども心にさとると、それからのわたしは、自分の心の歩みがどんなにおそかろうと、だれになんといわれようと、一歩一歩、確実に前進して力いっぱい生きていくことをかたく心にちかったのでした』（八二—一七）

昭和二二年四月、二番目の妹・征子が入学すると、幸代も学齢に遅れること四年でやっと、奈良盲唖学校盲部初等科に入学した。そこで、点字に初めて触った。そしてそれをすぐに習得した。

翌二三年、学校の特別のはからいで、二年をとばして、三年に進級した。この年の、五月一一日、父がソ連から帰ってきた。

昭和二四年、再び四年をとばして、五年に進級した。そして同二六年初等科を卒業し、中等部に入った。

同二八年、中学三年の時、父が結核で床についた。

同二九年、四月、高等部本科に進んだ。この頃、点字奉仕団のあることを知る。奈良少年刑務所の点訳クラブと、奈良女子大の点訳クラブ、それと奈良日赤青年奉仕団である。奈良少年刑務所の点訳クラブ講習会で、奈良女子大点訳クラブ顧問の松山先生と知り合う。松山から秋田盲学校の生徒が書いた詩集や、島崎藤村の点訳詩集をいただいた。また高等部二年の時、奈良女子大の学生と共に、岡山県の長島愛生園に連れて行ってもらった。松山に園内を案内されながら、『世の中にこんなにも不幸なことがあるのか』（一一二―一一三）と。園に暮らす人々の悲惨な人生を思うと、自分などはまだまだ幸せなほうだと、自身を大きく振り返ることができた。『その反面「この世の中はなんて不公平なのかしら」と涙が止めどなく流れ』（一一二―一一五）た。

同三一年四月、高等部三年に進み、将来の進路に悩んでいると、先生方に東京教育大学付属盲学校を奨められ、父に相談すると、承諾してくれた。それでそこを目指して勉強し出した。

同三二年春、奈良盲学校を卒業し、希望の教育大学付属盲学校高等部専攻科に合格し、入学した。四月から寮生活が始まった。一六畳の部屋に、七人が暮らすというものだった。

学校での授業のやり方は、奈良の時とは違い、教科書のある教科は数科目しかなく、あとはほとんど口述筆記だった。また生活そのものも、死んだように静かな奈良と違って、東京はいきいきとしていて……。とにかく無我夢中で毎日を過ごしていた。

同三三年四月、専攻科二年に進み、翌年の卒業後のことを考え、将来盲学校の教員になれる、養成部理療科に進むことを決めた。

そして翌三四年三月、その試験を受けた。三日間にわたるものだったが、数学の点数が悪かったということで不合格だった。卒業式を終えると、奈良に帰った。翌三五年も挑戦したが、やはり不合格だった。

そして三度目の挑戦で、合格通知を得ることが出来、同三六年春、再び東京での寮生活が始まった。

養成部で二年間を学び、同三八年三月卒業した。そしてその四月、長野盲学校に赴任した。希望が叶ったのである。

その後は、本書が書かれた同四一年秋現在まで、同校で生徒たちの教育に当たっている。

本書中で彼女の思いが強く出ている文章を、いくつか抜き書きしてみたい。

盲児、盲教育に対する無理解（昭和三三年当時）について。

『話に聞くと、昭和二十三年に盲児の就学が義務制となって、すでに十年になろうとしているのに、いまでもまだ、「盲目の者に勉強など必要ない。盲学校といっても、たんなるアンマの学校じゃないか。世間ていがわるい」と、親の身勝手や見栄から、就学させられない盲児がおおぜいあり、やっと就学させられたかと思うと、親の盲愛から長いあいだ家に閉じこめられていたために、満足に話すことも、歩くこともできない、そんな精薄児同様の盲児があるということでした。

〈ああ、こんな無理解なことが、この世にあっていいのか知ら。目はみえなくとも精神的には、みな同じはずなのに〉』（一三六―五）

彼女の教師になった理由、教師としての理想は、

『わたしの理想は、わたしと同じように目の見えない生徒たちを、あかるく勇気のある生徒に育てたいというのが念願で、世の中にでてなにが幸福かという基本的な「人生の眼」を、ともすれば内向的になりがちな生徒たちに、持たせたいということでした』（一六六―二）

しかし現実はそんなに甘くはなかった。学校より、家庭での躾のほうが大切だと思う。

『ところが、次第に学校の空気になれてくるにしたがって、心に抱いていたあかるい強い生徒にという、自分の理想だけでは、どうすることもできない厚いカベのあることを知って、わたしの心は、日毎に黒い雲におおわれるようになってきました。

　それは、お手洗いなどにも一人でいけないような、ひどくカンのにぶい生徒にであったときに感ずることでしたが、そんな生徒にであうと、わたしの心は、その生徒のことを思って、ひどく悲しい気持ちになりました。

しかし、カンがにぶいといっても、生徒の性格や資質に原因していることもあって、いちがいにとがめ立てすることもできなかったのです。でも、わたしの経験からして、がいして学校にくるまでの家庭でのしつけに原因していることが多いようでした。

その点、専攻科や高等部、中学部の生徒にはあまり問題はなかったが、小学部の盲児となると、学校以前の家庭でのしつけの有無によって、大きく左右されるところが多かったようです。

たとえば、可哀そうだからといって、家庭で大事に育てられ、甘やかされた子どもほどカンの働きがにぶいし、危いからといって、あまり外にだされたことのない子どももまた、動作が緩慢で、ちょっとしたことにでも、つまずいたりころんだりして、満足にかけまわることができなかったようです。

先生方の話によると、でも、そんな子どもはまだいいほうで、長野市内から一歩入った不便な山のなかにいけば、貧困と親の無理解から暗い一室に押し込められたまま、物をいうことも忘れ、ただ毎日を犬かネコのように生きている子どももあれば、医者にみすてられたといってはどうにもできない加持祈禱にこって、無為に日をすごさせられている子どももあるということでしたが、これなどは、もう盲学校教育以前の問題で、現在でもまだそんな前時代的なことがあるのかと思うと、盲児にたいする理解度の高い東京とくらべて、あまりにもその地域差の大きいのに、ただおどろくばかりで、わたしは、手も足もでない気持ちでした』（一七〇―一）

白杖について、また盲人としての彼女の考え方についても、語っている。

盲人にとって白い杖ほど大切なものはありません。しかし盲学校の高学年の高等部や専攻科の生徒になるに従って、持ちたがらなくなっている。その理由を聞くと、「人にじろじろ見られるので…」とか、「たいして必要を感じないから」とか、「邪魔になるから」とかを言うのですが、しかしその言葉の裏を返してみると、ゆきつくところは、やはり盲人に見られたくない、という劣等感の一語に尽きると思います。

『じじつ白い杖は、いっせいに視線をあびるものです。その視線の一つ一つには、軽蔑、あわれみ、同情といった色々な目があると思うが、視線をあびるがわは、それらすべての目をみな冷たい視線と感じているようでした。

これは、盲人のひがみとばかりに罪をきせるわけにはいかなかったのです。その理由の根本をただしてみると、社会の人々の盲人への理解不足にも、原因があるように思えました』（一八五―一二）

親兄弟にも白い杖に対する無理解があることを彼女は語っている。親と歩く時、「手を引いてやるから、そんなモノを持つ必要はない」といわれた盲人も多いという。しかし、彼女は白い杖を持つことに抵抗を感じていない。

『これは、盲ということに比較的こだわりのないわたしの性格が、そうさせるのであったかも知れませんが、わたしは、いくら世間の人の視線をあびようとも、今さらどうすることもできない盲人であることには、かわりのない人間であるのだからいっこうに平気です。

それに、世の中の人々が人それぞれにみなちがった考えを持っているように、盲人にたいして持っている考えも、また、人みなそれぞれに異なると思うし、ある人は、同情心から、ある人は、軽蔑の心で、ある人は、あがめる心でといったように、それぞれみるのであろうから、それはそれなりに素直にうけいれて、自分のなすべきことに忠実にしたがったほうが、いちいち劣等感を持つよりは、どんなによいかわからなかったからです。

もし、社会の人たちの目をいちいち気にしてくよくよしていたら、それよりももっともっと苦しかった「ひきあげ者」「貧乏人」とさげすまれ、軽蔑されてきたわたしなどは、今までじっとそれにたえて生きてこられなかったのではないかと思います。このように世の中というものは、もともと差別のはげしいもので、盲ということに対しても、決して特別ではないのですから、たとえ人からどんなに思われようと、わたしは、どんな未知の土地へいっても、堂々と胸をはって、自分の心の手足である大切な白い杖を持って歩きつづけていくつもりです』（一八八―四）

彼女は、自分の「今さらどうすることもできない盲人である」という運命を「素直にうけいれて」いるので、強く生きていかれているのかもしれない。

2 天野暁子（一九三七〜）一九八一年までは健在。

《自叙伝シリーズ番号、四〇。天野暁子著『赤い川』〈頁数＝三〇八頁〉（底本：昭和五六年）より》

本書は小説である。従って、どこまでが天野の人生と合致しているのかは判然としないが、巻末で「解説」（二九八頁から三〇五頁）している石堂秀夫——天野に小説の作法を指導した作家——が言っていることを念頭において見ていきたいと思う。

『（略）盲目の女性を描く筆致のレアリティとともに、著者の大まかな過去をこの作品の中に見ることは可能である。しかし、だからといって、この作品はいわゆる私小説として読まれるべきではない。何故ならこの小説には、人はいかに生きたらよいかという、確固としたひと筋の理念が貫かれているからである。

（略）身辺の些事に無原則的に傾斜する私小説とは、明らかな一線を画している。

（略）しかし、この作品が私小説でないとするなら、何なのかという質問には答えなければならない。敢えていえば、一人の盲目の女性の人間的成長をたどったこの作品は、自伝的な要素をふまえた教養小説というべきだろう』（二九九―六〜三〇〇―三）

女性であるからかも知れないが、《著者略歴》のところに彼女の生年は書かれていない。また出身地も。しかし上記の石堂の解説に出ているので、それにしたがう。すなわち、『昭和十二年、東京生れ』（二九九―四）ということである。

小説は、敗戦後間もなくから始まる。舞台は天野が疎開していた山梨県の山村と思われる。主な登場人物は、天野と思われる主人公の、瀬川真喜子（盲人）。そして以下である。

峯吉——真喜子の家の近所に住む、やはり目の悪い（少し見える弱視）、同じ年頃の男の子。

田村――真喜子の憧れの男性。県立高校在学中に、結核で目を悪くし、盲学校に来た。
誉木《たかき》――T大学法学部の学生。週二回、盲学校にリーディングサービスに来る。
三橋ゆき――真喜子をよく知る結核患者。誉木と結婚してしまう。
佐藤奈々子――真喜子が入院した病院にいた看護婦。
竹川さん――入院した時に頼んだ家政婦。六〇過ぎの人。
他に盲学校の先生、職員、クラスメート、上級生が多く登場する。また彼女には、病気の父と、一人で一家を支える母と、兄（武）、妹（鏡子）、弟がいる。

昭和二三年、十歳で真喜子は盲学校に小学一年生として入学する。それまでは家庭の事情で入れなかった。二学期のある日、峯吉との学校からの帰り道で、近所の女の人たちが立ち話をしていた。峯吉に、『「真喜ちゃんとお似合いだね」「そのうち二人は、夫婦になるのかね」「ははは、それにしても可哀想に」』（一九―一五）。そして、二人が目の見えないのは、『先祖のたたりというのか…』（二〇―一）。幼いながらもそれを聞いて、彼女は、ムッとした。峯吉はそれに傷ついて、その次の日は真喜子を待たずに先に学校に行ってしまった。

十四歳で普通より三年遅れ（それでも飛び級していた）で、小学六年になり、次の年、中学部に進級した。勉強に打ち込むために、自宅からの通学をやめて、その時から寄宿舎に入った。ここで憧れの人となる、田村に出会う。そして心をときめかせるが、結局同室者の年上の律子に彼をとられてしまう。

他の同室者のあや子のことについて――真喜子の部屋は、八畳で、四人が暮らしている。

『あや子の家は、学校と同じ市内にある。彼女の父は富裕な商人である。しかし、自分の家に障害者がいることを人に知られたくないために、父は入学と同時にあや子を寄宿舎に入れ、長期の休み以外には、会いにも迎えにもこないのだという。そのため彼女は、一人で歩くことはおろか、初対面の人とは話もできないほどの内気な性格になってしまった。

（略）

学校からも市役所からも、盲学校入学を勧めにきたのに、あや子は十歳になるまで入学させてもらえなかった。公になるのを嫌って家族がそれを断わり《ママ》通してきたのだ。今でも人前で決して点字を読むなといわれているから、あや子は家ではいつも二階にこもって暮らすのだという』（七二―一五）

学校の学園祭の時、誉木と初めて知り合った。彼は学生で、毎週月曜と木曜の夜七時から九時まで真喜子たちの寮に来て、リーディングサービスをしてくれていた。その後彼とその時間以外にも会うようになって、楽しい時を持つようになった。

そんな付き合いがしばらく続いた後、彼に真喜子はプロポーズされた。彼女も彼が好きだったが、それを結局は断った。それは弁護士を目指す彼に、按摩師の自分は相応しくないとの思いからだった。

それに、『どうしたって劣等感を持ってしまうし、遺伝のことも気になるし……』（一六九―一三）。しかし彼といざ別れると、『もう何の望みも、可能性も根こそぎなくなってしまったような気がする。同じような虚しい日々を、淡々と生きるくらいなら、いっそひと思いに死んでしまおうかと何度も思った』（一七三―一五）

真喜子に託して天野は結婚というものに対する複雑な思いを語っている。

また天野は、真喜子の視力について次のように書いている。

『（略）自分は生後間もなく、**重い**血膜《ママ》炎に感染した。そして戦時中の不充分な、人工栄養で育ったのだ。目が悪くなったとしても、不思議ではあるまい』（一五九―一一）

しかしたとえ盲人となったからといって、生きることに消極的になることはないと。盲人だから苦しみがあるのではないと、語る。

『（略）盲人だから苦しみがあるのではない。もしそうなら、目の見える人はみんな幸せですか？　形は変わっていても苦しみはどんな人にもある。苦しみは心を鍛えるために必要なんです。苦しみの原因を盲目のせいにしてしまうのは卑怯な甘えです。苦しいと感じるのも生きてる証拠なのよ』（一九三―三）

最後に、本書の中で天野が世の中に向けて、社会に向けて、語っている処を記したい。

『形ある物の生産を急ぐ世界にあっては、障害者の存在価値は低いとされるかも知れない。だが、人が人らしく生きるための精神の世界ではどうだろう。弱者がいなければ、正しい意味の思いやりや理解が育ってゆくだろうか。弱者を見て何とも感じないとしたら、その人の心は乾燥しきっているのだ。障害者は、人の心の潤いを測る湿度計ともいえよう。

人びとは福祉社会の理想を考える。そのためには「してあげましょう」の運動は止めて、「一緒に生きて行きましょう」の運動を盛り立てたい。障害者は人に何かを与えてもらうことよりも、自ら作りだす能力を持つことを切望している。仲間と共に生き甲斐を持って働き、朗かに余暇をエンジョイできるようになってこそ、障害者はほんとうに幸福な社会に住んでいると、感じることができるだろう。

学校でも、職場でも、地域社会でも、隔てのない仲間として、障害者を受け入れてほしい。受け入れるということは障害者に何かをしてやるのではなく、何とかして彼自身にもできることをさせるようにすることだ。親しみ合えさえすれば、障害者との違和感はなくなるはずだ。違和感がなくなればそこに仲間意識が芽生えてくる……』（二八七―二二）

天野は真喜子を通しても、失明というハンディについて直截的な呪いや、怨みの言葉を吐いてはいない。天野自身その運命に対して、その受容は自然だったもののように思われる。幼児期の失明だっただけに、それを受け入れ、その後は積極的に生きて行こうとしているように思われる。勿論そのような心になったのも、彼女を取り巻く家庭環境が大きく影響していたのであろうが。兄や妹と豊かな幼年時代を過ごしていたようだから。

3 藤野高明（一九三八〜）二〇〇三年現在、健在。

《シリーズ番号、一四。藤野高明著『あの夏の朝から―手と光を失って30年―』〈頁数＝二五六頁〉（底本：昭和五三年）より》

藤野高明は昭和一三（一九三八）年一二月二一日、福岡市に三男三女の長男として生まれる。二歳の時、「健康優良児大会」に入賞するほど健康だった。

同二〇年四月、福岡市立高宮国民学校に入学する。そしてその翌年の二一年七月一八日、彼の運命は一変する。その前日、二つ違いの弟・正明と家のすぐそばを流れる幅二メートルほどの小川の中で、長さ約五センチ、直径約一センチの円筒状で銀色に輝くものを拾った。この、敗戦から一年も経たない頃には子供たちがそのような銀色のパイプを争うように拾い集めていたのだ。しかしそれが弟の命を奪い、彼の両眼と両手を奪うものとなろうとは……。

七月一八日、朝食後、

『（略）私たち兄弟は、きのう小川で拾ってきた、あの銀色のパイプのようなものを、大切にしまっていた机の引出しから出してきて遊びはじめた。玄関の土間には朝日が勢いよく差しこんでいた。母は台所であとかたづけをし、父は朝刊に目を通していた。小さな兄弟はそれとは知らない無数の**不発弾**を叩いたり、ころがしたりして遊んでいた。一方の口からのぞいてみると、底の方に黄色い砂粒のようなものが付着している。兄弟はそれを取り出して、この銀色のパイプをもっときれいにしようと考えた。子どもの行動は素早い。思考はちゅうちょなく次の行動と直結する。穴の中に小さな釘を差しこんで、付着物をこじり出そうとした……。

私の記憶はここで中断する。まるで悪魔にからだ中をさいなまれているみたいだ。じっとしていられないほど息苦しい。まわりが何だか騒然としている。時々、たかちゃんと誰かがよんでいる。悲鳴に近い母の声のようでもあ

る。からだを少しずらそうとしたら、壁か柱で頭を強く打った。また、わからなくなった』（二一―五）

私たち兄弟――弟は即死に近かったが――は、一つの担架に乗せられ、福岡市薬院にある坂本外科に運ばれた。医師は藤野を見て、

『（略）いのちをとりとめる見込みは百に一つもないと断定した。出血多量が致命的であった。顔面と胸部、それに両手先からのはげしい出血であった。医者は止血注射をしただけで、「お子さんにこれ以上痛い目や苦しい思いをさせない方が……」とまでいった。しかし、母は泣いて医者に懇願した。

「この子がどんなに痛がっても苦しがってもいいから、にいちゃんの方のいのちだけはとりとめて下さい。たとえどんなかたわものになってしまってもいいですから。とにかくこの子を生かすためにうてるだけの手をうって下さい」

この悲痛な母親の叫びが、医者にメスをとる決心をつけさせたのである』（二三―一〇）

手術は昼近くから始められた。そしてそれは終わった。全く奇跡的に命は救われたのである。顔と両手には包帯が分厚く巻かれてはいたが。

半月入院していて自宅に戻った。この時、藤野本人は自分の体がどのようになっているか分かっていなかった。夏休みが終わったら、学校へ行くつもりでいた。ただ、手の異常にはうすうす気づいてはいたが、**両方の手首が切断**されてしまっていようとは思ってもいなかった。

以下ひどく重い文章が続いて行く。ここではしかし、本書巻末にある、「藤野高明年譜」からその後の彼の人生を追っていく（注、年譜に記されたままの記述ではない。論者が手を加えている処もある）。そしてそのあとにいくつか、彼の記す文章に触れたいと思う。

一九四六年七月一八日、その**爆発事故**起こる。

一九五四年一月四日、**開眼手術**のため、国立筑紫病院に入院、以後五年間入院生活を続ける。同年六月三〇日、父、

病没（四一歳）。母が化粧品の行商をして、一家の生計を支える。

一九五七年一月九日、福岡県の身体障害者職業補導所に入所を希望するが、視力障害者ということで断られる。また国立光明寮（現在の視力障害センター）を紹介されるが、両手首切断を理由に断られる。以後一年間は全く絶望のうちに暮らす。

一九五八年一月二九日、ハンセン氏病による失明者の人たちが、点字を唇で読んでいると聞き、ヒントを得て、同室の盲学校生徒より、点字を習い始める。一〇日で点字をマスターする。看護婦さんから中学の学力をつけるため、勉強を習う。同年二月二〇日、福岡盲学校中学部に入学を希望するが、高等部に理療科（鍼、灸、マッサージ課程）しかないという理由で入学を断られる。

一九五九年四月二〇日、出張試験により、大阪市立盲学校中学部二年に入学を許可される。二〇歳で寄宿舎に入舎する。

一九六一年四月一日、盲学校中学部を卒業する。高等部普通科コースに進む。

一九六四年三月、市立盲学校高等部を卒業（二五歳）し、大学受験を志す。家計の悪化のため、福岡に帰る。方々の大学で受験を断られる。

一九六五年一〇月一日、日本大学文理学部史学科（通信教育部）に入学（書類審査による）。

一九六七年二月一〇日、大阪で初めて障害者の生活、教育、権利を守る大阪府交渉が行なわれる。父母、障害者など五〇〇人が参加する。同年五月四日、大阪において、視力障害者の生活と権利を守り高めるための運動団体、全日本視力障害者協議会結成総会開かれる。同年一二月四日、障害者の生活と権利を守る第一回国会請願と政府交渉が行なわれる。

一九六八年八月、日本大学当局よりスクーリングの受講を断られ、帰郷を勧告される。同じ頃、沖縄からの留学生（不発弾による全盲青年）早稲田大学から奨学金を停止され、自殺する。

一九六九年四月一二日、大阪の私学高校生補助金請願運動より起こった、盲人の点字による直接請求を認めよとの運動、政令の改正により勝利する。この年、学校に行けない障害児をなくす運動が起こり、全国に広がる。

一九七〇年三月、大阪視力障害者の生活を守る会（以下、守る会）で、藤野の卒業後の就職問題を協議、教員就職を目指すことを確認、運動に取り組む。同年六月二九日、障害者の教育・医療・生活をよくする第四回対府交渉で、教員選考テストの点字受験の制度化を要求、断られる。府教委希望者の個々面接をすると回答。同年九月五日、藤野及び聾者二名、府教委教職員課長らと面接懇談。うち聾者二名は、翌年度府立障害児学校に教員として採用される。同月一一日、大阪市立盲学校森本校長と面接、就職を希望と伝える。同月二〇日、南部和子（全盲、鍼・マッサージ開業）と結婚。

一九七一年三月、日本大学を卒業、高校社会科教員の資格取得。朝日新聞全国版に大きく報道される。当時欠員のあった市盲高等部社会科講師として採用を希望したが、「採用テストに合格してから」と断られる。同年四月一一日、黒田革新府政、大阪に誕生する。同年八月一日、対府交渉により、藤野に限り特例として点字受験が認められ、第一回目の受験をする。同年九月一四日、合格発表され、全国紙に大きく報道される。直ちに、学校、市教委に採用希望を伝えるが、欠員がないから、年度末まで待つようにいわれる。

一九七二年三月、教諭としての採用を希望するが、しかし欠員がないということで、また待たされる。同年六月二七日、やっと時間講師（七時間）として採用される。同年七月三日、「藤野先生をはげます会」が、守る会などの呼びかけで開かれる。

一九七三年三月、再び教諭としての採用希望を出し、四月一六日付で採用試験の有効期限が切れたという理由で、期限付き講師に発令される。市障教組合員になる。同年五月九日、市障教、守る会、障連協などの団体が対策協議会を結成。五月六日付けで、守る会、障連協名で、大島市長、下程教育委員長に公開質問状を提出する。同月一二日、同質問状に回答がある。藤野に再度受験を要請する旨のこと。翌朝各紙、市教委を厳しく批判。同日、障害者の進学差別をなくす対策協議会（府高教、障連協など参加）正式結成される。同月一四日、市障教中央委員会、藤野支援を決定。同月一七日、大教組中央委員会、藤野支援を決定。同月二五日、対策協、市教委に五項目の要求書を提出。教育次長、検討を約束。以後継続交渉を続ける。六月二二日、市教委、対策協の要求書に、再度受験を受け入れると回答する。七月二九日、再度受験する。八月三〇日、対策協、約束に基づき、九月一日発令を要求。同月一三日に至り、次長、早期発令を約束。同月二八日、対策協再再度発令を要求。同月二九日、市教委、ついに藤野を市立盲学校教諭に発令した。一一月二〇日、文部省、昭和五四年度から養護学校義務制化の政令を出す。

一九七四年一二月二七日、長女、裕美子誕生。

一九七五年四月一三日、革新黒田府政二期目実現。同月一八日、文部省、各大学に身障者入試の次官通達を出す。

一九七七年一月八日、長男、博明誕生。八月七日、全障研第一〇回全国大会で「歩きつづけた教師への道」と題して特別報告する。

暴発事故で、失明し、両手を失い、生きられるかも定かではなかった藤野は生かされた自分を思い、そのような状況ではあったが、障害の受容というような心理は存外のことだったように思われる。母の必死の願いから、生かされたことを思うと、障害を負ったことで、「自殺」を考えるようなことは、少なくともそのことでそれを深く考えるようなことはなかった。本書中にもそのような記述は見当たらない。むしろ積極的に生きようとする彼に、盲学校を含めて社会が門戸を閉ざすことに憤り、それを突破していこうとする積極的な生き方が見えてくる。ハンセン（氏）病患者の著書における文章にも重いものがあったが、この藤野のそれもひどく重い、と言わざるを得ない。

世の中の差別について語っているところと、彼がその人生について語るところを記したい。

差別について。藤野は上記「年譜」にもあるが、一九五四年一月五日、国立筑紫病院に開眼手術のために入院した。その折のことである。

『ある日、同室に目の不自由な老人が、目の手術のため入院してきた。

原口豊吉老人は、未解放部落出身の人であった。福岡県下には、全国の一〇分の一にあたる約三〇万人のいわゆる「部落民」が住んでいる、といわれていた。私の家の近所にもこうした部落が点在しており、私も幼いころから彼らのことについては、さまざまな悪意に満ちたささやきを耳にしてきた。もっとも印象深く子ども心にやきつけられたのは、彼らがわれわれと異質の存在であり、不気味な人々であるということだった。何故そうなのか。そのことについては誰も説明してはくれなかった。ただ、わけもなく「こわい人たち」「こわい部落」として描き出されていたのだ。

だから、原口老人の入室を看護婦長に告げられた時、私たちは「困ったことになった」「いやな話だ」「しばらくはすこし言葉にも気をつけなければ」と、お互いに口にこそ出しはしなかったが、ひそかに思いあったものだった。六〇才を過ぎてトラホームのために失明したという原口さんの家は、貧困そのものであった。身なりも貧しかった。しかし、一週間もたつと、私はこの老人とすっかりうちとけてしまった。彼は大へんおだやかな人柄で話し好きであった。

老人は自分の出身をかくそうとはしなかった。幼かったころから自分とその村の者たちがどのように屈辱的な差別に耐えてきたかを、淡々と語りつづけた。生活にうらうちされ、実感のこもった異常な迫力を感じさせる話であった。私は一心に聞きいった。

原口さんはほとんど学校に行けなかった。農作業の手伝いや馬車をひっぱって泥まみれ、ほこりまみれになりながら成長した。それはまるで野道に群生する雑草のように土足でふみつけられ、いやしめられた人生であった。「よつ」と指さされ、「えた」とののしられて、ゆわれなきさげすみと差別を受けつづけてきた。

私はこの老人の話を聞きながら、何か胸底にふき上げてくるものを感じていた。それは怒りと共感のいりまじった熱い湯のようなものであった。私も重度の障害者だという、それだけの理由で学校にも行けなかった。また「めくら」とか「手なし」とか子ども心をこの上なく傷つける言葉でささやかれ、ふりむかれてきたのだ。私は強い被差別感をいだかされて育った。「片輪者」と呼ばれる身体的欠陥の故に、さげすまれ差別された。私は自らの障害をのろい、絶望的になやみ、砂漠の中に置き去りにされたような孤独感にさいなまれてきた。ところが原口老人の体験は、私の閉ざされた心を解放し、目を開かせてくれた。この世の中には実に不合理な許しがたい差別が他にも存在していたのである。差別されているのは障害者だけではないという思いが、新たな発見ででもあるかのように、私の不幸な過去に光をあてはじめた。

そのころからだったと思う。私が差別の本当の原因について考えはじめたのは。それはごくありふれた人間個人の善意や悪意の中に根ざすものではなくて、そういう個人のいとなみや感情をこえたところにある、社会のしくみ、歴史のなりたちの中にがっしりと根づいているのではなかろうかと』（四五―一四）

人生について、こう語っている。

『それはいつのころからだったであろうか。自分の体内を流れる血の熱さに気付きはじめた、ある遠い少年の日の追憶の中から、一本の赤い糸のように、私の人生観を貫いて走るものがあるのだ。障害者として一生歩みつづけることを強いられた私にとって、このことはある種の必要性から出発しているのかも知れない。あとにも先にも人生とは一度限りのものである。もしそうだとするなら、人間として最高の生き方をしたい。死に直面して過去をふりかえり恥で身をやくことのないような生き方とは、真理を探求し、正義を守り、志を立て、理想をもち、信念を貫き通す生き方であろう。人生にはつらいことも苦しいことも数えきれないほどある。しかし、結局のところ、生きるとは限りなく楽しくすばらしいことにちがいない。私はそのように考えようと努力してきた。そうしないでは、まっとうな人生に一歩もふみ出せなかったのである。そしてそれがいつの間にか身についてしまったのだ。それが強がりでも負け惜しみでもないことを、よき運動の実践と人類の強大な歴史の真実がみずみずしい明瞭さで私に教えてくれたのである』（一三一―四）

重度の障害者として一生歩み続けることを強いられても藤野は、「生きるとは限りなく楽しくすばらしいこと」と言う。その人間としての強さを改めて思う。

4 石井康子（一九四三〜）一九八四年までは健在。

《シリーズ番号、五五。石井康子著『手のひらで知る世界』〈頁数＝二〇六頁〉（底本：昭和五九年）より》

石井康子は昭和一八（一九四三）年、満州、大連に生まれる。そして敗戦後、家族とともに鳥取県に引き揚げる。**小学校に入学したころは、すでに視力はほとんどなかった**。教科書に顔を近づけてやっと読める程度であった。そして二年の秋になると、耳も聞えなくなってしまう。この年に、母が亡くなった。三年生になると、**目と耳が不自由**ということで、勉強についていけなくなる。彼女には十歳以上年の離れた兄が居て、当時大学生で、彼が夕方帰ってきたら勉強を教えてもらっていた。しかし全体を通しても、体育も皆と一緒にはできないこともあって、「できない子」とされていた。

昭和三〇年三月小学校を卒業し、中学からは県立聾学校に入った。しかしそこでは当然会話の手段は手話になり、彼女にはそれは理解できなかった。入学と同時に、聾学校のすぐ近くにあった県立児童福祉施設「積善学園」に入園し、そこから学校に通うことになった。父が学校の関係者と相談して、決めたことだった。聾学校と盲学校は同じ敷地内にあったが別棟で、しかし積善学園には、盲学校の盲児と聾学校の聾児が、部屋は別だが同じ建物内で生活していた。彼女は最初の一年間を聾児と、そして翌年の一年間を盲児とともに寝起きして、点字を学びながら、聾学校に通っていた。そんなことから聴こえない世界と、見えない世界の両方を知ることになった。

そして中学を終え、聾学校の高等部へ進み、そこも卒業した。

『ろう学校でお裁縫をみっちり習った女生徒は、それぞれ縫製工場へ就職し、木工を習った男子生徒は家具を作る会社へと就職していったけれど、私の行く道はなかった。学校や積善学園の先生たちも、どのような道へすすませてよいのやら分からなかった、というより初めから進むべき道はないものとして考えてもくれなかった。私は私でさっぱりどうしてよいか分からず、卒業したのだから、とにかく周囲の言うとおりに家族のもとへ帰るしかなかった。そして、カリエスで十三年も寝たきりの女の人の所へバスで通っておつき合いをしたり、その人が京大病院へ入院したとき、一緒に行って一カ月ほどそこにいたりしていたが、しばらくして、米子市のある開業医のところで住み込んで雑用をやることになった』(三〇一七)

しかしいろいろなゆき違いから、その医院にはいづらくなり、そこをやめた。それで何か職業を身につけたいと考え、福祉事務所を通じて職業訓練機関や更生援護機関に問い合わせたが、『目と耳両方不自由な人は教育してません』(三二一一七)と言われるばかりだった。

『結局どこへも行くところがないという現実は、私を地の底へ底へとのめり込ませ、引きずり込んでいった。自分はこういう宿命なのだ、私のような人間は仕事なんてできない。人並にやりたいと背伸びして、バラ色の人生を夢見る方がまちがいなんだと、無意識に思ったのかもしれない』(三三一一六)

そんな折、一面識もない(名前だけは知っていたが)盲学校の教員から、Nという女性の書いた『われら生きる』という点字本が送られてきた。それは、やはり目も耳も奪われた女性の自立更生の記録をはじめとする、日本中のダブルハンディをもった人たちの生活記録だった。

その本を読み、自分と全く同じ状況の人がいたことを知り、少し気持ちが楽になった。またそのことから、Nさんとの文通も始まった。彼女の話では、ヘレンケラー学院で鍼、マッサージを学ぼうと思って入所を願ったが、『ダブルハンディ者は入れない』(三五一四)と断られたという。これが日本の福祉施設の現実であった。

石井は福祉事務所を通さずに、受け入れ先を自分で探すことにした。そしてやっと積善学園にいたことのある、盲目の牧師の世話で東京杉並にある中途失明者更生施設、「国立東京視力障害センター」に入ることができた。大きな布団袋とともに入所したのは一九七一年の春だった。ここで点字印刷を勉強した。

そしてその点字印刷科を一年で修了し、やっと本来の希望の理療科に翌年に入ることができた。その受け入れに際しても、多くの困難はあったが、いろいろな人の協力によってそれは実現された。

そこで初めの二年で、マッサージの資格を取り、次の一年で、鍼灸の試験を受け、それにも合格し、その資格も取ることができた。

一九七五年、四年間を過ごした視力障害センターを出て、国立市で適当な家を借りて、治療院を開業した。その家を見つけるのにもまた大変な苦労はあったが……。

その後、一九七七年春、都立の「肢体不自由者施設」に治療の仕事に行くようになり、そこでのち（一九八一年一一月）に彼女の夫となる誠とも知り合った。彼はその一カ月前にその施設に職員として就職していたのだ。

なお、彼女は一九八四年現在、一九八〇年一〇月に右眼の手術によって、そちらの目だけは眼鏡での矯正によって〇・一の視力を得ることができている。左眼は、ゼロである。

彼女も積極的な性格であり、また幼い頃に障害者（盲聾）となったこともあってか、そのこと（＝障害）で人生を絶望し、自ら死を選ぼうとした記述はない。むしろ社会や世の中に対する怒りの言葉の方が多く書き記されている。ここで二つ三つ示してみたい。

福祉に携わる者、また人間すべてが念頭に置いて欲しいこと。

『（略）福祉であれ、人間関係であれ、その人のために良かれと思って一生懸命にやっていることが、いかに相手を無視し、また傷つけているか、それに気付かないことが多い。特に今までの福祉の在り方がそうだった。体の不自由な人に、弱い人にと行なわれたことの多くが、その実その人たちをかえって押しつぶし、不自由にし、あるいは卑屈にしてしまった。一方通行の善意ということが、いかに人を傷つけてきたことであろう。

とはいえ、体の不自由な人の言うことなら全部ハイハイと、何でもそのとおりにすればいいというのでは決してない。施設とか福祉行政で、よく「対象者の要求はどんなことであろうと、絶対に受け入れ満たすべきだ」と職員たちの一部は、その大義名分と美名の名のもとに何でも言うとおりにするが、これは裏を返せば「かわいそうな弱い人だから」何でも良くしてあげようということであり、つまりは本当に、当たり前の人間同士であることを無視してしまう。

みんなが同じ人間として、その生きることの重みや、痛み、あるいは喜びや楽しみをともにしたいと思うなら、たとえ職員であろうとも意見は言い、時にはケンカをするくらいにぶつかり合いながらやっていかなくてはならないだろう。同情やあわれみ、それは人間的であろうとするつながりを拒否し、お互いを疎外してゆく。また自分より低い位置に人を見たところから「あの人はこうやってやればよい」という権威主義が生まれてしまう』(二六―一五)

便利の先にあるものとは。

『人工衛星はたくさん飛んでいるけれど、いろんな便利な機械はどんどん売り出されるけれど、いや、それだからこそ、事故や公害でたくさんの人の体がむしばまれ、さみしい人、悲しい人が増えてゆくのではないだろうか。

そして、もっと悲しいことは、このように文明の進歩によって逆に私たちの生活と生命がおびやかされたり、少しおっとりしていて社会の忙しいペースについてゆけない人たちが、どんどん弱く、みじめな立場に追いこまれてゆき、「よくできる人間」が礼賛されるという社会の仕組みと、多かれ少なかれそれを支えている、私たち一人ひとりの価値観ではないだろうか』(二四六―一〇)

そして、石井の社会への思い。

『平凡に暮らしたいという願いは、ともすれば世の中の大きな事件にかき消されてしまいます。次々に起こる悲しい事件。今も世界のどこかで起きている戦争。平和と言われる現代の日本にも聞こえてくる戦争の足音……。こうした事件や喧騒の中で、小さい者、弱い者の叫びは、簡単に消されてしまいます。依然としてこの世の中は強者の闊歩する場であり、弱き者、貧しい者、体の不自由な者はどうしても片すみに追いやられてしまうのです。

しかし、だからこそ、弱き者、不自由な者があえて声をあげ続ける必要があるのではないでしょうか。それはたとえば、病院の医師や看護婦が、その日常に慣れきって病院側のやり方だけしか知らず、患者のごく些細な「恥ずかしい」とか「苦痛だ」という気持ちを、「病院だから、患者だから当たり前」と言って受け入れないことに対して、一般患者が語らなくては決して伝わらないのと同じことです。またそれは、車椅子の人にとって、五センチの段差が健常者の五メートルの断崖にも等しいほど恐ろしい、ということを言わなければ、ヒョイと歩いていける人にはわからないのと同じことです。

人と語り、楽しみ、労働し、愛し合った人と結婚し、家庭をもつ、こうしたごく当たり前のことが、障害者においては、ゆがんだ通念や因習によって今なお阻まれています。しかし、誰しも生きるに値するし、平凡に普通に暮らすことができるのです。それを私は、このささやかな生活を営み続けることによって、社会に示したい、訴えたいと思うのです』（二〇四―八）

【＊石井の主張の中には、論者が疑問に思う箇所も多々あったことを記しておきたい】

5 小木曽和久（一九四四～）一九八七年までは健在。田吹かすみ（一九五〇～一九八五）享年三五歳

《シリーズ番号、三二一。小木曽和久&田吹かすみ著『いのちの交換テープ　小児糖尿病で光を失った二人・愛の全記録』〈頁数＝二五三頁〉（底本：昭和六二年）より》

この書は、そのタイトル及びその副題が示すとおり、**小児糖尿病で失明**した男女の交換テープを活字化したものである。

小木曽和久は昭和一九（一九四四）年二月一六日、愛知県奥三河の山村（東加茂郡下山村）に生まれた。生家は村有

数の林業家で、彼は、姉一人・男四人兄弟の末っ子として生まれた。小学校中学校は地元で過ごしたが、高校大学は親元を離れ、岡崎市で兄たちと自炊生活をして過ごした。

彼に**糖尿病の兆候が最初に現れたのは、中学二年の時だった**。その後はいい具合に目立った症状は出なかったが、大学を卒業し、働き出した二三歳の時、体に力が入らなくなり、歩けなくなった。医師からは、「もっと静養しろ」と言われたが、動けるようになった三カ月後に、職場（財団法人経済調査会）に復帰した。

しばらくは以前同様に生活できていたが、それから三年後の、一九七〇年、二六歳の七月上旬、出張先で字がぼやけてしか見えなくなった。彼は愕然とした。実は前年に、突然目の中に黒い点ができて、眼科に行ったことがあり、糖尿病からきた眼底出血と言われていた。しかし忙しくて結局それをそのままにしていたからだった。

事態は予想以上に悪く、出張から帰った翌日には、出勤途上の駅の階段が昇れずということになり、三日目には、もはや寝床から起き上がることさえできなくなっていた。そしてすぐに岡崎市民病院に入院した。

一九七〇年八月三日、彼は岡崎市民病院から名古屋市の中京病院へ送られ、初めて人工透析を受けた。同時にインシュリンの投与も開始された。透析の方は順調にいったが、同年一〇月末に激しい目の痛みに襲われた。**糖尿病性網膜症に由来する緑内障**だった。手術をして眼圧は下ったが、視力は衰える一方だった。

そしてそれから二年後（一九七二年）には完全に光を失った。体重も度重なる手術で、五二kgから三四kgに落ち、ベッドから立ち上がることもできなくなっていた。失明後も眼痛は続いたが、しかしいい具合に食べる力が蘇るにつれて、それは少しずつ薄らいでいった。

一九七三年、家庭透析をすることになり、長い入院生活を切り上げて郷里に帰った。二九歳になっていた。そして歳月は無情に流れていった。

彼は、『姪がミッションスクールに通っていたのが縁で、九州のカトリック教会の「声の奉仕会・マリア文庫」から、小説のテープなどを借りて聴くようになった。そこでシスター野崎と知り合』（三九－一一）い、シスターから――小木曽が文章を書くのが好きなのだということを彼女は知って――大分県立盲学校の靏見《つるみ》忠良教諭を紹介された。靏見も中途失明者で、日本現代詩人会会員、日本野鳥の会会員という多才な人物だった。靏見と彼は声の便りを交換しだした。

田吹かすみは昭和二五（一九五〇）年八月一日、大分県東国東郡国東町（国東半島）の谷あいの小さな村に生まれた。生家はみかんやしいたけを栽培する農家で、そこの長女として生まれた。祖母と両親と、そして彼女の下に、三歳違いの弟、そして六歳違いの妹がいた。

小学六年、**一二歳の時に小児糖尿病を発病**し、この時以来、彼女は一日たりともインシュリンを欠かせなくなった（二種類あるうちの、インシュリン依存型の糖尿病だった）。

中学高校時代はそれでも比較的平穏に過ぎた。そして地元の高校を卒業後、大分市内の専門学校に入学し、衛生検査技師を目指した。そこを卒業後、そこで学んだことを活かせる別府市医師会臨床検査センターにも就職でき、別府市内に下宿を見つけ、満たされた日々を歩み始めた。

だが、昭和四八年二月二四日、突然目の前に十円玉ぐらいの赤いものが見えた。最初は乗っていたバスの窓ガラスの汚れだろう位しか思っていなかったが、目の動きに連れて、それも動き、右眼を閉じるとそれは消えた。糖尿病になって十年。眼底出血が起こったのだった。まさかそんな厄災が現実に自分にふりかかってこようとは思っていなかっただけにショックだった。

仕事を辞めて、闘病生活が始まった。右眼はすでに回復の見込みはなかった。それでせめて左眼だけでも助けたい、と願ったが、それも空しく、同年夏、左眼も眼底出血を起こし、二年後には両眼から光は完全に失われた。ただ唯一の救いは、その間に痛みを全く伴わなかったことだ。また、生来の美しい瞳も手術によっても失わずに済んだことだった――従って、見た目には失明している人には見えない。

真っ暗な絶望の中、ＮＨＫラジオを通じて、彼女は短歌と出会い、そして自分の心の思いを短歌にしていった。それはのちに歌集『失明の灯』としてまとめられる。

眼底出血を起こして入院生活（計一年間ほど）を送っていた彼女は、暗く沈んで人に会うことを極度に嫌うようになっていた。母は彼女の自殺を惧れて、片時も彼女の傍を離れなかった。そういう日々がしばらく続いた。

暗く沈んで人に会うことを嫌ってはいたが、彼女の中では、それは日を追うごとに変化していった。〝自殺〟を考えなかったこともなかったが、それは僅かのことで、彼女はその危機から脱していた。その頃のことを、『私のひとりごと』と題する詩のような断片に、次のように書いている。これが彼女の障害に対する**受容**、失明からの解放だったのかも知れない。

『あんなに明るいあなたなのに、そんな過去があったのね△私一人が苦労しているみたいなことをして恥ずかしくなるわ…どんな幸せそうに見えても　みんないろんな苦労をしてきている△話してみなきゃわからない△苦労を乗り越えたらそこにはきっと△今まで気がつかなかった喜びや幸せがあるのだろう……』（二五―一二）

『神さま　あなたは私から大事な眼を奪ってしまわれた△でももう私は恨んだりしません△だってその代わりにもっともっと大切なことをいろいろ教えてくれたんですもの△私の眼は　きっとこの世界のどこかの　もっともっとかわいそうな人にあげたんですね△どこかで生まれる赤ちゃんかもしれないですね……』（二六―一）

彼女は、病状が安定し退院すると、昭和五〇（一九七五）年、大分県立盲学校に入学し、鍼灸師として新たに生きようとした。そしてそこで三年間勉強して、三療（鍼・灸・按摩マッサージ）の資格を取った。しかし、いざ卒業という時に、今度は**腎盂炎**を起こして、腎臓を悪くした。それでも、一九八〇年には治療院の開業にまでこぎつけた。開業して七カ月目にしかし、体調不良に陥ってしまう。透析治療に身を委ねることになった。そんな折、彼女の卒業後に大分盲学校に赴任してきて一面識もない、靏見から突然の電話がかかってきた。靏見は在学中時代のかすみの評判を聞き、小木曽を紹介しようと掛けてきたのだった。当初彼女はその申し出を断ろうと思ったが、送られてきた小木曽のテープを聴き、ひたむきでまじめな人柄に触れて、申し出を受け入れた。

そして二人の交換テープは始まったのだった。第一便は、小木曽から一九八一年九月二一日に出されたものだった。かすみからの第一便（返事）は、同年一〇月五日に出された。『失明の灯』を送るということ。そして、『短歌をやってみませんか』（五一－四）と誘う言葉が吹き込まれていた。

それぞれのテープには、それぞれの病状のこと、日々のこと。また人生に対する思い、考え、が述べられている。同年一二月二二日の小木曽のテープから、短歌が添えられるようになる。かすみも、一九八二年一月四日のそれから、返事としての歌をよせている。

テープ交換をするうち、二人の思いは必然的に同病者としての友情から、好意に変わっていく。だが身体は自由にならない、そのもどかしさが伝わってくる。特に小木曽のそれからは、男性としての痛切な。

お互いの病状を気遣いながら、それでもついに、テープ交換を始めて三年後の、一九八四年一一月三日、大分で会うことができた。小木曽がかすみの処に行ったのだった。彼には彼の両親姉兄が付き添い、また大分空港には、かすみと彼女の母と妹が出迎えていた（また二人が知り合うきっかけをつくってくれた靏見も夫妻で来ていた）。お互いの家族が初めて会ったのである。しかし翌日には別れなければならなかった。小木曽の透析がそれ以上の外泊を許さなかったからだ。二三時間という短い出会いだった。そしてこれが、二人が生きて会えた最初で最後の時であった。

田吹かすみは、翌一九八五年八月一二日、三五年という短い生涯を閉じた。

二人が交わした交換テープの中から、小木曽がかすみに送ったものの中から、一つ二つ抜き書きしたい。

病魔にとりつかれて、毎日大変ではあるけれども、なお生きていく喜びを語っている。

『人はすべて、健康な人も病いの人も、生きている限り、皆それぞれちっちゃな十字架を背負って生きているんではないだろうか？　だけど、何の為に十字架を背負っているのか、何の為に苦労して生きているのか、ふと疑問が湧く時もあると思います。そんな時、人間ってすごく空しくなってしまうような気がするんだよね。

でも、そうした中でも、人はもう一度、生きてある喜びを考えてみる必要があると思います。

宗教は、よく来世のことを説いているよね。もちろん来世も大切かもしれないけど、やっぱり人は今、今生きているこの瞬間がなにより大事だと僕は思うんです。

人は所詮一人では生きられないし、また大勢の中で生きていればいろんなイヤなことにもぶつかるし、もう死んでしまった方がいいと思うようなことだってあるかもしれないけど、でもなお生きている喜びを感じられるってことは、すごくいいことじゃないだろうか？』（一四六―一二）

かすみが、人から「盲」と言われて傷ついたということに対して、

『―僕も、眼が見えないことで、つらい思いをすることがあるなあ。それも、かーちゃ（引用者注：小木曽はかすみのことを「かーちゃ」と呼んでいる。かすみは小木曽のことを「かーしゃ」と）のように直接盲《めくら》と言われたわけじゃなくて、むしろなんていうか、間接的に、「お前は眼が見えないんだから、無言のままに理解して、自分の分をわきまえよ」とそんなふうに言われている感じなんだね。

だけど、眼の見えない者がなぜ、日陰者のように息をひそめて、隅っこに小さくなっていなくてはいけないのか―そういう憤りは、誰に訴えようもないくらいだね。

まあ、眼の悪い人は誰でも、大なり小なりそういう思いを味わったことがあると思うけど、僕がいちばん恐れるのは、そういう心ない扱いに対して、自ら心を歪めてしまうことなんだ。だから強い心で生きねばと思います。

眼が見えないというだけで疎外されるのは、本当に腹立たしいけど、じゃあ自分一人で生きていけるかというと、そんな事できないしね。だから障害者は、健康な人に対して、つい負い目を感じてしまうんだけど。

でもそれに負けてしまったら、ひがみっぽくってみじめでさ、自分でもすごくいやな人間になってしまうしね。

弱者や障害者に対して疎外があるなら、僕らはもっと高い次元を求めて、生きていくべきじゃないだろうか』（一九六―一二）

障害を負ったとしても、〝強く生きていこうとする姿勢が大切〟ということを、小木曽は語っている。

6 河辺豊子（一九四五〜）一九八三年までは健在。

《シリーズ番号、二〇。河辺豊子著『見えなくても・愛　全盲の妻として、母として』〈頁数＝二八六頁〉（底本：昭和五八年）より》

河辺（旧姓根本）豊子は昭和二〇（一九四五）年八月二二日、福島県石川町に生まれた。父は戦地に赴いていて、豊子が生まれた時にはいなかった。いや、彼女の父は戦地から帰ってくることはなかった。

『（略）戦病死の報を受け、母はやむなく生後五カ月の私を祖母に託し、焼け野原の東京へと再び生活の糧を求めて上京しなければならなかった』（二二―一）

昭和二四年八月末の四歳になったある日、親戚の同年齢の子と、その子の家の前の道端でゴザを敷いて遊んでいた時、突然中学生の男の子の乗る自転車が突っ込んできた。彼女は**前額部を強打し、人事不省に陥った。**連絡でやってきた祖母は早速医者に連れていったが、意識は回復しなかった。

そして三日経ってやっと意識が回復した時には、彼女の眼はそれまでとは違っていた。ものをはっきり見ることはできなくなっていたのだ。**視力はそして急速に衰えていき、一週間後にはほとんど見えなくなっていた。**祖母は幼い彼女をおぶい、暗澹たる思いで東京行きの汽車に乗ったのだった。

数年、病院通いの毎日を送ったが、眼《それ》は回復を見なかった。

昭和三〇年四月、九歳の時、三年遅れで、東京教育大学付属盲学校小学部に入学した。この年の夏休みに特別に勉強して、二学期から、二年生をとんで、三年生になった。一年だけの遅れとなった。

二学期から、仕事に忙しい母や伯母の送り迎えも大変ということで――二人は赤羽で飲食店をやっていた――、学校から七、八分の所に住んでいた渡辺先生の家に預けられることになった。そこには五年生と二年生の娘がいて、遊ぶのにちょうどよかった。

同三四年三月、小学部を卒業し、四月に中学部に入った。そしてそこで国語を担当していたのが河辺精孝先生で、この時初めて授業を受けた。その授業は楽しかった。他のクラスメートも皆、河辺の授業を気に入っていた。それは教科書にとらわれず、自由な発想で進めていくからだった。中学高校の女子生徒は、みんな河辺にあこがれていた。

中学三年の一学期を終える頃には、先生たちの協力もあって、彼女の視力はだいぶ上がっていた。マジックで大きく書かれた文字やプラットホームに引かれた白線は何とか見えるようになっていた。

高校進学に際しては、普通科、理療科、そして音楽科のどれに進むか迷ったが、祖母の、『豊《とよ》が高校にいって、マッサージと鍼の免許とれば、一生食うのには困んねえ。そうなりゃおらも安心だ』（三二一四）との言葉を聞いて、理療科に進むことを決めた。祖母は自分の不注意で豊子が失明した、ということをずっと気にしていたからだ。

そんな祖母が高校へ入る少し前の、同三七年一月二八日に、息を引き取った。豊子がそのことで落ち込んでいた時、河辺と話すことがあり、河辺の元気づけを受けて、少しずつ立ち直っていった。

同年三月に入試を受け、それに合格した。同月末に、河辺と、生徒で弱視の中村さんと全盲の金井さんの四人で八ヶ岳に三泊四日の登山に行った。そして四日目に帰って来た時に、新宿駅から四人は二つに分かれた。豊子は河辺に家まで送ってもらった。この時彼女は河辺に対する気持ちが、憧れから思慕に変わっていることに気づいた。

高校の三年間を終え、同四〇年四月に、専攻科の二年課程に進んだ。その二年間も瞬く間に過ぎて、卒業まであと半年と迫った秋の日曜日に、河辺と、クラスメートの千北谷さんと三人で、大菩薩の丸川峠に行った。これは日帰りだったが、この時も東京に戻った時に、河辺に家まで送ってもらった。

同四二年三月、鍼灸、マッサージの資格を取って卒業し、北浦和にある長島病院に二時間だけの仕事が決まった。夕方五時から七時までである。

四月末のある日、彼女は仕事を終えて外に出ると、声を掛けられた。河辺であった。駅への途中にある喫茶店に入って、いろいろな話をした。そしてその後もよく病院まで来てくれて、その帰りに話すようになった。家まで送ってくれた時、母や伯母の勧めもあって、上がっていくこともあった。

そして同四三年八月二二日、彼女の二三歳の誕生日に、河辺からプロポーズされた。彼女は嬉しくそれを受けたが、母と伯母は当初、不安な表情を浮かべた。しかし、二人の気持ちが確かなことを知って、承諾した。

翌四四年一一月一一日、二人は結婚した。新居を埼玉県入間に構え、彼女は専業主婦になった。

翌四五年一二月八日、長男、友作が誕生した。子育ては大変だったが、充実し、彼女は幸福だった。しかし友作は病気がちで病院へ連れて行く度に盲導犬がいたら、と思うようになり、盲導犬協会に希望を出した。

同四七年八月二六日、待ちに待った盲導犬との訓練を受ける許可が下りた。塩屋賢一の訓練所で、それは始まった。鈴木という指導員について、四週間の厳しく、かつ充実した訓練を受けた。卒業試験にもパスして、「ドナ」というメスのシェパードとともに家に帰った。ドナは友作ともすぐに仲良しになった。

同四八年一一月九日、長女、としこを出産した。二人目ということで、子育ても気持ちに余裕があって楽だった。盲導犬協会で知り合った日本点字図書館の岩上さんの奥さんにミシンの手ほどきを受け、やがて自分で子供たちの洋服を縫うことが夢となった。

同五〇年一一月、入間市から東京練馬区に引っ越した。

順調だった生活も同五三年一〇月二八日の、河辺の発熱から、変化していった。当初、「ただの風邪」との医者の診断に安心していたが、その夜発作を起こし、ただならぬ事を感じ、救急車を呼んだ。河辺は大きなT脳外科に運ばれた。『ほぼ間違いなく髄膜炎だと思われます』（一九四―一三）と言われ、彼女は呆然となった。

四十度近い熱がしばらく続き、彼女は心配で心配でならなかった。しかし眼が見えないということは……。駆けつけて来た義姉（河辺の姉）に次のような言葉を投げかけられたのは、そんな時だった。

『「邪魔だから来なくてもいい、あなたにしてもらうことは一つもないんだから」』（二〇四―八）
盲目故の悲しさを味わう。自分の夫を目の前にしての言に、この時ほど、『目が見えたらこんなことは言われずとも……』（二〇四―一〇）と思ったことはなかった。悲しかった。はがゆかった。苦悩の昭和五三年は寂しく暮れた。
やがて河辺の体温は三七度、平温に戻り安定したが、近年のことの記憶は全くなくなっていた。子ども（友作やとしこ）のことも分からなくなっていた。また作り話をするようになり、それは日毎にひどくなっていった。幻覚もあるようで、今、自分が入院していることも分かっていなかった。
二月に川崎市にあるT総合病院に転院した。再び検査の明け暮れが続いた。一カ月後、担当の医師から、『ウィルスはヘルペスだった』（二三六―九）と告げられた。「単純なウィルスなのだが、それがいったん神経細胞に取り付くと、厄介なことになるんです」と。そして、最新の薬が投与されることになった。
しかし、一カ月が過ぎた四月半ば、「残念ながら、効果は見られなかった。この治療はこれで打ち切ります」と。それは河辺の社会復帰の否定を意味していた。
病院からの帰り、前途を悲観して、駅のホームから電車に飛び込んで死をも考えたが、『主人のただならぬ様子に、必死で危険であることを知らせようとしたのか、ドナは横に伏せていた』（二四八―一四）
ドナのお蔭で、彼女は我に返った。彼女はドナの体を撫で続けた。犬の体温のぬくもりが心を温めた。
『そのとき、屈託なく遊んでいる友作ととしこの笑い声が聞こえてきた。私にはもうできなかった。私は死ぬことはできないのだ。やはり前を向いて歩いていかなければならない。重い荷物を背負って倒れるまで歩いていかなければならない』（二四九―五）
昭和五四年五月末で、T総合病院を退院した。
そしてしかし家庭療養を続けていたが、河辺の容態は悪化の一途をたどり、深夜徘徊をするようになり、彼女の神経は休まることがなかった。そんなことで九月に、K大学付属病院に再入院させた。そして彼女は生活の為に、練馬にあるM整形外科に働き出した。友作ととしこと三人での生活が再び始まった。

同五六年一二月半ばに、M整形外科を辞めて、翌五七年一月より日本盲人会連合で働き出した。そこの校正部に欠員が出たので、来ないかと誘われたからだった。

同年二月、友作五年生の時、彼が彼女の信頼を裏切るようなことをした。友作はそろばん塾に通っていたが、ちゃんと行っていないのではないかと、不審に思えることがあり、それを問い詰めると、「嘘をついていた」ことが分かった。彼女は彼を坐らせて、理由をただした。すると、「家にお母さんもお父さんも居なくて淋しかったからだ」ということが分かった。それで彼女は言った。

『「そうだね。淋しいことだってある。それはそうだけど、もっともっと世の中にはつらい人がいるんだっていうことを忘れちゃいけない。自分が、悲劇の主人公だなんて考えたら大間違いだよ。まして、自分の非をそういう理由に結びつけ正当化しようとするやり方は、お母さんの一番嫌いなところなんだ」

友作は、鼻をすすりながら考えているふうだった。

「そしてね、だれしも病気になろうと思ってそうなる人はいないんだ。お母さんも、見えなくなりたくって見えなくなったわけじゃない。しかし、人間の力ではどうすることもできないというときがあるものだ。だから、自分が置かれた環境の中で精いっぱい努力をすること、それが大切なんだと思う。どうやったら楽しく過ごせるか、充実した日を送れるかをお母さんは考えるんだ。一日一日を大切に生きたいと思うの」』（二七八―三）

結婚した時に、失明という運命を受容していたし、子どもを得てからは、より前向きに生きようとしてきた。しかし、不幸は彼女を襲った。だがそれも受け入れて、生きていこうとしている。彼女にもやはりその心の強さを見ることができる。

7 郡司ななえ（一九四五?〜）二〇〇三年現在、健在。

《シリーズ番号、三五。郡司ななえ著『ベルナのしっぽ』〈頁数＝一九一頁〉（底本：平成九年第九刷）より》

本書は、盲導犬と著者との交流の記述で占められている。従って、失明する前（幼い頃や学生時代）のことや失明前後のことにはほとんど触れられていない。形態的には自伝というより、ノンフィクションの小説みたいなものである。本書の記述の始まりの時期は、著者成人後のことである。いや結婚後のことである。冒頭プロローグの処にあるアイメイト協会理事長・塩屋賢一の言葉、

『郡司さん、ベルナです。黒のラブラドール種、メス、昭和五四年一〇月二八日生まれ、一歳六カ月、現在の体重は二七キロ、大型犬です』（八―一五）

から時間設定が、昭和五四（一九七九）年一〇月プラス一年六カ月で、昭和五六年四月下旬か、五月初めのことと分かる。その頃に盲導犬ベルナとの訓練をアイメイト協会で始めたのだった。そして四週間の訓練を受け、卒業テストにも合格して、ベルナとともに、夫・幸治――自宅とは違う所で、鍼治療院を開業していた――の待つ自宅に戻ってきたのだった。

郡司ななえは新潟県出身。本書には、この略歴を記すものはないので、正確な生年は分からなかったが、推察して、ここに――この順番に――入れた。

彼女は本来、犬は大嫌い――それは幼稚園に通っていた時に、大きな犬に襲われていたから――だった。しかし**二七歳の時、病気**――詳しいことについては何も触れられていない――**によって失明**し、一本の杖だけで歩いていくのは、中途失明者にとってはとても難しいことで、盲導犬を得ようと思ったのだった。

いや、理由はそれだけではない。すでに結婚していて、どうしても子どもが欲しかったからだ。そのためには一人

で自由に動けることは絶対に必要なことと思われたからだ。もし子どもが病気などした時、病院にも行けないのだから——幸治も三歳の時失明した視覚障害者であったから——。母になりたいという気の方が、犬は恐いという過去の記憶に打ち勝ったのだった。

そして、この年の夏に長男、幹太が誕生した。それから以後は、幹太の成長と、ベルナとのことが、エピソードを交えて主に語られていく。

幹太は一歳六カ月で保育園に入った。

『目の見えない私や幸治さんにとって、幹太の成長は、楽しみであると同時に、頼もしくもありました。

赤ちゃんのあいだはベルナの目だけが、家の中で見える目のすべてでした。そこに有力な幹太の目が加えられたのです』（八一—七）

しかし幹太は、彼にとってある意味、起こるべくしての試練を体験する。郡司本人の、障害（失明）にあった時のことが書かれていないので、そのことに対する心の動き、その時の心理はどのようなものであったのか、本書からは窺い知ることはできない。従って、そのことへの受容も失明後どのくらいのちのことだったか、判然としない。ここでは息子、幹太の受容——母の障害に対する、子としての受容——の場面《こと》に触れてみたい。少し長いが、郡司本人の記述を記す（その方が正確であるので）。

『幹太の保育園生活も順調に進みました。日に日にお兄さんらしくなっていきます。

保育園から帰ってくるや、「ボク、遊びにいってくるからね」と、一人で公園に出かけるようにもなりました。

そんなある日、いつものように、私とベルナとで保育園におむかえにいきました。ニコニコ顔でとび出てくる幹太でしたが、この日はなかなか出てきません。

そしてやっとお部屋から出てきましたが、ちょっと様子が変なのです。笑顔ではなく、ぶすりとした顔でした。

お友だちとけんかをしたな、と私は思いました。今までも、こんなことがときどきあったのです。

でも家につくや、幹太はとつぜん泣き出しました。それもいつも私に叱られたときのような、ワーワー泣きではありません。シクシク泣きなのです。

そして泣き声で私に投げつけるように言いました。

「目の見えないお母さんなんか、ボクは嫌いだ！」

私はだまって様子を眺めていましたが、なかなか泣きやまないので、台所に立ちました。

私と入れ替わりにベルナが、畳の上にひっくりかえって泣いている幹太のそばにかけ寄っていきました。「どうしたの？」とでもたずねるように、幹太に顔をすり寄せているのでしょう。

いつもは、けっこうふざけあう二人でしたが、今日は違いました。

「ベルナなんか嫌いだ、大嫌いだ！　あっちに行けよ！」

幹太はそんなベルナも、大きな声で怒鳴りつけたようです。

すごすごとした様子で、ベルナは私のそばにかけてきました。泣き声はいつまでもやみません。

目の見えない私たちが外出をするとき、幸治さんは白い杖をつきます。そして私の横にはいつでもベルナがいます。幹太にとって物心ついたときから、これが両親の姿です。

幹太は私の絵をかくとき、必ず私の左側に黒い丸のベルナをかきます。そしてその黒丸のベルナと私の手を、一本の線で結びつけるのです。そして幸治さんの絵をかくときも、白い杖を入れます。その横に小さな男の子をかいて、二人の手と手をつなげるのでした。

「どうして目が見えないの？」

などとは、一度もたずねたことのない子でした。目の見えない両親の姿を、幹太は自然に受け入れてくれました。

でも、やはりみんなのお父さんやお母さんとは少し違っています。

お友だちに何か言われたんだな、と私は思いました。幹太のお母さんは変だ、目の見えないお母さんなんか変てこりんだ、とでも言われて、意地悪をされたのでしょうか。

高くなったり、低くなったりする泣き声を聞きながら、私はホットケーキを焼きました。フライパンで厚く、大きく、コンガリと焼いたのです。お部屋にとてもおいしそうなにおいが広がりました。

すると、小さな足音がこちらに近づいてきます。台所は板の間になっているので、その足音が私の耳には手に取るようにわかるのでした。最初はためらいがちに、そしてバタバタと音をたて、私の腰に小さな顔がぶつかりました。

「お母さん、ごめんなさい。ベルナちゃん、ごめんね」

「わかったの？」

私の問いに、小さな顔はコックリとうなずきました。

私は思わず幹太を抱き上げました。そして、泣いてクシャクシャになった顔にほおずりをしました。

「さあ、ホットケーキを食べようね。こんなにおいしそうだよ。幹太は手を洗って、白いお皿をテーブルの上に出してね」

「はーい」

幹太の元気のよい、いつもの声です。

ベルナもいつものように、幹太にじゃまじゃまと言われながらも、うれしそうにしっぽを振って、ウロウロとします。

「幹太もパパも、お母さんもベルナも、みんな家族なんだよ。目が見えなくったって、心の目があれば大丈夫。その心の目が大切なんだからね。幹太は強くて賢い子だから、わかるよね」

「うん」

明るく大きな声が返ってきました。

私はホッとしながら思います。

「目の見えないお母さんに育てられて、ボクはよかったよ」

将来、幹太がそう言ってくれる日がきたら、そのとき私は初めて失明という障害に打ち勝ったことになるのではないかと。

この日のホットケーキは、いつもよりとてもおいしく、そしてちょっぴりショッパイ味がするようでした』（八五－四）

ベルナ、九歳になる年の、昭和六三（一九八八）年四月、幹太は小学校に入学した。

その翌年、ベルナは年一回受けている健康診断で、「白内障が出ている」と告げられた。そろそろリタイヤを考えねばいけなくなっていた。そして、老いは毎年進んでいった。

一九九四年三月半ば、ベルナは静かに息を引き取った。満一四歳だった。

不幸は続き、夫・幸治がそれから三カ月後に、ガンで亡くなった。それからは、彼女が次の盲導犬を得て、幸治の治療院を引き継いで働き出した。

第四節　「ノーマライゼーションの原理」からの考察

磯部昭介は小学三年、一〇歳の時にハンセン病を発症し、翌年（一九三七年）には強制収容施設、岡山県「長島愛生園」に入れられた。そして二一歳の時には失明した。実父は彼が幼い頃に亡くなっていて、実母とも生き別れであり、その時までは叔父夫婦に育てられていた。そのことを知ったのは後になってからであったが。彼はほぼ生まれた時から、「ノーマル」な日々は送られていなかったのである。ハンセン病を発症してからは尚更、「ごく普通の生活」を送ることはできなくなった。

彼は失明後、落胆し、「死」を決意して、それを試みたが、やはり死ねなかった。彼は、彼のことを熱心に気遣ってくれた看護婦のことを考え、服毒自殺を思い止まった。人間は誰かしらが見つめてくれていると確認できた時、生きることができるのだ。

しかし幼くして収容された彼に、「平等の権利」はほとんど与えられることはなかった。このことはここまで登場してきたハンセン病の著者と同じことが言える。一〇代で入所した故に、社会一般の④「ノーマルな発達的経験」もなく、また成人した後でも、⑤「個人の尊厳」や「自己決定権」もなく、ましてや⑥「男女両性のいる世界での居住」など望むべくもなく、⑦「経済的」にも、⑧「住環境」にも恵まれてはいなかった。ハンセン病患者のこれが実態だった。しかし彼もまた、キリスト教に触れ、生きる価値を見出していった。キリスト教に救われたのだ。

河相洌は大学生の時、目に異常を覚え、二〇歳の時には失明していた。しかしそれまでは「ごく普通の生活」が送られていたし、また失明後も日本における盲導犬第一号を得るなどして、障害者ではあったが、比較的恵まれた環境にあった。

大学卒業後、盲学校の教員となって生活も安定したことを考えると、「平等の権利」①〜⑧は、失明はしたがどれも満たされていたものと思われる。彼の書く『自叙伝』は、本論でも触れているが、盲導犬の目を通しての記述であり、小説形式を取っているので厳密には「ライフ・ヒストリー」の範疇に入らない。但し、その根幹部分は事実の記録であると考えられるので、彼の生きてきた日々の一部は知ることができる。

福沢美和の『自叙伝』は正確には、第三章で言うところの「ライフ・ヒストリー」には当たらない。彼女のヒストリーはほとんど同書には語られていないからだ。生来の弱視であったが、成人までのことは語られてなく、成人後、それも三〇歳の頃、盲導犬を得てからのことだけしか、その盲導犬との日々のことしか語られていないからだ。しかし福沢諭吉のひ孫（孫?）でもあり、家庭的には恵まれていたことは推察でき、不便はあっただろうが、「平等の権利」はほぼ満たされていたものと思われる。

同書から、少ないがある彼女の社会への希望が書かれているところを改めて考察してみたい。それは障害者を『特別扱いするのではなく、（略）相手を思いやるあたたかい気持ちで（略）接して』（四九－二）ほしいということであり、障害者が困っている時には、『さりげなく手助け』（七四－三）して欲しいということであり、障害者に対しても、『同じ人間どうしと思って』（一三八－七）人格を認めて欲しいということである。

これらはとりもなおさず、現実はその逆であるということを語っている。社会は障害者を「特別扱い」し、「相手を思いやる」こともなく、「同じ人間」とは思ってなく、「人格」も認めていないということである。障害者が社会で「ごく普通に」生きていくのは難しいことを語っている。

近藤宏一は、磯部昭介と同様、ハンセン病患者であるが、その「自伝」の内容はかなり違っている。近藤はその収容施設（「長島愛生園」）内で音楽を通じて生き甲斐を見つけようとしている。勿論、一一歳で収容されてからは隔離生活を余儀なくされていたという点では磯部と同様であり、「平等の権利」のほぼすべては与えられていなかったことには違いないが、ただ彼は園内にあっても、⑤の「ノーマルな個人の尊厳と自己決定権」は、その内での生活なりに得ようと活動していた。

彼は誘われて、園内でハーモニカバンドを結成し、指揮を担当した。この『自叙伝』にはその演奏会の様子が、また園外で催されたそれが生き生きと書かれている。彼はその園外演奏会を通じて、一般社会にハンセン病に対する正しい理解を求めようとしていた。彼もまた、如何な病を得ても、積極的に生きようとしていた。

田辺建雄の『自叙伝』は正しく「自伝」に相応しく、生まれた日から時を追って細かく書かれている。その時々にあったエピソードも添えられていて、〝自分で書いた「自分史」〟と言えるものだろう。

二一歳の時に急に視力が低下し、程なくして失明する。それまでは「ごく普通の生活」をしていたのでそのショックは大きく、自殺も考えたが、母の深い愛を知って思い止まり、盲学校に入り直して、卒業後には盲学校の教員になった。

田辺もまたショックから回復すると、不便ではあったが、「平等の権利」を特別意識することなく、「ごく普通の生活」が送られていたようだ。但し、盲人全体を取り巻く社会環境に意見のあったことは確かだ。例えば、以下である（二五八頁と重複するが、再び記す）。

『とかく、福祉と言えば生活面を保護するという意味に考える方もあろうが、盲人の福祉の柱はなんといっても「**自立更生**」であろう。そして、盲人も「自立更生」に向かって懸命な努力をしており、激動する現代社会に伍していくには、普通の人以上に努力していかなければならない。しかし、いくら努力しても見えないという決定的な事実によって、さまざまな障害にぶつかるのである。そこで、なんらかの形で目に相当するものを提供すれば、その人自身の才能と持ち味を十分に発揮できるのではなかろうか。／例えば、活字の本は盲人にとって宝の持ち腐れであるが、奉仕者によってこれらが録音されたり、点字書になったりして読むことができ、無から有を生みだすのである。また、点字図書館、盲人用生活用具、ガイドヘルパーなども目に相当する大きなものであろう。／このように、社会の理解と協力によって「歩く、読む、書く」など生活上の基本事項をはじめ職業面にいたるまで、適切な手段を施すことにより、さらに、意欲を燃やし、生きる喜びを感じ、力いっぱい自己を発揮し、社会に貢献しようとしているのである』（同書、二〇五―五）

と。つまり、社会の理解と協力が盲人の「自立更生」には不可欠であると語っているのである。彼はそんな社会になることを願っている。

本間昭雄は二〇歳の大学生の時に失明する。右手も自由の利かないという二重のハンディを背負ったが、大学卒業後は祖父の影響もあって老人福祉分野に進んでいった。妻帯もし、子も設け、そして目標としていた盲老人ホームも建設して、障害は負ったが、それをものともせず、それをやり遂げていた。

このことは、「ごく普通の生活環境、生活形態」が得られていたことを窺うことができる。生活に、精神的にも肉体的にも経済的にも基盤がなければ達成できるものではないと考えられるからだ。

本間の『自叙伝』は、二八タイトルからなる随筆であるが、その中で彼も、第五章で登場した松井新二郎同様、『見えないということは不自由ではありますが、決して不幸ではありません』（同書、一〇九－一〇）と言っている。そしてまた、『見えなくなって失ったものより、得ることの』（同－同）方が多かったとも。これは全くの失明からの回復を意味している。

彼自身について言えば、失明したことは、失明しなかった時より、得るものが多くあったと語っているのである。彼にとって失明が障害ではなくなっていることを示している。

成尾正昭は、教員生活にあった四三歳の時に糖尿病により失明した。それまでは「ごく普通の生活」を送っていた。「平等の権利」も、教員という職業もあって、一般人よりももっと満たされていた。

しかし失明を境に暗転する。盲学校に入り直し、鍼灸の資格を取って卒業し、鍼灸院を開業もして、失明後も「平等の権利」は得てはいたが、失明したことが残念でならないという気持ちは拭い切れない。それは自分自身の中での障害（者）に対する「平等化」ができていなかったからだ。

一つ前の本間昭雄とは全く違って、本書を読む限りでは、それを書いていた時にも、「失明」が悔まれてならない状況にあったようだ。成尾のような失明者もまさしく正直な姿であると思える。どのように心を整理しても、もう一度叶うなら晴眼者になりたい、という願望が捨て切れないという思いである。

佐藤大和は二〇歳の時に作業中の事故が原因で失明した。それまでは母の死という不幸なことはあったが、「ごく普通の生活」を送れていた。失明後、視力障害者センターに入って鍼灸を習うと共にキリスト教徒となり、卒業後は神父となった。また重度身障者授産施設の副園長にもなり、それなりに生活は満たされていく。

彼の人生にもいろいろな紆余曲折はあったが、「平等の権利」の①～⑧は全般的に満たされていた。それは精神的にはキリスト教の影響も大きい。但し、盲老人ホーム建設の折には、地域社会の障害者への冷淡さをいやという程、見せつけられていた。地域の人々が同ホーム建設を拒否する理由として、次のようなことを言っていたことによって。『盲精薄や重度の障害者に、部落をウロウロされると婦女子は、夜うっかり外を安心して歩けん。この部落に、嫁の来てくれ手がなくなったらどうするか』（同書、一〇一―四）

これが現実の社会の姿でもあった。そこには単に「地域エゴ」と一言で片づけられない問題も含まれている。しかしやはりあまりに冷たい言葉ではないだろうか……。

松本昌三の書く『自叙伝』は、彼の項の処でも記したが、「知的エッセー」と呼ぶべきものであり、現代社会に多くの警句を発している。それだけ松本は極めて強い「常識人」ということであり、「平等の権利」の八項目をすべて満たす人生を送っていた。

幼い頃から夜盲症ということで見えづらいこともあったが、普通の大学を卒業し、図書館の司書にもなっていた。だが三〇歳の頃にはほぼ失明し、その後盲学校の教師へと転職し、新たな人生を歩み始めた。失明後も彼の尊厳ある生活に大きな変化はなかったように思われる――個々に不便はいくつも出てきただろうが。

彼は社会的弱者に対する一般人の態度について問題を提起している（ここでも二七一頁にあるが、再び記す）。『私は障害者をとりまく一般の人達が二重の輪になっていると考えています。二つの輪、つまり大小のドーナツのようになっているのです。中のドーナツは私達のことをよく理解し、積極的に援助してくださる人達です。最近はこのドーナツもずいぶん層が厚くなってきました。しかし、その外側に、全く無関心な人達の輪もまた、いぜんとして存在しているのです。これらの人達は、例えば白杖につまずいても、知らぬ顔で走っていってしまう人なのです。また、何度いっても点字ブロックの上に自転車を置く人なのです。そして注意されれば「すみません」とは言われるのですが、次の時には、また置く人達なのです。この、外のドーナツの人達の意識を変えないことには、障害者に対する理解はひろがっていかないと思います。／点訳や朗読奉仕をしてくださるのは、ずいぶんたいへんなご努力だと思います。こうした努力の何分の一かを今の二倍の方々が、社会の目になってくだされば思うのです。ボランティア活動の中で知られた障害者のことを、もっと一般の人達に、私のいう、外側のドーナツの人達に話してあげてほしいのです。理解の輪をひろげるために、はたらきかけてくださることを願っております』(同書、五七―三)

障害者にとっての「ノーマライゼーション」には、一般の人々の協力が不可欠であることを語っている。

佐々木たづは一七歳の時に眼病で失明する。しかし家庭的には恵まれており、イギリスに盲導犬を得にいく。このことからも窺われるように、障害はあったが、従って不便もあっただろうが、「平等の権利」を阻害されたことはなかった。

但し、盲導犬を伴って帰国後、東京の交通事情のあまりのひどさに、イギリスでの訓練では合わないことを知らせられたりで、「ノーマルな環境形態」を得ることはできなかったということは言える――東京の交通事情のあまりのひどさは、イギリスでの訓練がぴったりとは充当されないことを思い知らされた。盲導犬との自由な行動が、期待していた程には得られなかったという現実は、「ノーマルな環境形態」も得ることのできなかったということでもある。しかし、全般的に彼女の筆には、あまり暗さは感じられない。むしろ父母の方が混乱していた。それは社会的に高い地位にいた人たちだったからであるようにも思える。子の失明は確実に家族も巻き込んでいく。

田村洋幸は、失明を意識する三五歳の時にはすでに大学の助教授であり、将来は洋々と開けていた。従って、それまでの人生は「普通」よりも満たされたものであった。

しかし失明後にそれまでの日々と違うところに追い込まれ、精神的な落ち込み等で、「ノーマル」ではいられなかった時も一時期あった。だが、点字を習い、白杖訓練もして、盲人としての生活を歩み出してからは、以前と同じような気持ちになれたようだ。そして、大学の教員を続けられていることによって、「平等の権利」の八項目も失われずにいることと思われる。

「ノーマル」ではいられなかった一時期、「自殺」を考えたが、それを踏み止まらせたきっかけとなったのは、あるラジオ番組だった。それは重度の小児麻痺の娘さんのことを伝えるものだった。彼女はその重度さ故に、自殺もできなかったのだ。ある日、看護婦さんに風呂に入れてもらい、「世の中にこんな素晴らしいものがあったのか」と思い、それからは生きる希望が湧いてきたというのだった。

それを聞いて、田村はまだその彼女に比べれば恵まれていると思い――たかが失明したというだけのことではないかと――、『今まで私の頭の中にまっ黒にわだかまっていた雲が、一瞬にして吹き払われ』（同書、四〇－四）たと言う。この時彼はその障害（失明）を「受容」したのだった。生きる価値を見つけていった。

彼自身は失明しても社会的地位はあり、気持ちの切り替えさえできれば、「回復」はスムーズだった。但し、盲人故に蔑みの言葉を投げかけられたり、晴眼者として生きている時には考えられもしない経験もしているけれど。

竜鉄也の『自叙伝』は小説風であり、読み物としては面白いが、それ故にどこまでが真実なのかは判然としない。「生活史」として含めていいかは疑問も残る。それでも「平等の権利」の八項目の観点から見てみると、「ごく普通の生活」とは言えなかった。しかしそれは幼少時の複雑な家庭環境故であって、障害者だからという理由からではなかったことは念頭においておかなければならない。

一二歳、小学六年の頃にはほとんど黒板の字が見えなくなっており、中学からは盲学校に入っての寮生活で、それからはむしろ「ノーマル」な日々になっていた。成人後は、視覚障害者としての「ノーマルな生活（個人の尊厳や自己決定権、性的関係、経済水準等）」は保てていたと、本書からは推察できる。

大野秋好は大学生の時に照明事故で失明したが、その後も恵まれた家庭環境にあったので、不便にはなったが、「平等の権利」①～⑧が失われたということはなかった。但し、失明の「受容」と回復へと至るには、やはり大きな心の揺れがあったことが語られている。つまり「死」を彼も考えていたことがあったのだ。それを思い止まらせたのは、もし自殺したとしたら、『翌朝の社会面の片すみに「病苦に耐えきれず自殺」と簡単に報じられるだけのことだ。そして家族たちの悲しみの涙に包まれ、私の一生はちりあくたのように永遠に消え去ってしまう。ずいぶんつまらない話じゃないか』（同書、八二―一）と思ったからだ。

そして、『私はさらにつきつめた考えを続けた。よし、それなら、オレの死が、世間をすこしでも動かすだけの迫力を生むところまで、がんばってみられないか。死に追いかけられる自分には、おさらばだ。心から満足して死ねる準備のために、生き抜くのだ。準備がすべて完了したときに、私は初めて生に別れを告げ、心安らかに永遠の旅路を歩いて行こう』（同書、同―三）と。失明しても納得のゆく人生は送れるのではないかと、考え直せたからだった。それは勿論、経済的にも恵まれた家庭環境にあった故のことではあったのだろうが、間違いなく失明しても積極的に生きていこうと気持ちを持っていくことができたからだった。

彼はのちに盲導犬を得て、一人歩きが可能になったことによって、一つ一つ彼なりの夢を実現していった。彼はしかし行政に対して希望も語っている。『ようやく、世間の関心も、こういう社会施設に向いてはきているが、憲法や児童憲章にうたわれているとおり、平等と人間尊重の精神に基づいて、もっと徹底した国家的援助が必要なのではないかと思う。／とにかく、自衛隊の飛行機一機で、五つや六つぐらいの施設の年間予算が出るのだから……』（同書、二二八―一三）。国の予算の使い方を、もう少し考えてもいいのではないかと、語っている。

関幸代は満一歳で失明した。敗戦後満州から日本（奈良）に引揚げ、一〇歳でやっと盲唖学校に入学した。家は、引揚者ということで、豊かではなかったが、そしていじめにもあったが、家庭的には両親と妹たちと心安らかな日々は送れていた。「平等の権利」の①～④は、盲唖学校入学は遅れたが、貧しいながらも当時も満たされていた。

高校卒業後、奈良から東京に出て、教育大学付属盲学校の専攻科に入り、寮生活を始めた。ここでは銭湯などで一般の人と交わりをもって、いやな思いもしたが、「ノーマルな生活」が送れないということはなかった。

卒業後は長野盲学校の教師となり、一般の人と同じ日々を送っている。

その『自叙伝』で、盲児の実態が述べられている処がある。本論でもすでに記しているが（三〇〇頁辺）、ここでも触れてみたい。盲児、盲教育に対する無理解（昭和三三年当時）について。

『話に聞くと、昭和二十三年に盲児の就学が義務制となって、すでに十年になろうとしているのに、いまでもまだ、「盲目の者に勉強など必要ない。盲学校といっても、たんなるアンマの学校じゃないか。世間ていがわるい」と、親の身勝手や見栄から、就学させられない盲児がおおぜいあり、やっと就学させられたかと思うと、親の盲愛から長いあいだ家に閉じこめられていたために、満足に話すことも、歩くこともできない、そんな精薄児同様の盲児があるということでした。／〈ああ、こんな無理解なことが、この世にあっていいのか知ら。目はみえなくとも精神的には、みな同じはずなのに〉』（同書、一三六－五）

世間体が悪いといって、かつては盲学校に入れなかった親が数多くいたということがここでも語られている。そのことで、「満足に話すことも、歩くこともできない、そんな精薄児同様の盲児があ」ったのである。本論で取り上げている『自叙伝』シリーズの六一名の著者とは全く違う環境、状況に置かれた盲児——成長しての盲人——が如何に多く居たかということを物語る記述である。

しかしそれが、戦争後一三年も経っての日本における盲人教育の現実の姿であった。平成一五（二〇〇三）年から、たかだか四五年前のことである。『長野市内から一歩入った不便な山のなかにいけば、貧困と親の無理解から暗い一室に押し込められたまま、物をいうことも忘れ、ただ毎日を犬かネコのように生きている子どももあれば、医者にみすてられたといってはどうにもできない加持祈禱にこって、無為に日をすごさせられている子どももあるということでしたが、これなどは、もう盲学校教育以前の問題で、現在でもまだそんな前時代的なことがあるのかと思うと、盲児にたいする理解度の高い東京とくらべて、あまりにもその地域差の大きいのに、ただおどろくばかりで、わたしは、手も足もでない気持ちでした』（同書、一七〇－一七）とも記されている（本論、三〇一頁ですでに示しているが）。「親の無理解から暗い一室に押し込められたまま、物をいうことも忘れ、ただ毎日を犬かネコのように生きている子どももあ」ると。「ノーマライゼーションの原理」の「平等の権利」に全く無縁の盲児、盲人たちが戦後も厳然と居たことを語っている。

天野暁子の『自叙伝』は小説である。著者と思われる主人公の女性をここでの「平等の権利」から見ると、それなりに権利は得られているように書かれている。但し、盲人（特に女性）の恋の行方に関しての記述では、なかなか成就するのは難しいことが述べられている。敷衍すれば、⑥の「男女両性のいる世界での居住」の取得の困難さを語る物語でもある。

小説ではあるが、障害者にとっての幸福を語っている処もある。それは「平等の権利」の、⑤「個人の尊厳と自己決定権」に関わっているものである（本論、三〇六頁ですでに記しているが）。

『障害者は人に何かを与えてもらうことよりも、自ら作りだす能力を持つことを切望している。仲間と共に生き甲斐を持って働き、朗かに余暇をエンジョイできるようになってこそ、障害者はほんとうに幸福な社会に住んでいると、感じることができるだろう。／学校でも、職場でも、地域社会でも、隔てのない仲間として、障害者を受け入れてほしい。受け入れるということは障害者に何かをしてやるのではなく、何とかして彼自身にもできることをさせるようにすることだ。親しみ合えさえすれば、障害者との違和感はなくなるはずだ。違和感がなくなればそこに仲間意識が芽生えてくる……』（同書、二八七―一七）

「仲間と共に生き甲斐を持って働」くことこそ、障害者は幸福な社会に住んでいると感じられるのである。社会はそのような環境を作り上げる義務を負っているように思える。

藤野高明は小学二年の時に暴発事故で失明、聴覚も同時に失った重度重複障害者である。従って、「ノーマルな生活」を送ることはひどく難しかった。社会が彼の受け入れを、様々な局面において拒否したことが述べられている。「ノーマライゼーションの原理」の「平等の権利」については、ハンセン病の筆者と同じくらいないがしろにされていた。一九五〇年頃の日本においては、行政の側に重度障害者に対する福祉政策はほとんどなかった。それ故に学校にも行けなかった。やっと一五歳になって、国立筑紫病院に入ることができて、精神的にも肉体的にも飛躍することができた。「平等の権利」はその時まで奪われたままだった。

本書では、障害者差別と共に、「部落民差別」のことも語られている。どちらも重い問題であり、人間に巣食う愚劣な心情の表出である。そして藤野はそれら差別の根源を次のように見抜いた。

彼はその被差別部落出身の原口老人の「よつ」と指さされ、「えた」とののしられ、ゆわれなき蔑みと差別を受けてきたという『話を聞きながら、何か胸底にふき上げてくるものを感じていた。それは怒りと共感のいりまじった熱い湯のようなものであった。私も重度の障害者だという、それだけの理由で学校にも行けなかった。また「めくら」とか「手なし」とか子ども心をこの上なく傷つける言葉でささやかれ、ふりむかれてきたのだ。私は強い被差別感をいだかされて育った。「片輪者」と呼ばれる身体的欠陥の故に、さげすまれ差別された。私は自らの障害をのろい、絶望的になやみ、砂漠の中に置き去りにされたような孤独感にさいなまれてきた。ところが原口老人の体験は、私の閉ざされた心を解放し、目を開かせてくれた。この世の中には実に不合理な許しがたい差別が他にも存在していたのである。差別されているのは障害者だけではないという思いが、新たな発見ででもあるかのように、私の不幸な過去に光をあてはじめた。／そのころからだったと思う。私が差別の本当の原因について考えはじめたのは。それはごくありふれた人間個人の善意や悪意の中に根ざすものではなくて、そういう個人のいとなみや感情をこえたところにある、社会のしくみ、歴史のなりたちの中にがっしりと根づいているのではなかろうかと』（同書、四七一三）（本論、三一二頁～三一三頁）。

「ノーマル」に生きることの難しさは、何も障害者に限ったことではないことを、彼は知って、彼に別の目を開かせてくれたのだった。この世の中には実に不合理な許しがたい差別が他にも存在していたのである。ノーマライゼーションへの追求は、何も身体の障害者だけに限ったものではなかった。

石井康子は小学校入学後、視力と聴力を失った。彼女もまた関幸代同様、敗戦後に満州から内地に引き揚げて来た者だった。彼女はこの『自叙伝』で障害者の生きる権利のことを強く主張している。また教育施設・福祉施設についても言及している。それだけ「平等の権利」がないがしろにされていることを実感していたのだ。そのことを自分で経験し、また見聞きしているので、その主張は激しい。

本論の石井の処（三一八頁）でもすでに触れたが、『人と語り、楽しみ、労働し、愛し合った人と結婚し、家庭をもつ、こうしたごく当たり前のことが、障害者においては、ゆがんだ通念や因習によって今なお阻まれています。しかし、誰しも生きるに値するし、平凡に普通に暮らすことができるのです』（同書、二〇五－二）と訴えている（これらはすべてノーマライゼーションの原理の「平等の権利」八項目に当てはまる事柄だ）。ということは「普通に暮らし」ていけないことが多いということを語っているのだった。

小木曽和久と田吹かすみの『自叙伝』は、主として「交換日記（テープ）」から成っている。ライフ・ヒストリーを語る手法の中で、「日記」も一つの方法論であると、第三章で引用した中野卓は言っている。正しく小木曽と田吹は知り合ってから、時を追って交換テープのやり取りをしている。その記述は病（糖尿病）の進行の処では、読む者に強く訴えかける。失明後、生命の炎さえ細くなってゆくことが分かる故に。

病魔に伏してからは二人とも、「平等の権利」の「ノーマルなリズム」の生活は失われたが、周りの家族の協力を得て、「個人の尊厳」は保たれ続けた。テープ交換が繰り返されると、田吹からは短歌も添えられるようになり、小木曽もその返歌を作って送ったりして、その時々の心情（愛惜）が、その歌には込められるようになる。これも二人のことを知るための「ライフ・ヒストリー」における大切なドキュメントということができる。

河辺豊子は四歳の時、事故で失明し、普通より三年遅れて盲学校の小学部に入った。失明はしたが、「ノーマルな生活」は母や伯母によって（父は「戦病死した」と告げられていた）与えられていた。

その後、盲学校中学部・高等部へと進み、卒業後は病院に働き先を見つけることができた。また高校時代に教わった先生（晴眼者）と結婚して、「平等の権利」八項目は得ることができていた。

彼女の『自叙伝』に記されている多くは、その河辺先生とのことである。出会いから、結婚、長男、長女の出産、そして河辺（夫）の発病、それに伴う彼女の就職とである。愛した河辺の病が不治のものであると知って、先が真っ暗になり、その時「死」をも考えたが、彼女の目となり、足となっていた盲導犬のお蔭で、それを思い止まった。

この書は障害からの「回復」というより、愛するものを実質失うことからの「回復」が、後半にはテーマとなっている。成長していく子供の子育ての難しさも述べている。

彼女自身においては、失明は「受容」できていたが、周りの者（ここでは夫の姉妹たち）の見る目の冷たさは、感じないではいられなかった。そんな時、彼女の「個人の尊厳」は傷つけられたし、「自己決定権」もないがしろにされてしまった。このことはさらに彼女を傷つけた。

病院の病室で、夫の世話をしようとする彼女に——彼女が妻であるのに——、河辺の姉から、『「邪魔だから来なくてもいい、あなたにしてもらうことは一つもないんだから」』（同書、二〇四－八）と。「目が見えていたら」こんな言い様はされなかった筈だから。

郡司ななえの『自叙伝』には失明する前のことや失明前後の記述はない。失明は二七歳の時、病気でという。たぶんそれまでは「ノーマルな生活」を送れていたものと思われる。

失明後は、盲導犬を得て、それまでと変わりない生活を送れている。結婚もし、子供ももうけ、「ごく普通の生活」を続けている。

本書の多くは、長男・幹太との出来事、そして盲導犬との記述である。そこでは「平等の権利」が損われているような記述はない。ただ幹太が友達から、彼女の目のことをからかわれたことから、彼女に反撥する場面の記述は、障害者ということを確認させられるものである。社会が子供に「ノーマルな一日」を過ごさせなかった例と言える。

以上で、昭和二〇年以前生まれの人たち二〇名の検証を終える。

ここで分かることは、大正時代までとは違ったことでは、戦争による失明者がいなくなったということ、また盲導犬（との生活）が主な記述となっての本が、六件も出てきたということである。ノーマライゼーションとの関連で言えば、その犬を得ることによって、盲人の自由歩行が可能になっている。正しく「ノーマルな生活」を送るための一つの手段として、欧米の盲人同様に盲導犬が使われるようになったことを語っている。

「平等の権利」八項目については、磯部、近藤のハンセン病患者で強制収容施設に入れられていた者には、大正時代と同様その権利は認められていない。また、藤野高明の盲聾プラス両手損傷者に対しては、その権利はなかなか与えられなかったことが語られている。盲聾という点では石井康子も同じで、多くの「平等の権利」がないがしろにされていたことが述べられている。明治・大正生まれとはまた違った経歴の人たちが、この時期から取り上げられ始めている。

女性も八名となっている。うち把握できる範囲では、三名（石井康子、河辺豊子、郡司ななえ）が結婚している。昭和もあとになればなるほど、障害をもつ女性の結婚にも、バリアが低くなっていることが窺われる。⑥の「その文化におけるノーマルな性的関係」が徐々にではあるが、女性にも浸透していっているようにも思われる。

第七章　昭和二一年以降に生まれた視覚障害者の著書から

昭和二一年以降に生まれた者は九名である。生年の古い順にその著者名を示すと、以下のようになる。田中浩三＝昭和二三（一九四八）年、高田剛＝昭和二三（一九四八）年、山内常行＝昭和二三（一九四八）年、星三枝子＝昭和二四（一九四九）年、竹下義樹＝昭和二六（一九五一）年、児玉聖子＝昭和二九（一九五四）年、村上八千代＝昭和三〇（一九五五）年、赤澤典子＝昭和三三（一九五八）年、御所園悦子＝昭和三五（一九六〇）年。

この九名を便宜上、五名、四名の二つに分ける。第一節は、田中から竹下まで、第二節は、児玉以下、御所園までである。

尚、この章でも引用文中の傍線（一重線及び波線）、太字、ゴシック字体は引用者によるものである。

第一節　田中浩三から竹下義樹まで

男性四名、女性一名の著書から。

1　田中浩三（一九四八〜）一九九五年までは健在。

《自叙伝シリーズ番号、三〇。田中浩三著『悲しみの向こうに』〈頁数＝四七六頁〉〈底本：平成九年〉より》

巻末にある《著者略歴》から、田中の概略に触れておく。

昭和二三（一九四八）年一月三日、生まれ。同四五年三月、東京理科大学電気工学科〈現理工学部〉卒業。同年四月、三菱電機商品研究所入社。同四八年七月、**ベーチェット氏病**発病。同五一年八月、病気の為退社。同五五年、小説「傷だらけの友情」執筆。同五六年五月、横須賀より本籍地太宰府に転居。同五七年、私小説「涙は涸れず」執筆。同六〇年、「涙は涸れず」闘病編出版。同六四年、「愛はこんな私にも光を」テープ小説出版。平成四年、「涙は涸れず」信仰編出版。

これに加えることとして、〈平成二年六月、結婚〉、〈同四年一〇月、引っ越し・独立〉が挙げられる。

この略歴の、病状のところにもう少し詳しく触れると、昭和四八年七月、二五歳の時に**ベーチェット氏病を発病**したが、それは**三十九度前後の高熱**が三カ月間も続くというものだった。それによって左眼が失明し、右眼も〇・〇四に落ち込んだ。それ以後はその病気との闘いの日々となる。

同五一年八月に、それまで籍のあった会社を退職〈「解雇」とも本文中＝一六五頁－一〇行目＝では書かれている〉し、気持ちの面でも転換を迫られることになる。

しかし同五三年には、右の眼の視力もゼロになり、身体は悪化の一途をたどった。両眼失明したあと、聴覚にも異常をきたし、その影響もあるのか、言語障害にも陥った。

やがて右半身もマヒし、尿も出なくなった。一時は科学技術文献の、点字による翻訳に意欲を燃やしたが、右手の自由を奪われたことで、ついに点字さえ読めなくなってしまった。失明し、点字も使えなくなった彼に残された唯一の文字記録道具がテープレコーダーであった。それから（同五四年頃のことである）はそれに文章を吹き込んで、小説を書くということに生甲斐を見つけていった。
しかし、同六一年一一月、母の肩を借りて庭を散歩していた時、不注意から木の根につまずき、転倒してしまう。もろくも右足の股関節を折り、それ以後歩くこともできなくなった。まだ三八歳という若さであるのに……。
『（略）ああ、と新しい年（引用者注：昭和六二年）を迎えても後悔の念がため息とともに、寄せる波のように限りなく打ち寄せる。歩きたいが右足骨折のため歩けない。テレビでもみたいが目が見えない。ラジオのスイッチを入れても補聴器のために疲れてしまう。点字を打とうと思っても右手のマヒのために打てない。魂の抜けたようにぽかんと朝から晩まで心のアルバムを一枚一枚めくり、思い出に浸るしかなかった』（八―一二）
田中はそんな何重もの障害を背負って生きていかなければならなくなる。そのような重複の障害を抱えていたが、それでもそれに耐え得たのは、「キリスト教を知ったからだ」と言う。
『（引用者注：ベーチェット氏病に倒れ）それはそれは言葉では言い尽くせないほどの懊悩の日々であったのだが、時とともにそれらを受け入れられるようになったかと思うとそこには、燃える春のような歓喜がじっと私の船出を待っていたのだ。言うまでもなくそれはキリスト者になるための洗礼である』（一一九）
しかし受洗したとしてもやはり、不自由の身を思い、満たされない思いのあることを否定しない。神に祈っても、何か満たされないものがある。それは彼の中に強く、〝愛する人が欲しい、愛してくれる人が欲しい〟という願望があったからだ。そしてそれに付随するように、結婚したいという切望の気持ちがあったからだ。
本書は、四百頁を越える大部のものだが――といっても、比較的大きな活字を用いているので（一頁＝15行×36字）、文字数的にはそれほどでもないが――、その九割は、その女性とのことに費やされている。三人の女性が主に登場するが（他にも四、五人出てくる）、前二人とは結局うまくゆかず、その度に、田中は強いショックを受ける。それは**絶望**と言ってもいいほどに。己（の不自由な身体）を呪い、相手を恨み……。ただ三人目に出てくる人（谷口培子）と結ばれることになって、読む者に救いを与えている。

内容的にはそれぞれの女性との出会い、そして付き合いの進行、顚末が書かれているだけで、本論の主旨に合うような記述はあまりない。ただキリスト教信者となった彼の、そのことによる〝回復〟が語られている処があるので、そこを抜き書きし、また本書のテーマ、「悲しみの向こうに」が述べられている処を見てみたい。

彼が一方的に結婚を望んだ二人目の登場人物、笠原百合子が彼の思いを間接的に断ってきた。その時の彼の心情である。〔彼女の手を借り、喫茶店に入って話した、数日前のことを思い出して〕

彼女は、『来月から福岡の修道会に入るんです』（一五七―九）と告げた。

『絶望だった。一瞬にして私のすべてが無になった。力がぬける。崩れ折れそうだ。笠原さんが修道院へ行く。修道会へ行く。寂しかった。私は何も考えず全てを忘れようと（略）。考えないようにするが考えてしまう。全てを忘れようとするが忘れられない。いつも口数少なく落ち着いた彼女なのだが、その日はさらに口数も少なく（略）。

（略）私の心を満たし力をくださっていたイエズス＝キリストもなかった。思えばこの頃の私は恥ずかしながらも笠原百合子さんがあって信仰があったのだ。その笠原さんがいなくなれば信仰もなくなる。絶望だった』（一五七―一二）

『が五日ほど過ぎてだったか、なくなってしまったと思っていたイエズス＝キリストが絶望で真っ暗になった心にわずかな光りをともしていてくださっているではないか。（略）。自己犠牲を伴わない愛は真の愛ではない』（一六〇―一二）

という言葉が甦って。

『（略）彼女が私の前を去り修道会に身をおくことは、私の信仰が少しでも深まるようにと真の愛だったのだ。神の愛だったのだ』（一六〇―一四）

ここで本書のテーマと思われる記述を抜き書きしてみる。
『（略）友のために命を捨てることほど高い愛はない。自己犠牲を伴わない愛は誠の愛ではない』（四五四－一一）
結婚して、妻（谷口培子）とマンションに引っ越して来て、様々なことを思う。
『（略）自立の喜びとともに日毎に自己存在の意味がわかってきた。そう、他者への愛のために一人ひとりの存在があるのだ。キリストに向かい黙想しているとそれを示された十字架が浮かび、それに倣って私たちも一歩でも二歩でも近付かなければならない』（四六四－一五）
そして、タイトル『悲しみの向こうに』とは、
『（引用者注：星は）出てなくても雲の向こうにはいつも星はちゃんと輝いているんだなあ。神様もそうだよ。悲しみの向こうにいつもちゃんといてくださるから安心してがんばれるんだなあ』（四七三－九）
田中も〝結婚〟という願いが叶えられて、今は（本書が執筆された時点では）落ち着いて暮らしている。論者もいくらか、ホッとせずにはいられない。

２　高田剛（一九四八～一九九六）享年四八歳。

《シリーズ番号、五八。高田剛著『全盲先生　海外ひとり旅ーノーマライゼーションの先進国をゆく』〈頁数＝二四五頁〉
（底本：平成八年）より》

本書は、全盲の教師が福祉先進国＝ノーマライゼーション発祥の地＝スウェーデン、及びアメリカ、カナダを訪れて、そこで体験・経験した現実《こと》をまとめたものである。

これまで本論で取り上げてきた『自叙伝』とは違って、本書には全く著者の教員以前――教員になるまで――のことは書かれていない。二部構成になっているが、『第一部は、いわば、スウェーデン、アメリカなどにおける旅日記

であ』（四―一二）り、『第二部は、スウェーデンにおける障害者問題解決への取り組み、そしてその現実にスポットをあてて論じてみた』（五―一）ものであって、彼の幼少期、青年期に触れるような項目は設けられていない。唯一巻末の〈著者略歴〉から知るのみである。それを参考にして、本文の記述とを合わせて、人となりを探ってみたい。

高田剛は昭和二三（一九四八）年八月六日、秋田県に生まれた。『小・中・高等学校を盲学校で過ごす』（巻末、〈著者略歴〉より）とあるように、**『物心つかないうちに視力を失』**（二―一一）**っていた**。〈略歴〉には、次には「一九七五年　明治学院大学第一文学部英文学科卒業」とある。彼が二七歳になる年である。どのような経緯――苦労あるいは困難――があって、その大学に入り、卒業を迎えたのかは一切触れられていない。ただ卒業後に教員を目指して、闘いの日々を過ごしていったことは、「まえがき」の中で述べられている。

『一九八一年も一一月のある日、大阪府における教員採用試験に合格したという報告を受けたのである。東京都及びその近県でこの試験を受け始めたのが一九七四年、それ以来八年目、なんと一七回目の挑戦でようやく手にした勝利であった。

あくる一九八二年、八年間に及ぶ闘いに終止符が打たれた』（二―二）

一九八二年四月から、大阪府箕面市立第二中学校に英語科教諭として赴任する。公立の「一般小中学校」の教諭では、採用時からの全盲者はこの時の彼が日本初であった。そして本書の書かれるきっかけとなった、一九九〇年から一九九一年にかけて、スウェーデン、アメリカ、カナダへ視覚障害者問題を中心の研究活動を行なうために訪れた。一九九四年に教職の現場からは離れ、高槻市教育研究所に勤め出した。

以上が、彼の略歴である。彼はスウェーデン行きの経緯を次のように記している。

『さて、時は流れ、教員生活八年目の一九八九年秋、私は知人の河野秀忠さん（現、障害者問題総合誌「そよ風のように街に出よう」編集長）からスウェーデン行きをアドバイスされた。ノーマライゼーション発祥の地・スウェーデン、そこで障害者問題に視点を置いて研究し、これまでの自分を振り返り今後の自分を展望してみてはどうか、ということだった。

当時の私は、同じ年の三月に二回目の中学三年生を送り出し、一つの区切り目のようなものを感じていた時期で、これからの自分がなすべきことを真剣に考え始めていたころだった。全国的に見ても、私が採用されて以降、公立の「一般小中学校」には一人の全盲者も教員としては採用されていない現実の中で、このまま二中の一教員として人生を終えてしまうのはいかにも安易に過ぎるのではないか、もう一度原点に立ち戻って障害者問題を考えるときではないのか、そんなことに思いを巡らしていたころだった。だからこそ、河野さんのアドバイスが実にタイムリーであった。

私はスウェーデン行きに踏み切った。真の意味でのノーマライゼーションとは？　福祉大国といわれている国における障害者を取り巻く環境はいかに？　そして、そのなかで、ノーマライゼーションの考え方がどの程度まで達成されているのかを実体験し、それを通して、日本で障害者がいろいろな働きかけをし、活動をしていく際に必要なものを何か見つけることが出来たなら、そんな思いで私はこの決断をした』（三一八）

スウェーデンへの出発に際しては、同国ウプサラ大学の客員研究員という身分が与えられていた。

本論のテーマである、視覚障害に対する著者のその受容については、従って本書中に触れられているところはない。そのことについては何も述べられていないが、もう一方の主要なテーマ、「ノーマライゼーション」については多く語られているので、いくつか紙幅の許す範囲で取り上げてみたい。

その一年弱のスウェーデン、アメリカでの日々を振り返って、その総括とも言うべきことを語っている。

『一年間の海外生活を振り返るとき、私は思う。たしかに、「さすが福祉大国」と思われることもあったが、福祉大国とは名ばかり、スウェーデン、アメリカと比べても日本の障害者を取り巻く状況、障害者の活動はなんら見劣りしない、いやむしろ進んでいるではないか、と感じられることもあった』（一四一一一）

と。尚、スウェーデン滞在は一九九〇年一〇月九日から一九九一年四月一一日、アメリカは一九九一年四月一一日から同八月二二日、カナダは、同年同月二二日から同年同月二九日までである。

《スウェーデンにおいて》

◎盲人用郵便物が、ここでは有料ということについて――彼はその料金を窓口で払わされて納得できずにいた。

『結局は指示された額を支払い、しかし納得がいかないまま帰宅した。その後このことを知人に話すと、こんな答えが返ってきた。

「この国では誰もが参加出来る社会を求めて政策が実行されていて、障害者の場合には障害者ゆえに生ずる負担を軽減するためにいろいろな分野で施策がこうじられている。だから、障害者も一つの社会の中の平等な一市民として位置づけられている以上、健常者と同じ額の郵送料を支払わなければならないのだろう」と。

なるほど、と思った。たしかに日本に比べれば、この国の障害者にはいろいろなサービスが用意されていて、年金や手当も充実している。だから、健常者とほぼ平等な生活が出来、社会参加が出来ているのかもしれない。しかし、それでは真の意味での「完全参加と平等」があらゆる障害者の場合に貫徹されているのだろうか。今、私は思う。いかに、「福祉大国」「ノーマライゼーション発祥の地」といっても、たとえば雇用や就労問題、教育問題、さらに視覚障害者の場合なら読書環境等々、まだまだこの国でも「ノーマライゼーション」が真の意味で達成されているとは思えない。そう考えると、やはり日本の郵便システムの方に軍配を上げたくなる。それとも、郵便局の窓口で出会った職員の女性の間違いだったのか』（五一－二）

◎普通中学校の美術科教師、レナルトを訪ねて。

『レナルト・ヴィンブラッドのことをＳＲＦ（引用者注：スウェーデン視覚障害者連盟）で初めて聞いたとき、私にはどうしても信じられなかった。語学や数学、音楽や社会科というのならまだしも、美術の教師を全盲の方がするとは！　いや、やはりそれは同じ視覚障害者に対する私の偏見なのだろうか』（七二－二）

『「特別なニーズを持つ少数者を排除する社会、それは弱く、もろい社会である」。まさにノーマライゼーションの原点を考える上でのヒントを、彼との出会いが与えてくれたような気がしてならない』（七六―一）

レナルトは絵画を「レーズライター」という器具を使って描いていた。触知できる線が浮き出してくるのだ。目が見えなくても美術教師をしていることに驚き、こういうことが自然に行なわれることが、ノーマライゼーションなのだと高田は思わされた。彼はレナルトを含めスウェーデンで教職に就き、働いている（あるいは働いていた）視覚障害者の取材をする中で、いろいろな体験をし、またいろいろな人に出会った。そこで思ったことは次のようなことであった。

『（略）一人の人間が指導者として尊重され、障害のあるなしにかかわらずいろいろな人たちが指導者として受け入れられる教育現場のすばらしさを、その必要性を。そしてそれこそが「教育のノーマライゼーション」を考える際の原点ともなりうることなのだろう』（八六―五）

◎また、全盲の保健・社会福祉省副大臣、ベンクト・リンドクウィストに取材したときのこと。

一介の外国人研究者が何のツテもなく取材を申し込んでも、とても無理だろうと考えていたが、そんなことはなかった。副大臣は時間を取り、快く取材に応じてくれた。この国における『生き続ける平等の精神』（九三―一〇）をかみしめたものだった。当初、副大臣への取材のアポイントメントを直接取ることに戸惑い（畏れ多いと思っていたので）を感じていたのだが、その時相談したＳＲＦの人が言った言葉に力づけられての行動だった。その人はこういったのだった。

『（略）「この国では大臣などの公職に就く人が国民から取材要請を受けたりしたときには、高飛車に断ることなどは出来ないはず。だから、思い切ってやってみたら」と』（九三―八）

そのアドバイスは全くその通りだった。副大臣は、気さくな話し振りで、そこには少しも大臣というものをひけらかすことはなかった。一段上から相手を見下ろしての物言いというものも微塵も感じられなかった。これこそが

「平等の精神」であろう。

《アメリカにおいて》

◎アメリカにはガイドヘルパーという制度がないということについて。

『なんでも一人でやる、人の力はなるべく借りない』（一〇三―一四）というのが、アメリカの視覚障害者の方針のようだった。しかしこれについて、高田は二つの疑問を挙げる。一つは、そうであるならば、高齢者の中途失明者にも一人歩きを強制するということになる。それはあまりに厳しい要求である。いろんな状況から「一人歩き」できない盲人がいることも事実であるのだから。

二つ目は、視覚障害者だって、レジャーを楽しむ権利はあるはず。ガイドヘルパーが認められていないとするなら、誰が初めての場所を、神経をすり減らしてまで散歩やハイキングを楽しもうとするか。そう考えるとガイドヘルパー制度がないというのは、やはりおかしいと思う。

この少なくとも二つのことから、彼はアメリカのやり方を疑問視している。

◎自立生活運動発祥の町、バークレーを訪れて。

ここはアメリカの、そして世界の障害者運動をリードしてきた町だが、しかし本当にあらゆる障害者にとって使いやすい模範的な町なのか？　とここでも高田は疑問を呈する。たとえば、どの駅でも点字ブロックはプラットホームの縁に沿って敷かれているのだ。これはとても視覚障害者にとっては危険ではないか。またバスに乗ったら、車内アナウンスが皆無だし、地下鉄でも三～四割はアナウンスしていない。音（声）だけが頼りの視覚障害者にとって、これはとても不親切なことである。日本の方がはるかに利用しやすい、と彼は考える。

◎「普通校」で教師をしている視覚障害者を訪ねて。

ロサンジェルス《(ママ)》市郊外の「普通校」で働く視覚障害者を紹介してもらって、取材した。相手は全くの偶然にも、彼の母校の大学を出た後輩だった。彼、キムさんは日本生まれ、日本育ちの在日韓国人だった。しかし大学を出て、日本で教員の就職口を探したが、全盲で、在日韓国人という二重の障壁からその希望は叶わず、それでアメリカ（のテキサス）に移り住んだのである。テキサス州立大学の修士課程に入り、そこを卒業して、一年間の教育実習のあと、一九八三年から現任校の教職に就いたという。公立中学校で英語を教えていた。

キムさんへのインタビューから分かったことは、非常に恵まれた環境下で仕事をこなしていることだった。高田が、『（略）「普通中学校で視覚障害者が働く場合、一番難しいことは？」と聞くと、「取り立ててないね。点訳を依頼した資料がたまに遅れることぐらいかな」と答えていたのが印象的だった』（一四九―一四）

日米双方で就職活動をしたキムは、その違いを次のように語った。

『「日本という国（の企業や学校）は〝目が見えないから○○は出来ないだろう〟ということに力点を置いて障害者の就労を考えるけど、この国は違う。どうしたら、その〝目が見えない〟ということを補えるか、というふうに考えるからね。日本でも、そういった考え方で我々の就職が考えられるように、システム作りをするべきではないかな」

たしかに、恵まれた状況下で働いている彼だからこそこんな意見を言えるのかもしれないが、彼が言っていたことの正当性は、今回スウェーデン、アメリカを回ってみて痛感させられたことである』（一五〇―一一）

高田はこの海外研究で多くのことを体験し、また学びそれを帰国後の彼の活動に生かしていくことになる。しかし本書の「あとがき」を書いた同じ年の一九九六年、四八歳という若さで亡くなった（原因あるいは病名等は、何もここでは記されていない）。

最後にスウェーデンの目指したノーマライゼーションについてを、一九八五年、時の首相オローフ・パルメがイェーテボリの「世界専門家会議」で行なった演説から見てみたい。

『そもそも我々人間は、そのニーズが違えば生活条件も違うのであります。長所が異なれば短所も異なるのであります。従って、私たちの地域社会はごく一握りの人々の要求にのみ基づいて作られるようなことがあってはならず、すべての人たちの要求が反映されるような社会を目指したものでなければなりません。

ですから、地域社会づくりを計画するに際しては健常者のニーズと同様障害者のニーズも大きな影響力を持たなければならないのですが、それは障害者に対して特別な配慮をしなければならないからではなく、障害者も健常者同様その**社会を構成する一市民**だからなのであります。地域社会を実際に建設する場合にも障害者のニーズは考慮されなければなりません。

そしてこの考え方は私たち健常者にとっても都合の良いものなのです。それは第一に、障害者にとって暮らしやすい社会は健常者にとっても暮らしやすい社会であり、第二に、私たちあるいは私たちの身内のものがいつの日か障害を持つことになるかもしれないからであります。人間なら誰もが、当然のことながら、障害を持ってからも仕事や住居、人間関係、余暇活動などにおいて以前と同じ生活をしたいと望むわけで、従って、地域社会づくりにおける計画段階での欠陥が原因して、障害者が求めていない制限や変更が加えられてはならないのであります』（一八三－六）

3 山内常行（一九四八〜）一九八七年までは健在。

《シリーズ番号、四三。山内常行著『見えない目で見る。－たった一人の全盲市議　山内つねゆき奮せん記－』〈頁数＝一七九頁〉（底本：昭和六二年）より》

一九八四年春、大阪、高槻市で市議会議員の補欠選挙が行なわれた。その時一人の全盲の男が立候補し、見事当選を果たした。それから三年後の一九八七年春、統一地方選挙が行なわれ、彼は再び立候補した。補欠選挙とは比べものにならないほどの厳しい状況の中、彼は再び当選した。本書はその全盲の市議、山内常行《つねゆき》の、その時の選挙期間中の

『奮戦《せん》記』である。

山内常行は昭和二三（一九四八）年、沖縄県知念村の農家の二男として生まれた。三歳の時、**麻疹**に罹り、その後遺症によって**失明**した。当時はまだ沖縄は日本ではなく、アメリカに施政権があり、本土との往来は簡単ではなかった。

それでもしかし、彼は中学三年の時、単身大阪にやって来た——この間の詳しい経緯は書かれていないので不明。誰を頼ってきたのか、誰とどこに住んでいたのか等々。

大阪市立盲学校の中等部に入り、そして高等部に通い、三療の資格を得た。その後、マッサージのアルバイトをしながら、受験勉強をして、一九七〇年、同志社大学神学部に入学し、四年後の一九七四年、同学部を卒業した。その学生時代に、妻・友子と知り合い、結婚した。卒業後、二人でアメリカに自費留学し、一九七五年、米国カンザス州ベーカー大学心理学科を修了した。

帰国後は、高槻市内で英語塾、及びピアノ教室を開き、生計を立てながら、障害者問題に、また障害者の働く場所作りと社会参加の運動に取り組んだ。そして一九八四年の市議会議員補欠選挙に立候補し、当選したのであった。これが本書に書かれている範囲での山内の経歴である。

失明した時は三歳と幼く、そのことに対する思いも、成人後の中途失明とは違うので、障害に対する受容はスムーズであったように思われる。本書は、そのほとんどが選挙における顚末・報告記なので、個人の障害そのものに対する感懐は述べられていない。従って、ここでは行政における障害者問題への取り組み、そのことに対する彼の態度、また障害を持った議員だからこその、行政に対する要求等の視点で見ていきたい。

その前に立候補にあたって、彼が訴えようとした五つのことを挙げてみたい。

『①　全国でたった一人の目の見えない議員であること。

② 障害を持つゆえに社会の片隅に追いやられがちな人々の痛みの多くを代弁すること。
③ 沖縄出身であるために受けた偏見や差別の経験から、これらとたたかうこと。
④ 〝福祉〟を守り、充実させるのはだれであるのかをはっきりと打ち出すこと。
⑤ 競争原理が支配している今の世の中で、この高槻を福祉・教育面での充実をはかり、市民が〝ほっ！〟とできる町にして行くこと』（六五—六）

以上である。

行政における障害者問題への取り組み、態度について、一つのエピソードを見てみたいと思う。彼は補欠選挙に当選して、議会で主張してきたことの一つに、「公的リサイクルセンターの設置」ということがある。つまり、「障害者の働く場づくり」である。「在宅」で、「施設」で、一日一日をただ無為に過ごしてしまっている障害者に働く場をつくり出すということは、極めて重要なことだと思ったからである。

『（略）「公的リサイクルセンター」は障害者・高齢者の切り捨てにつながる〝使い捨て文化〟から、モノを生かしきり、全ての人々がつながり結びつき合いながら生きて行ける、これからの社会づくりの一つの柱となるものだと考えています』（一五一—一三）

このことに関連して、次のようなことも書かれている。ある人からの応援メッセージの中に書かれていたこと——『滋賀県にある重い知恵おくれの施設である止揚学園のリーダーであり、私の大学の先輩でもある、福井達雨先生』（一五二—一二）からのメッセージ。

『先日、私の職場で、産卵しなくなったにわとりを処分しようと話し合いました。人間は非情で、合理的に自分がとくをすることばかりを考えているものです。その時、園児の三田くんが、「卵をよく産むにわとりは、産まないにわとりの分まで一生懸命に産んでいるんや。そやから殺したらあかん」と大声で叫びました。

私たちは、ドキンとしました。……………

「産むにわとりは、産まないにわとりは、産むにわとりの分まで一生懸命に生き、お互いに力を合わせて、楽しい集団を作っている。もし産むにわとりだけを大切にするようになると、産むにわとりは〈自分だけがにわとりや〉と思い、高慢になり、産まないにわとりを無視するようになる。そうすると、楽しく生活していた集団がつぶれて、にわとりが皆不幸になる」ということを叫び、訴えたかったのでしょう。

　私たちは自分たちの間違いを教えられ、多数の人間の高慢さを知りにわとりを処分することをやめました。

　山内さんは、三田くんの思いを、語りたくても十分に語ることのできない人たちの心を、見えない思いを、多くの人たちに語り、行動するために、たたかってきた人であり、なお、これからもたたかわなければならない人なのです。すべての人が幸せになるまで……。

　子ども、老人、障害者、自分の思いを十分に語れない人、社会から疎外されている人、少数側で生きている人、その人たちと共に歩み、その人たちを無視しないことが、〈総ての人を幸せにすることや〉と信じ〈そのことを多くの人たちに知ってもらいたい〉と山内さんは思っているのです』（一五二―一〇）

つまり障害を持つ者も持たない者も共に生きている社会が、望まれることではないのか。山内の主張は続いていく。

『障害を持ってしまった者も、いまだ障害を持たざる者も共に生きる社会とは、人もモノも生かしきる社会のことだと思います。

「卵を産まないにわとり」も「卵を産むにわとり」の分まで一生懸命に生き、お互いに力を合わせて、楽しい集団を作っているのです。

　私は私自身も含め、障害者が地域で生き、働ける場を少しでも実現させていきたいと考え、そのための活動を続けてきました。

　障害者が地域で生き、働き、モノを生かしきる社会（まち）づくりのために取り組む一環として「公的《ママ》なリサイ

クルセンターの設置」を提起しています』（一五五－一五）

次に障害を負った議員だからこそ主張して、獲得したいくつかのことを記している（一七二頁～一七四頁を抜萃・要約）。

◎一九八四年六月の議会の初質問において、福祉タクシー制度について市を追及し、その結果、初年度は年間二四枚のチケット支給を、翌年度からは四八枚支給へと倍増を獲得した。

◎一九八五年一二月。福祉企業委員会で、かしの木園（市の障害者施設）への定員増の請願を受け、実現に尽力した。その結果、五名の定員増が実現した。

◎一九八六年三月。議会で車椅子ガイドヘルパー制度の新設、福祉電話の精神障害者への適用拡大を提言した。

最後に、タイトルの『見えない目で見る。』について、彼が〝あとがき〟で語っているところを記したい。

『私がこの本を書きはじめたのは、この間の歩みが全国各地で、様々な困難を抱え差別や偏見とたたかいながら、共同作業所づくりや自立生活をめざしている多くの障害者や社会の片隅に追いやられがちな人々の歩みに少しでも役立てられればと思ったからです。

【見えない目で見る。】は私の見えない目に映った、「選挙」を通じて浮かび上がって来た人々のふれ合いと心の結び合いの様々な姿です。「選挙」そのものは、日日の生活からはみ出した特異な出来事です。しかし、それだけに、日日には見えないものが凝縮され見えてくることも多くあります。見えない目で手さぐりしながら、多くの人たちに支えられながら歩んだ姿を社会の片隅に追いやられがちなひとたちの社会参加へのひとつのヒントとして読んでいただければと思い、歩みの一端をまとめてみることにしたのです。

（略）

「こんな世」だからこそ、わたしのささやかな体験を通じて得た障害者の社会参加への道すじを読みとっていただき、全国各地でうねりを起こして行くきっかけのひとつになればと願っています』（一七六－一一）

4 星三枝子（一九四九〜）一九七七年までは健在。

《シリーズ番号、一九。星三枝子著『春は残酷である　スモン患者の点字手記』〈頁数＝二五四頁〉（底本：昭和五二年）より》

本書は副題が示すとおり、**スモン**患者の手記である――日々の出来事が主に語られ、日記のように短い文章の集まったものから成っている。そういった意味では長い（二五四頁…一頁＝18行×43字）割りには読み易い。

ここまでに、麻疹による失明やベーチェット氏病による失明者による著書はあったが、この病気によるものは初めてである。本書を読み進めるうちにしかし、このスモンという病も空恐ろしいものであることを知らされる。

星三枝子は昭和二四（一九四九）年一月一日、福島県南会津郡田島町滝の原で、一男二女（兄と妹）の長女として生まれた。国鉄会津滝原線の終着駅、「会津滝原」の空気は新鮮で、山の緑はきれいであった。三枝子は中学時代に腎臓病と急性盲腸炎を患った以外は、コロコロと太って元気な少女だった。

昭和三九年三月、地元の田島町立荒海中学校を卒業すると、しばらく家事手伝いをしていたが、何か技術を身につけようと思い、同四二年、会津田島町にある南会高等洋裁学校に入った。そしてそこを二年修了の時点で辞め、同四四年四月から、会津若松にあった「上野屋」呉服店に就職した。注文服の仕立ての担当で、寸法をとり、裁断をし、仕上げる仕事だった。生まれて初めて親元を離れてのアパート生活を送った。この年の一月五日に田島町で成人式を済ませていた。そう、彼女二十歳の年であった。

六月末、水あたりなのか、下痢をした。それはなかなか収まらず、体はダルくなり、食欲も減退し、勤めも休みがちになった。勤め始めてまだ二カ月ほどで、早く治さねば、との思いもあって、七月七日、看護婦をしている叔母に連絡をとり、アパートから歩いて二〇分ぐらいの処にある竹田綜合病院を紹介してもらった。

診察の結果は、「赤痢」と疑われた。そのことによって彼女の運命はある方向へと転がっていく。当初の診断結果で、筋肉注射をうたれ、二〜三日分の頓服薬を貰った。そしてそれをその日から服用した。これが**スモン発症の始まり**だった。

二〜三日後、再び病院に行くと、「赤痢」ではないとの結果が出て、ホッとしたが、下痢は止まらずで、同じ薬が支給され続けた。彼女は病院を信用して、その薬を服用し続けた。しかし一向に下痢は収まらなかった。「上野屋」に出勤することも出来なくなり、辞めざるを得なくなり、退職した。

郷里の田島町に帰り、母と共に七月一九日、会津若松に出て、同病院に入院した。この時、彼女の体に力はなく、歩くこともできないほどに衰弱していた。入院したその日（母は病室に泊まり、付き添っていてくれた）、

『夜半目がさめた時、歯と歯がくいしばっているような感じだったが、別に気にとめなかった。

翌朝起きた時、私はびっくり仰天した。何か話そうとしても口があかない。話すことが出来ない。私は母にそのことを訴えたかったが、泣声ともつかぬうなり声しか出なかった』（二七―一六）

この時から彼女の体は、スモンという病に冒され、悪化の一途をたどっていく。その日の夕方、六人部屋から四階の個室に移された。病状の深刻さ故のことだったように思う。この日、足の指にしびれを感じたが、それほど気には止めなかった。だが、翌日、足はずっしりと重く、しびれているところが白く変色していた。

『（略）入院して三日目頃しびれは膝までも広がり、足は鉄の靴でもはいているみたいに重かった。スリッパが抜けても、分からないで歩いていたことも度々あった。ベッドにつかまりようやく歩いていたが、入院四、五日目頃突然歩けなくなった。物につかまって立っても、すぐにくにゃくにゃと座りこんでしまった』（二九―一二）

『私は歩けなくなった時からトイレに行ってないことに気付いた。看護婦さんは**導尿**しないと体に毒が回って苦しくなると言った。しかし、私は死んでも導尿はしないと頑張った。おなかの方はますます張って苦しくなった。私は叔母と母に抱きかかえられトイレに連れていってもらった。しかし、排尿はなかった。その時以来、**自力の歩行**

と排泄は不能になってしまった。しかし、死んでも導尿はやらないと頑張っていたが、とうとう看護婦さんに頼まなければならなくなってしまった。とってもいやだった。惨めだった。恥ずかしいというより耐えられない屈辱だった。今すぐにでも死んでしまいたいような思いだった』（二〇―六）

八月に入り、視力が落ちてきた。リハビリで手の機能が少し回復してくるのとは反対に、視力はますます衰えていった。そして一〇月に入ると**完全に失明**した。

『（略）私の一番恐れていた暗黒の世界に投げ入れられてしまったのであった。来る日も来る日もただ泣くことしか出来なかった。泣くことだけが私に許されたたった一つの自由だった』（二七―七）

昭和四五年元旦、二一歳の誕生日をそれでも迎えた。妹は、副腎皮質ホルモンの副作用で満月のようにふくれている彼女の顔に精一杯のおしゃれをしてくれた。しかしどんな顔におしゃれされているかを、自分の目で見ることも出来ない彼女にとって、ただベッドに寝たままの誕生日はわびしかった。

二月のある日、手の方は回復したが、目は失明したままであったので、彼女は回診に来た主治医に、『（略）「先生はウソを言ってます。目も見えるようにならず、病気もなおらないのなら、もう心臓を止めて下さい」と言った。先生は「星さんの心臓は丈夫だから、誰か移植する人が見つかるまで待って下さい」と言って部屋を出て行った。

私はそれを茫然と聞いていた。そしてメチャクチャに泣いた。ご飯も食べないで泣いた。点滴も訓練も拒否して泣いていた。毛布を頭からかぶり、誰が来ても話をしなかった。主治医は母に向かって、「気は狂っていません。いつかはこうなる時が来ると思っていました」と言ったという。

私は、スモンはなおらない病気だということを、その頃知った』（二九―六）

【スモン（SMON）Subacute Myelo-Optico-Neuropathy（亜急性・せき髄・視神経・神経症）の頭文字をとった通称。症状は、下痢や腹痛などの激しい腹部症状から始まり、やがて両足先から下半身にかけてしびれや知覚異常、

運動障害が起き、視覚障害を起こす。重症になると手足が動かず失明する例もある。死亡率は四パーセント程度とされているが、治癒が困難で下半身マヒなどの後遺症に悩む患者が多い。

昭和三十年代末に、岡山、埼玉県などで大量発生して注目を浴び、以来全国で患者が急増した。厚生省は四十四年、スモン調査研究協議会を設け、全国で約一万人の患者を確認する一方、発生原因が整腸剤キノホルムの服用にあるとの疑いを深め、四十五年九月、キノホルム製剤百八十六品目の販売・使用を禁止した。まだ潜在患者がかなりおり、死亡者は五百人以上といわれている】（二六―一）

同年三月二九日、外泊という形で家に戻った。

同年四月一五日、父が亡くなった。その原因の一端が彼女の病にあったことは想像に難くないことだった。そのことがあった後、彼女は睡眠薬をためて、自殺をはかった。大量の薬を一気に飲んだ。しかしそれを知った家族の者が慌てて医者を呼び、手当をしてもらって、一命をとりとめた（二～三日の昏睡状態のあと、意識は戻った）。彼女は死ねなかった。

死ねなかったもう一つの理由を彼女は語っている。ここに彼女の**障害**（**運命**）**の受容**を見ることもできる。

『いくら私が死のうと思っても、体のどこかでほんの僅かでも生きていたいという気持があったのではないだろうか。だから、どんなに死のうとしても、結局死ねなかったのではないだろうかと思った。自分の力ではどうすることも出来ない運命が、死から私を引き戻しているのだと思った』（三五―三）

同年八月二四日、竹田綜合病院に再入院する。九月七日、テレビで、「スモンはキノホルムが原因らしい」と伝えていた。

【キノホルム　スイスのチバ・ガイギー社で開発、最初は傷薬ヨードホルムの類縁化合物で、湿疹その他の皮膚病に外用されていた殺菌剤であったが、その後、腸内殺菌にも使われる。昭和九年、日本でアメーバ赤痢患者に使われる。

十一年には劇薬に指定されているのに、十四年に「日本薬局方」に収載された時に普通薬に変更され、国産化始まる。十年、アルゼンチンの医学専門誌にキノホルムによる神経障害が指摘されている。

二十年、ディビッドらが米国の医師会誌に、キノホルム製剤は体重一キロ当たり十ミリ／日以下で十日以内二週間休薬と指示している。三十六年、米国では医師の処方せんによりアメーバ赤痢の治療のみに制限せよとの販売規制措置がとられていた。四十五年九月、厚生省はキノホルム製剤の販売・使用禁止を決定。厚生省の調べでは、キノホルム製剤百八十六品目を生産し、整腸剤生産高の三分の一をしめていた】（三八－四）

『十月、病院側の好意でリハビリの機能訓練の時にお世話になっている吉田先生に点字を教えて頂いた。吉田先生は十三歳の時に失明したという視力障害者だった。ちょっと短気なところがあるが、心の奥に思いやりを秘めた温かい感じのする先生だった。ちょうど、厳しいが優しいところもある兄のような人だった』（四〇－三）

昭和四六年の正月は、妹と二人きりで病院で迎えた。足はマヒして歩けなくなっている。八月五日に測った体重は、三五kgだった。八月一〇日、ケースワーカーの菅原さんが長井さんという女性を連れてきた。福島県にも「スモンの会」を作るため、長井さんに資料を集めてもらうのだといった。

八月二二日、全国スモンの会より手紙が来て、『「キノホルムを服用したかどうか？　どのくらいの期間服用したか？」その他色々と病状など記入するよう』（六一－四）な用紙が添えられていた。翌二三日、その手紙を菅原さん、長井さんに見せて、国と製薬会社を訴えることにした。この時より、リハビリに励む一方、提訴に向けて行動し出した――「全国スモンの会」を福島県にも立ち上げ、彼女はその責任者になった。

昭和四七年三月、兄が婚約した。結婚式は秋に挙げることになった。

『同四月、妹が結婚した。結婚式の時には兄に迎えに来てもらい外泊をした。妹が嫁ぐ日、私は何ともいえない寂しさを感じた。妹には私がつかみたくともつかめなかった人並みの幸せをしっかりつかまえてほしいと願ったけれど、私だって、私だってと思うと、ふと涙がこみあげてきた。

妹夫婦はしばらく兄達と同居することになった。

（略）

外泊から帰るとまた、リハビリの訓練を始めた。でも僅かでも望みを持っていた足も全然回復しない。訓練室から帰ると、部屋に入るなりわっと泣き出してしまった。むなしさ、辛さ、苛立ち等々のごちゃまぜな気持を抑えることが出来なかった。看護婦さんや母に励まされて気を取りなおしてみたものの、何をする気にもなれなかった。もう何もかもいやだ。一生スモンが付きまとうなんて。私なんて死んでしまった方がいい。母だって、家族だって私がいなければどんなに負担が軽くなるだろう。私さえ、私さえいなければ……。リハビリも休み、ただ茫然として日を送っていた。挫折感がますます強くなっていった』（九〇—八）

五月のある日、彼女は再び自殺をはかった。母に頼んで、毛染め液を買ってきてもらい——「毛を染めて、少しおしゃれしたい」と言って——、それを一気に飲み干して試みたのだ。しかしやはりしばらくすると気持ち悪くなり、それを吐き出して、母に見つかってしまい失敗した。

『（略）私は夜明けまで点滴をやらなければならない羽目に陥った。死のうとどんなに思っても結局死ねなかった。私は恥ずかしくなった。どんな理由を並べてみても私はやはり敗北者だった。何もかもいやで全てのわずらわしさと苦痛から逃避しようとした弱虫だった』（九二—五）

いろいろな事情から「全国スモンの会」を出ることになる——福島県の責任者の彼女が出ることに批判もあったが——。同会を出て、「姿勢を正す会」に入って、訴えは続けた。「全国スモンの会」は、患者同士が集まっている会なのに、その患者の多数意見が反映されないで、おまけに患者を食いものにする姿勢が見えてきて、それがどう考えても許せなかったからだ。こういったこと——意見の食い違い、内部分裂——は往々にあることで仕方なかった。

以後、彼女は「姿勢を正す会」に入って、国と対峙していくことになる。以下、本書では、昭和五一年一一月までの彼女の動向が語られていく。彼女の病状について、スモンの進行を語る記述として、（昭和五十一年一月十四日付）

『（略）四十九年暮れあたりから右側の肋骨が痛かったが、五十年になると左の肋骨、肩、肘、手首などあらゆるところが痛い。この頃では指の関節も痛い。寝がえりなど体を動かした時、突っ張って全身が涙が出るほど痛い』（二四九－四）

（同年同月十七日付）

『今日もスモンの痛みがある。突き刺すような鋭い痛み。今のところ右の痛いところの痛みが、発病当時のように全身に広がったら、私はもう駄目になるかもしれない。点字を打っていても体が揺れてる感じがする。この苦しみはなった人でないと分からない』（二四九－一三）

障害者になっても、働きたいという思いを述べているところ。

『（略）障害者だって残された機能を生かし何かが出来るのに働く場所がない。重度障害者のいきつくところは、やはり同じだ。うちに閉じこもってしまうか、それとも隔離同然の施設へ入るかどちらかだ。これでいいのだろうか。何かが欠けている。障害者だって健康な人だって生まれた原点は同じなのに、生きる権利だって同じなのにと思う。とにかく、世の中は何でも健康な人を中心に動いている。まだまだ障害者の住みにくい世の中だ』（二一〇－一八）

障害者に対する無理解にあって、

『私が患者さん一人を誘い、母と一緒に若松の市民会館の芸能祭に行った時のこと、タクシーに乗ろうとすると、運転手はタクシーから降りても来ず、ただ「乗せてもらいたい」と言ったままで、手もかしてもらえませんでした。その調子なので、車イスも母がタクシーの後ろへ入れようとしたのですが、なかなか重いので手こずっていると、運転手はそれを見かねてやっと手をかしてくれました。

それから、折角楽しい気分になった帰りにもタクシーを拾ったのですが、その運転手は私の姿を見るなり、いやな顔付きをしたらしいのですが、無理に乗ってしまいました。やはりその時も、運転手は全く手をかしてくれませんでした。それどころか、病院へ着くまでそのタクシーの運転手はぐずぐず言ったのです。その日は、一緒に行った患者さんに車に乗せてもらったり、降ろしてもらったりのお世話になってしまいました。

中にはこのように障害者に対して思いやりのない人がいることは、私はとても残念に思います。今の社会では、まだまだ障害者に対して理解のない人が数多くおります』（一二五―一八）

最後に、西村祖一（日本大学工学部教授。彼の妻・佳子もスモン患者で、昭和四八年八月、西村が妻とともに星を病床に見舞った時から、星との交際が始まっていた）が本書の「はじめに」の処で書いている文章を記したい。

『四月は残酷な月である、とイギリスの詩人エリオットが詠んでいる。「四月」と「月」をそれぞれ「現代」と「時代」に置き換え、「何故なら、現代は荒廃し病み喘いでいるから」という一節を付け加えると、その詩人の心に通じる。詩人がそう詠んでから既に半世紀が経った。その間、透徹な詩人の心眼が読み取った現代の荒廃は、その深化と速度を増幅させながら今日に及んでいる。

一見豊かに見える現代社会も、それを一皮むけば、豊かさの陰に物質的荒廃が進み、それに比例して精神的荒廃もまた進んでいるのである。我々の生活を豊かに幸せにしてくれる筈の科学技術は、利潤追求に熱心な企業に乱用されて、豊かに保つべき自然を破壊し、植物を枯死させ、動物を不具にし、やがては、我々人間の生活環境全体までをも破壊しかねない勢いにある。豊かで幸せな生活を営む為に、最も基本的な要件である我々の健康と生命の維持・増進を計ることをその使命とすべき医療までもが、医の倫理を忘れ利潤追求に熱心な余り、産業公害の発生と同じ構造と図式で、各種の医療公害を発生させているのである』（一―四）

『エリオットが最上級の形容詞（cruellest）を付して「四月は残酷な月である」と詠んだ場合でも、そこには未来に対する再生の微かな可能性は暗示されていたのである。

その〝可能性〟に夢を託し、点筆の一点一点に薬害根絶の願いをこめて綴ったのが、この三枝子さんの記録である』（四―一四）

5 竹下義樹（一九五一〜）一九八八年までは健在。

《シリーズ番号、三。竹下義樹著『ぶつかって、ぶつかって。全盲の弁護士』〈頁数＝一九八頁〉（底本：昭和六三年）より》

本書は全盲の弁護士の〝自伝〟である。しかし、「あとがき」を含めて、一九八頁中、盲学校理療科卒業までの記述は五五頁までで終了し、残りの約四分の三は、盲学校高等部専攻科からの記述は、明確に弁護士を目指しての日々だったので、司法試験合格までの〝奮戦記〟といってもいい。その点では前述第3項の、山内常行と似ているかもしれない。多くの人たちの協力を得て、最終的には目的を――それは晴眼者でもなかなか達成できないことを――達成し得たのであるから。

竹下義樹は昭和二六（一九五一）年二月一五日、石川県輪島市町野町という輪島市から東へ日本海を見ながら、二〇㎞ほど進み、そこから町野川に沿って五〜六㎞山奥に入った小さな村で生まれた。祖父母、両親、姉、そして四歳上の従兄がいた。家は農業のほか林業を営む兼業農家だった（のちに妹が生まれている）。

彼は**小さい頃から弱視だった**が、しかし小学校時代は、朝から夕方暗くなるまで外で遊びまわって――メンコや、あるいは川で、カニを取ったり、ヘビやカエルを捕まえて皮を引ん剥いたりして遊んで――いた。また冬には山で野ウサギを捕ったり、夏は海でサザエを採ったりしていた。

中学時代になると、悪ガキとなり、学校でのケンカは毎度で、よく校長や教頭に呼び出されて、注意もされた。そんなであったから当然勉強は、大嫌いだった。

しかし、中学三年（昭和四〇年）になって、まず右眼が見えなくなっているのに気付いた。左の目はしばらく見えていたが、そちらも徐々に視力は落ちていった。そして、その年の六月、そのことに気付いた父は彼を金沢の病院へと連れて行った。

『（略）国立金沢病院、金沢大学付属病院へとまわり、精密検査の結果、相撲（引用者注：彼は中学で相撲部に入っていて、毎日稽古をしていた）のぶつかりげいこ等による外傷性網膜剥離のための失明を宣告された』（三三一二）

この宣告により、父の方が激しいショックを受けた。『「わしの目をやってもいい、どうか息子の目を助けて欲しい」と何度も何度も医師に懇願し』（三三一五）たが、『逆に医師から「そこまで思うなら、なぜ今まで放っておいたのだ」と怒られていた』（三三一六）。竹下の方は、「失明」を言われてもまだ、その段階で〇・〇三の視力が残っていたので、『（略）やがて君の目から光が消えてなくなると言われてもピンとこなかったのが実情だった。

失明したらどうなるのか、そうなったらどうしようなんて考える力はなかった。だから私自身、ショックのため自分を失ったり、塞《ふさ》ぎこんで、話もしなくなってしまうようなことはなかった。ただ、その時の父のがっくりと肩を落とし、言葉を失ってしまっている姿が印象に残っていた』（三三一一一）

父はそれでも諦めきれず、仕事をすべて投げ出して、次には〝もっと大きな病院〟で診察を受けさせるべく、京都に彼を連れて行った。

そして同年六月三〇日、京都府立医大附属病院に入院させた。しかし、退院の一二月二〇日までの約半年間に二回の手術を受けたが、やはり視力の回復を見ることはなかった。ただ、目の中にかろうじて光を残すことはできた、というそんな程度のものだった。つまり、明るさを感じることができる程度。目の前で何かが動く時は、黒い影がボーッと動くように感じられるといった状態だった。

退院して家に帰ると、祖父母、姉、妹も皆、彼のことを心配していた。特に母はそうであったが、彼の将来のことを考えて、同じ町内に住む、同じ年頃の、目の見えない女の子の所に早速彼を連れて行き、一緒に点字を学ばせた。

その時初めて、彼も母も点字に触れたのだった。

『（略）母のこの一途さは、息子の失明を悲しみ嘆くよりも、現実として受入れようとする母のつらい気持ちを物語っていた』（三六─一〇）

彼自身もその〝失明〟ということを、どうやら自然と受容していたようだ。そのことを彼自身が嘆き悲しむ記述はここではない。それは幼い時から弱視であったことが関係しているようにも思われるが。

中学生活残り三カ月は、学校側の意向で出席させてもらえなかった。彼自身は友達に手を引かれてでも出席したかったが、目の見えない生徒の授業を厄介に思ったようで、「出るに及ばず」ということを告げられて、学校に通うことはできなかった。この口惜しさはいつまでも彼の内に残った。

昭和四一年三月、出席日数は足りなかったが、学校側の話し合いで卒業ということになった。勿論留年してもらっては困るということからだった。

そして高校からは、金沢の盲学校に入った。石川県立盲学校である。同校の高等部理療科に入学し、寄宿舎生活を始めた。中途失明のために点字の読み書きが他の生徒に比べて劣っていたので、入学半年間は必死になってそれを覚えた。点字クラブにも入って、学習を重ねた。そしてその甲斐あって、二学期になる頃にはどうにか皆についていけるようになっていた。

盲人にとって、〝聞く〟ことは、触れることと同じくらい大切なことである。必然的に、盲人の聴覚は研ぎ澄まされていき、音の世界、音楽への関心も高かった。盲学校では皆ギターをよく弾いていた。彼も自然にそれを手にするようになり、弾き始めた。そして、より上手に弾きたいとの思いが強くなって、市内にあった「ギター教室」に通い出した。寮を夕方六時に出て、バスと徒歩とで、四五分かけてそこへ通った。このギターを習ったことが、のちの彼の人生をより豊かなものにしていった。

同四四年三月、按摩マッサージ指圧師の免許を取得して、理療科を卒業した。そして彼は自分の夢に向かって金沢をあとにし、京都に向かった。両親には、『普通の大学へ行っても盲学校の先生になれるから』（五四―三）と言って、納得させての京都行きだった。

まず大学進学のために必要な高校普通科の英語、数学、社会、国語をもう一度やり直すために、同年四月、京都府立盲学校高等部専攻科――これは盲高校生の学力不足を補うために設置されたクラスだった――に編入した。そこでは大学進学を目指す盲高校生が勉強していた。竹下もそれからは、リーディングサービスのボランティアの力を借りて、朝から晩まで毎日、受験勉強に明け暮れた。

しかし、もともと勉強嫌いだったこともあって、一日中机に向かうことに耐えられなくなり、授業にも出なくなった。そしてとうとう盲学校の寮も出てしまい、京都南部、伏見の按摩治療院に住み込みで働きだした。ここでの時間は勉強よりずっと楽しかった。

朝十時から夜中の二時までお客を取り、それをこなした。従って、お金は面白いほど貯まった。しかし、一カ月二カ月経つと、やはり自分のしていることが嫌になり、何の目的で京都に出てきたのかを深く考え、もう一度盲学校に戻っていった。盲学校の方でも、授業をサボらないことを条件に受け入れてくれた。

だが……、やはりサボりぐせは抜けなかった。勉強にも身が入らなかった。しかし協力してくれる人たちは沢山いて、どうにかその人たちのお蔭で――リーディングサービスとか録音サービスを親身になってしてくれた――、同四六年の受験で、竜谷大学法学部に合格した。

同年四月、大学生活がスタートした。これから以後、司法試験に向けての学習、そして準備が始まる。この間、法務省内の司法試験管理委員会とのやりとりが語られていく。

まず同委員会宛に手紙を出し、盲人のための点字受験の方法を問い合わせた。その答えとして、「盲人の受験は事実上不可能」という返事を貰って、それからは受験受け入れまでの過程が語られていく。このことにおいても多くの人々の協力があったお蔭で、同四八年にやっと法務省より「点字受験を認める」という回答を得るまでになった。そしてそれからが、本格的に同試験への勉強となった。

なおこの間の大学二年（同四七年）の秋に、一つ下の一年生で社会福祉学科にいた若宮寿子――点訳サークルで知り合った――と結婚した。彼二一歳、寿子二〇歳の学生結婚だった。生活費は身体障害者の福祉年金と、毎月のアルバイトの総収入五万～五万五千円でまかなおうとしたが、やはり無理で、多くの友人達から借金しての生活だった。


六法全書は、ボランティアの力を借りてコツコツ点訳していたが、それまでの運動が実り、法務省が「点字六法」を同四九年に作り始め、やがて完成したことで、入手することができた。だが、当初はそれを逡巡した。というのもその値段が一二万円という法外なものだったからだ。しかし点字にすれば五一巻で、一二万円という値もやむをえずと思われ、再び多くの協力者を得て、カンパしてもらい、それを手にすることができたのだった。

司法試験を初めて受けたのは、同四八年五月、大学三年の時だった。点字受験は東京、三田の慶応大学ということで、京都からそこまで行って受けた。しかし不合格だった。それから同五六年の合格まで一〇回受験し続けた――この間、同五一年に長男、五三年に長女をもうけていた。

昭和五六年、長く苦しい受験の戦いは終わった。がしかし、その後も弁護士になるまでの司法修習生時代、そして弁護士になってからも、多くの人の協力を得ていることには変わりない。そのことが本書ではそのあとも語られている。

一つのことに向かう大切さを、それに向かって進むことの大切さを、本書からは知ることができる。

ここで本文中で語られていることから、二つ三つ抜き書きしてみたい。

人としての権利について、

『私は最初の法務省への手紙以来、たくさんの支えてくれる仲間との交流の中で「権利」という言葉の持つ意味の重さを知った。私自身「権利」として自覚した時、盲人がマッサージ師以外の職業を選ぼうとするのを妨害する国に対して、怒りを抱かずにはいられなかった。それまでの私にとって、障害者の権利という考えは二の次で、弁護士をめざす第一の目的は、私自身の生きがいのためであった。しかし、司法試験を拒否されることによって、障害者からの基本権の剥奪をまざまざと体験させられた私は、それらを回復することが第一の目的となり、そのためにも弁護士になると決意を新たにしていた』（八四―一一）

また同五六年秋に、同試験に合格してから、翌年四月「司法修習生」として二年間の研修所入りするまで、半年ほど間があったので、それを利用して、一緒に合格した京大卒の飯田昭（二四歳）に同行を願って、ドイツ、アメリカを訪問したが、その時のそこでの印象の記述から、

『（引用者注：ドイツでもアメリカでも）その間にたくさんの盲人弁護士を訪れた。目の前で私と同じ盲人が弁護士として仕事をしている。あるいは裁判官として仕事をしている。ニューヨークのど真中で、盲人が弁護士として事務所を構え、精力的に仕事をこなしていっている。この事実を見ることができたことは、私にとって最大の成果だった。

（略）日本とアメリカ、ドイツの違いはあって当たり前だが、少なくとも盲人が第一線で臆することなく弁護士、裁判官として仕事をしている。そのことに勇気づけられ、「同じ盲人なんだから、きっとできるんとちがうやろか」と自分なりに自信を取り戻すことができた。この一カ月の研修旅行で、いくつかのことを学び、帰国した』（一六一―一二）

そして、彼自身の弁護士活動へのスタンスを、

『私は盲人だからといって特別なことはないと思っている。刑事事件であれ民事事件であれ、労働事件、行政事件であれ、すべてにおいて、自分が弁護士としてどれだけの力が発揮できるのか。その中で、自分が見えないということで、どの程度のハンディがあり、また、その見えないことが逆にプラスに転じることができるのではないか、ということが弁護士としての私に、今後問われていくだろうと思う』（一八四―一五）

第二節　児玉聖子から御所園悦子まで

女性のみ四名の著書から。

1 児玉聖子（一九五四〜）一九八八年までは健在。

《自叙伝シリーズ番号、六〇。児玉聖子著『出会いのカリフォルニア―盲導犬《アイメイト》ユリアと私のアメリカ留学記』〈頁数＝一六四頁〉（底本：昭和六三年）より》

本書は、大学を卒業した盲女性が自分らしく生きていくための道として図書館司書を選び、より専門的な知識を得るために、日本に比べて充実した授業内容のあるアメリカに渡り、単位を取得して帰国した、その報告記である。ハードなカリキュラムをこなし、その課程を修了して、資格も得ての帰国だった。「あとがき」や脚注の語句の解説を除いた純本文一五二頁のうち、九割はアメリカでの出来事の記述である。

児玉聖子は昭和二九（一九五四）年、秋田県の八郎潟近くの八竜町に生まれた。**生まれつき目が悪く**、両親はいくつもの病院に連れて行き、診察を受けさせせたり、手術もしたが、回復することはなかった。原因や病名について両親に聞いた覚えはなく、お互いに触れないようにしていた。

『（略）私が目が悪いということは、私にとってもまわりの人にとっても、あたりまえのことになっていた』（三〇—五）

彼女自身にとっても〝見えないこと〟が自然のことであったので、「盲」ということに対する**受け入れ**は、普通に

できていたようだ。しかし、

『かといって私が、いつもいつも目が悪いという事実を素直に受け入れ、なんの不満ももたなかったかというと、うそになる。

とくに十代の後半のころは、目がみえていたらどんなによかっただろう、一人でどこへでもいけたのに、もっと自由にやりたいことができたのに、などとよく悩んだものだった』（三〇―七）

と、複雑な胸の内をのぞかせている。「盲」を受容したといっても、やはり「見えるようになりたい」という思いはあったようだ。

普通の学齢より一歳早い五歳で秋田県立盲学校に入り――両親が同校校長にお願いして特別に入学を許可してもらった――、そこで六年間を過ごした。盲学校には自宅からは通えないので、盲学校の寮に入った。五歳の子どもには最初、それはとても寂しくつらいことだったが、それだからこそ毎週日曜日に両親の来るのを楽しみにしていたし、夏休みには自宅に帰れるので、それが来るのがとても待ち遠しかった。その後、彼女の下に、弟、妹ができた。両親は生活のために、その後もずっと共働きをしていた。

小学一年から中学三年（昭和四四年三月）までを、その県立盲学校で過ごした。同じ盲学校の高等部に進み、三療の資格を取って、就職というコースが一般的だったが、彼女はその道は択《と》らず、中学を卒業して、東京に出て、東京教育大学付属盲学校高等部普通科に進んだ。全く知り合いのいない東京での生活は不安だったが、時間を経るにしたがって、そこでの寮生活にも慣れていった。

そして三年間を学び過ごし、盲学生を比較的受け入れている和光大学――障害を持つ学生に理解があった――に入学した（同四七年四月）。中学・高校と英語が好きだったので、英文科に進んだ。

大学では多くの人の助けを借りながら、日々学業に励んだ。大学一年の時、学校の寮を出て、アパートを借りて一人で住み出しもした。一人で食事を作り、一人で通学することは初めてのことだった。何もかもすべて新しいことの連続だった。

必然的に一人歩きをして動かねばならないことが多くなり、時々危ない目にあうこともあった。プラットホームから線路に落ちたり、道路から脇の小川に落ちたりと。こうした経験《こと》から、

『（略）一人で自由に楽しく歩くには、白杖ではだめ、盲導犬をもたなければと、決意させたように思う』（三九―一三）

大学卒業後、一年間（同五一年から同五二年まで）は東京で語学（フランス語）を学んで過ごし、その後郷里に帰って、点字図書館に勤めた。

しかし職場での毎日は自分の思っていたものと違って――自分のやりたいこととは違って――、意思疎通も思うようにいかず、そこを半年で辞めた。

それから東京に再び出て、四谷にある日本盲人機能開発センターに通い出し、カナタイプを習い、同五三（一九七八）年一〇月からは、同センターで録音タイピストとして働き出した。

そして同年一二月、東京盲導犬協会で四週間の歩行指導を受けて、盲導犬「ユリア」を得て、ともに暮らし始めた。白杖を使用する生活からは別れを告げた。

彼女は毎日、荻窪のアパートから四谷の同センターまで満員電車にもまれながら、ユリアと通勤した。仕事はテープに録音した裁判所の記録や、出版社が企画した座談会、テレビ番組、法律雑誌の記事などをカナタイプで普通の文字に直すことだった。しかしここは三年ほどで辞めた。あまり愉快でないこと（その内容は、本書では語られていない）が起こったことによる。

その後は、とてもラッキーなことだったのだが、友人の福沢美和（第六章第一節に既出）から彼女の知り合いで、聖心インターナショナル・スクールで働いている人を介して、そこの図書館の仕事を紹介してもらい、そこで働くことができるようになった。

『聖心インターナショナル・スクールは、幼稚園から高校まであり、世界各国の五十をこえる国から、両親の仕事の関係で日本にやってきた子どもたちが、勉強しているところである。おもに商社、大使館、日本にオフィスをもつ会社などで働く人たちの子どもたちが、ここで学んでいる。

校内での会話は英語が中心で、大学で英語学を専攻していたとはいえ、英語をほとんど話すことができなかった私は、はじめ、とてもとまどった。もしこの仕事につく前に、英語が話せなければここで働くことはむずかしいと知っていたら、私はこの仕事につかなかったかもしれない。私の無知――英語がこの学校では、これほど重要なものであることを知らなかったこと――が、逆にうまく働き、どうにか四年間、ここで働くことができた』（四七―五）

『この図書館での私の仕事は、書籍、ビデオテープ、レコード、カセットテープ、スライドなどの所蔵カタログをタイプすること、テレビからビデオにとった日本語の番組などのプログラムを、私のつたない英語で翻訳すること、週四時間、高校生たちに日本語と英語の点字を教えること、図書館の本やテキストブックにカバーをして、できるだけ長く使えるように補強すること、電話の応対など、さまざまなことであった』（四八―二）

彼女は、同図書館での仕事を通じて、本格的に図書館情報学を学びたくなり、国内の大学を調べたが、思うようなところはなかった。それで日本と比べてずっと進んでいるアメリカで勉強しようと思いたち、アメリカのいくつかの大学に問い合わせ、入学願書を取り寄せた。その中からユリアと生活していくのに一番便利なところとして、最終的にカリフォルニア大学バークレー校をはじめ、三校を選び申し込んだ。その結果として、同バークレー校から入学許可書が送られてきた。

一九八五年六月、四年近く勤めた同インターナショナル・スクールを退職し、七月二三日、母とユリアとともに彼女は日本を発った――母は一週間後、帰国した。

同年八月二六日から、バークレーでの新しい学期が始まった。そしてそこで約二年間学び、図書館情報学修士の学位を取得した。

一九八七年五月一一日、帰国したが、この間、のちの彼女の夫となる、ウエイン下口《しもぐち》とも知り合っていた。
『二年めの秋の学期が、八月二十五日からはじまった』（二一三―一四）
『一学期十五週間という時間は、三つのコース（引用者注：①コンピュータのプログラミングコース。②データベース・マネジメントコース。③ライブラリー・サービスの評価に関するコース）のもりだくさんな宿題をかたづけたうえに、新しくなにか複雑なものを習うにはみじかすぎる。それに、学校でこの端末機の導入を決めたときに、なにか問題が起きたときどこに相談すればよいかも決められていず、同じ端末機を使っているほかの人たちとの接触もなく、そして使い手である私自身コンピュータの一般的な知識がなかったので、どのように事を進めていけばよいかわからなかったことなど、いろいろなことが重なって、この機械を使いこなすことができなかった。

しかし、授業はどんどん進んだ。データベース・マネジメントのコースなど、一学期内に三つのちがったシステムについて学ぶのだから、一つのシステムに五週間しかついやしていられず、なにがなんだか理解する前に宿題だけどうにかこなし、次のシステムに移っていかなければならないというありさまだった。

こんないそがしい授業をとりながら、私がこれから一生をともに歩んでいくことになるはずのウエイン下口と知りあえたことは、最大の出来事だったと思う。

彼は日本で生まれ、小さいときにアメリカにわたった。大学卒業後、検眼医としてドクターの資格をとり、働いていたが、その職業があまり好きではなかったこと、自分にはあわないことに気づき、UCバークレーのライブラリー・スクールに入学したのだった』（二一五―一五）

以上が本書の大まかな内容である。この書を通してみて感じることは、彼女の望んだアメリカでの図書館学学習。その時のことを追っての記述であるが、その学習の大変さは強く伝わってくる。一般の人でも留学は大変なものだが、視覚障害者の彼女には、その倍も三倍も、と思われる。しかし文章からはひどく明るいものが感じられる。夢と希望に溢れている時間だったからだろう。

最後に一つ、彼女が夏休み中に訪れたハリウッド近くにあるブレイル・インスティテュートについての記述を示したい。

『ここは盲人の生活訓練、歩行指導、あるいはコンピュータの指導などさまざまなことをおこなっており、また*ＮＬＳの下部組織として盲人に対する図書館サービスもおこなっていて、南カリフォルニアの視覚障害者のサービスセンター的な役割をはたしているところだ。趣味の集まりのようなサークルもたくさんあって、手芸をする人、焼き物をする人、ダンスを習う人などたくさんの人でにぎわっていた。

ここは、サクラメントの図書館とはまったくちがって、活気にみちていた。ブレイル・インスティテュートには前にのべたようにＮＬＳの活動の一つとして、点字やテープ、トーキング・ブックの図書館もあるので、本を借りたり返したりする人も多い。それでとてもにぎわっているのだ。

この図書館では、ＵＣバークレーのライブラリー・スクールを十数年前に卒業した全盲の女性が、図書館司書《ライブラリアン》としての資格をもって来館者にサービスをするリーダーズ・アドバイザーをしており、*オプタコンを使ってコンピュータのスクリーンを読んだり、利用者へのサービスや電話の応対など、いそがしく働いていた。

この施設にきて、もう一つおどろいたことは、盲導犬がひじょうに多かったことである。来館者ばかりでなく、ここで働いている職員にも盲人が多く、たくさんの人が盲導犬を使って、いろいろなところから通っていた。受付で利用者や見学の人との応対をする人、電話交換の人、コンピュータの指導をする人、生活訓練をする人などたくさんの盲人が働いている。そしてたくさんの犬たちがその盲人といっしょに行動していた』（一〇八―一一二）

＊ＮＬＳ（National Library Service for The Phisically and Visually Handicaped）……アメリカの議会図書館の下部組織で、障害者サービスのために、点字書、テープ、トーキングブックなどを作成し、全米の分館に配布している。（一五七―一一六）

＊オプタコン……視覚障害者がふつうの文字を読むための機械。ごく小さいカメラで紙面をなぞると、カメラに連動している識字板に植えられた百四十四本のピンの振動で文字の形が読みとれるようになっている。（一五七―一一一）

2 村上八千代（一九五五～）一九八三年までは健在。

《シリーズ番号、五七。村上八千代著『音景色《おとげしき》』〈頁数＝二一八頁〉〈底本：昭和五八年〉より》

著者村上八千代の失明は、突然にやってきた。その五分前は、いや一分前には自分が失明してしまうとは全く予想もしていない。幼い頃からの弱視でもなく、糖尿病や高熱の影響からの、徐々に進行していく、していった末の失明でもない。正しくある一瞬を境に彼女は闇の世界へと放り込まれたのだ。その失望は大きかったと思う。そしてその失望は、「不誠意」ということを伴って、二重のものとなって……。

村上八千代は昭和三〇（一九五五）年一一月一〇日、兵庫県西脇市に生まれた。両親と兄、姉、妹、弟のいるごく普通の家庭のなかで成長していった。

昭和五三（一九七八）年三月、関西学院大学理学部を卒業し、外資系の製薬会社に就職した。彼女には同大学時代に親しく付き合っていた男友達がいた。同じ研究室にいて、実験台も隣り合わせで、帰りにはよく一緒に帰ってもいた。四年の夏のゼミ旅行で能登に行った時に、より一層親しさは増したのだった。

そして卒業後も交際は続き、日曜日には、よくデートをした。彼、佐野幸一は卒業後、市役所に勤めていた。お互いに相手の両親と会い、いずれ結婚するということにもなっていた。

同五四（一九七九）年八月一八日、二人は日本海に車で海水浴に行った。そしてそこからの帰路、彼女の家のある宝塚への道を走っている時、

『（略）見通しの悪いカーブで**交通事故**に遇ったらしいのです。一方は山、もう一方は少し段差をおいて田んぼ。山すそをふちどるように道が蛇行していました。

私達は制限時速を守り四十キロで左を走っていたのですが、突然、カーブのむこうからセンターラインをこえ、私たちの走行車線に乗用車がとびこんで来ました。急ブレーキを踏む間もなく正面衝突でした。一瞬の出来事でした』（七―一五）

相手の車がセンターラインを越して突っ込んで来た**正面衝突**であった。

『柏原病院につき、応急手当を受けました。足に切りきずをしていたので、そこを数針縫ってもらいました。

「眼科は柏原病院にないから西脇病院へ送ります」

「家にも連絡します」

一瞬、ドキッとしました。必要以上に親を心配させたくないので、少なくとも明日の朝までは連絡するのを延ばしてほしいと思いましたが、自分がどんな状態なのかもわからないので黙っていました。

「眼科の治療の必要な村上さんだけを西脇病院へ移します。佐野さんはこのまま柏原病院にとどめます」

非常に心細く、幸一もいっしょに西脇病院へ来てほしいと思いましたが、彼自身もけがしていることを思いあきらめました。

警察官が二人、看護婦が一人付き添ってパトカーで西脇病院までの夜道を運ばれました。

何度も曲ったり、ガタガタ道があったり、気がついたり、気を失ったり……、やっと車が止まりました。ドアが開きタンカに移されると、急にざわめきが聞えてきました。

「しっかりせえよ」

すぐそばで力強い父の声がしました。ざわめきの中を手術室へ運ばれました。

手術台に載せられてからどれだけの時間がたったでしょうか。一刻も早く手当をしてほしいのに、お医者さんはいったい何をしているのでしょうか。

やがて医師と思われる女性が私のそばに立ちました。

「光を感じますか」と右眼にライトを照らしながらたずねました。

なんとなく感じるような感じないような……結局わかりませんでした。次に左眼にライトが照らされました。左眼は全く感じませんでした。左半分を強く打った感じがあり、左をひどく負傷しているのを感じました。

「右眼は取ります。左眼は見えるか見えないかわからないけれども、一か八かの手術をします」と言われました。

思いもかけないことに言葉を失いました。

手術が始まりました。まず右眼の摘出手術でした。

「コリッ」という音を残して、私の右眼はなくなりました。ガーゼが目の中に入れられました。

左眼にかかりました。眼をどうされているかはあまりわからなかったのですが、ただ目の中を一針一針丁寧に縫われていく感触だけがありました。眼球を針でひっかけられるようなそんな感じでした。チクチク痛みはあるのですが、十分に耐えることはできました。

「額にもきずがありますがそれは次にまわして、今回はこれまでです」

と言われ手術は終りました。

「ありがとう」と言いましたが先生は無言でした。

顔中、包帯でぐるぐる巻きにされ、眼を防御するためのマスクがかけられました。それがとても重く、なんとかしてはがしたい衝動にかられながら、眼科病棟に移されました。

それから朝までぐっすり眠ってしまいました。

翌日、主治医が来られ、再び手術をすることになりました。

「左眼をより眼らしくするために手術をします」と男性の医師が言われました。

「より眼らしく」という言葉にわずかな期待を持ちました。

手術が始まると、医師は左眼を見て「上手に縫ってある」と言われました。

その言葉に安堵感を覚えました。先生は看護婦さん達に何をしているのか説明しながら手術をされていました。手術も終りに近づくと麻酔がきれてきました。その度に局所麻酔をして下さるのですが、増してくる痛みは足を震るわせ、ふるえる手で手術台にしがみついていました。その手に看護婦さんのあたたかい手が感じられました。なんとか眼球の手術は終り、顔面の手術に移りました。ガラスをできる限り取りのぞき、細かく縫って下さいました。「ガラスを全て取ろうと思うと傷口が大きくなるから、少し残ってはいるけれども、自然に出て来るからそのまま縫っていくよ」と言われました。手術が終るとまた包帯でグルグル巻きにされ、眼の防御マスクをして静かな病室に移されました。

それから数日間、点滴だけで尿道には管を入れ、たれ流しのまま眠り続けました。

手術後の数日間、ほとんど記憶がありません。ただ憶えているのは、顔面の包帯の重圧感と、防御マスクの重さが耐えがたいことでした。その重圧感からのがれようと手で空をかく度に、手はベッドの横にもどされました』（九―八）

入院中は、母と妹（厚子）が交替で付き添ってくれた。しかし目に良くなる兆候が見られないことを知って、「**自殺**」という言葉が頭をめぐり、『心の奥底には「**死**」という言葉が重くのしかかって』（一九―一五）きた。

事故から二週間ぐらいして、幸一がその両親と義兄とともに見舞いに来た。運転していた彼自身の事故での状況は、胸を打っての一週間だけの入院で済んだという。後遺症もないようだ。彼の母親がお詫びの言葉を言ったが、十分もせずに皆帰っていった。

入院から一カ月ほど経った頃、神戸大学付属病院に診察を受けに行った。そこで医者から、『いくら良くなったとしても、光を感じる程度でしょう。（略）、ここで治療しても無駄でしょう』（二六―七）と言われた。

十月上旬に病状も落ち着いたので、西脇病院を退院した。

同月二一日に、幸一が家に来た。彼女は、気にしている彼の負担を軽くする意味を込めて、『「今までのことは水に

流しましょう」と言いました。私は、彼との新しい出会いを期待していたのです』（三四―一二）

彼女は幸一からの、「新しく二人でやり直そう」という言葉を期待していたのだが、彼は曖昧な態度をするだけで、帰ってしまった。そしてその夜、電話がかかり、

『「バスの中でよく考えた。言われたようにしよう。一度しか言わないから。―さようなら」

まさかこんなに早く幸一の口から「さようなら」を聞くことになろうとは――。

予想もしていなかった私は、言葉を失い茫然と受話器を置いたのでした』（三四―一五）

彼女は二重に傷つけられた。

『（略）「さようなら」を口にしてしまった今、私に残されたものは何もないように思われました。交通事故は私から何もかも全てを奪い去ってしまったのでした』（三五―一六）

祖母、母、妹の信じている天理教の天理よろず病院へも行って診察をうけた。そこでも医師は、きっぱりと言った。

『これから先何年たっても、どんなに医学が進歩しようとも、見えるようになることはないでしょう。目は網膜剥離をしていますし、水晶体も茶目もありません。あなたの人生はあの一瞬に決ったのです。それほど大きな事故だったんでしょう。一日も早く再起の道を歩むことですよ』（三八―一二）

その後、同病院の面接室でケースワーカーと話し、身体障害者手帳交付の申請手続きをして、両親と帰宅した。帰ると、両親から、兄、妹、弟（姉は既に嫁いでいた）に、彼女の失明が告げられた。それを聞いても、皆の態度は今までと同様、平静であった。

彼女はリハビリを受け始めた。また点字を妹から習い始めた。妹は天理教点字文庫の人からそれを教わっていた。

翌昭和五五（一九八〇）年四月七日、盲人として生きていくための訓練を受けるために、大阪にある「日本ライトハウス」に入所した。三人部屋の寮生活を送ることになった。入所式は四月一六日、そして本格的訓練は同月二一日から始まった。

日々のカリキュラムは、日常生活訓練、白杖歩行訓練、点字の読み書き訓練、そしてオプタコンの使い方訓練などであった。

交通事故に遭って入院していた時、大学時代に入っていたクラブ、「自然愛好会」での友人、健太郎が見舞いに来てくれていた。彼は何度もやって来て、彼女を力づけてくれた。

そんな健太郎が五月二日、ライトハウスを訪ねてきた。近くの喫茶店に行って話している時、「結婚してほしい」と言われた。彼女は、『ありがとう。でも……、今は訓練中の身で、この先どうなるかわからないし……。（略）卒業してから考えさせて下さい』（一一五―一二）と返事した。やはりまだ彼女には、幸一のことが引っかかっていたのだ。

同五六（一九八一）年一月三一日、「白杖歩行訓練」最後の日。二月からは盲導犬を使った訓練を受けるために、和歌山へ行く。

二月五日、父とその和歌山にある「日本ライトハウス行動訓練所」へ行った。荷物をかたづけると、父は帰っていった。同月八日から、いよいよパートナーとなる盲導犬、「イリヤ」と対面し、訓練が始まった。

そして一カ月間の訓練を受けた後、三月八日、イリヤと共に宝塚の家へ訓練所の車で向かった。そこでもまた二、三日指導員がついて様子を見て、アドバイスしてくれた。

三月一八日、日本ライトハウス生活職業訓練センターの卒業式に出席した。その一週間前、母校の関西学院大学社会学部の編入学試験を受験し、同月二三日、合格通知を受け取っていた。彼女は、「カウンセラー」を目指そうと思って、再び大学に入り直したのだった。

そして苦労しながらも、同五九（一九八四）年三月、同大同学部を卒業し、これが書かれた一九八四年現在、京都ライトハウス鳥居寮グループワーカーとして障害者の相談にあたっている。

彼女も障害を負ってからの立ち直りには、相当な心の葛藤があった。ここでいくつかの文章を見てみたい。「障害の受容」に触れている処、あるいはまた「失明者の社会復帰・社会適応」について、「失明者の生き方」について述べられている処を見てみたい。

◎**障害の受容について、**

『（略）自分にふりかかって来ることを**そのまま受け入れる、流れに身をまかすこと**が、自らを立たせる道だと思いました。自分の境遇を人と比べるのはやめようと思いました』（六四－一五）

『**障害の受容**を価値観の変遷と説かれることがありますが、使命感のような、なんらかの**生きがい**があるか否かが、その前提になるように思えます。もし、そのような生きがいに相当するものがなければ、価値観の変遷も何の役にもたたないような気がします』（二七－一一）

◎**失明者の社会復帰・社会適応について、**

『私の場合、幸運であったことは、眼科医の宣告が、ただ単に治療への望みを絶つということだけでなく、失明原因を明らかにし、そして、治療段階は終りリハビリ段階に来ていることを指摘し、再起の道をすすめてくれたことでした。専門家を頼りにしてきた患者にとって、眼科医の言葉は絶対的なものです。

宣告を受けたすぐその後にケースワーカーと面接でき、必要な処置は何かを教えられたことはさらに幸運でした。同じようなケースを聞けたことも、心に残りました。失明という宣告だけで放り出されていたら、未知の世界への旅立ちの日から路頭にさまよう事になるでしょう。宣告のすぐ後で適切な処置を受けられたことが、その旅立ちを本当に助けてくれました。

（略）

日本では、現在歩行訓練士のいる病院は二ケ所あります。一つは、専門の歩行訓練士がおり、もう一つは、ケースワーカーがそれを兼務しています。最も望ましいことは、歩行訓練士が病院にいることです。失明者がまず一番最初に感じるのは、「見えないこと」に対する漠然とした恐怖です。その漠然とした恐怖をとりのぞくために、「見えないこと」を熟知したスタッフが必要になってきます。そのスタッフが、早い時期に、「見えないこと」を正しくおしえることが、一日も早い社会復帰を実現させることになるのだと思います。

　この社会適応という問題は、自分の存在そのものにかかわってきます。正直なところ、今もまだ「見える」「見えない」の狭間で、盲人になりきれていない自分を感じています。「見えていた自分」が捨てきれないのではなく、「見えていた自分」がしみついてしまっているのです。「見えない自分」ではコントロールしきれない自分があるのです。

　今の私は、何でもいいから、食べることと寝ること以外で好きなことを少しでも長くやろうと、本を読んだり、講演を聴きに行ったり、友人と話したりしています』（二一五―九）

◎失明者の生き方について、

『（略）アメリカの神父によって書かれた、失明に関する古典的な著書〔ブラインドネス〕をオプタコンで読んでいました。

「**失明**、それはまさに**死**を意味する」という冒頭の言葉に、私は本をとじてしまい、思いをめぐらしました。「**死**」に値するほどの**絶望**の中でも、生きていかねばならないと言われているように受け取れました。生きるかぎりは、怠慢な生き方はしたくないと強く願っていました。生きる限りは、「我、生きてここにあり」と言えるように生きたいし、自分の魂の向上を願いたいし、人を許せる魂を持ちたいと願ってきました。

　しかし、この冒頭は、決して私の解釈のとおりではなく、失明それは「見える人間」の死を意味するけれども、それと同時に、「見えない人間」**の誕生**を意味すると言うのでした』（一四六―八）

最後に、彼女が関西学院大学社会学部に編入学して、その四年生の折り、「社会福祉学実習」という科目でライトハウスに実習として行った時のことを。そこで訓練生にインタビューした時のことを。

◎インタビューして分かったこと。

『インタビューをしはじめてみると、人間が光を失って、そんなに簡単に生れ変れることではないということがしだいにわかってきました。病院を転々としてきたという人、泣き伏して三年がたっていたという人、さまざまです。

強烈に私を打ったのは、「見えていた時の自分はぜいたくでした……。今の自分と以前の自分なんてくらべられません。もう以前の自分なんて忘れてしまいました。以前と比べものにならないくらい毎日がんばっています」ということばでした』（二〇四―一一）

『訓練生とのインタビューを通して「光の世界」へのあこがれを意識せずにはおれないからです。「見えない」という障害の過酷さを痛感するのです』（二〇五―一五）

◎盲人として生きていくには、

『物音もしない真っ暗なへやに一人でとじこめて、どんな刺激も与えない状態をつくり、その中で人間はどうなるかという研究をされた人がありますが、このような感覚を遮断した状態を盲にたとえた人がありました。視覚は人間の全感覚の80％を占めていると言われています。人が感じている20％の刺激で盲人は生きているのです。ただ「見る」ということだけでリクレーションにつながることも意外に多いのです。

ですから、心理的な葛藤は想像を絶するものです。「光へのあこがれ」が日ましに強くなるのも無理はないのです。見える見えないにこだわらず盲人としてごく普通に、生きていけるようになるには、時間をかけて**未練を断つ**以外仕方がないようです。

私は、インタビュー後、自分をふりかえり失明したということで思いっきり泣いたことのない自分が正直でなかったように思えてきました。自分の生まれ変りを理性だけで受けとめていたのに気がつきました』（二〇七―一一）

『「見えても見えなくても同じ」と言いながら、片方では、「見える世界と見えない世界は交わりこそすれ、重なりはしない」と言いました。失明者の前には、どうしようと、どれだけ手をつくそうと、ぬぐい去ることのできない深い深い闇が、歴然とあるのです。社会復帰ができたからと言って、それで全てが解決したのではありません。生きている限り、一生涯この闇は続くのです。これで安心だ、これで確実だ、安全だと胸をなでおろすことなど、ないのです。いつもいつも、目の前には危険をはらんだ闇が広がっているのです。それらを意識しながら、強くたくましく、前向きに生きていかなければならないのです。そのただならぬ闘いは、一時でも拒もうとすれば、それは「生きる事」を放棄することになるのです。その闘いは一生涯続き、むくわれる事などないのです。見える世界と見えない世界は、交わりこそすれ、やはり、重なりはしないのです』（二一〇―四）

◎**失明を通して分かったこと。**

『失明を通して初めて、人間の本当の愛を知り、また、人間の本当の姿を知ったような気がします』（二一三―一）

3 赤澤典子（一九五八〜）一九八四年までは健在。

《シリーズ番号、三七。赤澤典子著『ピレネーを越えて　典子とコーラルのスペイン留学』〈頁数＝二一三頁〉〈底本：昭和五九年〉より》

本書も前二冊と同じく盲導犬が登場する。赤澤は児玉聖子と同じく**生来の弱視**であった。彼女はアメリカではなく、スペインに留学して、これはその折の、顚末・報告記である。このシリーズで昭和三〇年前後以降生まれの人が四人とも女性であるというのは単なる偶然なのか、そしてそのうち三人までが盲導犬使用者というのも……。

赤澤典子は昭和三三（一九五八）年四月、静岡県に生まれた。しかし**生後五カ月目の時**にはすでに、「**先天性緑内障**」との診断を受けている。その後、東大病院で数回手術を受け、左眼はいくらか視力を残すことができたが、退院して少し落ち着きかけた頃、彼女の住む御前崎辺で、結膜炎が大流行し、その影響を受けて、再び悪化させてしまった。両親は彼女を連れて、町の病院へ駆け込んだが、もうすでに手遅れで、化膿を防ぐのが精一杯だった。それ以後、視力の残っていた左眼は完全にダメになり、あとは色がやっと識別できる程度の右眼だけが頼りとなった。しかしそれも盲学校小学部――に入る頃は、静岡市に父（気象庁技官）の転勤で移っていた――低学年までで、その後は徐々に視力は落ち、小学部を卒業する頃には完全に見えなくなっていた。

彼女も失明については、幼児期から、ほとんど正常には見えなかったこともあり、その運命に中途失明者のような、落胆、絶望、嘆きみたいなものはなかったように思われる。少なくとも本書の中にはそのような記述はない。**障害の受容**は、自然のうちに行なわれていたように考えられる。

中学部まで静岡の盲学校に通い、高校からは筑波大学付属の盲学校に進んだ。

高校を卒業後は、三療のある理療科に進むのが普通だったが、彼女は一般大学に進学したく、高校時代に点訳クラブの人たちを通して知り合っていた清泉女子大学の校風が気に入って、そこを選び、昭和五三年四月、入学した。当初、英文科を希望したが、大学側の意向でスペイン語スペイン文学科に変更させられた。「英文科以外なら入学を許可する」ということだったので。

大学二年の夏休みに、東京盲導犬協会に、点訳クラブの人たちに連れられて見学に行き、そこで同協会理事長の塩屋賢一の話を聞いて、「盲導犬をもとう」という気になった。それで二年生から三年生になる春休みに、同協会に一カ月泊まり込んで、歩行訓練を受けて、「コーラル」という名の盲導犬を手にした。

そして同五七（一九八二）年三月に同大学を卒業し、同年九月二三日、コーラルとともにスペイン留学に旅立った。

彼女がスペインに行ってみたいと思ったのは、大学のスペイン文学科に入学して間もなくだった。それは、

『（略）そこで生まれて初めてスペイン人（カトリック修道女の教授たちで、普通シスターと呼ばれる）に出会い、スペイン語を学び、スペイン語の歌をきき、スペインの文学に触れた。何もかもが新鮮に感じられた。とくに純粋で人なつっこく、親切で陽気なスペイン人シスターたちの人柄は、それまで私がつき合ってきたどの人たちとも違う、まったく新しいタイプだった。カルチャーショックと呼んでもいいかもしれない。彼女たちの人柄は、そのまま私がスペイン人に対して抱いていたイメージと重なり合った。

シスターたちとの日常の会話あるいは授業の中で、スペインのことを少しずつ学んでいくうちに、「一度行って

みたい！」との思いがつのっていった。最初のうちは単なる〝願望〟にすぎなかった。それが二年生になり、三年生になるにつれて、留学への〝希望〟となり、いつしか〝決心〟へと固まっていった』（二一七）

からだった。彼女はしかし、これまでの佐々木たづや児玉聖子と違い、一人で海外（スペイン）に行ったのではない。彼女にはクラスメートの山本薫が一緒だった。加えて、彼女の留学をドキュメンタリーにして映画を作る映画会社（石森プロダクション）のスタッフも一緒だった。「全盲学生のスペイン留学は珍しい」ということで、ニュースになるとの判断から、そのプロダクションから申し込みがあったのだった――日本から三カ月間、行を共にする映画スタッフは五人（この日本出発の日は四人）いた。

その六人と盲導犬一匹のグループは、夜九時三〇分過ぎに、他の乗客とともに成田を飛び立った。

以下、翌（一九八三）年四月二六日までの、七カ月間のスペインでの日々の出来事が書かれていく。

いやその前に、日本でのスペイン大使館で、不愉快な思いをしたことを。また旅券を得るために県庁（静岡県）に赴いた時に受けた、やはり不愉快なことについて書かれた文章があるので、先にそちらを示したい。視覚障害者故の、相手の対応について。このことは今でも変わらずに見られることに違いない。

スペイン大使館にビザの申請に行った時のこと。

『（引用者注：スペインに盲導犬を連れて行って問題ないかどうか）大使館に確かめにきたのに、わからないというばかり。こんなことではどうしようもない、とまたまたがっかりした。

ところで、書類のことに戻るが、入学予定の大学名を書き込む欄があった。でも私たちはまだ住むところが決まらないため、大学も決まっていなかった。「どうしたらいいでしょうか」と尋ねたら、恵美（引用者注：彼女も点訳クラブで一緒の同級生。当初、山本薫と、この近藤恵美と三人で留学することになっていたが、彼女は父親の病気入院で留学延期となり、来られなくなった）の場合は、「じゃ予定でいいですから書き入れてください」といいながら、私には「入学許可書はありますか。それがなければ、行っても無駄足になるだけですよ」と冷たくいわれた。係の人はそんなつもりではなかったかもしれないが、そのときの私には、その言葉がとても無慈悲にひびいた。

こちらの準備が不十分だったことは事実だった。でもなぜ眼が見えないというだけで、ビザもパスポートも普通に出してもらえないのだろうか。パスポートの申請に行ったときも、やはり係の人が私の目の前で、外務省かどこかに電話をして、「眼の見えない人が、数次旅券を申請にみえてますが、出してもいいものでしょうか」と問い合わせていた。眼が見えなくても、外国へ行ってもいいではないか。大学が決まっていなくても、自分の責任で行動するのだから、それでいいではないか。なぜいちいち「あなたの場合は、あなたの場合は……」と、新しいことをやるたびに、必ずといっていいくらい待ったをかけられるのだろうか。

大使館の人にしても、その前に行った県庁の人にしても、決していじわるな気持ちでいったのではないと思う。ただ、視覚障害者としては初めてのスペイン留学生で、しかも家族のつき添いなしに一人で行くだけに、もし入るつもりの大学が受け入れてくれないことにでもなったら、この子はどうなってしまうのだろう、と心配されたのだろう。県庁の人も大使館の人も、むしろやさしい心配りから対応したのかもしれない。でも何かが違う、どこかがおかしい。私はやりどころのない悔しさと、悲しさをかみしめ、泣きそうになりながら大使館を出た』（三六－二）

スペインに入国して、いろいろなトラブルや人々との気持ちの行き違いがあって、思うような留学生活が送れないことが語られてゆく。しかし論者には、その多くは彼女自身の考え方の柔軟性の無さに起因しているように思われて仕方ない。初めての外国生活では戸惑うことが多いかも知れないが、日本の基準・常識で物事を推し量ることの方が間違っているのだ――推し量ると、往々にしてそのようになる。

一例を挙げれば、食べ物に対する味覚の差異。彼女は全く日本人（彼女）の考えで押し付けている。九〇～九一頁辺に出てくる、「スペインの桃はなぜ固いのか」。日本で食べる「やわらかい桃の方がおいしい」と。「固いのがいい」というスペイン人のことを、「おかしい」という。「みずみずしい桃のイメージ」があったのに、「小さくてゴリゴリの桃にはがっかりしてしまった」と。この彼女の言い様は、スペイン人にとっては全くの言い掛かりでしかない。

またブドウにも言及していて、

『（略）ブドウもスペインは産地だが、ワイン用はともかく、そのまま食べるものとしては、それほどでもなく、日本の「巨峰」のほうがずっとおいしかった』（九二―六）

これも日本人がそう思うのであって、スペイン人が「巨峰」を食べて、「おいしい」と感じるかどうかは分からないことに、彼女は気づいていない。とにかく彼女にはスペインの人々の生活が、『納得のいかないことだらけだった』（九二―一一）。これは折角留学しているのに、悲しいことであると思われて仕方ない。他にも彼女の思い通りにならないことがいくつも語られている。

しかし本論はそのことに頁を割く必要もないので、より本論のテーマに近いことを記してゆく。

彼女がスペインにおける盲人事情について語っている処がある。そしてまた同時に日本における「障害者」について、「障害者のあり方」について述べている処がある。それを記す。（＊ＯＮＣＥ…Organizacion Nacional de Ciegos en Espana ＝スペインの「盲人協会」――盲人に関するすべての業務を一手に行なっている）

『ＯＮＣＥの盲人たちは、決して盲人であることに甘えようとはしていない。だから、弱視の人や晴眼者を、必要な場所に、必要な人数だけ配属させ、全盲でもできる仕事には全盲の人が当たっていた。たとえば、売店の店員や用務員、掃除婦などには全員晴眼者を、受付には弱視と全盲を半々に、点字図書館には全盲七割に弱視と晴眼者三割、といったぐあいだ。したがって、図書館の目録やカードが点字で作られていたり、その他事務的なことにも点字が普及していて、利用者側にとっても便利だった。

盲人と他の人びととの共存ぶりは、ＯＮＣＥの中だけに限らない。一般社会においても同じだった。スペインの盲人たちは、まるで自分が障害者であることを完全に忘れているかのように、根っから明るく、どこに出ても堂々としていた。そして周りの人びとも、そのことをごく自然に受け入れており、〝差別〟という意識は存在しないように見えた。

それでも盲人のスペイン人に聞くと、障害があるがゆえに不当に取り扱いをされることもときにはあるし、とくに財政面において、国が福祉事業に積極的でないことなど、まだまだ問題はいろいろあるという。私が知ったのはまだ表面的なことにすぎないだろうが、国策で行なう面はいろいろ問題があって、すぐにどうこうできないとしても、一番大切な部分、つまり一般の人びとの正しい障害者理解という点に関しては、自然な形で、かなりでき上がっているような気がした。これはやっぱりすばらしいことだった。

スペインの盲人たちに比べると、私たち日本の盲人は、

「差別意識のない平等社会を」

と叫びつつ、みずからを差別しているところはないだろうか。そして、そのことに気づかないでいるようなことが……。私たちは時に、自分の障害を過剰意識し、引っ込み思案になったり、やろうと思えばできることでも、目が見えないからダメだとか、自分でやるより目の見える人に頼んだほうが早いとか、という理由をつけて、必要以上に晴眼者をあてにしようとすることがありがちだと思う。

こうして、あまりにも簡単に、自分の能力のなさを認めたり、自分や同じ障害を持つ仲間を過小評価しすぎることは、一般の人びとの差別意識をかえって高める結果につながり、みずから「障害者」というレッテルを貼って、自分で自分を差別していることにもなるのではないかという気がする。

一般の人びとに理解を求める前に、まず私たち一人ひとりが、自分の中にある障害者意識、あるいは差別意識を断ち切って、積極的に社会参加すること、甘えの入らない、本当に必要な援助だけを求められるようになることが、先決ではないだろうか。

年齢や環境等による差こそあれ、最初に自分が障害者であることに気づいたとき、その現実を認めたくないと思って苦しむ。正直に告白して私もそうだった。でも、やがてその苦しみを乗り越えて、自分は障害者であると自覚

するようになる。ところが、その段階に達したところで、多くの人は障害を乗り越えたと錯覚して、安心してしまう。自覚することは大切だが、それは障害を克服するための〝一段階〟であって、本当にそれを乗り越えるには、まだまだ道のりがある。

本当に障害を克服することは、障害者という、ある〝身分〟のようなものに身を慣らしたり、人に頼ることを特権みたいにして生きることではなく、自分の欠けている部分は、自分自身でできるだけカバーして生きること、どうしてもできないことについては、意地をはらずに、素直に人の援助を受けられるようにすることだと思う。

ある一つの仕事や行動を考えるとき、たとえば早さという面では晴眼者にやってもらうほうが効果的に思えても、また別の面から見れば、たとえ時間がかかっても、自分でやったほうがよいものがある。だからいつも楽なほうへ、楽なほうへとなびかずに、苦しくても自分で闘うべきことは最後まで闘える強さを持ちたい。

障害者だから〝闘う〟のではなく、誰もかれもみんなそれぞれに自分の問題と闘っているのだと思う。そういう意味で、私も、みんなと同じように生きるために闘っているのだという意識で、精一杯生きようとする人間になりたい。スペインの盲人たちの明るさと逞しさを見て、このようなことを考えさせられた。

スペインでは、一般の人びとが盲人を身近な存在として受けとめている。おそらく街のあちこちで、宝くじを売っている盲人たちの姿をしょっちゅう見ているからだろうし、宝くじを買いにいっては、おしゃべりすることもあるからだと思う。だから、目が見えなくても、自分たちと同じように働き、立派に生きている同じ仲間であることを、肌で感じて知っている。目が見えないということはどんなことなのか、つまり何ができて何ができないのか、自分たちのどんな助けが必要なのかを、よく心得ているようだった。

だから障害者に特別理解のある人だけでなく、みなが自然な形で、無理のない援助の手を差しのべてくれた』（一四五—一五）

このＯＮＣＥの行き様・方向性は、ひとつのノーマライゼーションの形を示唆しているように思われる。

＊スペインに行ったが、あまりスペイン人との交流もなく、また「留学」といっても、長く学校に通っていたのではないようで、単に「スペインでの九カ月間の体験」談ということになったようだ。何といってもやはり、日本人との時間が心やすらぐ時間だったようだから。

4 御所園悦子（一九六〇〜）一九九四年までは健在。

《シリーズ番号、三三二。御所園悦子著『虹になりたい　ヘレン・ケラーと張り合う母の手記』〈頁数＝一七八頁〉（底本：平成六年）より》

社会福祉法人「全国盲ろう者協会理事長」小島純郎《すみろう》の書く、「はじめに」を読むと、本書の著者、御所園悦子の人となりが分かってくる。

『御所園悦子さんの「**神経腫瘍**」は、人間が闘わねばならない病気のなかでも、一番手ごわい相手ではないか。CP（脳性マヒ）などと違い進行する。その進行はじわじわと緩慢で、しかも確実で容赦なく、**拷問病**という名がふさわしい。そして**失聴、失明、体幹障害、各種のマヒ**など重篤な後遺症を幾重にも重複して残す。筋ジス系の疾患やベーチェット病などと残忍さを競っているようだ。僅かな救いは、三十歳を過ぎると、進行が停止したと思えるほど緩やかになる人が増えてくるらしいことか。

御所園さんの最初の手術は発病後七年目、十七時間を要し、やっと病室に帰ると、とたんに脳内出血、その場で気管切開して呼吸を確保し、手術室にUターンという難手術だった』（八－七）

『御所園さんは、手術後、立つことも歩くこともできない寝たきり、耳は全ろう、目も悪化、のどに穴を開けられて発声は困難、手も自在には動かないという体になったが、この不自由な体で、どうやって医師や看護婦との意思疎通を達成していったのか、この「幸せって何ですか？」は、その経過の報告でもある。

思いがけない場面での医師の指文字は、乾いた砂に水が吸いこまれるように、御所園さんの心に吸いこまれる』

（二一一一二）

『「幸せって何ですか?」は、幸せというもののさりげない、ささやかな在り方を暗示しているように思われるのである。

虹。雷雨のあと、あるいは長雨のあと夕空にかかる虹は私どもの心を洗い、束の間、大自然の平和な境地にひたらせてくれる。

「虹になりたい」。信仰に生き、祈りを欠かさない御所園さんのこの虹になりたい思いの奥には、人々の心を洗い、その浄化を願う御所園さんの心がかくされていないか。

しかしここでは、一子勇雄《いさお》君との心の交流が主として語られる。長い入院生活から解放されてやっと家には戻ったものの、御所園さんは勇雄君のお弁当一つ作れぬ体になっていた。入院前は、子供を遊ばせる名人だったこの母親が、当初はどう子供の相手になってやってよいのか分からない。最初は母親を気遣っていた勇雄君も呼ばれてもだんだん返事をしなくなっていく。母親の悲しみとあせり。しかし大丈夫、少しずつ心の糸は修復されていく。勇雄君も接し方が分からず途方にくれていたのだ』（二三一五）

『御所園さんは、

「私にはヘレン・ケラーを越えたい、というどでかい夢があります」

という。

「ヘレン・ケラーの偉さは、俗にいう奇跡物語の中にあるのではなくて、自分の使命を自覚して障害者への理解を求めて世界中をとび廻ったその行動力にあるのかもしれない、と思いました」

「私は、歩ける足がないので、広範囲な行動はとれません。だから、どれだけ多くの人の心を動かしたかではなくて、どれだけ深くひとりの人の心にしみいったか。言い換えたら、失意のどん底にいる人をどれだけ深く励まして、生きる気力をふるいたたせることができたかで、ヘレン・ケラーと張り合っていきたいと思います」（以上、小島あての手紙から）』（一五一九）

本書は六つの部分から成っている。【1．幸せって何ですか（一七〜四〇頁）】は病、発症からの日々を、小見出しを付けて語るエッセイであり、【2．虹になりたい（四一〜八〇頁）】は、〈東海聴覚障害者学生懇談会　後援会ニュース〉に連載された同じくエッセイと、入院手術のために、それの執筆困難となったことによる、代わりのインタビュー記事である。【3．私のふれ愛ノート（八一〜一一八頁）】は、彼女と、息子勇雄との交換日記、及び勇雄の小学校の担任・久田教諭との連絡ノート。また保健婦・森本との筆談ノートである。【4．お母さんは心の強い人（一一九〜一二四頁）】は、勇雄の学校で書いた作文（読書感想文）であり、【5．小さな不安と大きな喜び（一二五〜一五六頁）】は、再び彼女自身の手になる、日々のことを書いたエッセイである。【6．いのちの詩《うた》（一五七〜一七五頁）】は、文字通り、病と向き合って書かれた詩である。すべて病以後のことであり、重苦しい世界だが、彼女自身は明るい性格のようで、文章もユーモアがあって、その点では読み進め易い。

御所園悦子は昭和三五（一九六〇）年一二月一二日、沖縄県に八人兄弟の七番目として生まれた。ただしこの書にも《著者略歴》はないので小学、中学、高校をどのように過ごしたかは判然としない。書き出しは一八歳の頃からである。その名古屋にいた――これもなぜ〝名古屋〟なのかは書かれていないので分からない。いつそこに来たのかも――一八歳の頃（一九七八年）から耳が聞こえなくなっていた。原因はよく分からぬままに聞こえなくなっていたのだ。それでもその頃は同市内にある食品会社に住み込みで働いていて、普通に生活していた。

『（略）実家（沖縄）が経済的に恵まれていなかったので、私は働きながら大学に行こうと思っていました。そんな大きな夢があったので、耳が聴こえなくなっていくのに、それほどうろたえたりしませんでした』（一九一六）

希望は叶って、働きながら、日本福祉大学に入学して、福祉のことを学び出した。大学で手話サークルに入り、そこで知り合った二歳年上の勇治と学生結婚をした。

『（略）そして、無事大学を卒業して、（略）男の子を産んで……そこまでは、わりと幸せな人生でした。でも、妊娠・出産で、私の体は急激におかしくなっていったんです。耳の方は、もうほとんど聴こえなくなっていたから、出産後に目の前が真っ暗になるなどの異常が出てきた時は、さすがにこわくなりました。こんどは目が見えなくなるのか！って。

うろたえた私は、近所の眼科医院にせっせと通い出したんです。そこで、名大病院の眼科を紹介され、眼科から神経内科、さらには耳鼻科と、たらい回しにされたあげく、最後に行きついた所が脳神経外科だった、というわけです。

検査の結果、両方の耳の神経に腫瘍ができていたんです。それで、耳がどんどん聴こえなくなっていったのです。発病からすでに七年。腫瘍はピンポン玉ぐらいになっていました。**多発性神経性腫瘍**という病名がつけられて、手術するはめになったんです』（一九―一〇）

名大病院で一回目の手術が昭和六〇年二月二五日に行なわれた。時に彼女二五歳。結婚して二年半、長男勇雄一歳七カ月だった。

しかしこの手術によっても聴力の回復はなかった。それどころか右半身は不随となり、歩くことはおろか、立つこともできなくなった。のどに穴を開けられて声を出すこともできない。視力もベッドのまわりしか見えない程に落ち込んだ。においも味もよく分からない体になってしまっていた。この時、まともにできたのは、「考える」ことだけだった。

『目は少し見えるから、付き添ってくれていた姉は、紙に大きな字を書いて、私に話しかけてくれるけれど、私から話す方法がないわけ。声が出ないでしょ。右手が使えないので筆談ができないでしょ。残るは左手で指文字（50

音を指の形で記号化したもの）を表わす方法――なのだけど、姉は指文字をよく知らないし……。コミュニケーションが一方的のまま、二か月間、私は何をしていたと思いますか？

一人で考えごとをしているか、天井の板の目を日がな一日、あきることなく、数えきることに没頭していたんです。

（略）

究極の孤独、残酷なほどの孤独……。

どんな言葉で、あの時の気持ちを表現したらいいのだろうか？　我ながら、よく耐えていたと思います。今にして思えば、「天井の板目を数える」ってアホらしい目標でも、目標があったのが良かったみたい。つらいことや苦しいことがあっても、目指す「目標」があれば、わりと耐えていけるみたいですね。

りっぱなことを言ったけれど、実は、姉にかわって大学時代の友人が「付き添い」をやってくれるようになったら、私は醜態をさらすことになるんです。ためにためていた不満、くやしさ、怒りなどが一気に爆発したの。幸か不幸か、その友人は、指文字ができたものですから……。

指文字で会話ができるようになると私は、彼女と、彼女の通訳を通して、周りの人たちみんなに「やつ当たり」を始めました。

手術のあと、自分の体が手術の前とは違っていることに気がついた時の気持ちは、うまく表現ができないけれど、ショックなんてなまやさしいものじゃなかった。悲しみを通り越して、腹が立って腹が立って、しようがなかった。「なんで私がこんな目にあわなきゃいけないのよ。いったい誰が悪いの！」「ヘレン・ケラーがなんで偉いのよ。あんなの、たいしたことない！」とか、自分以外の人が、みんな「悪者」に思えたものです。

「付き添い」をやってくれる友人が何を言っても、何をやっても、私は腹が立った。彼女のこと、名前で呼ばなかったんです。「あんた」とか「おまえ」って呼ぶわけ。ほんとうに感謝にたえないのだけれど、彼女は、毎日私にやつ当たりされてつらい日々だっただろうに、私の毎日の様子をノートに書き残してくれたんです。それを読むと、「あの頃の日々」が昨日のことのようによみがえります。「**殺せ！**」なんて言葉が出てくるんです。「こんな体になるくらいなら、手術の時**死んでいたらよかったの**に」と思った私は、お見舞いに来る人にそう言って、当たったの。「戸崎先生のアホ！」って言葉もあっておもしろいよ。（戸崎先生は私のリハビリを担当して下さった先生です）

　ダンナにも、離婚をせまった。彼は聞こえないふりをして、「完全無視」を通したけれど……。

　友人のM子さんを、前と同じように親しみをこめて、愛称で呼ぶようになったのはいつからだったか、あまりはっきり記憶にありませんが、そのきっかけになった事件はよく覚えています。

　毎日のようにケンカしても、翌朝には、また笑顔でやって来た彼女――。えらいよねー。だけど私は、その笑顔が逆ににくらしいわけ。それで、また、ケンカ――。そんな毎日に耐えられなくなって、とうとう彼女が泣き出してしまうんです。泣きながら、指文字で「私はいったいどうすればいいの？」と言ったの。その涙を見て、私は変わったのだけれど……それでも「悪かった」と反省したわけではありません。私、嬉しくなったの。ホッとした、と言った方がいいかなあ。「あっ、苦しんでいるのは、自分だけじゃない。程度の差はあっても、みんな同じなんだ！」って。

　物理的な孤独には耐えられたけれど、「精神的な孤独」には、とてもじゃないけれど耐えられないものです。堕《お》ちる所まで堕ちたんだ。私には、未来がないだけじゃなくて、現在すらないのです。完全に「一人ぼっち」にされた、と思いました。さびしくて、やり切れなかった。

「やつ当たり」はそのさびしさの反動だったの。彼女の「涙」を見て、「私は一人ぼっちじゃない」って思えて、重っ苦しい胸の内が少し軽くなったの。

　それからは、彼女のこと、Kちゃんって、大学時代と同じように愛称で呼ぶようになりました。

　ご主人様はさておいて、私のこれまでの人生の中で一番苦しかったこの時期に、私と苦楽をともにしてくれた彼女を、「人生の恩人」のひとりにしています。

良き友人をもってるってことは、幸せなことですよ、うん！』（二四－三）

昭和六〇年一〇月一一日、二回目の手術。

同六一年三月一七日、三回目の手術。そしてこの手術から一年半後（同六二年九月一三日）に退院した。といっても、後遺症は残っていたので、特には嬉しくなかったが。

『（略）これからいつも子どものそばにいられると思うと、少しだけ嬉しくなりました』（四八－五）

以後、彼女は、沖縄から来た彼女の母と、夫と子どもとの四人での生活を送ることになる。しかし、子どもとのコミュニケーションのとり方が分からない。よく見えず、聞こえず、また彼女から言葉を発することができない故に……。

『どこの世界でも母親というのは、みんな同じだろうと思うのですが、母親って自分の子どものやることが、すごーく気になるもんです。

私は本を読んでいるふりをしながら子どもが何をしているのか気になって横目でチラチラ、子どものやっていることを見ながら、あいかわらず本を読んでいるふりをしていました。子どもは、キョロキョロの次は、何か言いたそうにモジモジしています。

母親というのは、自分の子どものことが、とても気になるのです。（ダンナより、気になる！　正直言って）私は、ちょっと心配になりました。

「どうしたの？」

と声をかけてみたんです。子どもはちょっとテレくさそうに言いました。

「おかあさん、あそぼう！」

うれしかったですよ。わーい！　やったあ！　って、思いましたね～。子どもは「おかあさん」「あそぼう」と二つの手話で言ったんです』（六四―六）

しかし、すぐに現実を知って、

『「おかあさん、あそぼう」と言われて喜んだけれど、すぐに困ってしまいました。だって私は聴覚障害と、視覚障害と、言語障害と、体幹障害（右半身マヒのため、一人では長い時間は座っていることが出来ない）があるんです。

一体、どうやって、子どもと遊んだらいいのでしょうか？』（六六―二）

平成五年一月、五回目の手術を受けるために入院した。この間、昭和から平成に変わって、しばらくして彼女の母が亡くなり、その後、勇治の両親が熊本から来て、一緒に暮らすようになっていた。彼の両親はともに耳と言葉が不自由で、五人の家族の内、三人が聴覚障害者ということで、今まで〝筆談〟が彼女のコミュニケーションの中心だったが、だんだん〝手話〟が中心になっていった。

一月二二日、腫瘍摘出のための開頭手術が行なわれた。手術は成功したが、以前より目は見えなくなっていた。そして三月初旬に退院した。

以後、本書が書かれた翌平成六年まで、それなりに忙しく日々を過ごしていっていた。

ここで、四重苦の彼女が障害について語っている処を見てみる。

『ヘレン・ケラーは、目と耳と口の障害の中で、聴覚の障害が癒えるのを望んだといいます。私は……一番欲しいのは、自由に動く手と足です。主婦の身で、三食昼寝付きという気軽な身に甘んじているのは、苦しいものですよ。

それから、一番気掛かりなのが〝目が完全に見えなくなったらどうしよう……〟ということです。これも、私の持論ですけれど、中途でその障害を背負うのが一番酷なのは、視覚障害ではないでしょうか？　見えなくなったら、生きていくこと自体が難しいからです。

でも、生まれついてとか、ごく小さい頃、失ってしまうことが一番〝酷〟なのは……やっぱり、聴覚でしょうね。

だって、〝教育〟は耳から入ってくるもの（？）が、圧倒的に多いからです』（四五―一一）

彼女は、多くの障害を抱えているが、そのことに対して、勿論、ショック、絶望みたいなことを感じたが、不思議と暗い感じがしない。それを受容するのは自然であったようだ。学生結婚して、すぐに子どもをもうけたことも、「絶望」からの回復を早めていたかもしれない。

最後に、【6．いのちの詩】から、いくつかの詩を記したい。

《きらわれる人》（一五九頁）

『差別的行為をする人、弱い者いじめをする人……。

そういう人って、たくさんいます。

そんな人にかぎって

第三者のいる前では、〝別人〟のようにやさしくなるんだ！

でも、最近おもしろいことに気がついたのです。それはね……

差別をしたり、弱い者いじめをする、その人自身が

現に今、何らかの形で差別され、のけ者あつかいされているってこと。

心の弱い人は、いじめられたら、外見は許すとか耐えるふりをして

他人の見ていない所で、自分より力の弱い者をいじめるの。

自分にしたがわせようとするの。

なんとあわれな人たちだろう』

《すりかえ》（一六一頁）

『自分の思ったこと、考えを
第三者（他人）が言っていたようにすりかえる。
あるいはまた
他人がほめられた行動を、自分がアドバイスしたように言う。
他人が言ったするどい発言を、自分の考えのようにすりかえて言う。
すりかえは、何のためにやるの？
その人の心の奥にすみつくもの、責任のがれ……
苦労することなく、ほかの人からたたえられたい。名誉欲。
うまい、生き方だね。
私は、ずるい生き方と感じるけれど』
《心を閉ざしてしまったら…》（一六三頁）
『人はね、淋しさがつもりつもったとき
まわりの人と自分との間に目には見えない、厚いカベを作るのです。
笑ったり、泣いたり、おこったり……
今までとほとんど変わりなくふるまっているけれど……
心の中には、まわりに合わせてふるまっている自分を
さめた目で見ている
もうひとりの自分がいるんだよ。
心を閉ざした人に出会うと、
まわりの人はかわいそうに思って

なんとかその人にも楽しい思いをさせようと
自分と同じ世界にひっぱり上げようとする。
一生懸命やっても、心を閉ざした人の心は、容易にひらかないのです。
相手（心を閉ざした者）をひっぱり上げて
自分に合わせようと必死にやる。
それよりも
自分が下がって、その人と同じつらさを味わってみたらいいのに……。
自分は苦しい思いをせず、楽しい思いをさせてあげてるつもり…
第三者は、その人の〝善行〟をほめたたえても
心を閉ざしている人は〝みせかけのやさしさ〟としかうけとらないんだ。
ひくつになる人より、ひくつにさせる人の方が悪い
って誰かが言ってたなぁ』

第三節　「ノーマライゼーションの原理」からの考察

田中浩三は、二五歳の時ベーチェット病を発病し、その影響から失明する。その時までは、大学卒業後大手電機会社に就職して、順風満帆の人生だったとも言えた。

三年後、会社を辞め、それからは闘病生活を送ることになる。病は視力だけでなく、聴力にも影響を与え、また言

語障害を、そしてやがて右半身も麻痺させた。その発病前までと、あまりに違う人生に絶望もするが、不自由な身体とはなったが、そんな自分のことを小説にすることによって、生き甲斐を見出していった。「平等の権利」でいう「ノーマルなリズム」の生活は発病後は送れなかった。「個人の尊厳」も傷つけられもした。また「自己決定権」も制限されていた。

彼の『自叙伝』の内容のほぼすべては、そんな身体になってしまった彼が結婚相手を見つけるまでの記述といっていい。目が見えなくなっても、いやだからこそ愛する人を、いつもそばにいて力づけてくれる人を切望したのだった。⑥の「男女両性のいる世界での居住」という「平等の権利」実現までの「自伝」ということができる。これも確かな「ライフ・ヒストリー」である。

数人の女性との出会いがあったが、成就はしなかった。そんな女性と知り合うために、「キリスト教徒」にもなったというのに……。ただ本書では結局はそんな女性とめぐり逢って、結婚できたことが記されていて、読む者に救いを与えている。結婚は、誰の〝人生〟にとっても大きな部分を占めることである。

高田剛の『自叙伝』は、ある短い時期のことを記したもので、「ライフ・ヒストリー」とは言えない。彼が「ノーマライゼーション発祥の地」スウェーデン、そして福祉先進国アメリカを訪れ、その福祉について研究した（二カ国で一年程）ことが語られているが、彼自身の日本での「生活」のことはほとんど語られていない。従って「平等の権利」八項目についても、本書の限りにおいては明確なことは言えない。但し、勿論彼が日本で公立中学の教師——となるまでには多くの苦労はあったが——として働いていたことを考えると、その八つの事柄はその職を得てから後においては、ほぼ満たされていたものと推察できる。

本書ではその二つの国の福祉について述べられているが、率直な感想を次のように語っている（本章でも、本文中に引用文として記した文章を、この「考察」の節でも再び記してゆく。大切な文章と考えているからだ。以下、本章では再録と付し——ここまでは再録とは付していなかった——、本書中の頁数を示す。以下は、三五四頁）。

『一年間の海外生活を振り返るとき、私は思う。たしかに、「さすが福祉大国」と思われることもあったが、福祉大国とは名ばかり、スウェーデン、アメリカと比べても日本の障害者を取り巻く状況、障害者の活動はなんら見劣りしない、いやむしろ進んでいるではないか、と感じられることもあった』（同書、一四―一二）と。つまり日本における「障害者を取り巻く状況、障害者の活動はなんら見劣りはしない」ということを、彼は感じて帰国していた。

スウェーデンにおいては、障害者への年金や手当は充実していて、健常者とほぼ同等な生活ができ、社会参加もできているが、しかし真の意味での「完全参加と平等」があらゆる障害者に実現されているかということについては疑問を投げかけている（再録―三五五頁）。『たとえば雇用や就労問題、教育問題、さらに視覚障害者の場合なら読書環境等々、まだまだこの国でも「ノーマライゼーション」が真の意味で達成されているとは思えない。そう考えると、やはり日本の郵便システムの方に軍配を上げたくなる』（同書、五一―一二）。スウェーデンでは〝盲人用郵便〟という制度はなく、盲人も郵便を出す際には料金を取られることを念頭において、日本に軍配を上げたのだった。

アメリカについては、ガイドヘルパーという制度がないことに疑問を呈している。アメリカでは、その視覚障害者福祉の方針は、「なんでも一人でやる。人の力はなるべく借りない」ということだが、そうであるならば、高齢者の中途失明者にも一人歩きを強制することになる。それはあまりに厳しい要求ではないだろうかと。いろんな状況から「一人歩き」できない盲人がいることも事実であるから。こういったことを考えさせられた研究の一年間だったという。

そして障害者と社会について、スウェーデンのパルメ首相の言葉を引用して次のように書いている（再録―三五九頁）。『地域社会づくりを計画するに際しては健常者のニーズと同様障害者のニーズも大きな影響力を持たなければならないのですが、それは障害者に対して特別な配慮をしなければならないからではなく、障害者も健常者同様その**社会を構成する一市民**だからなのであります。地域社会を実際に建設する場合にも障害者のニーズは考慮されなければなりません。／そしてこの考え方は私たち健常者にとっても都合の良いものなのです。それは第一に、障害者にとって暮らしやすい社会は健常者にとっても暮らしやすい社会であり、第二に、私たちあるいは私たちの身内のものがいつの日か障害を持つことになるかもしれないからであります。人間なら誰もが、当然のことながら、障害を持ってからも仕事や住居、人間関係、余暇活動などにおいて以前と同じ生活をしたいと望むわけで、従って、地域社会づくりにおける計画段階での欠陥が原因して、障害者が求めていない制限や変更が加えられてはならないのであります』（同書、一八三―一〇）。

「障害者も健常者同様その社会を構成する一市民」という意識が誰にでも持てれば、社会における「ノーマライゼーション」は自然のものになってくるはずである。今、健常者である者も、事故やあるいは加齢でいつ、障害者となるかもしれないのだから。少しだけ想像力を持てば、そのこと――よりよい社会づくり――は実行できるものだと思える。ここにノーマライゼーション社会の実現を解く鍵があるように思えている。

山内常行の『自叙伝』も、彼の人生の一時期を切り取ったものという点では前述の高田と同じである。成人し、妻子もあった三五歳の時に地元の市会議員補欠選挙の立候補に伴う日々の記述、そしてその後に行なわれた統一地方選挙における「奮戦記」である。

障害そのものは三歳の時に病気で失明していて、その後苦労はあったが、そのことにはここでは全く触れられていない。ただ返還前の沖縄出身であったことを思うと、その多難さは容易に想像できる。

本書内の記述で言えば、一般に脇へ追いやられている障害者の権利獲得ということを実現するために議員になり、その後活動している。しかし障害者にとって行政の不備は多々あり、権利獲得は容易でないことが語られている。ただ彼自身の日々においては、「平等の権利」は当選したことにより、よりまっとうされていたように思われる。

彼が立候補にあたって訴えたことが五つある。そのうちの一つに（再録―三六一頁）、『② 障害を持つゆえに社会の片隅に追いやられがちな人々の痛みの多くを代弁すること』（同書、六五―七）というのがある。ここでは障害者の働く場づくりを訴えている。ただ施設で囲い込むだけでなく、障害者に働く場を与えることも極めて重要なことだとしている。人として「ノーマルな生活」を送る不可欠なことだと思えるから。働く場があれば僅かであるといえどもその代価は得られ、経済的自立にも結びつくことであるからだ。それは必然的に「個人の尊厳」も守られることにもなるからだ。

またやはり障害者と健常者が共に生きる社会の創造が望まれると主張している。このことは何にも増して大切なことだとしている。

星三枝子は二〇歳の時に薬害（スモン）によって失明する。それまでは「ごく普通の生活」を送る普通の女性であった。しかしその病を得ることによってことごとく「普通の生活」からは遠ざけられた。「ノーマルなリズム」は一日としてなく、それは一週間、そして一年と続いた。「ノーマルなライフサイクル」はその時を境にして止まった。また「個人の尊厳」はことごとく――最も屈辱だったのは導尿されることだった――踏みにじられ、そのことは最も彼女を苦しめた。「自己決定権」も失われた。⑥も⑦も⑧も彼女とは無縁のものになっていった。世間の無理解も彼女を苦しめたことが語られている。

本書は、製薬会社告発の書ということもできる。アメリカではそのキノホルム製剤の安全性に疑問が投げかけられていたのに、日本の厚生行政は無策に等しく、それを処方薬として病院で使用させ続けた。

彼女もまた、自力歩行と排泄の不能、そして失明という目にあって、メチャクチャに泣き、そして自殺も試みた。しかし死ねなかった。睡眠薬を多量に飲んだが、家族に発見されて、死ねなかった。それはまだ彼女の心のどこかに、生きたい、という気がほんの僅かだがあったからだ。

それでもしかし再び自殺を試みている。だがやはり失敗した。自分は、敗北者だとその時感じた。その後はそんな身体になってしまったが、「全国スモンの会」を福島県に立ち上げ、製薬会社の責任を追及する活動をし出した。そこに僅かながら生きる価値を見出していた。

本書はこのシリーズの中でも他の書とは少し違った傾向のものである。女性であって、若くして、そしてほとんど自分の落ち度からでもなく、病に遭い、失明したことに同情を禁じ得なかった。難病、そして現在の医学では不治の病に見舞われた者にとって「ノーマライゼーション」の可能性は、ごく僅かなものでしかなかった。

尚、本書では同じ病をもつ婦人との手紙のやり取りもあり、「ライフ・ヒストリー」の一つの大事なドキュメントになっている。

竹下義樹は幼い頃から弱視であったが、わんぱくな少年時代を送っていた。その意味では溌溂とした青少年期を送り、「平等の権利」①～④は満たされていたと思われる。

成長し、大学（法学部）に入学し、盲人であるが故の様々な困難に遭うが、慣例を変えさせて司法試験を受験する機会を得て、挑戦一〇年目で合格をした。多くの協力者を得て、また彼自身も努力をして、⑦の「ノーマルな経済水準」も一応クリア（借金を重ねていたが）して、「平等の権利」を満たしていた。理解ある協力者なしではこのような望みは叶わなかったと彼自身も語っている。

彼の『自叙伝』は、その四分の三は司法試験を目標に立てた時から合格までのことで費やされている。失明当時の心の動きについてはあまり多くは語られていない。というより幼い頃から弱視だったので、心のどこかにその覚悟はできていたものと思われる。

中学三年の時にほぼ失明したが、その「受容」は自然とできていた。高校から盲学校に移り、寄宿舎生活を始めたが、それなりに「ノーマルな一日、一週間、一年間」は送れていたようだ。従って、「ノーマルな発達的経験」もまた。彼はその性格もあってか、その文章に暗さはほとんどない。ひどく能動的に行動し、司法試験合格の夢を追い続けていく。ただ前例のないことで、その試験の受験までの間にも大きな困難があった。「ノーマルな」社会でないことに気づかされ、粘り強くそこに風穴を開けていった。少なくとも彼が前例となり、次からは盲人の司法試験受験もスムーズになっていった。

児玉聖子は生まれつき目が悪く、小学一年から中学卒業まで故郷の秋田の盲学校で日々を過ごした。その後は東京に出て、盲学校高等部、そして一般の大学を出て、働くようになる。

しかし九年後、アメリカへ図書館司書になるために留学する。「ごく普通の」家庭に生まれた女性が自分の意思で将来を決定し、そしてそれに進んで行く姿勢が見える。「平等の権利」は八つの項目すべて満たされていたように思われる。

但し、大学卒業後に社会人として過ごした九年間において、人間関係につまずいていたことが本書から窺われる。障害者ということだけがその原因ではないにしろ、それが少なからぬ影響を与えていたことも事実だったかもしれない（退職の詳しい事情は書かれていない）。普通の家庭育ちの女性が大学へ行き、その後外国へ留学する。明治、大正、そして昭和の戦前にはほとんど考えられなかったことである。

村上八千代。二三歳の時、恋人の運転する車の交通事故によって失明する（本書の多くがその事故以後の記述である）。それまでの順調で幸せな日々からその一瞬を境に暗転する。その後の恋人との関係など、心理的に苦しい状況に追いこまれたりもしたが、周りの人の協力を得て立ち直っていった。彼女も盲導犬を得て、自由な移動が実現して、「平等の権利」を失明後も満たすことができた。

本書のある一面として、人の愛情のいい加減さを知るものがある——結婚を約束していた相手が、失明したということで（それは全く彼女に責のあるものではなかったが。かてて加えて、その時その相手も一緒だったというのに）、それを遂行できなかったのだから。

彼女は失明の「受容」を次のように言っている（以下、二つの引用文も大切な処なので、再録した。二つとも、三九〇頁）。『自分にふりかかって来ることを**そのまま受け入れる**、**流れに身をまかすこと**が、自らを立たせる道だと思いました。自分の境遇を人と比べるのはやめようと思いました』（同書、六四－一五）。『**障害の受容**を価値観の変遷と説かれることがありますが、使命感のような、なんらかの**生きがい**があるか否かが、その前提になるように思えます。もし、そのような生きがいに相当するものがなければ、価値観の変遷も何の役にもたたないような気がします』（同書、二一七－一一）。「そのまま受け入れる、流れに身をまかすこと」、そして失明しても「生きがい」を持つこと、そのことによって「受容」は可能になると。

また盲人として生きていくための心構えも次のように言っている（再録―三九二頁）。『物音もしない真っ暗なへやに一人でとじこめて、どんな刺激も与えない状態をつくり、その中で人間はどうなるかという研究をされた人がありますが、このような感覚を遮断した状態を盲にたとえた人がありました。視覚は人間の全感覚の80％を占めていると言われています。人が感じている20％の刺激で盲人は生きているのです。／ただ「見る」ということだけでリクレーションにつながることも意外に多いのです。／ですから、心理的な葛藤は想像を絶するものです。「光へのあこがれ」が日ましに強くなるのも無理はないのです。見える見えないにこだわらず盲人としてごく普通に、生きていけるようになるには、時間をかけて**未練を断つ**以外仕方がないようです』（同書、二〇七―一）。「未練を断つ」ことが盲人として生きていくうえでの必須のことであると。障害者側からノーマライゼーションを目指す場合、そのようにはっきりとした気持ちでいることも大切なことなのかもしれない。

赤澤典子は先天性の緑内障のために四歳で失明した。盲学校を経て、普通の大学に入り、スペイン語を学び、スペイン留学を果たす。この書は主にそのスペイン留学記である。但し、その留学前にパスポート申請やビザ取得の際に県庁や大使館で受けた〝差別〟は、彼女をして改めて「障害者である」ことを思い知らされた。「ノーマライゼーション」の「ノーマルな環境形態」がやはりそれぞれの場面においては得にくいことを語っている。『あなたの場合は、あなたの場合は……』と言われて、普通には扱われなかったのだから。社会はなかなかふつうの人のようには受け入れてくれない。「平等の権利」は従って精神的な部分では、なかなか満たされていないものということができる。

また彼女は本書の中で障害者と社会（健常者）との関係を次のように言っている（再録―三九八頁）。『一般の人びとに理解を求める前に、まず私たち一人ひとりが、自分の中にある障害者意識、あるいは差別意識を断ち切って、積極的に社会参加すること、甘えの入らない、本当に必要な援助だけを求められるようになることが、先決ではないだろうか。／年齢や環境等による差こそあれ、最初に自分が障害者であることに気づいたとき、その現実を認めたくないと思って苦しむ。正直に告白して私もそうだった。でも、やがてその苦しみを乗り越えて、自分は障害者であると自覚するようになる。ところが、その段階に達したところで、多くの人は障害を乗り越えたと錯覚して、安心してしまう。自覚することは大切だが、それは障害を克服するための〝一段階〟であって、本当にそれを乗り越えるには、まだまだ道のりがある。／本当に障害を克服することは、障害者という、ある〝身分〟のようなものに身を慣らしたり、人に頼ることを特権みたいにして生きることではなく、自分の欠けている部分は、自分自身でできるだけカバーして生きること、どうしてもできないことについては、意地をはらずに、素直に人の援助を受けられるようにすることだと思う』（同書、一四七―八）。

真に障害を克服し、積極的に社会参加していく気持ちを持っていくことが、困難はあるにしても「ノーマライゼーションの原理」の「平等の権利」を認め得ることだと思われる。「個人の尊厳や自己決定権」も認められるだろうし、「ノーマルな経済水準」及び「ノーマルの住環境」も手にすることができるかもしれない。まずできるところから社会参加することであると。

御所園悦子は視覚障害者であると同時に聴覚障害者で、また右半身不随という重度障害者である。しかし大学生活前半（二〇歳頃）まではそれら障害も大して出ておらず、「ごく普通の生活」ができていた。重度重複障害者に――それは「神経腫瘍」というひどく厄介な病であったが――なってからも、学生結婚した夫や他の人たちの協力を得て、「平等の権利」は得られていた。

本書は、五つのエッセイと一つの交換日記（子供の保育園の先生との）から成っていて、大学入学前のことは詳しく述べられていないので、十全な生活史（ライフ・ヒストリー）とは言えないが、パーソナル・ドキュメンツとなるものはエッセイや日記として提示されている。

見えない、話せない、右手が使えない、という重度障害者である彼女が、それでも主婦をし、子育てをしている。病状の悪化に彼女は夫に離婚を迫ったこともあったが、その夫や周りの理解あるやさしい友人たちに囲まれて、その危機から脱した。

彼女は筆談、そして〝手話〟によってコミュニケーションを取っている。彼女の「平等の権利」は、そんな人たちと共にあって満たされていた。本論でもすでに記したが、彼女の書く詩を一つ添えて、この節を閉じたい（再録―四〇八頁）。

『《きらわれる人》
差別的行為をする人、弱い者いじめをする人……。
そういう人って、たくさんいます。
そんな人にかぎって
第三者のいる前では、〝別人〟のようにやさしくなるんだ！
でも、最近おもしろいことに気がついたのです。それはね……
差別をしたり、弱い者いじめをする、その人自身が
現に今、何らかの形で差別され、のけ者あつかいされているってこと。
心の弱い人は、いじめられたら、外見は許すとか耐えるふりをして
他人の見ていない所で、自分より力の弱い者をいじめるの。
自分にしたがわせようとするの。
なんとあわれな人たちだろう』（同書、一五九頁）

第七章の『自叙伝』について言えることは、戦後に生まれた人たちということもあって、九人のうち八人までが大学を出ているということである。それは若くして失明した五人についてもいえることで、明治・大正期に生まれた人たちにとっては決してそれは一般的なことではなかった。また明治・大正に生まれた人で、大学までいった人はその

ほとんどが卒業後、盲人福祉のために奔走している。好本督しかり、中村京太郎しかり、大橋五男、石松量蔵、岩橋武夫、大村善永、海老名正吾、皆そうである。

しかしこの時代に生まれた九人は、高田と山内と竹下を除けば、ごくプライベートな内で生きている。勿論、時代の違いもあるし、うち五人は女性であるから、それも仕方のないことであるが。

女性と言えば、後半の四名はすべて女性である。そしてそのうち最も年長である児玉にしても昭和二九年生まれで、彼女が中学・高校生になる頃には日本も高度経済成長を遂げつつある頃だ。国民は総中流意識を感じ始めていた頃であり、従って、「ごく普通」の家庭で生まれた女性でも大学へ行くことが一般的になり始めていた。四人とも卒業している。

また御所園を除けば、三人は盲導犬を得て、行動の自由も得ている。日本の若い視覚障害者の一世界が見えるようにも思われる。四人はそして皆結婚もしている。盲人の女性にとって昔は結婚は簡単なことではなかった筈だが、このことによっても徐々にだが、「ノーマライゼーション」の理念が人々に理解され始めていることが窺われる。女性が男性の付属物でなくなってきていることがはっきりと確認できるからだ。

これで第七章を終え、同時に『視覚障害者の著書から』（「盲人たちの自叙伝」シリーズ）の検証を終える。

『盲人たちの自叙伝』著者たちの概略

章数	四									
シリーズ番号	(1)	(2)	(4)	(41)	(44)	(5)	(6)	(45)	(42)	(51)
節数	1	1	1	1	1	2	2	2	2	2
項数	1	2	3	4	5	1	2	3	4	5
氏名（女性はゴシック）	高木　正年	森　盲天外	好本　督	中村京太郎	大橋　五男	熊谷鉄太郎	石松　量蔵	新里　貫一	鳥居篤治郎	栗原光沢吉
生年月日	安政3年（一八五六年）12月9日	元治元年（一八六四年）8月13日	明治11年（一八七八年）1月23日	明治13年（一八八〇年）	明治14年（一八八一年）5月21日	明治16年（一八八三年）	明治21年（一八八八年）9月28日	一八八〇年代から一八九〇年代	明治27年（一八九四年）8月12日	明治30年（一八九七年）2月28日
出身地	東京府品川	愛媛県松山市	大阪市東区	静岡県浜名郡	京都府宮津	北海道美谷	熊本県鐘崎	岩手県盛岡	京都府興謝郡	群馬県群馬郡
失明時期・病名・状況等	眼疾（緑内障）、41歳。	眼疾（眼底出血）、32歳。	生来の弱視。網脈絡膜色素変性。	生来の弱視。	小学2年の時、火薬爆発事故。	満6歳の時、天然痘による。	先天的。	一九二一年、隔膜炎で失明。	2歳半で右眼、6歳の時は両眼失明。	生来の弱視。
盲学校等歴			東京高商卒後、英国留学。	東京盲学校。英国留学。	同志社神学校	札幌の盲学校	普通小学校。東京盲学校。		京都市立盲唖学校。その他東京盲学校。	群馬県師範学校付属学級。東京盲学校。
ハンセン病										
キリスト教者			○	○	○	○	○	○	○	
海外			英国	英国				米国に移住		
盲導犬										
様式（エッセイ・小説等）	伝記、自伝、寄稿文等	自伝 俳句	自伝、伝記	評論、随筆、伝記	自伝、追想、寄稿文	自伝	自伝	自伝	自伝、随筆	自伝
家族構成	妻帯	妻帯	妻帯（英国人）二男一女	妻帯	妻帯 子どもあり	妻帯 娘二人	妻帯 三人の子	妻帯 一男一女	妻帯	妻帯
自殺思う										
その他（職業等）	衆議院議員（33歳）。	愛媛県会議員。	早大講師、「点字毎日」設立に関与「盲人の父」と呼ばれる。	「点字毎日」の主筆、初代編集長。	教会牧師。	父は飲み、打つ、買うの遊び人で、母と離婚し、鉄太郎は青森出身の館田夫婦に預けられた。のちに牧師になる。	佐賀盲唖学校教員。熊本ライトハウスを設立。	ロスアンゼルスで食料品店を営んでいたが破産し、その後は苦労の末、牧師になった。	三重や京都の盲学校教員。	前橋盲学校教師。のち県立群馬盲学校教師。

『盲人たちの自叙伝』著者たちの概略

章数	シリーズ番号	節数	項数	氏名（女性はゴシック）	生年月日	出身地	失明時期・病名・状況等	盲学校等歴	ハンセン病	キリスト教者	海外	盲導犬	様式（エッセイ・小説等）	家族構成	自殺思う	その他（職業等）
四	(46)	3	1	三原　時信	明治30年（一八九七）	愛媛県松山市	20歳の頃、眼疾単性緑内障。	早稲田大学予科。		○	大正9年米国へ		自伝	妻帯二男		大正9年、母と共に父の居る米国へ渡った。そこで太平洋戦争中、強制収容所に入れられた。
	(21)	3	2	岩橋　武夫	明治31年（一八九八）		20歳の頃、眼疾。	早稲田大学。		○			自伝、妻のエッセイ	妻帯		日本ライトハウス設立。ヘレン・ケラーを二度日本へ招いた。
	(50)	3	3	河野　憲利	明治33年（一九〇〇）	大分県西国東部	生来の弱視で、小学2年の時、はしり風眼で失明。	大分県盲唖学校。東京盲学校。					自伝、随想、エッセイ	妻帯		広島県立盲学校、宮崎盲学校の教師。
	(26)	3	4	明石　海人	明治35年（？）頃		28歳の時、癩発病。34歳の頃失明。		○				自伝、俳句、エッセイ等	妻帯一女		癩発病後、妻子とは別れて暮らした。30歳の頃、長島愛生園に移る。
	(9)	3	5	長谷部　薫	明治36年（一九〇三）3月12日	山梨県甲府	37歳の頃（S15年）、視神経萎縮。	失明後、ヘレンケラー学院。山梨県立盲学校。					自伝	妻帯二男	○	全農に就職。昭和13年、沖縄へ転勤。昭和22年、両眼の視力の衰えを知って、全農を辞める。
	(24)	4	1	大村　善永	明治37年（一九〇四）1月7日	山梨県東山梨郡	17歳の時、網膜炎。23歳の時、完全失明。急性	岡山第六高等学校。関西学院。		○			自伝	妻帯		関西学院を卒業後、横浜訓盲院に就職。日本盲人キリスト教伝道協議会の牧師となる。
	(17)	4	2	中川　童二	明治37年（一九〇四）	東京府下谷	40歳の頃、視神経萎縮性。	失明後、新潟盲学校。					エッセイ	妻帯一男二女		失明前までは、洋画家、図案描き。大変、ウィットに富んだエッセイ集。
	(8)	4	3	中道　益平	明治40年（一九〇七）5月29日	福井県小浜町	18歳の時、右眼がかすみ、20歳の時、左眼もかすむ。	失明後、福井県立盲学校。					自伝	妻帯（全盲者）		水産学校を卒業後（15歳）、水産会社で働く。18歳で退職し、21歳で失明する。光道園ライトセンターを設立。
	(25)	4	4	海老名正吾	明治43年（一九一〇）1月	青森県南津軽郡	中学2年の時、網膜色素変性症。しかし道を歩くことはまだできた。	旧制弘前高校。東京の大学。					エッセイ	妻帯		東京の大学を卒業後、女学校の国語教師になる。しかしすぐに少年鑑別所に転職する。戦後は、児童相談所長。神奈川県点字図書館長。
	(53)	4	5	斉藤　通雄	明治45年（一九一二）6月	宮城県遠田郡	43歳の時、網膜炎で失明。	旧制角田中学校。日本大学。					エッセイ小説	妻帯		図書出版社を創立し、児童雑誌を刊行する。

章数	五									
シリーズ番号	(7)	(39)	(59)	(10)	(49)	(18)	(23)	(47)	(52)	(15)
節数	1	1	1	1	1	2	2	2	2	2
項数	1	2	3	4	5	1	2	3	4	5
氏名（女性はゴシック）	近藤　正秋	**森　赫子**	**武井　イネ**	松井新二郎	松本　馨	鈴木　敏之	木村　龍平	青木　優	畑　美喜三	坂本　勉
生年月日	大正2年（一九一三）12月14日	大正3年（一九一四）	大正3年（一九一四）12月2日	大正3年（一九一四）12月28日	大正6年（一九一七）か7年（一九一八）	大正8年（一九一九）7月20日	大正9年（一九二〇）7月7日	大正13年（一九二四）	大正15年（一九二六）3月24日	大正15年（一九二六）8月30日
出身地	愛知県名古屋市		朝鮮京城	山梨県		東京府下谷	和歌山県田辺市	広島県呉市	大阪（?）	栃木県宇都宮市
失明時期・病名・状況等	昭和10年（21歳）、満州で顔面貫通銃創により失明。	昭和30年代に失明。	生来の弱視。	昭和15年（25歳）、満州で戦傷によって失明する。	一九五〇年、ハンセン病によって失明。	2歳の時、ハシカで左眼失明。21歳で右眼も失明。	満州での戦争で失明。イペリット傷。	20歳の時、網膜出血で失明。	23歳の時、網膜剥離で失明。	幼なくして失明。
盲学校等歴	除隊後、愛知県立盲学校。その他東京盲学校。		横浜訓盲院。パーキンス盲学校。	日本大学同大学院。		普通小学校。失明後、仏眼協会盲学校。	失明傷痍軍人施設「光明寮」で点字を習う。	岡山医科大卒。失明後、東京神学大学。	失明後、大阪府立盲学校。日本大学。	東京盲学校音楽科卒。
ハンセン病					○					
キリスト教者			○		○			○		
海外			米国							演奏旅行で多く海外に行っている
盲導犬				○						
様式（エッセイ・小説等）	自伝	小説	自伝留学報告記	自伝	エッセイ	自伝、エッセイ	自伝、エッセイ、俳句短歌等	自伝、エッセイ	自伝、エッセイ	演奏旅行時のエッセイ
家族構成	妻帯			妻帯	妻帯	妻帯	妻帯一男一女	妻帯		妻帯
自殺思う					○	○	○	○	○	
その他（職業等）	愛知県立盲学校教諭。同盲学校退職後、鍼按治療院。愛知県盲人福祉協会創立。のちに名古屋ライトハウスになる。	女優が書いた自伝的小説。	米国の盲学校に留学し、同国の進んだ盲人教育施設を目の当たりにする。	大学院を卒業後、山梨学院大学の講師。そして県立盲唖学校教師になる。その後、東京光明寮の教官兼カウンセラーとなる。	一九三四年頃、ハンセン病の宣告をうけて、多磨全生園に収容された。両手と下半身もマヒ。	昭和11年、結核にかかる。画家を目指したが、失明後は鍼灸師となる。	戦後、郷里の田辺市で治療院を開業。小、中学校の校歌も作詩している。	医者となる為に広島医科大学病院でインターン生活に入っていた時、失明。東京神学大学卒業後、岩国東教会に赴任。牧師となる。	戦時中の栄養失調と過労で失明。日本大学卒業後は畑心理福祉研究所設立。	10歳で上京し、宮城道雄に師事し、箏曲と三絃の修業をし、音楽科卒業後は箏曲家となった。

『盲人たちの自叙伝』著者たちの概略

章数	シリーズ番号	節数	項数	氏名（女性はゴシック）	生年月日	出身地	失明時期・病名・状況等	盲学校等歴	ハンセン病	キリスト教者	海外	盲導犬	様式（エッセイ・小説等）	家族構成	自殺思う	その他（職業等）
五	(29)	2	6	金 夏日	大正15年（一九二六）9月5日	朝鮮慶尚北道	12歳の時、来日。14歳でハンセン病。22歳で両眼失明。	全生園内の全生学園卒。	○	○			自伝、エッセイ 詩歌			父を頼って来日するも、ハンセン病を発症し、多磨全生園に入る。手指も不自由となってからは、点字を舌読する。20歳の時、群馬栗生楽泉園へ。
六	(27)	1	1	磯部 昭介	昭和2年（一九二七）10月9日	愛知県南知多郡	9歳の時、ライを発病。21歳の時、失明。	普通の小学校に小学4年の途中まで通う。	○	○			自伝、エッセイ	叔父夫妻に育てられる	○	10歳の時、ハンセン病者の収容施設、岡山県長島愛生園に入れられる。
	(34)	1	2	河相 洌	昭和2年（一九二七）	カナダバンクーバー	18歳の時、網膜出血し、19歳の時失明する。	慶應大学卒業後、盲学校の教師となる。				○	小説、エッセイ	妻帯		河相の父に米国人の知り合いが居て、アメリカでは盲導犬が居て、失明者を手助けしていることを知り、日本における盲導犬第一号を得る。
	(36)	1	3	**福沢 美和**	昭和2年（一九二七）12月10日	本書が書かれた時は、神奈川県箱根に住む	生来の弱視で（網膜色素変性症）、徐々に失明した。					○	盲導犬との日々の出来事を記す			福沢は富裕な家庭に生まれたので、弱視者ではあったが、生活の困難なことは書かれていない。
	(28)	1	4	近藤 宏一	昭和2年（?）	大阪府（?）	24〜25歳でハンセン病により失明。		○				エッセイ			一九三八年、11歳で岡山県長島愛生園に入園。手指にマヒが出て、舌と唇で点字を読む。同園内に「あおいとり楽団」をつくって、生き甲斐を見つけている。
	(11)	1	5	田辺 建雄	昭和3年（一九二八）3月22日	石川県金沢市	21歳の時、職場で薬品が爆発した影響で、目が見えなくなる。	金沢医科大学付属薬学専門部卒業。					自伝、エッセイ	妻帯 二男	○	失明後、石川県立盲学校に入る。そこを卒業後、東京教育大学入学、同大学卒業後、石川県立盲学校の教師となる。
	(22)	1	6	本間 昭雄	昭和3年か同4年	茨城県	20歳の頃、両眼から出血失明する。	旧制水戸中学。私大予科。					エッセイ	妻帯	○	失明後、社会事業短大夜間部入学。卒業後、聖明福祉協会設立。
	(31)	1	7	成尾 正昭	昭和5年（?）	千葉県成田	昭和48年5月眼底出血し、後に失明する。	失明後に、千葉県立盲学校。					自伝	妻帯		大学卒業後、県立高校の教師をしていた。盲学校卒業後は、鍼灸院を開業。
	(48)	2	1	佐藤 大和	昭和6年（一九三一）	大分県臼杵市	20歳の時、仕事中、顔面を強打し、それが原因で失明。	失明後、光明寮に入って点字を習う。		○			自伝	妻帯 三男一女	○	国立神戸視力障害センター高等部を卒業後、明石で治療院を開いた。盲重複障害施設「恵生園」設立。
	(54)	2	2	松本 昌三	昭和7年（一九三二）4月6日	京都市伏見区	生来の視覚障害。網膜色素変性症。	新制高校卒。京大卒。					エッセイ	妻帯		大学卒業後、図書館勤務したが、視力悪化で退職。その後、兵庫県立盲学校の教師となった。

章数	六									
シリーズ番号	(56)	(12)	(16)	(38)	(40)	(13)	(14)	(55)	(32)	(20)
節数	2	2	2	2	3	3	3	3	3	3
項数	3	4	5	6	1	2	3	4	5	6
氏名（女性はゴシック）	**佐々木たづ**	田村　洋幸	竜　鉄也	大野　秋好	**関　幸代**	**天野　暁子**	藤野　高明	**石井　康子**	小木曽和久 **田吹かすみ**	**河辺　豊子**
生年月日	昭和7年（一九三二）	昭和8年か9年	昭和11年（一九三六）1月1日	昭和11年（一九三六）11月26日	昭和12年（一九三七）6月9日	昭和12年（一九三七）	昭和13年（一九三八）12月21日	昭和18年（一九四三）	昭和19年2月16日 昭和25年8月1日	昭和20年（一九四五）8月22日
出身地	東京	山口県（?）	奈良県吉野郡	東京	満州ハイラル市	東京	福岡県福岡市	満州大連	愛知県奥三河 大分県国東郡	福島県石川町
失明時期・病名・状況等	昭和25年、左眼に異常を感じる。昭和28年には両眼に。	昭和43年、目に異常を覚える。そして同年、失明する。	6歳の時、ハシカにかかり、視力に異常をきたす。	昭和32年、大学の学園祭において。	一歳の時、高熱によって、視神経を焼かれ失明。	生後まもなく重い血膜炎にかかる。	昭和21年、不発弾の暴発により失明。両手も失う。	小学校入学の頃はすでに視力はなかった。	中学2年の時、糖尿病。26歳の頃、失明。12歳の時、小児糖尿病発症。	4歳の時、自転車に突っ込まれ前頭部を強打。
盲学校等歴	普通の高校。失明後横浜訓盲院。	失明後、点字を習う。	岐阜盲学校。富山盲学校。	東京農業大学卒。	奈良盲唖学校同高等科まで進む。	小説では盲学校中学部。	大阪市立盲学校、高等部を出て、日本大学入学。	小学校卒業後、県立児童福祉施設「積善学園」に入園。	普通の大学卒。普通の高校卒。	東京教育大付属盲学校。
ハンセン病										
キリスト教者									○	
海外	英国で盲導犬訓練									
盲導犬	○			○						○
様式（エッセイ・小説等）	自伝、英国での日々を記す	視力を失ったあとのことが書かれている	自伝だが、小説にも読める	自伝	自伝	自伝的教養小説	自伝	自伝、エッセイ	交換日記	自伝
家族構成	両親	妻帯	妻帯	両親兄弟		両親兄妹	妻帯（全盲者）一男一女	夫帯		夫帯一男一女
自殺思う		○	○	○						
その他（職業等）	童話作家となった。昭和37年、英国に行き、盲導犬を得る為の訓練所に入る。	失明時、京都産業大学助教授。それまでの人生は順風満帆だった。失明後も、同大学で教えた。教授にもなった。	盲学校卒業後、高山でマッサージ院を開業。その後、演歌師となる。	大学の学園祭で歌をステージ上で歌った際、急なライトをつけられて、網膜剥離を起こす。音楽家として生きる。	敗戦後、満州から引き揚げ時に、大変な苦労をする。奈良盲学校を卒業後、東京教育大学に入り、卒業後、長野盲学校の教師となる。	小説では按摩師になるように書かれている。	国立筑紫病院で唇で点字を読む。日大卒業後、大阪で教員採用試験をうけて市立盲学校教諭となる。	耳も不自由だった。視力障害センターを卒業後、治療院を開業。	田吹は大分県立盲学校卒業後、三療の治療院を開業。	前頭部を強打したことで視力が衰えてゆく。盲学校の教師だった河辺と結婚する。

『盲人たちの自叙伝』著者たちの概略

章数	六	七								
シリーズ番号	(35)	(30)	(58)	(43)	(19)	(3)	(60)	(57)	(37)	(33)
節数	3	1	1	1	1	1	2	2	2	2
項数	7	1	2	3	4	5	1	2	3	4
氏名（女性はゴシック）	**郡司ななえ**	田中　浩三	高田　剛	山内　常行	**星　三枝子**	竹下　義樹	**児玉　聖子**	**村上八千代**	**赤澤　典子**	**御所園悦子**
生年月日	昭和20年（?）	昭和23年（一九四八）1月3日	昭和23年（一九四八）8月6日	昭和23年（一九四八）	昭和24年（一九四九）1月1日	昭和26年（一九五一）2月15日	昭和29年（一九五四）	昭和30年（一九五五）11月10日	昭和33年（一九五八）4月	昭和35年（一九六〇）2月12日
出身地	新潟県	神奈川県横須賀市	秋田県	沖縄県知念村	福島県南会津郡	石川県輪島市	秋田県八竜町	兵庫県西脇市	静岡県	沖縄
失明時期病名・状況等	27歳の時、病気によって失明。	25歳の時、ベーチェット病発症。30歳の時、両眼失明。	先天盲（?）。	3歳の時、ハシカにかかり失明。	20歳の時、スモンを発症する。そして失明する。	生来の弱視。中学3年の時には両眼ほぼ失明	生来の弱視。	24歳の時、男友達とドライブに行った帰りに、交通事故で失明。	生後5カ月で、緑内障と診断される。	18歳で耳がきこえなくなる。25歳で目も見えなくなる。
盲学校等歴		東京理科大卒。失明後、点字を習う。	小、中、高を盲学校で過ごす。明治学院大学卒。	大阪市立盲学校。同志社大神学部。	普通中学卒。	中学卒業後、石川県立盲学校。京都府立盲学校。	秋田県立盲学校。東京教育大学高等部。	関西学院大学卒。失明後、日本ライトハウスで点字を学ぶ。	静岡盲学校。筑波大学付属高等部。	日本福祉大学卒。
ハンセン病										
キリスト教者		○								
海外			スウェーデンと米国へ視察	米国に留学		ドイツ、アメリカを視察	米国		スペイン留学	
盲導犬	○						○		○	
様式（エッセイ・小説等）	盲導犬との交流の記録	自伝	スウェーデンと米国の視力障害者の実情視察報告記	市会議員選挙における顛末記	自伝	自伝	アメリカ留学記	交通事故後からの記述	自伝、スペイン留学記	自伝、エッセイ、詩
家族構成	夫帯一男	妻帯		妻帯		妻帯一男一女	夫帯	夫帯		夫帯一男
自殺思う					○			○		
その他（職業等）	著者成人後からの記述。夫の死後、夫の治療院を引き継ぐ。	大学卒業後、大手電機会社入社。強い結婚願望がある。	大学卒業後大阪府の教員に採用され、中学の英語教諭となる。その後高槻市職員となる。	高槻市で英語塾、ピアノ教室を開き、一九八四年、同市議会議員補欠選挙に立候補し、当選する。	中卒後、呉服店に就職する。スモン病の悲惨な症状が語られている。	盲学校卒業後、伏見の按摩治療院で働く。その後、龍谷大学に入り、卒業後、司法試験を受験し、十回目で合格し、弁護士となる。	東教大高等部卒業後、和光大学入学。卒業後、図書館司書となる。その後、アメリカ、バークレー校に留学。	大学卒業後、製薬会社に就職した。交通事故で失明し、人生が狂う。失明後、同大学社会学部に入り、卒業後、京都ライトハウスでカウンセラーとなる。	高等部卒業後、清泉女子大スペイン語科に入学し、盲導犬と友人と共にスペイン留学する。	大卒後、結婚して男子をもうける。耳、目そして右半身不随となる。

補　論　新聞記事にみる障害者福祉への関心度

新聞における視覚障害者関連の記事を検証し、社会における同障害者への関心（度）の変遷を見ていく。時代の潮流、社会の動向を見るためには、マスメディアの取り上げ具合を見てみることが、一般には最も妥当なことに思われるからだ。ここでは大正期のある一年と、昭和の戦前のある一年、そして戦後の高度成長期のある一年、及びごく近年のある一年を見てゆきたい。

各年毎における障害者関連の記事数をカウントすることによって、また記事内容を考察することによって、その年々の社会における福祉への関心傾向が見えて来るだろう。ここでは主として、朝日新聞を取り上げる。

第一節　大正一一（一九二二）年の東京朝日新聞、東京日日新聞（毎日新聞）、及び大阪毎日新聞より視覚障害者関連の記事を見る

この年の五月一一日、毎日新聞（正確には「大阪毎日新聞」）において、その創刊五〇周年記念事業の一環として「点字毎日」が創刊された。視覚障害者に対して大新聞がそのことに関心を示し、そして社会に対して行動を起こした年である。この当時はまだ〝福祉〟という発想も乏しく、障害者への偏見や差別も強かった。国民の多くにとっては、

福祉を含めて情報を——それはあらゆる情報を——得る方法は極めて限られていた。従って、福祉への関心も今とは比べようもないほどに低かった。

そんなこの年における東京日日新聞（毎日新聞の前身）の、視覚障害者（視覚障害）を含む障害者（障害）関連の記事を（マイクロフィルムから）見てみる。果たして一般通常にはどの程度同紙が福祉的事柄に関心を示していたのかを見てみたい。同時に東京朝日新聞の同年の記事も（縮刷版から）見てみる。

この大正一一年の後《あと》は、本論では以下各年の考察は、諸般の事情から東京朝日新聞（昭和一七年以下は、単に朝日新聞）一紙となる。このことから構成上の体裁から、朝日の方を第一項にし、東京日日新聞の方を第二項にした。また第三項も必要となったので、加えた。その理由はそこの処で記している。

第一項　東京朝日新聞の記事より

当時一頁（一面）は、全一二段構成になっている。また見出しは、その横書きの場合は現在とは違って、右から左へとなっていて、それは写真に添えられたキャプションの場合も同じであって、時に読みにくいこともある。本文（記事）中に出てくる「〇〇」は軍事機密の上から、伏せられていたこと（部隊名や基地名等）を意味する。

漢字及びかな文字は、旧字、旧かな遣いである。可能な限り原文のままにしたが、現代漢字（例、學→学、縣→県、對→対、等々）、現代かな（例、ゐ→い、ゑ→え）遣いに直して（直した基準はあくまで論者の任意による）、記したものもある——記事原文を示す『　』内中にある（　）内の現代漢字、現代かながそうで、そこ以降は現代文字で記している。但し、原則として、見出し＝**ゴシックで太字**＝と写真に付されたキャプションは、原文のまま＝旧字＝にした。

縮刷版の関係から、印刷が薄く出ている所もあり、その文字が不鮮明で判読不能な場合は、当該箇所を△△とした。また引用者の判断で、特別本論に正確な数字、氏名等、不要と思われるところは××とした。この当時は句読点がない文章が多く、読み易くするためにいくつか（なるべく原文のままにしたが）それらを付した。

尚、視覚障害（盲人）関連記事にのみ、通し番号（○囲み）を振った。傍線は引用者。

【注、本論を書き進めていた二〇〇三年当時に使用したその「縮刷版」は、再校ゲラ校正時の二〇〇八年三月現在、早大図書館にも国会図書館にも見ることはできなくなっている。代わって現在そこにあるのは、二〇〇五年一月発行の「復刻版」である。本書では、二〇〇三年当時の面（頁）数を示し、その下にカッコにして、復刻版での掲載面数を以下のように示した（㊗〇面）。同じ面数の場合は（㊗同）とした。但し、「復刻版」では見られなかった（見られなくなってしまった）記事――欄外等にあった（？）もの――は、（㊗ナシ）と明記した】

1　1月～4月

この当時、縮刷版の巻頭にある「索引」に、〝障害者〟という項目も、また〝福祉〟という項目も勿論なかった。

《1月》

視覚障害者関連の記事は、**一件**ある。

①★一月一九日（木）四面（㊗ナシ）一段ベタ記事

『全國盲人大會――盲人聯合會は二月十八、十九、廿の三日間、大塚驛前の杉山鍼按學（学）校で、第七回全國盲人大會を開き、四十五議會に對（対）する請（請）願、又は建議案の實行方法を討議すと』

この月は大隈重信が病身にあり、一月一一日の死去記事掲載までの間は、その関連が第一面を占めることが多かった。また亡くなった後も暫くはその大隈関連の記事は続いた。

一月六日に「福祉」の文字が見える。

★一月六日（金）二面（㊗夕刊一面）二段「本社華盛頓（引用者注：ワシントン）支局特電」という欄で、駐米佛國大使のジュスラン（一段は彼の顔写真）が、〈この年を迎えるに當たって〉（四行）で述べた言葉の中にある。

『**福**（福）**祉**（祉）**到來**（来）**の促進**――苟《いやし》くも人類全體（体）の爲（為）め、更に幸福な時代の到来を促進する益（益）

ある働きに対しては、佛國は滿（満）腔の感謝を表するものである』

他に社会事業・社会福祉的な記事もあった。見出しのみを記する。

★一月五日（木）四面（復夕刊二面）二段（三六行）【写真三段×約二分の一（以下、アラビア数字で示す＝1/2）頁幅、キャプション＝「我々にも春が來た（救世軍の御馳走）」】

『大天幕を張つて　無産（産）**者の招待會　やつとお正月の御馳走に　預つた浮浪者の群れ』**

救世軍浅草支隊が浅草区役所広場前に大テントを張って、老幼の浮浪者を招待して雑煮を振る舞ったというもの。

《2月》

索引に、「盲人」と出ている記事が**三件**あった。しかし日々の記事を追っていく中に、索引《それ》には入ってない視覚障害者（盲人）関連の記事も（**三件**）あった。それも記していく。

尚、この当時朝日新聞は、全四面（頁）の日、八面の日があった（たまに六面の時もある）。四面の場合は、概ね一～三面までは内政、外交そして皇室関連記事で占められ、四面に社会一般（いわゆる三面記事も）、スポーツ、学芸記事が載せられている。八面ある場合は、一～四面までは大体同じで、五面にも社会記事が載り、六面には主に経済記事、学芸欄。七面は面全体を使って「株式市況」である。八面は、連載小説二編と、囲碁譜、映画解説、そして外国の市況などが載っている。時節柄というのか、とにかく「宮様」関連の記事が今では考えられぬほど多く掲載されている。

②★二月三日（金）五面（復同）二段（一五行）

『盲人の爲に　封筒日　紀元節から　市内で催す——全國八十餘（余）の盲人学校中での首位を占め、既に百三十名の卒業者を出し、現に百三十八名の盲生を敎（教）育しつつある築地本願寺境内の盲人技術学校後援會では今度、嘉悦、吉岡、鳩山の三女史や東京博物館長・棚橋氏外《ほか》泉、寳閣、和田、渡邉（辺）、其他諸氏と謀り、女子大学、實踐女学校、女子醫專（専）、女子職業学校を初め、都下四十六中等以上諸学校が協力して毎年ヱ（エ）ンベロープデー（封筒日）

を催して資金を寄附する計畫で、今年は来る十一日の紀元節當日から十六日まで六日間市内各所で封筒賣をするといふ』

③★二月六日（月）六面（復月曜附録一面）【写真三段×約1/2頁幅、「ヴァイオリンに聴き入るヘレン・ケラー」】

『聾盲唖三幅対揃った不具者でありながら、非常な学者として世界に知られてゐ（い）るヘレン・ケラー嬢がヴァイオリンの名手ジャスカ・ハイフェッツの妙音に感激している。嬢はヴァイオリンの端に集まる音色の震動を指先きを通して完全に聴取する事が出来るのである』

④★二月一七日（金）五面（復同）三段（四二行）※索引に記された記事

『**全國の盲人團　けふ大運動　急先鋒の足利市から宣傳**（伝）**ビラを携へて　明日は示威行列　文部内務兩**（両）**省に迫る**――義務教育實施と點字投票を認めよと絶叫して奮起した全國盲人聯合團は十八日、上野公園の野外運動を禁止させられたので、神田三崎會館で全國盲人大會を開き、更に内務文部両省に対し、此《この》要求を提げて交渉する外、衆議院に対しては、先に代議士龍野周一郎、**高木正年**両氏から此の要求が提出されて居るので、院外から氣（気）勢を擧（挙）げる事となり、全國の盲人團は――（略）』

⑤★二月一八日（土）四面（復夕刊二面）二段（三二行）※索引に記された記事【写真三段×約1/2頁幅、「盲人團の乗込み　けふの淺（浅）草驛」】

『**旗まで立つて　盲人團の入京　出迎と手探りの握手　自動車からビラ撒き**――群馬縣（県）足利の帝國盲人聯合會からは朝刊所報の通り瀟洒な和服姿の同地機業家、長嶋文太部氏、同じく機業家で足利針《(ママ)》灸按組合の顧問役、澤田正好氏のハイカラな背広姿を始め、同行八人に附添ひ四人を加へた一行十二人は午後零時廿四分豫（予）定通り浅草驛に着くと、駿河臺の帝國盲人聯合會事務所からは事務員二人が出迎へて、盲人團萬歳を叫びながら手探りして握手する（略）』

⑥★二月一八日（土）八面（復六面）二段（四行）

『北京大學教授に　盲詩人エロシェンコ』

ロシアの盲目詩人　エロシェンコは北京大学エスペラント教授を嘱託され、二十二日上海発で北京に赴く筈、という記事。

⑦★二月一九日（日）四面（㊗夕刊二面）二段（三六行）※索引に記された記事

『「點字投票を認めよ」盲人大會で可決（決）**高木正年氏を筆頭に　明日は公開演説**――全國盲人大會は第一回を十八日午前十時から神田三崎會館で開催した。（略）正午休憩、午後一時再開。（略）二箇條（条）の決議案を可決して議事を續（続）行した。

決議

一．盲教育令を速かに發布せられん事を文部大臣に建議する事

一．點字投票の効力を認められん事を内務大臣に建議する事』

二月の盲人関連は以上、**六件**である。この月にも東京における浮浪者関連（東京市社会局による「浮浪人の一斉調査」）等の記事もあるが、それの詳しい記述は略する。ただその内容は以下である。精神異常（本文では「狂人」とある）関連、一件。浮浪者（児）関連、一件。不良少年保護関連、一件。戦傷による廢兵手当関連、一件である。

《3月》

索引に、「盲人」の項目はない。

孤児（院）関連、二件。廢兵関連、二件。この内一件は、**高木正年**の名があり（三月二一日）、国会で恩給改正案についての質問している記事である。視覚障害者関連記事は〇件。

《4月》

索引に、「盲人」関連の項目はないが、「聾唖」の項があった。

★四月六日（木）四面（復ナシ）一段ベタ記事

『全國聾唖大會　名古屋で開催——日本聾唖會第四回全國聾唖大會は五日午前十時に名古屋市立盲唖学校で開會。東京、大阪、京都を初め、各府県から代表者百五十名出席』

他に癩政策に関する記事、光野慶明の寄稿文が二日間にわたって掲載されている。全文はとても長くて引用できないが、冒頭の幾行かを記す。

★四月七日（金）八面（復三面）三段（一二六行）

『我國の癩政策に就て（上）　光野慶明（寄）

僕は帝大の某科を卒て、或抱負のために外遊もして奮闘遺憾千萬にも突然癩發のため或國家的事業を斷（断）念し、最早幾莫も無い余命を抱えて失明とモヒ中毒と病苦に呻吟し乍ら、茲に最後の義務を果すべく可憐な同病者と健全なる國民の為、微衷を訴へやうと思ふ。

實際現代の我日本に僕等程悲慘（惨）な者は無い。癩菌が僕の血肉に五六年も潛（潜）伏して終に外面へ表はれた時、社（社）會は先づ僕を社交團外へ拉して続いて僕の一家族を根絕（絶）せねば歇まないとする。是が眞（真）に國民衛生上見地からの苦難ならば甘んじて忍受するが唯僕の醜貌や惡（悪）臭や悪疾へ投げた冒瀆では自尊を害せらること夥しい。最近の醫学では癩を伝染病と認め適當の時機に適當の治療さへすれば必ずしも不治の疾患とはならないと立證（証）してるに拘らず、浅薄なる我國民は今尚、時代錯誤的因襲と非人道的憎悪の片見《（ママ）》に囚われて此弱者を峻烈に迫逆《ばくぎゃく》するとは實に國民文化上情無い。昔、光明皇后は（略）』

この月の五日に、「健康保險（険）法の實施」という記事も見られる。

一月から四月までにおける視覚障害者関連の記事は以上**七件**で、聾唖関連は一件だった。全紙面の八～九割を占める内政・外交そして皇室（宮廷）関連記事の中にあって、扱いは決して大きくはないとはいえ、**七件**もその記事があったことは、多いと見るべきかもしれない。

2　5月～8月

《5月》

視覚障害者関連の記事はない。社会事業記事としては、貧民関連が、二件あり、また傷痍疾病者に対する恩給増加記事がいくつか見られる。

《6月》

索引に、「盲唖教育」の項目がある。

⑧★六月五日（月）三面（㉆ナシ）一段

『盲唖教育現況――本年四月末現在に依る各府県知事の報告に基き文部省の調査した全國盲唖学校の校数及生徒数は、

学校数＝官立二、公立二、私立六六

盲生＝官立一九六、公立五六一、私立一七一六

聾唖生＝官立二二五、公立七二一、私立八三九

にして私立学校は校数に於て其約八割を占め、生徒数に於て聾生徒数の約六割を占めて居る。而して其等学校に要する經（経）費は、大正十年度予算に於て、

官立八萬五千余圓（円）、公立十四萬七千余円、私立二十二萬八千余円。府県別に觀（観）ると、盲唖学校が全然なき府県は徳島、佐賀の二県で、盲学校のみありて唖人を収容する学校なき府県は神奈川、埼玉、千葉、奈良、山梨、

滋賀、岐阜、福島、青（青）森、山形、富山、大分、宮崎、鹿児島、沖縄、群馬の十六県、聾啞生徒のみありて盲生徒を収容する学校なきは高知一県である』

この月「天刑病」との記述の見える記事がある。癩患者の家に生まれた故の事件を報じている。以下である。

★六月一八日（日）四面（復ナシ）二段

『天刑病の系統を悲しみ　二兒（児）**を抱て自殺』**

愛媛県越智郡の二四歳の女性が子供二人を連れて、海に投身自殺をした。実家の兄がその病に悩まされ出したのを悲観して……。

《7月》

索引に「盲人」及び「盲啞教育」の項目はなかった。しかし記事を見ていく中に、盲人の出てくる事件が**四件**あった。

⑨★七月四日（火）五面（復同）一段（三六行）

『盲目の密使　山城丸で捕はる　二人とも曉民會から　上海へ派遣の途中　警視（視）**廳刑事門司に出張す**――（略）

右両人は上海に滞（滞）在する露國盲人詩人エロシエンコを訪ね、兼ねて上海共産黨（党）の極東宣伝部に投ずる目的の下に渡航し（略）』

⑩★七月五日（水）（二記事あり）四面（復夕刊二面）二段（四六行）

『逮捕された　盲人主義者　上海に高飛びして　共産黨本部にすがる　日本のエロシエンコ小野』

郵便船「山城丸」に便乗しようとしたところを捕まった小野賢次郎（二四）と同じく盲人（東京盲学校高等部出身）の能登朝長（二二）は五日午前に護送されて東京驛に着く筈である。

⑪★七月五日（水）四面（復夕刊二面）一段（一三行）【写真二段×約1/7頁幅、「盲人主義者　小野賢次郎」】

『二盲人　東京へ護送』

小野（京都盲啞学校）と能登を逮捕し、それぞれ別の列車で東京に護送した。小野は三日夜七時十五分下関發、能登は同夜十一時五十分發の列車。

⑫★七月六日（木）四面（㊌夕刊二面）二段（二五行）

『按摩に身を　窶して社會運動　盲目の社會主義者小野　けふ警視廳につく』（見出しのみ）

＊七月一〇日（月）に、森鷗外が死去している。享年六六歳。

《8月》

この月には「盲人」関連の記事はない。但し、地域住民（東京府下大島町――現・江東区大島辺り）への国からの居住地移転要請に対する彼らの反対運動に、**高木正年**も加わっているとの記事（八月六日付）はある。

また、聾関連の記事はある。当時の障害をもつ、そして貧しい家庭に生まれた女性のある一面が語られている。それを記す。

★八月一七日（木）五面（㊌同）三段（四四行）

『暗い　運命の影に宿る　子供　赤十字産院施療部に蠢めく　不具の女　聾の女――大分《だいぶ》あつくて遣り切れないが而《しか》し澁（渋）谷赤十字病院に出来た産院の施療患者達と、そこで生れて居る嬰児の暗い運命とを覗けば寧ろ何人も慄《りつ》然とせざるを得ない。

五月に同院が出来てから恰度三箇月間に此處（処）で生れた赤ちゃんが九十七名、その内五十名あまりは施療である。一体此処で施療を受ける様（様）な姙（妊）婦は、大抵正式の結婚をして居る者は居ない。中には女中奉公中に誘惑されて妊娠した迄は好いが、男に捨てられたと云う様なのがいくらも来る。先月入院の産婦を調べても全く男から離れて一人ぼっちで入院して来た可愛想《（ママ）》な婦人が五人も居る。女中と女工が各二人、飯炊き女が一人だ。

尚現に入院してる者の中にも三人の子供を抱へた上、もう臨月の大きいお腹になった聾の女が居る。昨年亭主に死に別れゴム工場の女工になって日給七十五錢（銭）を貰ひ辛く《マヽ》食って居たのが、もう産み月となったので工場を退いて入院して来たものだ。而し産院が完全な設備で健康な出産をさせてやっても直に産後の子供の処置で母親は途方にくれるのが多い。醫員連もまだ生れぬ先から子供の始末を頼まれるが、同院としては創設間も無い幼稚なものなのでどうしたって其処迄は手が届かぬ。只お産をさせるだけで育児迄は出来ないさうだ。云はば頭隱（隠）して尻隠さずで、同院の職員連でさへ殘（残）念がってる位だ。又子澤山の例に漏れず父親も頗る丈夫に働いてるが、九人の子供に更に又妊娠と来たので妻君を預けに来た者や、見世物師が商賣に使ふ悲惨な不具の婦人を弄んで妊娠させ此処に運び込んだやうなのもある』

以上、五月から八月までの四カ月に視覚障害者関連記事は、**五件**（⑧〜⑫）だった。

3　9月〜12月

《9月》

索引に「盲人」の項目があり、**二件**記されている。またそこにはなかったが、紙面を追う中で見つけたそれ（**二件**）も記してゆく。

⑬★九月三日（日）五面（復同）一段（九行）　※索引にあった記事

『**盲人の爲に　會館を　市社會局で　保護會新設**――市の社會局では最近盲人がだんだん壓（圧）迫されている實情に鑒（鑑）み、盲人保護會といふのを新設して盲人の職業を指導し、保護することになった。之がため近く江東方面に工費四萬円を以て鐵（鉄）筋混凝土四十坪の會館を建て、鍼按術の専門家を置いて無料教授を施し、獨（独）立して就業し得るまで面倒を見ると』

⑭★九月一六日（土）四面（復夕刊二面）一段（二〇行）　※索引にあった記事

『**失明者の福音　十七日淺草本願寺で診察　佛眼協會が**——失明防止、失明者救濟（済）を目的として起った佛眼協會は大阪及京都に事業を開始して、多數（数）の盲人を暗黑（黒）より光明に甦らせたが、今度事業を東京にも擴（拡）張し、来る十七日午後一時から浅草本願寺別院で帝大病院眼科部長　石原博士が擔（担）當し、診断を行ふ事となった。同會の創立者和田祐意氏は「自分が一旦失明者となった経驗（験）から完全に治療さへすれば視力を恢復し得る眼を有ちながら惠（恵）まれずに居る多数の盲人がある事を知り一名でも多く其不幸から救ひたいと思って創めた事業です。一回の診断を五十名として居ますが是迄の例に依ると其中一二名は必ず完全な視力を恢復し、視力増進、失明防止は約三割の成績を示して居ます。過般麻布の西福寺で施行した際は三十名中十七名の好成績者を出した程です」と語る』

以下の記事は、索引「盲人」にはない。

⑮★九月二一日（木）四面（復夕刊二面）一段（一二行）

『**盲生卅名が　教員排斥　盟休を申合す**』

静岡盲啞学校の盲生部の生徒三十余名が同校K女教師に対して排斥の決議文を提出した。原因は本年五月に同校功労者のH教師が退職となったのは同女史の専横からと誤解し、同女史に対して反感を抱いたからであった。生徒等は、もし目的が貫徹できない時には同盟休校をすると、申し合わせていると。

⑯★九月二三日（土）五面（復同）二段（一三行）

『**男の産婆　差支へなし　静**（静）**岡の盲人許可さる**——静岡県榛原郡吉田村　産婆組合長　福田周蔵（七十）は盲人だが、去る明治十六年から産婆を營（営）業し、同二十二年には規則が改正され男の産婆は禁止されて居るにも拘らず周蔵のみは許可されて居たことが本年四月県衛生課で産婆臺帳を調べた當時發見したので直に営業認可取消方に就き内務省に招會（ママ）中だったが、同省では本月十八日本県に対し従（従）前通り営業を継続して差支ない旨の指令があったので県廳でも奇異な感を懐いて居る（静岡電話）』

盲人ということで認められたのであろうか？　医学が現在ほど発達していなかった大正時代ならではの記事という

ことができる。

九月の盲人関連の記事は以上、**四件**（⑬〜⑯）である。また直接盲人とは関係ないが、「目」についての記事が二つあったので挙げておく。

★九月一七日（日）四面（㊋夕刊二面欄外）二段（三二行）

『近眼が多い　中等學校長會議で　俄に問題となつた』

★九月一八日（月）四面（㊋三面）四段（四七行）【写真三段×約1/3頁幅、「來朝したフックス博士」】

『世界に聞ゆる　眼の大博士　昨夜ひよっくら來朝　帝國大學で講演もする——墺地利《オーストリヤ》の眼科醫の権威として、世界的に聞こゆる《(ママ)》エルンスト・フックス博士は昨日横濱（浜）入港のプレスデント・ウルスン号で飄然来朝して、（略）河本重次郎博士の斡旋で東京帝國大學で「アルテリオシユロシイスに就て」と云ふ題で、独逸語で講演を致す』

《10月》

この月に入るとコレラの発生の記事多くなる。盲人関連記事は次の**一件**のみである。盲人の教育について触れている。

⑰★一〇月二八日（土）五面（㊋同）二段（三六行）

『盲啞教育の爲に　振ひ立つた盲人連　望みの綱の發布令が　握潰されさうなので——今日まで盲人の向上や自覺（覚）が叫ばれたのは盲人自らではなくて他の第二者や第三者だったので、どうしても盲人自身が血を吐く様な叫びは聞かれないで皆通り一遍の同情が其の筋への思惑から骨抜の手溫（温）いものであった。ところが漸くその願ひがかなって盲啞教育令の發布が今期議會で通過される事となっていたのに、行政整理の結果どうやら是れも取り止めになりそうになった。盲人連はコハ一大事とあって盲啞教育令發布促進會を組織し、其《その》第一回の委員會を二十七日午後七時から京橋築地本願寺内の盲人技術学校内に開いた。世の與論喚起に努める為である。委員齋藤氏は「盲人の今迄耐え忍んで參（參）りました世間からの侮辱や、落伍者的の冷遇、それは盲人でなくては体験出来ないものであります。普通人が同情して下さる同情と盲人が味はふ悲痛な絶望的な嘆きとは異《ちが》ひます。文化的施設に就きましても洩れ勝ちです。かう云ふ事も先づ盲人の教育を促進させなければ駄目です。其の機關（関）となる盲啞教育令發布が今度の政府の緊縮方針から握り潰されては最早絶望です。其の運命の鍵とも云ふべき予算會議が十一月四日から十一日迄開かれますからそれまでに促進會なるものを組織して輿論に愬《うった》へ、どうしても教育令發布を通過させたいと思ひます」と語った』

これは、盲人の教育について、国が教育令を発してくれなければ、いつまでも盲人《かれら》に教育は行き渡らないと訴えているものである。

また、**高木正年**の名がこの月の記事にも出てくる。

★一〇月一二日（木）四面（㊜夕刊二面）四段（二八行）

『**漁業禁止に飢えた　漁夫代表二百名の　陳情**（情）**一萬の漁夫の窮状**（状）**を述べる　盲高木正年翁の義氣**』

コレラ騒ぎで、国から東京湾で魚を獲ることを禁止された漁民の、その窮状を救おうと高木が立ち上がり、警視庁に掛け合いに行ったとの記事。

また眼の治療関連の記事一件と、癩関連の記事が二件あった。

★一〇月二八日（土）五面（㊜同）六段（七二行）【写真二段×約1/5頁幅、「酸素注射の研究者　大島氏」】

『**獨逸醫界に發表される　新しい酸素注射　宮入博士も推賛す　眼の療治から發見した大島醫師**』

★一〇月二一日（土）四面（㊜ナシ）二段

『**大風子油の宣傳に　布哇の癩院長來る　布哇無電信局長も來朝**』

★一〇月三一日（火）五面（㊜同）二段（二八行）

『**癩研究に九州下り　姉崎博士の案内で　乘**（乗）**氣になつたデ博士　靈藥發見の福岡の醫師**』

《11月》

「盲唖教育」という索引の項目に、**三件**の記事がこの月には入っている。

⑱★一一月二日（木）八面（㊝ナシ）六段

齋藤武彌という人物の寄稿文である。かなり字数の多い文章なので、そのタイトルと三つの小見出しを記し、最後の小見出し「決論《ママ》」の部分のみ抜粋する。

『盲唖教育令の發布を望む

一．盲唖教育の必要と可能

二．教育令なき全國盲唖学校の状況

三．決論

盲唖教育界の現状斯くの如しである。其の弊は最早慈善・宗教家・篤志家の手を以てしては如何に努力するも及ばぬ域に達している。盲唖教育事業も最早私の仕事ではなくなった。廣（広）く全國に布曼《ふまん》する國家の大問題となっているのである。此の問題の一切は只教育令發布にのみ掛っている。實に目もあてられぬ斯界の△△も只教育の法令に依ってのみ救はれ解決されるのである。

（略）

吾人は此処に於て奮闘一番盲唖教育令發布の時期が一刻も速やかならんことを叫ばなければならない。而して先づ國家として盲唖者に対する教育の本旨を聲（声）明し以て一般國民に法令の力を以て盲唖教育の必要と可能とを知らしめて欲しいのである。同時に各府県に必ず一校位の盲学校並に聾唖学校を設置せしめるやうにしたいのである。教育令によって校舎及敷地其他の設備に関する標準を規定し、國家の手に依って教科課程を編成し、並に教科書の編纂を為して欲しいのである。國家の力によって優良な教員を養成するやうにして欲しい。そして一方彼ら教員に相當の待遇を與へると共に一方其の管理監督を嚴（厳）重にして貰ひたいのである。斯くしていささかも経営難の憂ひなく、教育の趣旨を全うせしめられんことを切望するのである。盲啞教育令の發布があってこれら幾多の希望が果される曉には必ずや盲啞者の身体も健康にせられてその思想は健實に、その趣味は高尚となり、不具者は不具者なりに天△の才能を發揮するに至るであらう。而して彼らも天晴れ有為の國民として相應（応）に國家に貢献するを得るに至ることを確信するのである』

⑲★一一月二二日（水）三面（復同）　三段（五七行）

『**盲啞教育改善　盲啞學校令制定**――我國盲啞教育に関する制令は遠く学制頒布當時廢人学校なる名の下に多少の規定あったのを初めとするが、爾来文部省令或は小学校令施行規則等に二三規定あるを見るのみで未だ（略）。

盲学校並に聾啞学校令

第一条　盲学校並に聾啞学校は盲人又は聾啞者に普通教育を授け兼て其生活に必要なる特殊の知識技術を得しむるを目的とす。

第二条　北海道及府県に於ては一箇以上の盲学校並に聾啞学校を設置すべし（略）

第三条　～第六条（略）』

⑳★一一月二六日（日）三面（復同）　三段（五四行）

『**盲啞教育諮問**――十二月八日開會の教育評議會に附議すべき文部省諮問事項は次の盲啞教育に関するものである。

盲啞教育に関する制度要項（略）

盲学校（略）

聾啞学校（略）』

上記三件が索引にある記事である。しかしそれら以外にも盲人、あるいは盲啞関連の記事が（二件）あったので触れておく。

㉑★一一月一〇日（金）二面（復同）　全頁（＊盲啞関連部分のみ）
『**大正十二年度　總**（総）**豫算案決定（大蔵省發表）**
　歳入総額　　一、三五〇、〇〇〇、〇〇〇円
　歳出総額　　一、三五〇、〇〇〇、〇〇〇円
▲文部省
一、盲啞教育奨勵（励）に関する経費　　一一〇、〇〇〇円』
㉒★一一月一八日（土）五面（復同）　二段（二六行）
『**盲啞學校寄宿生　卅餘名も吐瀉す　買つた煮豆で中毒　一名遂に死亡す**――大阪市南區（区）桃谷町大阪市立盲啞学校の寄宿生七十七名は十五日の夕食の際、東区東平野町三丁目××方から煮豆と昆布の煮〆と高野豆腐とを買求め食した所、十六日朝六時頃から二三名のものが急に腹痛頭痛に次で吐瀉を始め（略）』
以上、この月は視覚障害者（盲人）関連の記事は、**五件**（⑱～㉒）だった。他に癩関連の記事が一件、精神障害者関連が一件、また貧者救済＝社会事業関連記事が二件あった。

《12月》
索引に「盲啞教育」として**一件**ある。次の記事である。
㉓★一二月八日（金）三面（復同）　四段（七八行）
『**盲啞教育制度諮問案　教育評議會可決不日勅令で公布**――（略）別記要項に依り盲啞教育に関する制度を断定せんとす。右貴會に諮詢す。（略）』
㉔★一二月一日（金）五面（復同）　二段（三四行）
索引にはないが、盲人関連の記事はもう**一つ**ある。

表1　大正11年度　東京朝日新聞

	視覚障害者（盲人）関連	聴覚障害者（聾啞）関連	その他の障害（者）関連	癩関連	社会福祉 社会事業関連	計
1月	1	0	0	0	2	3
2月	6	1	1	0	4	12
3月	0	0	0	0	4	4
4月	0	1	0	2	6	9
5月	0	0	0	0	4	4
6月	1	1	0	1	1	4
7月	4	0	0	1	1	6
8月	0	1	0	0	0	1
9月	4	0	0	0	2	6
10月	1	0	0	2	1	4
11月	5	5	1	1	3	15
12月	2	1	1	0	2	6
計	24	10	3	7	30	74

『**悲劇鬼城の白蓮　盲人學校救助の爲に　大仕掛けの印度劇　女學生が六十名に　帝劇の男女優や軍樂**（楽）**隊も参加して**――築地本願寺内にある盲人技術学校の事業を援けるため東亞國際藝術社が主催となり、盲人教育會財團の後援で来春早々大印度劇を演出し、観衆の寄附を募る計畫が成った。（略）』

盲人関連以外では、索引に「劣等児教育」という項目があった。

★一二月一八日（月）五面　五段「月曜附録」欄（復同欄一面）生江孝之記

『**忽かにされてゐる　劣等兒の教育　世界の大勢に鑑みても　大いにその普及を計れ**――茲に劣等児と稱（称）するのは精神異常児と称する精神薄弱児及び精神低格児と区別し、單（単）に小学校内に於て二三年間普通児より進歩の遅鈍なる者を云ふのである。（略）』

他に、貧民関連が二件ある。

以上、見てきて分かることは、視覚障害者（盲人、盲啞）関連の記事はこの一年間に、**二四記事**あったということである。それに対して、聴覚障害者（聾啞）関連は一〇記事である。社会的関心は失明者の方により向けられているということが言える。

その他の障害では、そのほとんどが精神的障害に関するものであった（他は、知的遅鈍）。戦傷疾病記事を加えればもう少し増えるのだが、具体的な障害が記されていないのでこの項には含めなかった。また癩関連の記事は七件と、考えていたより多く取り上げられていた。

第二項　東京日日新聞の記事より

東京日日新聞は明治五（一八七二）年二月二一日に創刊され、大阪毎日新聞は同九（一八七六）年二月二〇日に創刊された。両者は、同四四（一九一一）三月一日に一つの会社になったが、その紙名はその後もそれぞれで使われていた。現在の「毎日新聞」となったのは、昭和一八（一九四三）年一月一日のことである。従って一九二二年当時は、東京では「東京日日新聞」であり、大阪では「大阪毎日新聞」であった。

当時「東京日日新聞」もまた、「朝日新聞」（因みに同紙の始まりは、「大阪朝日新聞」として――明治一二年一月二九日創刊――である）同様、一頁（面）＝全一二段構成になっていた。紙面数は日によって違うが、概ねやはり八～一二頁である。最も多い一二面ある場合は、例えば、一月六日（金）では、次のような紙面構成になっている。

第一面、全頁（面）が書籍を主とした「広告」（これは伝統的なことで、現代にもその姿は最下段に、どの新聞にも残っている）である。

第二面、海外――ワシントン、ロンドン、上海、北京等からの発――電と、連載記事『アイガー登り』槙有恒、記である。

第三面は、内政、芸能、科学（寄稿）記事。そして工学博士・伊東忠太の書く連載『通俗講話〝狛犬〟』がある。

第四面、第五面とも全面広告。この日は、「花王石けん」「赤玉ポートワイン」「桃谷順天館」「下熱剤〝サキラトール〟」等々。

第六面は、連載小説「白蓮紅蓮」菊池幽芳著、伊東深水畫。それに将棋譜、囲碁譜。これらで三段分。それ以外の九段はやはり広告（キッコーマン、ヤマサ、宝みりん、エビスビール等々）。

第七面、第八面も全面広告。「星製薬」「福助足袋」「大倉洋紙店」「ライオン歯磨」。

第九面も、四段分が寄稿文で、残り八段分は広告である。

第一〇面も、四段分が、新戯曲論、講談であり、やはり八段分は広告となっている。

第一一面、大隈重信の記事（四段分）。他、社会一般（事件・事故）、スポーツ（野球・相撲）、等々。

第一二面も、全面広告である。

これから分かるように、一二面のうちその半分の六面が全面広告であり、残り六面のうちにも三面は紙面の3/4以上の八段分、九段分が広告の頁もあり、実質広告以外の記事等は、四面弱分ほどしかない。まだテレビのない頃であり、新聞が有力な広告媒体であったことが窺われる。日によって「株式市況」が全一面に入ることがある。

尚、ここでも漢字及びかな文字において旧字が使われているものがあり、可能な限りそのままにしたが、現代使用漢字に直したものもある。その他の〇〇、△△、××等の記号や、傍線等は、第一項＝東京朝日新聞と同じである。

視覚障害者関連の記事に、通し番号を振っていることも、である。

1　1月～4月

マイクロフィルムからの検証なので――縮刷版ではないので――、「索引」はなく、縮刷版以上に丹念に見ていく。

《1月》

視覚障害者（盲人）関連の記事は、**一件**である。

①★一月二五日（水）八面　二段（四九行）

『**十年を一飛びする　點字新教科書　盲學生現在の教科書は　十二年前編纂のもの**――盲人は人間でない取扱をされている。第一盲人は普通教育を為ぬでもいい事になっている等は國家教育の大なる間違ひであるといふので盲教育令△運動は年々行はれているが、今議會にも近く帝國盲人團及び帝國盲教育會合同で教育令の發布の運動が盲代議士の高木正年氏等に依って實現される事になっている。

盲人の教育が顧みられない一例とし、全國官公私立八十四校、二千六百二十名の盲学生は現在十二年前に國定教科書に準じて編纂された點字教科書を用ひて居り、年々進歩改訂されて行く新教育からは見捨てられて居た。それが来る四月の新学期から最新の尋常小学の國定教科書と同様の點字教科書が編纂され、全國の盲学校で使用する事となった。盲学生は十二年の昔から一足飛びに今日の新学課に心眼を醒す幸福を得る譯（訳）である。（略）』

他に盲人を主人公にした小説が、五回に分けて連載されている。小説なので、カウントはしていない。一月五日が第一回で、一日あいて、一月七日が第二回、以下一月一〇日までの五回である。野上彌生子の『盲目のお爺さんの話』というタイトルである。

内容は、盲目のお爺さんが神様に頼んで、目が見えるようにしてもらう。しかし見えるようになると、良いことはなくなる。妻は醜い女だったし、目の見えないうちは親切にしてくれていた人たちも、目が見えるようになったら、少しもそうではない人間だった。お爺さんはガッカリして、やはり目の見えない方がよかったと思う話である。最後は失意の内にお爺さんが亡くなるところで小説は終わっている。

この月には、聾唖関連の記事はなく、癩病関連の記事は一件あった。それは、一月一九日（木＝七面）の、医学博士の遠山椿吉の署名記事で、『**廢艦を癩病及肺病療養所に**』と題する提言文である。他には、赤十字社関連の社会事業記事が一件ある。

《**2月**》

この月には、視覚障害者（盲人）関連の記事は出ていない。但し、議員の**高木正年**の登場するそれは六件ある。二月一日（水）、衆議院本会議で陸軍改革について、陸軍大臣の山梨陸相を問いただしている。翌二日には、今度は大蔵大臣の高橋是清に「財政政策」について質問している。二月四日は、再び陸軍大臣に。二月八日（水）は、同月三日に北陸線親不知海岸で起った雪崩による列車転覆について、武田鉄道大臣に問うている。

二月一八日（土）には、大蔵次官に質問し、同二六日（日＝三面）には床次内相に、「國民の請願権を巡査・憲兵が種々に壓迫している」と問いただしている。憲兵が人々を不当干渉していると。彼が障害者や社会福祉のみに関心を示し、国会内で活動しているわけではないことが、このことでも知ることができる。国家全体を視野に入れて、盲人となっても日々を送っていたことが分かる。

またこの月には、キリスト者の賀川豊彦、春子夫妻による貧民救済関連の記事が四日間に渡って掲載されていた。「社会事業」という範疇に入るものだろう。

《**3月**》

第四章第一節の、『盲人たちの自叙伝』に登場した**中村京太郎**の記事がこの月にはある。

②★三月九日（木）九面　五段（四七行）【写真二段×約1/4頁幅、「點字を辿る中村京太郎氏」】

『**恵まれぬ　暗い世界に　明い生活　大毎點字紙編輯主任　中村氏が　多方面の修養**――今度大阪毎日新聞で發行する點字新聞の編輯主任となる中村京太郎氏を市外杉並村阿佐ヶ谷の邸を訪ふ……「私は明治十四年静岡県浜名郡和地村の農家に生れました。六歳の時失明したので（略）。盲人教育の一番發達しているのは英國です。大阪毎日が吾々失明者の為めに點字新聞を發行される事に対し感謝に堪へませぬ」』

他にも盲人関連の記事がこの月にはある。

③★三月二七日（月）一一面　二段（二六行）
『**盲人が目明き同様　字が讀める機械　字が音響になる仕掛**＝廿五日發　ニユーヨーク特電――米國には盲人が目明き同様普通の新聞を読む事の出来る時代が来た。盲人教育者として有名なホーガン嬢は（略）』
オプタコンのことを言っているのか。だとするとアメリカではこの時代に実用化されていたことになる。盲人教育に対して、盲人政策に対して至極進んでいたということができる。

④★三月二八日（日）九面　二段（二五行）
『**光を見ぬ人々の　この叫びを聞け　きのふ大毎社後援で開かれた　大阪の全國盲人文化大會**――本社後援全國盲人文化大會の第一日は二十七日午後一時から中央公會堂の三階で催された。集まった盲人代表者中には朝鮮から参加したものもあり、二日目の大會に総盲人を代表して演説する筈の花形女子大学英文科出身の齋藤百合子女史の顔も見える。香川県盲唖学校の山田つる子女史と共に唯二人の女性として異彩を放って居た。代表者全部六十三人。劈頭主催者から大會成立迄の経過報告があり、本社本山社長の挨拶後、愈々各盲人團体から提出にかかる議案について逐條審議が始まった。議案の種類は、盲人教育に関する件六件、點字に関する件七件、盲人選挙権に関する件三件、盲人保護に関する件七件、盲人営業に関する件六件、其他雜（雑）題六件、外に盲人に関する社會的施設に関する件外十三の議題で、何れも代表者會議で委員付託となり、午後五時閉會、七時から大食堂で懇親會を開いた。（二十七日、大阪發）』

以上、この月には**三件**の視覚障害者関連記事があった。他、聾唖関連が、一件。**高木正年**の登場する国会記事が二件。また貧民（細民）関連が一件あった。癩関連はなかった。

聾唖関連とは、
★三月一二日（日）九面　一段（九行）

『殺人唖は三年　盲唖學校の教授が通辯（弁）――日本橋区北新堀町一五、井上×××方船夫、中村××（三三）と云ふ唖の殺人公判は十一日午前十一時東京地方裁判所判事二號（号）法廷で宇野裁判長古田檢（検）事係で開廷、盲唖学校教授　鎌田榮（栄）八氏の手真似で通訳、被告は「殺す気はなかった」と述べ、検事は被告に同情ある求刑をなし、午後再開　懲役三年の申渡しあった』

というものである。

《4月》

この月には盲人関連の記事も聾唖関連の記事もなかった。癩関連の記事が一件あった。

★四月七日（金）三面　一段（一二行）

『癩患者療養所　臺灣高雄に建設の企て』

この他には、病気関連として、天然痘の発生を伝える記事が三件ある。また三月の処にも記した「貧民」関連の続報が二件ある。これは大分県別府の「的ケ浜海岸」にある細民部落（六十戸）を、同警察が火をつけて焼き払ったという事件である。警察からの立退き命令があったにも拘らず、彼らがそこに居続けたということからの行為だったが、のちに検事総長までがそのことについてコメントを出すという大きな騒動となった。当時の日本にあっては貧富の差は大きく、家の持てない民人たちはそのような場所に小屋を建てて生活することを余儀なくされていた。

以上で分かることは、この四カ月間に視覚障害者関連の記事は、**四件**で、内容的には、盲教育令の発布を国会に請願するという、重い内容のものも含まれていたし、のちに「點字毎日」編集主任となる中村京太郎も登場していて、見落としてはならない四カ月間だったと思える。

また現在から八〇年も前に、アメリカではオプタコンのようなものが発明されていたということには少し驚きを感じる。アルファベットは二三文字なので、日本語より開発は容易だったかもしれないが……。

聾啞関連は一件、癩関連は二件であり、社会福祉・社会事業関連は七件あった。

2　5月～8月

概ね紙面の頁数は一〇頁であるが、月曜日に一二頁、あるいは八頁になることが多い。

《5月》

五月一日、五月八日、五月二二日の月曜日は一二頁で、同月一五日、二九日は八頁であった。それ以外の日々は一〇頁である。

この月の一一日に「大阪毎日新聞」で「點字毎日」が創刊されたのだが、「東京日日新聞」には、その日に特別そのことを報じる記事はなかった。ただその数日前に二日に渡って、発刊を伝えるそれはあった。同月八日（月）と九日（火）の**二回**である。全く同じ内容の囲み記事である。
⑤&⑥　★五月八日（月）九面&　★五月九日（火）三面　それぞれ三段
『點字大阪毎日【週刊】　五月十一日（五月九日は、**明後日**）**初號發行**――▲菊判二倍十六頁▲毎週木曜日發行▲定價（価）一部十銭三カ月前金壹円二十銭（郵税共）▲内容内外重要事件有益で趣味ある各方面の記事並に面白き小説讀（読）物満載▲申込所本社點字新聞掛へ直接御申込の事▲郵税代用一割増大阪振替貯金×××　大阪市北区堂島裏二丁目卅六番地　大阪毎日新聞社』

この囲み告知記事以外、視覚障害者についての記事は何もない。あるいは何らかの特集が組まれているのかも知れないと思っていたのだが、そのようなことはなかった。

この五月に載った社会福祉的、社会事業的記事は、『**貧乏學生の爲め　學資のいらぬ勞**（労）**學院　大倉喜七郎氏**

が大乗氣　きのふ假（仮）**校舎で開校式**』（5／1＝十一面）と、他に「日本赤十字の社会事業関連」三件（5／6×2、5／10）、計四件。また別府、的ケ浜細民部落焼払い事件関連二件（5／24、5／31）がある。聾啞関連及び癩関連記事は一件もない。ここでは、どの項目にもカウントしていないが、次の様な記事も報じられていた。東大の眼科主任に河本博士の後を継いで石原軍医正がなったという記事（5／1）。また、天然痘発症記事（5／30）が。

《6月》

この月に盲人関連記事は**二件**ある。

⑦★六月四日（日）九面　二段（二〇行）

『**「上奏だ、上奏だ」と　光知らぬ人々が激昂　きのふ神戸の盲人大會で**――兵庫県下の盲人千余名は三日午前九時から神戸市神港倶楽部で最初△大會開いた。議題の第一は、盲教育令發布を文部省に建議する件で、質問中には眼明きが局にあたる文部省が盲人に真に同情がないのは、多年彼等が吾人の叫びに耳を藉さず彼等の無責任なのを見てもわかる。吾等は役人に頼む必要はない。今は唯一天萬上の君の御胸にすがるの外はない。とて、はては「上奏だ、上奏だ」「ヒヤヒヤ」とめくらめっぽうに亢奮する。それから點字投票、點字試験答案の公認、その他十件を全部可決して正午少憩、午後一時協議會をとぢ、懇親會に移った。（三日、神戸發）』

あと一つは、

⑧★六月一九日（月）三面　一段（一一五行）

『**私生兒内閣　よるべなき民心**』

という――一見「盲人」とは関係ないようにも思われるが――小見出しで、内閣の施政に対して批判する文章が載っている。その中の一つに、盲人に関して述べている処がある。これは上記⑦でのことを言っているのであるが……。

『――兵庫県の盲人大會での（こ）とである。各弁士こもごも立って、盲人教育を顧みぬ政府の態度を痛撃し、最後に、一弁士が、われ等は、もはやこの問題を、役人どもに任せきりにしておくことはできない。畏多いが、場合によっては、上奏またやむを得まいと述べた。とみる間に、二千の會衆は一齋に立って、「上奏だ！　上奏だ！」とさけんだといふ。願うても願うても、顧みられぬ盲人達が、何にたよるべきすべもなく、悲憤と焦燥との極、つひに、かくさけぶに至った心情は、憐といふもおろかである』

当時の盲人の置かれた現状を如実に語っている記事である。

この六月におけるその他の記事では、知的障害関連記事が三件ある。一つは、六月一日（七面）にある連載記事**『市の小學校教育（十四）――信仰の救ひ、努力の救ひ　生の歡**（歓）**喜　ジユピター神の哺育』**で、ここで知的障害児のことが語られている。あとの二件は、やはり連載企画記事であるが、『通俗講話』の中で医学博士・榊安三郎が「精神病の注射療法（上）」「同（下）」を六月一〇日と同月一一日に、二回に渡って記述しているのである。これはある種の精神病は数回の注射で全治する、という内容のものである。

この月には、聾啞関連、癩関連の記事は一件もなかった。横浜で「天然痘」の発症者が出たという記事も、二件（6／9、6／10）あった。

《7月》

この月には、朝日においても報じられている「曉民會員の逮捕」事件と、それに関連するロシアの盲目詩人・エロシェンコのことが出ている。

⑨★七月五日（水）九面　二段（三三行）

『上海で捕れた盲青年は　曉民會一派　不穩（穏）**ビラ事件に關係し　行方を晦してゐた男　けふ東京に着く――**上海から下の関《（ママ）》についた社會主義者盲人小野兼《（ママ）》次郎（二四）は警視廳特別高等課柳原縫両視察の手で護送され、五日午前六時二十五分東京驛につく筈である。彼れ《（ママ）》は昨年九月高津正道一派の曉民會員不穩ビラの貼付事件で起訴さるるや逸早く行方を晦まし缺（欠）席裁判の結果懲役八ヶ月に処せられたので警視廳を初め全國の各警察部で捜査中であったが、この程上海佛租界に潜伏中を（略）』

⑩★七月八日（土）九面　一段（八行）

『**容れられぬ　盲詩人　エ氏又ハルビンへ追はる＝六日發　奉天特電**――先に東京から北京に赴き同地の大学でエスペラントを教授していためくら詩人エロシェンコ氏は北京にも落ち付けぬ事情があって天津から五日大連に到着。六日奉天通過ハルビンに向かったが北京からの同行者奥村竹二氏は大連で取調べられていると』

この月は他に、肢体障害者関連記事（7／14）一件と、劣等児関連記事（7／19）一件があった。聾啞と癩関連記事はない。

《8月》

盲人関連は**一件**あった。戦争によって失明した者を含む傷痍軍人に対する、鉄道の無料化の範囲が拡張されたという記事である。

⑪★八月一九日（土）九面　二段（四一行）

『**少々ホクホクの廢兵さん　無賃乗車規則が　申譯に範圍擴張された**――戦争の尊い犠牲者である廢兵に対しては、従来鉄道省は軍人傷痍記章を有する者及其附添人に、軍人恩給法第九条の第一号乃至第四号の範圍（囲）内によって、

一．両眼を盲し、又は二肢を亡したる者

二．前号に準ずべき傷痍を受け、若くは疾病に罹りたる者

三．一肢を亡し、若くは二肢の用を失ひたる者

四．前号に準ずべき傷痍を受け、若くは疾病に罹りたる者

といふ殆ど一人で歩行の出来ぬひどい不具廢疾者のみしか《ママ》無賃乗車証（准士官以上及びその附添人に二等、他は

三等）を請求に応じて下付したが、同じ戦争の犠牲者でもその四項に當らないものは恩典に浴することが出来ないといふことになっていたので、昨年来廢兵は恩給法の改正とともに無賃待遇乗車証の範囲拡張をひっさげて議會へ、政府へ、運動した甲斐あって、十八日附官報で新規則が公けにされ申し訳的に拡張された。即ち軍人恩給法第九条第五号第六号にとって、
▼眼を盲し、若くは一肢を失ひたる者
▼前項に準ずべき傷痍を受け、若くは疾病に罹りたる者及その附添人に対しても無賃乗車証（准士官以上及其附添人二等、その他三等）を一年三回、一回十四日以内の範囲で下付することとなった。因に鉄道省では種々準備の都合から来月十五日から實施するといふ』

この月にも聾唖関連、癩関連とも記事はない。日本赤十字による児童養護関連、また東京市による虐げられた児童の救済調査という、社会事業関連記事がそれぞれ一件ずつあっただけである。以上、五月から八月における四カ月間での視覚障害者関連記事は**七件**（⑤〜⑪）で、聾唖関連はなく、癩関連もなかった。ただ肢体障害者関連では一件、また精神（知的）障害者関連では四件あった。

3　9月〜12月

《9月》
この月にも盲人関連記事は**一件**ある。この記事も同日に朝日新聞の方に載っている。
⑫★九月一六日（土）八面　一段（二八行）
『**盲人の福音　治療でなほる　佛眼協會の事業**――本年三月大阪毎日新聞社が全國盲人文化大會を大阪市公會堂に開催した際、大谷派布教師和田祐意師に依て主唱された佛眼協會は多年強度の近視眼に悩み、一旦そこひで失明した同

師が手術の結果光明を恢復した喜びより、世間多くの盲人中治療によりて失明より助かるものの少なからざるべきを思ひ、失明予防と真の失明者の生活方法、精神慰安等につき救助を講ずる目的で組織されたものだが、京大市川博士、大阪醫大宮下博士等の援助で既に京阪地方に数度の失明者治療を施したところ、大阪第二回の診断で五十一人中二十四人まで有効患者あり、いよいよ世間の熱心な援助を得るに至ったので、今度本部を東京に移すこととし、東大眼科部長石原博士、慶大同菅沼博士等の援助により不幸なる失明者の為め治療を開始することとなり、来十七日浅草本願寺において、東京北部支部の開會式を挙げ、石原博士主任として午後一時より、浅草、下谷、本郷、小石川、神田、日本橋、本所、深川の八区及び南足立、南葛飾、北豊島三郡の失明者五十名の施療を行ふ筈であると』

他には、癩関連記事一件（9／13）と、社会事業関連記事一件（9／9）がある。それぞれその見出しだけを記しておく。

★九月一三日（水）七面　一段（三九行）

『不足で困る　癩病院　衛生局で擴張計畫』

★九月八日（金）三面　一段（二一行）

『救貧と防貧　府の社會事業　調査會新設』

また、「目」関連の記事として、以下があった。

★九月一八日（月）七面　二段（二七行）

『眼科の大先輩　フツクス博士來る　角膜炎の發見者　日本滯在は四日』

《10月》

この月には盲人関連の記事はない。いや正確には、宮城道雄の載る記事があるが、同氏を主としたそれではないのでカウントしない。以下の記事である。

★一〇月一四日（土）八面　一段（八行）
『**新音樂舞踊會　本居、宮城氏等新音樂と藤間女史の新舞踊**――本居長世氏、宮城道雄氏等の新日本音楽及び藤間静枝女史の新舞踊の大會を十五日午後一時から上野東京音楽学校に開催。（略）』

癩関連記事は、三件ある。

★一〇月一八日（水）七面　二段（四六行）
『**日本に始めての　癩病村　草津溫泉に出來る　村長さんもお巡りさんも　みな部落民許りの自治體**』

★一〇月二一日（土）九面　二段（二七行）
『**天刑病者の神樣　デ博士夫妻來朝　澁澤子爵の招待で　癩病治療の狀況を視察に**』

★一〇月三一日（火）九面　三段（七三行）
『**大ていは癒る　天刑病の新藥液　大楓子油注射液發見者　デ博士も驚く　竹内勅氏苦心の產物**』

他の記事としては、細民（貧民）対策の社会事業・社会福祉関連が六件。またペスト、コレラ、腸チブス、狂犬病の発症記事、特にこの月にはコレラ関連が六件も報じられていた。衛生教育記事も一件あり、当時の衛生管理に対する状況が窺われる。

《11月》

盲人関連（聾唖関連）記事は、**三件**ある。一件は盲唖学校で起きた食中毒事件記事である。他二件は、国の政策としての「盲唖教育令」についての報道である。

⑬★一一月一八日（土）九面　二段（二九行）
『**卅餘名中毒　うち二名は死亡　大阪盲啞學校の騷ぎ　夕食の副食物が原因？**――（略）原因は目下不明であるが、十五日の夕食に東区東平野町煮物商××××方から豆と昆布とをに《ママ》合わせた約三升と高野豆腐の煮もの七十切れとを買

ひ来たり一同に食せしめたのに基因《ママ》しているらしい（十七日、大阪發）』

⑭★一一月二五日（土）三面　一段（一〇行）

『**盲啞教育　方針根柢決定　近く法令公布**――文部省では盲啞教育振興の為にこれが予算を得、教科書の編纂及び同教育の骨子たる教育令制定の意向ある事は（略）』

⑮★一一月二六日（日）三面　二段（五六行）

『**盲啞教育要項　來月七日教育評議會に付議**――文部省では盲啞教育令制定について（略）その要項は左の如くである。（略）』

盲啞関連以外では、社会福祉・事業関連として、貧民（細民）関連記事は二件と、本社巡回病院記事一件の計、三件。また、『通俗講話』という連載企画記事欄に、医学博士・呉秀三が書く「狂者は殖える」という文章が五回（11／25、11／26、11／28、11／29、11／30）に渡って連載されていて、これは内容的には精神障害（紙面では「精神異常」と書かれている）者記事といってもいい。癩関連はこの月には一件もなかった。

《12月》

盲人関連（聾啞関連）は、**二件**である。いずれも国との関連記事である。

⑯★一二月八日（木）三面　一段（七三行）

『**盲聾教育　原案可決（教育評議初會議）**』

⑰★一二月二三日（土）二面　約五段

『**本日内示さるる　十二年度豫算大要**――（＊その内の一部）

▲文部省所管

盲啞教育奨励に関する経費

表2　大正11年度　東京日日新聞

	視覚障害者（盲人）関連	聴覚障害者（聾唖）関連	その他の障害（者）関連	癩関連	社会福祉社会事業関連	計
1月	1	0	0	1	0	2
2月	0	0	0	0	4	4
3月	3	1	0	0	1	5
4月	0	0	0	1	2	3
5月	2	0	0	0	6	8
6月	2	0	3	0	0	5
7月	2	0	2	0	0	4
8月	1	0	0	0	2	3
9月	1	0	0	1	1	3
10月	0	0	0	3	6	9
11月	3	3	5	0	3	14
12月	2	2	1	0	16	21
計	17	6	11	6	41	81

経常部　一〇〇、〇〇〇円　臨時部　一〇、〇〇〇円　計　一一〇、〇〇〇円』

他は一一月の処にあった連載企画記事「狂者は殖える」が12／1（金）に第六回目として出て来て、これでこの記事は完結している。「目」の関連としてカウントはしていないが、〔上〕、〔下〕と二回に渡って『こどもの眼』という記事がある。どちらも目の病気予防を啓発するものである（12／4、12／5）。

癩関連記事はない。ただ一一月にも登場した「東京日日新聞巡回病院」記事が一〇件（12／10、12／15、12／16、12／19、12／22、12／24、12／25、12／26、12／27、12／30）と、貧民（細民）救済関連記事が六件（12／2、12／8、12／13、12／15×2、12／16）報じられている。

以上、視覚障害者（盲人、盲唖）関連の記事はこの一年間に、**一七記事**だった。朝日の二四記事に比べると少ない。

また、聴覚障害者（聾唖）関連は盲唖として出ていた記事も含めて六件と、朝日（は一〇件）同様盲人関連のそれと比べると少ない。

癩関連は六件で朝日の七件と、あまり変わりはない。
その他の障害（者）関連では、朝日の二件に比して一一件（そのうち一〇件が精神障害・精神薄弱、あるいは知的障害に関するものであった）と、これは東京日日の方が多い。また社会福祉・社会事業関連においても四一件と、朝日より一一件多くなっている。しかしこの方面の記事は、その性質上、視覚障害とか、聴覚障害といった明確な判断のできない分野なので、いくらか取捨に統一性のないことを考えると、あまり参考にならないかもしれない。但し、貧民、あるいは細民と記されている記事は極力拾うようにした。

第三項　大阪毎日新聞の記事より

東京日日新聞をチェックしたが、考えていたほど、盲人関連の記事はなく、「點字毎日」を発行したのは、正確には「大阪毎日新聞社」なので、あるいはそちらの方がもっと盲人を取り上げているのではないかと思い、そちらも調べることにした。発行が五月一一日なので、その年の一月から六月までの半年を調べた。時間があれば七月から一二月までも調べたかったが、ここでは前半の半年を（国会図書館所蔵のマイクロフィルムから）検証してみた。

1　1月〜3月

朝日新聞とも東京日日新聞とも違って、この「大阪毎日新聞」では、この大正一一年当時にも朝刊、夕刊と一日二回発行されていた。但し現在とは違って、同一日付の場合、夕刊↓朝刊という順になっている。また大きな事件事故が起こった時には、小さい（通常の一面分の1/4〜1/8、あるいはそれより、さらに小さい）紙片で号外も出ていた。夕刊は概ね四頁、朝刊は八頁と一二頁の日がほぼ半々にあった。

《1月》

視覚障害者（盲人）関連の記事は、**一件**である。

①★一月一八日（水）三面　一段（一七行）

『盲人文化大會　二月九日中央公會堂で──大阪市内盲人全部が發起の下に組織された全國盲人文化大會といふのが、二月九日大阪中央公會堂で開かれる。（略）』

他には社会福祉・社会事業関連記事が二件ある。

★一月一九日（木）三面　一段（四二行）

『少年少女の社會奉仕　左側通行やら　牛馬愛護やら』

★一月二九日（日）夕刊二面　二段（二一行）

『貧民のための銀行　國粋會が發起となつて　無産者互助機關を設立』

以上である。聾啞関連及び癩関連、その他の障害記事はない。

《2月》

盲人関連の記事は多く、**八件**ある。

②★二月一一日（土）夕刊二面　一段（一二行）

『盲人用教科書の創刊　本社慈善團後援──日本の盲人教育初《ママ》まって四十余年まだ一定の教科書が無く、これまで全國盲教育家大會の大懸案と為って居ったが、大阪で次の様な教科書刊行會が生れることとなり、現在の小学校國定教科書を點字に飜（翻）訳して頒布することとなり、来る四月の新学期までに間に合はせるべく仕事を急いで居るが、本社慈善團はこの意義ある事業に応援することとなった。尚刊行會は事務所は仮に大阪市民館に置く由』

③★二月一一日（土）一面　四段分　自社告知広告

『本社新築記念事業

▼英文大阪毎日新聞創刊　日刊英字新聞の發行（略）

▼週刊點字新聞發行　盲人界の一大福音――同情すべき盲人教育は我國において未だ甚だしく不完全の状態にある。憐むべき彼等の多数は殆ど顧みられることなしに暗黒から暗黒へ葬り去られている。盲啞学校の存在によって多少の教育は施されているが、この以外に彼等を教育する何物もあるのでない。倫敦デーリーメール社が點字新聞を作って彼等のために智識を注ぐことをなしてから非常な好成績を示し、目下十数万部を印刷しつつあるといふ。我社のこの計画は即ちこれに倣ったもので、盲人のために一箇の光明世界を作り出して彼等をして自由に世界の人文に触れしめやうとするのである。勿論日本における最初の試みである。

▼週刊「サンデー毎日」發行　週報と畫報を兼ねたる日曜雑誌（略）

▼門司に通信聯絡部設置　我社通信機關の進展（略）

▼滿洲朝鮮の巡回診療　我社慈善團巡回病院の活動（略）』

以上、五事業である。同社の社会全般に対する並々ならぬ姿勢がこの記念事業に現れている。盲人に対する強い思いもその文章から感じ取ることができる。そしてその発表と共にこの事業に対する各界各諸氏からの反応、感謝の言葉が寄せられていると。それを日を追って紙面に載せている。「點字新聞」に対する処を記しておく。

④★二月一五日（水）一一面　四段の中の一部、二段（三五行）

『我社新築の記念事業は　斯の如き歡迎を受く　盲人諸君の感謝狀＝全滿洲領事の後援　諸名士の感想を左に記す』

『**點字新聞　最も深刻な社會奉仕　餓ゑたる者に食は與へられた　大阪市立盲啞學校長　宮崎茂次郎氏談**――盲目の眼が明いた喜びと申しませうか、あの點字新聞發行の社告を拜見して實にいひ知れぬ快感に打たれました。社告の出た日全校の生徒を集めて週刊新聞發行の旨を伝へますと、何日から出るか、どのやうなものが出るかと、私等が貴社に向って尋ねたい事柄を一々尋ねに参る有樣です。盲人の喜びは實際どんなでせうか。社會奉仕の事業も随分多いでせうが、點字新聞の發行ほど深刻な意味を持ったものは恐らくありますまい。盲人教育の指導誘掖《えき》といふ外にモ一（ママ）

つ私等が大きな期待を以て居ることは御社の點字新聞に依って目下東京派だの大阪派だのと言って議論《（ママ）》の種になって居る文体が統一されることです。これは盲人中の智識階級者が皆望んで居る所です。一口に盲人と申しましても代議士もあれば（高木正年氏のこと）、宣教師もあり、その他琴の師匠に鍼灸術者など相當な地位と能力とを持って居るものが随分あること故、読者は予想外多いだろうと信じます。大阪には五六千の盲目者が居ますが、その中一千人は點字を判読し得べく何れにしても御社の點字新聞は餓えたる者が食を與へられたる如く引張凧で愛読されませう。何れにしても御社が意義あるこの新聞事業に第一指を染られたその大英断に満腔の感謝を表すると同時に健全なる發達を遂げんことを切望いたします』

この月にはあと**五件**、盲人関連の記事がある。東京で開かれた盲人大会のそれや、盲人が事件に巻き込まれた記事。また連載企画記事に登場する盲人などである。

⑤★二月一八日（土）一一面　二段（一八行）
『**盲人の宣傳ビラ撒き　東京の盲人大會は今日から　全國より集つた千餘名**』

⑥★二月一九日（日）夕刊二面　一段（二四行）
『**惡性な男按摩に　かかつて盗みを働いた女盲人**』

⑦★二月一九日（日）一一面　二段（三三行）
『**點字投票の効力と　盲教令の發布を叫ぶ　東京の全國盲人大會第一日**』

⑧★二月二四日（金）一一面　五段（六六行）【うち写真二段×約1/4頁幅、「失明著述家・橋本喜四郎君と點字」】
＊連載企画記事《**變つた職業　珍しい商賣**(3)》＊
『**盲目の著述家　眼あきの知らぬ惨苦を語る**』――（略）「私は大阪盲啞学校を経て大正六年の四月に東京盲啞学校を卒業しました。そして直ちに母校の大阪盲啞学校に二年間教鞭を執っていましたが、晝（昼）は按摩や按腹をして夜通学する。多数の苦学生等に自分のパンを保証されて居ることは慚愧に堪へないことですし且つなまじ教壇に立ってい

ると思ふことの十分一をも發表することも出来ず一層一思ひに教諭の椅子を抛って自由な一個の失明者となり真暗な盲目の天地……其処へ一點の光明と文化の恵みとを投げ込みたい。それには自分が印刷と著述に一生を任すことが最も捷径だと信じ、独力で年四回の點字雑誌「望の星」を創刊致しました。望の星は今年の新年号で九回を重ねました。由来盲目者は性格の矯正、思想の向上、生活の改善、職業と配偶者の選択等について眼明に比べて非常な不利益の立場にあります。それ故眼明を嫉視し、且つ小さい胸を抑へ切れぬ反撥的思想を抱いていながらそれを己れ以外の者に対して勃發させる勇気と機関とを持って居りませぬ。「望の星」はこの不平の種、不満の芽を掻き集め、是れを善導したいといふのが内容であり究極の目的です。新年号には此の通り来る四月女子大学を卒業する失明者齋藤ゆり子の「蔦の家」もあれば、関西学院英文科を卒業する岩橋武夫君の投稿もあります」

と新年号を取寄せて、人さし指の頭を巧妙に働かせながら點字を読んで行くその早さには度膽（肝）を抜かれた。（略）』

⑨★二月二八日（火）七面　五段（八〇行）【うち写真二段×約1/4頁幅、「點字書に圍れた熊谷鐵太郎君」】

次も「奮闘の盲人」という、この日から七回続く、しかしこれは盲人のみを扱った企画記事である。その第一回目。

＊連載企画記事《**奮闘の盲人**㈠》＊

『**點字機の改良と　布教に努力しつつある　熊谷鐵太郎君**』

第四章で登場している人物が取り上げられている。

この月は他には、聾啞関連の記事（事件）も一件ある——実際は聾啞者ではなかったが。

★二月四日（土）一一面　一段（一一行）

『**捕へられて　啞を装ふ　拳銃强**（強）**盗**』

また社会事業関連（貧児救済）記事が一件がる。

★二月一四日（火）夕刊二面　一段（一四行）

『**貧兒の救濟に　法政大學慈善劇**——（略）法政大学では新大学令實施と同時に新築中であった校舎落成を機會に十二

日午後一時から同大学講堂で第二回演劇會を開催した。會の純益金の全部を波蘭《ポーランド》を始め、アルサス、ローレンの二州並に独逸全州の貧児救済費に充つ《（ママ）》るといふ慈善演劇會であるので独佛両大使館は勿論在京外國人間の熱心なる同情があり、當日独逸大使ゾルフ博士を始め令嬢並に同大使館参事官、佛英両國大使館員等多数外國人の来會があり非常な盛況であった。（東京電話）』

《３月》

この月にも**一三件**の盲人関連記事がある。二月から引き続く連載企画記事「奮闘の盲人」が六件と、やはり二月にもあった「本社新築記念事業」の囲み記事の告知広告一件と、盲人文化大会記事、慈善団記事。また盲人の為の機械（器械）の発明記事等々である。

まず二月一一日に掲載されたその告知広告が、一日に一面に再び出ている。しかしそこに書かれている文章は異なっているので、それを記しておく。他の四事業の記述は省く。

⑩★三月一日（水）一面　四段

『本社新築記念事業　▼週刊點字新聞發行

大阪毎日點字新聞

點字新聞の發行ほど一般の同情と稱讃を受けたものはない。この發表と共に盲ひたる人々から禮（礼）**狀は山のやうに集まつて來た。編輯主任は中村京太郎といふ盲人で英國に二箇年留學し、オツクスフオード大學に在つた俊才である。今回市俄古《しかご》クーバー機械製作所から點字機及び點字印刷機を購入し、内外時事、評論、紹介、續き物等立派な週刊新聞としての體裁を備へしむる筈で、是亦四月から發刊さるるであろう』**

以下、六件「奮闘の盲人」が出てくる。

⑪★三月一日（水）一一面　四段（四九行）【うち写真二段×約1/7頁幅、「大橋五男君」】《**奮闘の盲人**（二）》

『生神様の本尊　京都西陣の施療所設立者　火薬爆發の爲失明した　大橋五男君』

大橋も第四章に登場している。

⑫★三月二日（木）七面　四段（七四行）【写真なし】《奮闘の盲人㈢》
『大正の壺（壷）阪　健氣な妻女の助けで　心眼を開いた　長廣良介君』

長廣は第四章には出ていない。彼は山口県出身で文官試験に通った二三歳の時、突然の病気で失明している。しかしその後も努力して盲啞学校を出て、故里の下関市私立盲啞学校の教師となって盲人界の為に尽力しているという人物である。彼には晴眼のやす子夫人が居て、この夫人が夫によく尽くすので、「大正の壷阪」と呼ばれるようになったと記している。

⑬★三月三日（金）七面　四段（五七行）【写真なし】《奮闘の盲人㈣》
『點字の懇願書　木堂先生を感動さす　政治趣味から電氣浴場（場）で成功をした　鈴木丈太郎君』

鈴木も第四章には登場していない。彼は生まれながらの失明者で盲啞学校を卒業後、政治に興味を持った。鍼の資格は持っていたので台湾に渡り、そこで民政長官として赴任していた後藤元東京市長と知り合い、後藤が次に満鉄総裁として大連に行くと、それを追って彼も大連に渡った。そこで満鉄副総裁の國沢新兵衛、大井憲太郎と知己を得て、自宅の隣りに電気風呂を開くと、副総裁の夫人その他の上流夫人・令嬢が来て大いに繁盛した。犬養木堂を尊敬していたので、彼に點字で「書を書いて欲しい」との手紙を送ると、それが木堂から送られてきた。盲人が書を所望し、それを點字でしたためたことに木堂が感動したからだった。盲人でも心意気さえあれば、大いに成功するという例である。

⑭★三月四日（土）七面　四段（五一行）【うち写真二段×約1⁄9頁幅、「林秀助君」】《奮闘の盲人㈤》
『一夜の决心から　本を捨てて撥を握つた　源福太夫事　林秀助君』

やはり第四章には登場していない。

『――（略）源福太夫は二歳の時に眼球振動症といふ難病に罹ってちょっと見た所眼明とちっとも變（変）らぬ凉（涼）しい眼を持ちながら全くの明盲目《あき》となってしまった。七歳の時故郷山口県熊毛郡島田村の碩学――それは彌次将軍佐々木照山の師であったといふ中川老先生に就いて四書を習ひ始めた。所が記憶力はよし老先生から「お前は塙保己一先生のやうな立派な人物になるかも知れないぞ」と激励されて五経、論語と何んでも諳んじ實際今様保己一となるかも知れなかった所、夏の或夜凉臺で聞いた義太夫から今迄学者の方へ向いていた心がくるりと轉（転）換し、俺も義太夫語となって一生を送らうと堅い決心をし、親の諫めも耳に入れず八年前彼が二十一歳の春大阪に出てとうとう源太夫の弟子となった。（略）』

という人物である。

⑮★三月五日（日）一一面　四段（四六行）【うち（顔）写真三段×約1/8頁幅、上から「中平氏、宮城氏、菊武氏」】

《**奮闘の盲人**㈥》

『**箏曲の三明星　東の十七絃・・西の一九絃　菊武＝宮城＝中平の三氏**――十七絃琴の發明者として新に箏曲界にその名を知られたのは東京の宮城道雄君である。同君は四日夜大阪中之島中央公會堂で華々しい演奏會を開き「吹雪の花」や「秋の夜」を彈（弾）奏して大阪の邦楽家に太《いた》く感動を與へた。専門大家の本居長世氏が宮城氏の十七絃琴を評して西洋の短旋法の様な型を取ったのが面白いと言ひ田邊尚雄、小林愛雄など楽界の批評家が口を極めて称揚しているのを見ても如何に氏が天才的の天分を豊かに持っているかが窺はれる。東京の宮城氏に比して優っても劣るまいと言はれる大阪の箏曲家は日本當道音楽学校の中平大検校と堂島小学校裏手の菊武大検校の二人である。（略）』

⑯★三月七日（火）一一面　四段（五二行）【写真なし】《**奮闘の盲人**㈦》

『**歐洲迄踏み出して　眼明も及ばぬ研究振り　本社點字新聞編輯主任　中村京太郎君**』

第四章で登場し、その後の本論でも度々出て来ている人物である。

この連載はこの三月七日で終了している。但し、同日同じ紙面にもう一つ盲人関連記事（盲学校）が載っている。

⑰★三月七日（火）一一面　一段（一三行）
『**本社慈善團消息　盲學校の感謝狀**』

各盲学校より點字教科書の編纂に対して、感謝状が送られてきているとの記事である。
⑱★三月二二日（水）一一面　一段（一一行）
『**盲人の失火（二件）　一人は焼死す**』

大阪市南区の挽物商と、大阪市外今宮町の按摩業の家から火事が起こったとの記事。前者の方では七一歳の盲夫人が亡くなったという。
⑲★三月二六日（日）夕刊二面　二段（二六行）
『**文字が發音する　盲人が目明き同様　普通の新聞でも書物でも　何でも讀み得る器械**』

この記事の呼応するように、この日の朝刊に次の記事が出てくる。
⑳★三月二六日（日）一一面　二段（三九行）
『**文字の發音は　不思議ぢやない　どの文字も皆獨特の音を持つ　桑田大阪高工教授の談**――米國の盲人教育家ホーガン嬢が苦心の末、文字が發音する機械を發明し、その機械によって新聞や雑誌の活字が音となって聞へるといふ本紙夕刊所報の紐育特電に対し、大阪高工教授桑田啓治氏は素人解りのするやうに説明して曰く。「文字を發音させて聞く事は不可能ではない。（略）」』

この記事も、少し違った内容だが、東京日日新聞の方にも出ていたものである。今で言う「オプタコン」のような器械があると思われる。
㉑★三月二八日（火）夕刊二面　二段（七一行）
『**本社後援盲人文化大會（第一日）　二人の女盲人も交つて　各地代表者會議**』

花形女子大学英文科出身の齋藤《（ママ）》ゆり子と香川県盲啞学校の山田つま子女史の二人。これも東京日日に出ていた記事である。

㉒★三月二九日（水）一一面　三段（四八行）

『花形の齋藤女史が　總盲人の代表演説　本山社長に感謝の決議　全國盲人文化大會——第二日』

『盲人の天才を發揮した　演藝大會の盛況』

この「本社後援」の「盲人文化大會」ということから分かるように大阪毎日新聞社は盲人の、今で言う「ノーマライゼーション」への援助に対して非常に熱心である事が分かる。

この三月には、他に肢体不自由（身体障害）者関連記事一件（3／14）と、社会福祉・社会事業関連記事が三件（3／4×2、3／28）あった。しかし聾唖、及び癩関連は一件もなかった。

以上、一月から三月まで見てきて顕著なのは、盲人関連記事が**二二件**もあることである。これは朝日にも、東京日日にも見られなかったことである。その内容も連載記事があったり、取り上げ方も他二紙には見られないものがあった。引き続き四月からの三カ月を見てみる。

2　4月～6月

この月は盲人関連記事は**二件**と、二月三月に比べると少なくなっている。

《4月》

㉓★四月六日（木）二面　一段（二二行）

『聾唖協會總會　社會的活動方法の決定——』

この見出しだけを見ると「盲人」ではなく、「聾唖」関連記事にも見えるが、記事内容を読み進むと「盲人」にも関連している。

『――全國聾啞協會第四回総會は五日午前十時名古屋市立盲啞学校で開催。出席者五百余名、協議事項聾啞者の社會的活動方法その他を可決し、午後三時散會後、一同熱田神宮に參拝し、同夜名古屋銀行集會所に懇親會を開いた。六日離宮拝観後中村公園で解散式を行ふ筈。當日の協議事項、社會的活動方法について橋村名古屋盲啞学校長は語る。

不具者として世人から除外されないで、社會の表面に立って活動させたいため何れ具体的の方法を評議員會で決定する筈ですが、盲人の方は貴社の點字新聞によって社會智識を涵養し、ボツボツ希望を實現させたいと思っています。我々の決定は貴社の點字新聞發刊に刺戟されたので、盲人にとってはこの総會と點字新聞發刊が革命期となる訳です。（名古屋来電）』

このように盲人についても語られている。

㉔★四月七日（金）夕刊二面　二段（七二行）

『健氣な盲目婦人の努力　按摩の弟子から女子大學へ　二兒を抱へて美文學の研究に　本社の點字新聞に對する喜悦』

小つるさんという豊橋市生まれの盲婦人は三つの時に失明し、十歳で同市にある按摩の弟子にやられたが（明治三五年）、その稽古が辛くて、しばしば外人宣教師の処で働いていた祖父の処に逃げていた。その折そこの和田牧師の目に止まり、同牧師の世話で十一歳の春に岐阜の薫育院に入学することができた。以来頑張って、十六の時に鍼按の免状を取り、さらに勉強をしたく思い、二十一の春、東京盲学校に師範科が出来た時に入学し、二年後同科を卒業して、岐阜に戻って薫育院の教師になった。

しかし二年半後、東京女子大学が創設されると聞くや、勉強欲が再び湧き出し、教師を辞めて、そこの英文科に聴講生として入学した。それ以来五年の現在、英文学の研究に日々を費やしている。彼女はまた大正四年に同じく盲人でマッサージを職とする齋藤武彌氏（既出）と結婚していて、二児の母でもある。

この月は、朝日、及び東京日日同様、コレラ猖獗の記事。さらにはペストや疫痢、結核といった病気・伝染病関連も多く報じられていた。聾唖関連記事は上記一件、癩関連も一件あった。身体障害者関連はなかった。貧民救済や社会事業研究所設置等の福祉関連記事は、八件あった。

《5月》

この月の一一日に「點字毎日」が発行されたのだが、盲人関連記事は**六件**と、四月に比べると増えている。その前日の一〇日にまずそのことを告げる広告を、再び囲み記事で掲載している。

㉕★五月一〇日（水）二面　三段

『**週刊點字大阪毎日　愈来十一日初號發行**

内容……發刊の辭▲首相祝辭▲文相祝辭▲ゼノア會議▲支那の擾亂▲英太子御來遊▲義眼で物が見える▲血についての研究▲肺病患者がなほる▲時事週報▲チンバリスト演奏會▲五月の園藝▲外國の點字新聞と雑誌▲盲界だより▲スタイルの音▲編輯局より▲附録恩讐の彼方に（菊池寛作）

▲菊版《ママ》二倍十六頁毎木曜日發行▲定価一部十錢三箇月前金一円二十錢（郵税共）▲申込所　本社點字新聞掛　大阪振替貯金×××郵券《ママ》代用一割増』

その五月一一日当日は、**二件**ある。

㉖★五月一一日（木）二面　二段「社説」（一一九行）

『**盲人教育の現状　我社の點字新聞發刊**』

この「社説」についてはあとの処で触れたいと思う。あと一つは囲みの告知記事である。

㉗★五月一一日（木）二面　二段

『**週刊點字大阪毎日　本日初號發行**』

この翌日早速、「點字新聞」発刊に対する記事が載っている。

㉘★五月一二日（金）一一面　五段（七〇行）【うち写真二段×約1/3頁幅、「指で本社の點字新聞を熟読するいぢらしさ（大阪盲唖學校の教室にて）」】

『**我社創刊の點字新聞**　**盲人文化の大福音**　**涙をそそらせる盲人達の歓喜**　**大阪盲唖學校職員生徒諸君の感想**――我社創刊の點字新聞を大阪南区南桃谷の大阪盲唖学校に齎して其の感想を問へば職員生徒一同只もう大悦びの体で傍の見る眼に涙をそそるものがあった。宮地校長及び室井盲人科主任教諭は交々《こもごも》語る。

紙質の良好なのと活字の鮮明なことは正に天下随一で一部十銭といふ廉い値段には更に驚きました。多数の盲人が此の新聞の創刊によってあらゆる文化的方面に一大福音を得たことは勿論ですが、此の廉価な新聞紙を手にすることを得るのは経済的方面に於ける一福音であること申すまでもありません。餓えたる者に今眼の當り食は與へられました。只感謝の外はありません。

と眸を湿すかと思へば、生徒等は又彼等が鋭敏な指頭を小鼠の如《や》うに走らせて大ニコニコ。音楽科組は「ヂンバリストの演奏會」を読んで感嘆深く、其他創作を読んで首を振るもあれば「義眼で物が見える」の記事を讀んでは、見えぬ眼を睜《みは》り、外交問題や支那の擾亂（乱）を読んで一ハシ偉がった生徒等もあって、要するに盲人我々は従来は他人の口を通じて社會上の智識を得たのだが、今後は大毎點字新聞のお蔭で他人を煩はす事なく自分が直接社會の出来事を知る事が出来ると大騒ぎ大喜びであった。終りに室井教諭は語る。

同校には四國其他中國筋より點字新聞を読む為めにと、其れが動機で入学を志望して来るものが続々ありますが、之を見ても如何に今度の御社の點字新聞が天下の盲人社會を刺戟したかが判りますと、讃辭（辞）を浴びせた。

點字新聞發刊に際して　**編輯主任**　**中村京太郎**――新聞社が點字新聞を發行するのは日本では今回が最初である。之は我國の記録であると同時に盲人の開發保護の上から見て重要な一歩であると信じる。而も本社は算盤を離れた純なモーチブ《ママ》を以て経営されるので盲人の福音たる事申すまでもないが、事に當る私としては一層歓喜を覚える。編輯上では第一に紙質の選擇（択）に努め、幼稚な日本の點字出版界に一大刺戟を與へた事を誇りとする。併し創刊号は十分な成績とは云へないが、第二号からは十分のものを提供して讀者に喜んで頂く事が出來ると想ふ。材料の選択は社會の活《ママ》事實を簡單明瞭に報道する事にした。暗い盲人の生活には讀書が唯一の光りの窓であるから、私はこの新聞により讀者を生きた社會へ導き度いと念じて居る。現在外國の點字新聞では英國倫敦のデーリー・メール紙發行「ブレール・メル《ママ》紙」その他三紙でそれ等の新聞が其の國の盲人だけでなく各國の盲人の生活を幸福に導いている事實に顧みて、本紙も亦多くの人を喜ばす事であらうと信ずる』

次に出ているのは、その點字新聞の制作現場を政府の内務大臣が視察に来たことを伝えるものである。

㉙★五月一九日（金）二面　三段（二一行）【うち写真二段×約1/4頁幅、「點字新聞の説明を聞く床次内相」】

『**床次内相の本社参觀**――（略）社内を隈なく巡覧し、點字新聞編輯室で中村同主任が自ら點字によって「正義主義の政治家である床次内相に此の點字新聞を見て頂いた事に感謝する」旨を朗讀して歓迎の意を表すると（略）』

あと**一件**は次の号の、囲みの告知記事である。

㉚★五月二五日（木）二面　二段

『**週刊點字大阪毎日　本日第三號發行**』

この月に聾啞関連、また癩関連記事は一件もなかった。その他の障害として、精神障害（紙面では「狂人」）者関連が一件あった。社会福祉・社会事業関連記事は五件（「的が浜焼払い事件」三件と軍人遺族救済及び、廃兵恩給関連が一件ずつ）である。

《6月》

盲人関連の記事は**二件**ある。

㉛★六月一六日（金）夕刊二面　二段（四三行）

表３　大正11年度　大阪毎日新聞

	視覚障害者（盲人）関連	聴覚障害者（聾唖）関連	その他の障害（者）関連	癩関連	社会福祉 社会事業 関連	計
1月	1	0	0	0	2	3
2月	8	1	0	0	1	10
3月	13	0	1	0	3	17
4月	2	1	0	1	8	12
5月	6	0	1	0	5	12
6月	2	1	0	0	3	6
計	32	3	2	1	22	60

『**「盲さんでも左を通るナゼに　目明きが右通る」　交通安全宣傳の第一日　車輛行列全市を練り歩く**――「道路はお互に左を通りませう」と染め抜いた小旗と安全交通のポスターで大阪全市の電柱街路樹は悉く彩られて交通宣伝第一日（十五日）の夜は明けた。（略）。大金保安課長以下の幹部は二臺の自動車で一行に加はり、その車上からは「田舎娘をよめに貰ひ、右に行くなと初いけん」「親の油断で車にしかれ可愛あの子の松葉杖」「盲さんでも左を通る何故に目明きが右通る」など記された幾萬と知れぬ宣伝ビラがばら撒かれ、「道路は左側を通りなさい」と書いた無数の小旗を沿道の子供達の手に渡された。斯くて市民の胸に「秩序ある交通は都市の誇」てふ《（ママ）》深い印象を刻みつけて第一日を終った。（略）』

　これは盲人を揶揄するものに思えるが、この時代このような標語（＝戯れ歌）が節をつけて語られても何人《なんぴと》も何も思わなかった。世の中一般の盲人に対する意識はこの当時（まだ日本では）こんなものであった。そんな時代だった。

　あと一つは、盲聾者関連である。

㉜★六月二一日（水）一面　一段（一二行）

『**盲聾者御慰問　伏見宮兩校御成**』

　伏見宮中将宮博恭王殿下が小石川にある聾唖学校と、雑司ヶ谷にある盲学校に来て、それぞれの聾唖少年少女、盲少年少女を激励し、また職員達を慰労したという記事である。

　聾唖関連は上記一件である。癩関連と、他の障害（者）関連記事はない。

社会福祉関連は、「的が浜焼払い事件」の続報一件（6／1）と、「社会事業打ち合わせ」記事一件（6／24）と、以下の「本社巡回病院」関連一件の、計三件であった。

★六月一五日（木）夕刊二面　二段（一三行）

『本社巡回病院の　滿洲地方施療　大阪毎日新聞社慈善團一行　奉天を發して開原に向ふ』

以上で、大阪毎日新聞の半年間の検証は終わる。視覚障害者関連記事は三二件であった。聴覚障害者（聾啞）関連は、三件。その他は、前頁の表3の通りである。

第二節　昭和一七（一九四二）年の朝日新聞より視覚障害者関連の記事を見る

大正一一（一九二二）年から二〇年後の記事を見てみる。その二〇年間に紙面はどのような変遷を見せているかを見てみたい。折りしもその前年（一九四一）の一二月八日、日本はハワイ・真珠湾を奇襲攻撃して、太平洋戦争へと突入していた。国内は軍事一色になっている。そんな時代にあって、障害者関連の記事はどのように扱われていたのか――どのような扱われ方をしていたのか――を、またどの程度出現していたのか、を見てみる。

第一項　「盲人」、あるいは「盲目」とある記事

昭和一七年頃には、朝刊、夕刊の一日二回の新聞が発行されていた。但し現在とは違って、その前日の夕刻に印刷された夕刊が、日付としては次の日の日付で発行されていた――これは大正一一年当時の、「大阪毎日新聞」と同じ

である――。従って、縮刷版の製本の仕方も、同一日付では、夕刊↓朝刊という順番で綴《と》じられている。概ね夕刊は二頁で、朝刊は四頁から一〇頁であるが、大体は八～一〇頁である。

縮刷版の各月の冒頭にある「目次」の構成も大正一一年とは違っている。大正の頃の目次の見出しは、アイウエオ順だったが、この頃は、各出来事（記事）の内容別になっている。トップの項目は、「宮廷」であり、以下「政治」、「国防」、「外交」、と続いてゆく。その各下に中見出し、小見出し（欄）がついて記事が区分けされている。

1　一月～六月

この頃にもまだその縮刷版の「索引」には、〝障害者〟や〝福祉〟という項目はない。従って、一頁一頁を丹念に調べて当該記事を見つけてゆく。

《1月》

元旦の紙面は八頁ある。しかし時節柄、お正月を伝える記事は第一面にはない。比島（フィリピンの島々）での戦闘の模様を伝えるものが、大きな写真と共に載せられている。この月に、障害者関連の記事は一件もなかった。

《2月》

この月もフィリピン、シンガポール、ボルネオ、マレー半島、ビルマ、ニューギニア等々からの戦況記事が多い。紙面の七割前後が戦争関連記事で占められている。それは内政、外交は当然のこととして、現在の新聞では見当らない皇室（宮廷）関連の人物の、戦時における動向が大きなスペースをもって報じられているからだ。天皇及び秩父宮、高松宮、三笠宮は勿論だが、他に、閑院宮、久邇宮、朝香宮、北白川宮、竹田宮等々。これは大正一一年の記事にも多く――別の宮家として、東伏見宮、賀陽宮、梨本宮、山階宮、有栖川宮等々――見られたことだが。

残り約三割は、連載小説、文化・科学記事、社会（事件・事故）記事、スポーツ、芸能、囲碁、将棋、また広告などである。日によっては株式市場（況）、土地・家屋・貸借間、雑件なども掲載されている。

この月に**一件**、「盲人」関連の記事が出ている。

①★二月六日（金）夕刊二面　四段

『兩眼傷つき盲目飛行　遙（遥）**か洋上、心眼で辿り着く』**

空中戦で銃撃され、右眼を負傷、失明し、左眼も出血、視力低下していたが、心眼でその後も飛び続け、無事着陸帰還したという記事だ。だが戦時中のことであり、このエピソード（「美談」である）をどこまで信じていいかは甚だ疑問である。しかしこれに近いことはあったのだろうとは想像できるが……。

他に障害者関連の記事は、この月にはない。

《3月》

この月も戦況記事がほとんどである。障害者関連記事ではないが、いくつかそちらの方の記事を列記する。

★三月一日（日）**『滿洲建國、十ケ年の歩み』**。★三月一〇日（火）夕刊**『ラングーン陷**（陥）**落す』**。★三月二四日（火）夕刊**『ダーウイン連爆』**。★三月二七日（金）夕刊**『ベンガル灣を制壓　アンダマン島に上陸　英軍忽ち無條件降伏す』**。

《4月》

この月にも「失明」が美談として報じられる記事が**一件**ある。

②★四月一八日（土）夕刊二面　三段

『右へ左へ〝心眼指揮〟敵中突破　失明少尉の神技』《〇〇基地にて　西郷特派員十六日發》

『――バタアン戦（戦）線で敵の重囲に陥り両眼を喪ひながら、負傷直前の貴重な偵察と鋭いカンの働きで部下を誘導、遂に本隊に辿りつくを得たといふ沈着吉野少尉（尾道市出身）の神の如き指揮振りが白衣の勇士松下幸太郎一等兵（高松市西浜新町出身）によって十一日〇〇基地に齎され感激の渦を巻起している。

「ナチブ山東麓の一高地を突撃占領すべし」との命令を受けた吉野少尉の指揮する一隊は〇日午後三時過ぎ行動開始、敵が感づかぬうちに早くも五十メートルまで肉薄していた。「突撃に！」吉野少尉の号令一下勇士等が猛然突込んだ時であった。敵の手榴弾で部隊の先登にあった吉野少尉は突然あッ！といって顔を手で蔽ひながら倒れた。居合わせた松下一等兵が驅（駆）寄ると手榴弾の破片は少尉の両眼を瞬時に奪去りひどい出血だ。仮包帯（帯）を待ちかねるやうに「なにこれ位平気だ。ちょっと肩を貸してくれ」と叫びながらすっくと立上がった吉野少尉の頭に泛んだは、傷つける指揮官の部下に及ぼす影響であった。

〝たとひ両眼がつぶれても心眼で戦ふぞ！　兵の士気を落しては一大事だ、と考へてからの少尉の行動はまさに神にも近い崇高な指揮ぶりであった。「今の銃声は右だ。機関銃右へ……」「右翼前進！」。次々に下す命令は恰も両眼完全なる人の如く、しかも一々的確な効果となって現はれて来た〟

かくて壮烈なる戦闘二時間余。黄昏迫る頃、遂に敵は退却したが、本隊に追及しようとした時、地理に詳しい兵は一人もいない。遥に三方からヒューン、ヒューンと、敵弾がくるのをみればどうやら包囲されているらしい。このままでは取り残されて、我が方は不利になることは明瞭だ。一刻も早く本隊に追及だと考へた吉野少尉は上官の身を案じて離れぬ松下一等兵に向ひ〝俺は状況はよくわかっている。心の眼はちゃんと開いているぞ。左前方へ進め、竹林に蔓がからんでいるはずだ。俄か盲だが俺が案内する。まづ俺から行かせろ〟

と叫んで松下一等兵の肩へ手をかけながら進み出した。この尊い姿にうたれた勇士達は一言も発せず吉野少尉に従って行くうち「機銃を構へろ、敵はきっと前方から来るぞ」とさういう間に敵は少尉の言葉通りふたたび壮烈な射合ひが開始されて三十分、つひに敵は沈黙してしまった。やがて一同を集めた吉野少尉は、

〝竹林を少し行けば人の足跡があるかも知れない。だがその道は本當ではない。竹林の中を調べて見よ。その人の足跡を辿れば本隊に追及出来るはずだ〟

とまるで現実に偵察して来たやうな自信あり気な言葉である。すでに幾多の事実を見せられている兵士達は少しも疑はなかった。少尉の言葉に導かれるやうに進むとなるほど足跡がある。かくてこの足跡の終るところ、遂になつかしの本隊に一同無事辿りつくことが出来たのであった』

この記事からも分かるように、紙面は各地の戦況を伝えるものがほとんどとなっていく。その発表は重大なものは〝大本営発表〟となっていく。戦果が確実に上げられているのを語っている。しかし戦後のこちら側から、それらのことを見ると、ひどく〝偏向されていたもの〟ということができる。当事のメディアは完全に政府のプロパガンダの役割を負っていたというのがはっきりと分かる。軍や政府に都合の悪い報道は一切なされていない。勝ち進んでいるとの記事ばかりである。そして我が方の損害は少ないと。例えば、

★四月一八日（土）一面

『**比島作戦疾風の展開！　イロイロを完全占領　サンホセにも日章旗**』

★四月一九日（日）夕刊一面

『**けふ　帝都に敵機來襲　九機を撃墜、わが損害輕**（軽）**微**』

★四月一九日（日）夕刊二面　四段

『**〝病院船だ〟魚雷を中止　印度洋上・英の巨船を見逃す　見よ日本武士道の神髄**』

この記事などは本当に笑ってしまうものである。

《5月》

障害者関連の記事は一件もない。

《6月》

この月には失明者のことが**三件**記事となっている。やはり戦争で傷ついた兵士であり、美談として、またあるいはお上からの贈り物を受けたとの記事である。

③★六月一五日（月）三面　七段　**【うち写真四段×約1/5頁幅、「お母さんこの通りと……宮下上等兵　白衣の姿」、丸型顔写真「宮下上等兵の母」】**《○○基地にて　木村特派員發》

『盲目勇士と母の手紙　〝盲の難儀を想ひやり　母も目隠しで仕事〟　讀上げる戰友皆泣く』

④★六月一七日（水）三面　二段

『失明勇士に時計を下賜　畏し皇太后陛下』

支那事変で失明した傷痍軍人に対して、皇太后が失明者用懐中時計を贈ったという記事。

⑤★六月一七日（水）三面　二段

『失明勇士が慰安の潮干狩』

大東亞戦争で負傷し、失明し、陸軍第一病院に収容されている約百名が千葉県の谷津海岸を訪れ、付添いの看護婦達と潮干狩りをしたという記事。開戦半年で多くの負傷兵が収容されていることが窺われる。戦争というのはただ単に傷つけ合う行為以外の何ものでもないのだ。

この月は以上、**三件**が視覚障害者関連の記事であり、一月から六月までは、**五件**のその記事があった。

2　7月〜12月

7月から12月も同様に検証する。

《7月》

この月も戦争で傷ついた兵士の話題が**二つ**ある。その一つ（後者）は、第五章の『盲人たちの自叙伝』で登場した一人の著者の記事だ。

⑥★七月四日（土）夕刊二面　七段　【うち写真二段×約1/4頁幅、「原隊復歸（帰）に喜ぶ隻眼の勇士たち」】《〇〇基地にて　見田特派員三日發》

『**白衣を戎衣に着更へて　再び征く隻眼十勇士　日本最初の原隊復歸**――〇〇基地には患者訓練所があり、ここでは開戦以来前線で負傷した勇士たちを白衣から戎衣に着かへさせて続々原隊へ復帰させているが、この中で最近「隻眼十勇士」が前線へ復帰して感激の話題を投げている。すなわちこれらの隻眼の勇士たちはいづれも比島、ジャバ、スマトラ、マレー、ビルマ戦線で片眼をお國に捧げた勇士なのだ。（略）』

⑦★七月一一日（土）夕刊二面　一〇段　【うち写真四段×約1/6頁幅、「相携へて通學の松井君夫妻」】

『**〝わが愛の通學記〟優しき誓〝共學〟の杖　戦傷失明の夫と同じ大學へ　結ぶ眞心〝親切以上〟**』

松井新二郎と妻・糸子が写真入りで記事となっている。

《8月》

この月は障害者関連の記事は一件もない。

《9月》

索引の「社会」という項目、「家庭」欄に**二件**、失明者関連記事がある。

⑧★九月六日（日）四面　四段　【うち卵型顔写真二段×約1/8頁幅、「藤澤春子さん」】

『**雨の日も風の日も　失明勇士を勵まして　五年にわたるギター慰問教授　銃後の隠れた篤行者**＝讀者推薦⑨＝』

藤澤春子さん（四一）が毎週月曜と木曜に小石川区の自宅から牛込の第一病院へ、そこで暮らす失明勇士のためにギターを無料で教えに行っているとの記事。この世の光を失った若い勇士の前途を明るくしたいとの思いから、またギターによって彼らの精神修養に役立たせたいとの思いからの行動だった。

⑨★九月一〇日（木）四面　四段【うち写真一・五段×約1/6頁幅、「田部さんの勉強を助ける城貞子さん」】

『**姉として母として　再起奉公のお手傳ひ　失明勇士を感激させた城さん　銃後の隠れた篤行者**＝讀者推薦⑪＝――

支那事変勃発直後の昭和十二年の晩秋、牛込若松町の陸軍第一病院は名誉の戦傷をうけた送還勇士の収容にせはしかった。開院早々のこととて看護婦さんの手も廻りきらない。附近の若松町町會の婦人部隊は早速奉仕班として傷ついた勇士の洗濯やら食事時の世話やらに女らしい心遣ひをみせたのであるが、中に白いエプロン姿もかひがひしく眼科の病棟に雨の日も一日とて休む日もなく熱心な奉仕をつづける女性があった。

この世の光明を奪はれた勇士達も、いつかこの女性に姉の姿、母の姿を思ひえがくやうになり、いつとはなしに「お姉さん」「おばさん」と呼びならはし、「お姉さん唱歌をうたって下さい」などとやさしい歌声に幼き日の夢を追ふものもあった。お姉さんこと城貞子さん（三四）は真実病院を訪れた天使なのであった。

昭和十三年小石川に傷痍軍人寮が開かれ再起奉公を誓ふ失明勇士がここに移りすむやうになると城さんの姿は失明寮に絶えず見られるやうになった。

同じく傷痍軍人の身でも視界を奪はれた暗黒世界での再起奉公こそは前線での勇戦にもまさるたたかひである。手探りで食事をし身の廻りをととのへて傷痍軍人教育所で勉学し、寮にかへれば點字をたよりに予習、復習する労苦の姿に城さんの心は心底からゆすぶられた。

「私も一緒に點字を習はう」と目明きの身でありながら點字をならひ覚え、勇士が故郷へ送る點字の手紙に読みやすいやうに振りかなをつけたり、點字で参考書を打ったり、失明勇士の労苦が一つでも減るやうにと世話する傍ら、昨年の夏には救癩に献身的な努力をつづけた女醫の手記「小島の春」を點字版にとり日本盲人福祉協會に寄贈し、更に週報所載の菊池寛氏の紀元二千六百年史を點字にうつって寮の勇士におくったのであった。

在寮の最古参者歩兵上等兵　田部政義氏は両眼貫通銃創の痛手に屈せず一昨年来法政大学高等師範部に学んでいるが、学期末の試験の時に、さし伸べられる城さんの救ひの手ほど有難いものはなかったと述懐している。

ノートは筆記でとりますが私たちは、これを読みかへすことが出来ない。まして参考書を読むわけにもゆかないのですが、面倒な部厚な本をイヤな顔一つせず「走る汽車ぢゃなくて雑誌記者の記者ですよ」とかゆいところに手のとどく御指導ぶりで何だか今では本當の肉親の姉のやうな気がします。

しかし、その蔭の辛苦も終に花咲く時が来た。田部さんはこの九月の繰上げ卒業に目出たく法政大学を卒業するのである』

この月に社会事業的な記事が三件あった。三件とも同じ内容のものであるが、年間を通して他の月にはこういった記事も見られなかったので、記しておく。見出しのみを。

★九月九日（水）三面　三段

『温い「寮母」がほしい　會社、工場側でも本腰を入れよ　少年工不良化の對策論』

★九月一七日（木）二面　五段

『少年工員を善導　三ケ月の特別錬成、全國で實施　不良化防止に新對策』

★九月一七日（木）三面　三段

『温い恩愛の鞭に　立直つた〝不良工〟　鍛へた魂で職場へ挺身』

《10月》

この月は盲（失明勇士）関連の記事一件。また「聾啞」関連の記事が一件あった。

⑩★一〇月一八日（日）三面　二段

『**監禁中の傑作も登場　失明勇士に感謝の素人美術展**――失明勇士に感謝する第五回素人美術展覧會が、弁護士正木昊氏主幹「近きより會」の主催で十八日から三日間、銀座資生堂ギャラリーで開催される。（略）』

★一〇月一一日（日）三面　一段　【丸型顔写真】

『**聾唖青年に榮の入選**――聾唖の身でありながら（略）文展第二部（洋画）に初入選した永室幸吉君（二三）は久留米市出身。昭和十三年春上京、東京聾唖学校の油絵科に入学、（略）』

《11月》

この月は聾唖関連が一件あるだけで、視覚障害者関連記事はない。

★一一月一七日（火）三面　二段

『**濱松の殺人犯捕る　唖然・廿歳の聾唖青年**』

犯人の自白によると、「兄弟七人のうち彼のみが不具であるため、幼少から家庭で冷遇されてきた」。このことが彼を「変質者にしてしまった」という。尚、父は事件後、「世間に申し訳ない」と言って、天竜川に身を投げ自殺した。

他には、癩関連の記事が一件ある。

《12月》

一二月八日に大東亞戦争開戦一周年を迎えている。従ってその前後の日は戦争関連の記事で占められている。中旬過ぎから、失明勇士の記事が続けて登場してくる。これも戦意高揚の意が込められたメディアによる大衆操作である。次の⑪は索引に「大東亞戦争」と言う項目があり、そこの「銃後」という欄で示された記事である。

⑪★一二月一五日（火）三面　四段　【うち写真二段×約1/4頁幅、「戰盲勇士の點字競爭」】

『**「點字」に誓ふ再起　戰盲勇士の書取り競技會**――東京牛込の臨時東京第一陸軍病院第二外科で、再起奉公の日を心待ちに療養に努める戦盲勇士が、十四日午後一時から決戦第二年の決意も新たに點字の競技會を開いた。〝諸君にとっては點字は今後の活動の武器となるのだから……〟との統裁山縣軍醫中佐の訓辞に、山本卯吉曹長以下四十名の勇士は、まづ書取り競技を開始（略）』

次は「宮廷」という項目の中にある、「皇太后」の欄の記事。

⑫★一二月一八日（金）三面　四段【うち写真一・五段×約$\frac{1}{4}$頁幅、「御仁慈の時計を拝受して感激の失明勇士」】

『**皇太后陛下　御仁慈の時計　失明三十勇士に下賜**――皇太后陛下には、畏くも一昨年十二月支那事変その他で失明した傷痍軍人に対し、手触りで時刻を知ることの出来る精巧な失明者用懐中時計を下賜あらせられ（略）。小石川の失明傷痍軍人寮で再起奉公に励んでいる（略）八勇士には、同日午後三時同寮で本庄軍事保護院総裁から、それぞれ伝達された。（略）』

次ぎは直接には〝失明勇士〟という者の記事ではない。索引でも「交通・通信」の項目の、「市電・市バス」欄に入っていた記事である。

⑬★一二月一九日（土）夕刊二面　四段【うち写真三段×約$\frac{1}{5}$頁幅、「車掌さんの肩を揉む按摩さん」】

『**明るい市電に〝力瘤〟　按摩さん營業所で奉仕**――（略）十八日午前十時から三田、目黒、青山等をはじめ市内十数箇所の市電営業所で一斉に展開された。東京府盲人協会の（略）按摩さん二百五十名が各営業所に出動し、（略）、車掌、運転手さんを片端しから捉へては凝った筋を揉みほぐし、（略）』

再び「失明勇士」として出てくる記事が**二件**ある。一つは「国防」という項目の、「陸軍」欄である。あと一つは「宮廷」の項目の、「各宮家」欄である（七月の処で登場した松井新二郎が出ている）。

⑭★一二月二三日（水）夕刊二面　三段【うち写真二段×約$\frac{1}{5}$頁幅、「東條さんから贈られたお米を手に感謝する失明勇士」】

表４　昭和17年度　朝日新聞

	視覚障害者（盲人）関連	聴覚障害者（聾唖）関連	その他の障害（者）関連	癩関連	社会福祉 社会事業 関連	計
1月	0	0	0	0	0	1
2月	1	0	0	0	0	1
3月	0	0	0	0	0	0
4月	1	0	0	0	0	1
5月	0	0	0	0	0	0
6月	3	0	0	0	0	3
7月	2	0	0	0	0	2
8月	0	0	0	0	0	0
9月	2	0	0	0	3	5
10月	1	1	0	1	0	3
11月	0	1	0	1	0	2
12月	5	0	0	0	0	5
計	15	2	0	2	3	22

『更生の新春に　力餅を搗き給へ　陸相　失明勇士へ糯米』――年の瀬迫る二十二日、東條陸相は東京小石川大塚町失明軍人寮にお歳暮として糯《もち》米四俵を贈った。（略）』

⑮★一二月二七日（日）三面　四段　【うち写真二段×約1/5頁幅、「御下賜品を前にした松井新二郎君と糸子さん」】

『更生の學窓に賜品　日大に學ぶ失明勇士夫妻の感激――國のために両眼を失った失明勇士の妻となり、夫の手をとって共々に日本大学に通った東京市小石川区竹早町八七松井新二郎君と妻糸子さん（二〇）の話は美しい。軍人援護の花として去る七月本紙を飾ったが、このほど話の主人公新二郎さんの郷里、甲府市』の父宛に、北白川宮大妃殿下から花瓶などが送られて来た、という記事である。

以上、一二月は視覚障害者関連の記事は**五件**だった。

この年一年を通しての、同関連の記事は、**一五件**だった。

＊日米の、太平洋を挟んでの戦いだけでなく、欧州でも枢軸国と連合国との戦いが始まっていた。従

ってこの年の記事は、各地域の戦況を伝えるものがそのほとんどだった。福祉は完全に脇へ寄せられていたといっていい。戦時は、異常時だからそれは仕方のないことでもあった。

第二項　「盲」という言葉が比喩的に使われている記事

往々にして否定的、侮蔑的に使われている、それを見ていく。

1　「盲飛行」、「盲目飛行」、という使われ方

★三月二六日（木）三面　四段

『勵し合つて〝盲目飛行〟自爆に瀕しつつ兩機生還』

＊　ここでは乗機が敵機に撃たれて、かなり傷つき、辛じて帰還した様子を、このような言葉を使って表わしている。

★六月一九日（金）三面　五段

『北の難路征服に　十年の猛訓練　計器一つの盲飛行　リンドバーグも敗れた〝空の地獄〟獨り雄飛のわが海鷲』

★六月二六日（金）夕刊二面　八段

『北太平洋に見敵必殺の强翼　奇襲上陸の先鋒を征く我が海鷲部隊　濃霧の中に續く盲目飛行　敵に與へず・出没の機　凍る基地に不眠の索敵作業』

これらいずれの例も、視界の悪い中を飛んでいるという状況を言っている。確かに「見えな」ければ、「盲」に違いないが、あまりに簡単にその言葉が使われている。当時としては何の抵抗もなく使われていたのだ。何の疑問を懐くこともなく、何の躊躇もなく。そんな時代だったのである。

また次の例は、「盲目」という言葉が「無意味な」という感じで使われている。ひどく不適切な使用法である。

★八月一七日（金）一面　四段　　ブエノスアイレス　今井特派員十五日發

『米、盲目の新攻勢　勝算もなく出撃敗走』

2 「あき盲」、「盲蛇」、「盲襲」、「盲爆」、という使われ方

★六月一日（月）二面　二段　チユーリツヒ特電三十日發
『あき盲が四十三萬　米の徴兵計畫一頓挫――（略）今日まで四十三万三千の米國青年が無学のため兵役に不合格になったが、これは全く文字を解しないため、使ひものにならぬからである。しかしルーズヴェルトの談話によるとこれら多数の無学者は精神的欠陥のため教育を受けなかったのでなく全く貧困のためとあり、米國社会の恐るべき反面を物語っている』

米国の欠点を指摘するために、「盲」という言葉を用いているが、それは「無教養」という意で使われ、盲人にとっていい迷惑である。

★六月二日（火）夕刊二面　七段　〇〇基地にて　郷特派員三十一日發
『絶望のどん底・重慶空軍　捕はれた米義勇隊員の暴露　われ、好餌に釣られたり　無茶な〝盲蛇〟の戰爭　一機撃墜に五百弗の賞』

ここでは「盲の蛇」で、「醜悪な」という意味を伝えたいための表現のように思える。『無茶で醜悪な戦争』。これも盲人にとっては、納得しがたい比喩表現である。

★一〇月八日（木）夕刊一面トップ
『英俘虜千八百の乘船　米潜水艦、盲襲撃沈す　東支那海で　りすぼん丸遭難』

★一〇月二〇日（火）三面五段
『見よ・米機のこの非道　國民學校　中學校　病院を盲爆　模型作つて全校悲憤　〝この敵機だ〟銃撃に學童散る』

上の二つの記事での「盲」の使われ方は、「デタラメに」あるいは「メチャクチャに」という意味に取ることが出

来る。

以上見てきて分かることは、「盲」という字は否定的に用いられることばかりである。これは盲人の心理に少なからぬ影響を与えるだろう。幸に平成の世の中にあっては、新聞においてはこのような使われ方はされていない。

第三節　昭和三七（一九六二）年の朝日新聞より視覚障害者関連の記事を見る

昭和三五年七月、岸信介のあとをうけて池田勇人が自民党総裁となり、そしてその四日後（七月一八日）の国会で首班に指名されて、池田は内閣総理大臣となった。

彼は「所得倍増計画」を政策として打ち出し、それは同年一一月に経済審議会に答申され、同年末、閣議決定された。以後、日本は高度経済成長へと進み始める。

池田は過去に、吉田内閣の蔵相時に、「貧乏人は麦を食え」とか、「中小企業の一軒や二軒がつぶれても」と放言して、物議をかもしたりもしたが、首相になってからは同計画を強力に押し進め、日本を復興へと導いていった。それは敗戦後一五、六年が経ち、日本国民もまた全体が復興へと邁進して行こうとする――そんなエネルギーを持っていた――時と重なっていた。

昭和三七年は、正しくそんな復興成長期の真っ只中にあった時であり、その二年後にはアジアで初の「東京オリンピック」を開催し、日本は内外に対して戦後復興を大きくアピールした。そんな復興期にあった当時のマスメディアは障害者にどのような関心を示し、また報じてきたかを検証する。第二節の昭和一七年から二〇年後の日本の障害者福祉への関心、及び国の対応を紙面から見てみる。

第一項　一月から六月までの視覚障害者関連の記事から

〝視覚障害者〟の記事ではないが、事件・事故によって、そうなってしまった記事（失明記事）も広く含めることにした。必要に応じて記事の内容を抜き書きしている。

尚、第一節、第二節とは違ってこの時には、旧かな遣い・旧漢字は用いられていない。新聞に出ているままの文字（例、啞ではなく唖やアなど）を記していく。また本節でも通し番号は振っていく。

1　1月〜3月

この昭和三七年（一月から三月）当時の朝日新聞における紙面数は、朝刊は概ね一二面（頁）――時々一六頁の日もある――であり、夕刊はすべて八頁である。尚、日曜日は「日曜版」を含めて二〇頁となっている。

《1月》

視覚障害者（盲人）関連の記事は、**三件**である。

①★一月一三日（土）一四面六段【うち写真二段×約1|5頁幅、「点字タイプライターを贈られる李さん」】

『**日韓提携して盲人援護へ　ぞくぞく贈物　厚意に感激した韓国の盲ア学院長**――（略）昨年十一月に来日、盲人施設の視察を続けている大邱盲唖学院学長の李泰栄さんに、日本側から点字図書などが贈られ「日本の盲人施設の設備や規模もさることながら、精神的水準の高さにふれた」と李さんを感激させた。

李さんは大阪のライトハウスの招きで来日してから、精力的に全国の施設を見て回っている。（略）同国にある十八の盲学校の大部分が私立、アメリカからの援助があるものの経営は火の車だ。何よりつらいのは、盲人にとって普通人の鉛筆に当る点字器を、需要が少ないからと生産していないこと。点字図書の数も少なく、みんなが本に飢えていることなど……。（略）』

これらのことを知った、日本点字図書館館長の本間一夫氏の努力で、鉄道弘済会から点字器百台が贈られることになり、また、失明米国軍人（立川米軍基地軍属）のマッカナヘイさんから点字タイプライター二台が贈られることになった、という記事。

次は事故記事である。

②★一月二三日（火）夕刊七面　二段

『**坊や、目をつぶす　あぶない手製ピストル**』

手製ピストルで遊んでいた七歳の小学二年生が**火薬の爆発**でクギがはねかえり、右眼に当たって目をつぶした、という記事。

そしてこの頃には、テレビ（昭和二八年に放送開始）も一般家庭に普及し、その番組を知らせる番組表の頁も配されていた。障害者を扱う、あるいは障害者が登場する番組も出てきた。また障害者関連のものも。

番組表とは別に、テレビ、ラジオの番組内容を前もって伝えるいくつかの文章もその紙面には添えられていた（以下、「ラ・テ」欄）。それは、この一月にもあった。

③★一月二六日（金）八面「ラ・テ」欄《放送メモ》

『**全盲の男女二人が、初めて作詞・作曲した「一番星はどんな星」という歌が、NHKテレビの「夢で逢いましょう」（二七日夜一〇時）で紹介される**――作詞は栃木県国立塩原光明寮の小田桐潔さん（三九）、作曲は同級の近藤操さん（二九）。寮の文化祭のために作ったこの歌をデュークエイセスの人たちが知り、ぜひ大勢の人にきかせたいということになったものだ。（略）』

《2月》

この月に視覚障害者関連の記事は、**四件**である。

テレビもそうだが、この頃映画でも障害者関連のものがテーマになっている。その内容を伝える記事が出ている。障害者に対する国民への啓発という意味では、どのような媒体であったとしてもいいことだと思う。

④★二月六日（火）夕刊四面「新映画」欄五段【うち写真二段×約1/4頁幅、「小織をやさしくなぐさめるなつ子」】**『〝母親〟の香川京子が好演技「明日ある限り」盲の子を持つ悩み描く**――戦時中のこと、赤子を背負ったひとりの母親なつ子（香川京子）が町の眼科医を訪れる。「赤ちゃんの目は**先天性白内障**ですね。早いうちに手術をすればなりますよ」といわれ』るが、しゅうとめの反対にあって医者に連れていけなかった。こうして赤子の視力は日々に衰え、やがて盲学校に通うようになる。めくらの娘小織を背負った母親の苦労は並大抵ではない。ひがみっぽくなりがちな子どもを明るくさせようと気をつかう。そういう二十五年間の苦労を香川京子が見事に演じている。

戦後大きくなった小織（星由里子）は同じマッサージ教室の青年と愛し合い一緒になって未来を切り開くところで幕となる。『しかし、この二人の間に生れる子供は果して健康な目をもってくるだろうか（略）。そういう心配が残る』

この時代すでにテレビは一般家庭にほぼ普及していたが、また、まだ映画も大衆娯楽を担う大きな役割を負っていた。

第一節の大正時代は報道媒体は限られていた。ほとんど唯一と言っていいのが新聞だった。従ってそこで報じられなければ一般の人に関心を持たれることもない。また誤った観念も植えつけられ易かった。障害者が社会の隅に追いやられていた原因もこのことに由来することは小さくないだろう。

また第二節の昭和一七年においても、報道媒体は新聞に負うところ大であった。ラジオもあったが、「聴く」という行為はその一瞬であり、その情報のすべては聴取者側に残らない。その点、「新聞」は残るということにおいて媒体として重宝にされてきた。

しかし、昭和二〇年代後半からテレビが出現して、その関係に一大変化が起こった――テレビは視覚と聴覚両方からその受け手に情報を発信する――。ここにおいて新聞はその立場を微妙にすることになる。情報を発信する方でも新聞よりテレビの方を重要視し出し、大衆への大量伝達ということにおいて、両者の立場は徐々に逆転し出していった。

このことは障害者（問題）を広く知ってもらうためにはいい傾向のようにも思われる。勿論全体のテレビ番組数、全体の映画本数に比べれば、障害者を扱うそれはほんの僅かなものであるが。

⑤★二月一一日（日）一八面「封切映画」欄四段【うち写真二段×約$\frac{1}{4}$頁幅、「〝明日ある限り〟香川京子」】

上記④の映画の紹介記事。壺井栄の「雨夜の星」が原作で、豊田四郎監督が映画化したものという。

⑥★二月一九日（月）一一面　七段（五七行）【うち写真三段×約$\frac{1}{5}$頁幅、「指で話合う秋山君と山口さん、向う側はこれを見守る志村先生＝山梨県立盲学校で」】

『**〝三重苦〟を乗越えて　山梨県立盲学校の二人　そろって中学部へ　近く文部省へ〝愛の記録〟**――【甲府】〝盲、ろう、あ〟三重苦の少年と少女がこの春、盲学校の中学部へ進学する。（略）秋山忠男君（一八）山口成子さん（一八）の二人で、三重苦の子どもの中学部進学は全国でもおそらくはじめてだろうとのこと。同校は二人の努力の積重ねと、この子らの面倒をみた教師の愛情をパンフレットにまとめ、近く〝盲ろうあ教育〟振興の資料にと文部省へ報告する。

秋山君はさる二十五年、山口さんは翌二十六年同校に入学した。二人とも二歳のとき**高熱で失明**、口もきけなくなり、知能の発育も止まってしまった。入学した当時は自分の意思を他人に伝える方法もなく、ただあばれるだけだったので、とりあえず二人だけの特殊学級をつくり日常生活の基準を教え込むのが日課だった。三年ほどたつと、さわってみて物の形や位置がわかるようになり、時間なども理解するようになった。それから点字へ進み、実物にさわっては単語を覚え、さらに文章、生活の基本的な行動、発声を学んだ。この間、志村太喜弥（三四）中島ふじ江（二六）

両先生が交代で寝泊りし生活をともにしてきた。きげんの悪いときは、かみつかれたり、物を投げつけられたりしたこともあったが、深い愛情が先生たちの心を支えてきた。

いま二人の子どもの気持は落着き、いろいろなことを知ろうという意欲でいっぱいらしい。指話で〝話す〟こともできるし「ありがとう」「こんにちわ」など簡単な言葉ははっきり発音できる。触覚でおぼえたことしか知らないだけに、まだまだ多くの困難にぶつかるだろうが、二人にはしっかりした心がまえができているようだ』

こういった〝重い〟記事もこの時代に報道されていたのだ。新聞が全くの無関心でなかったことに救われる思いがする。

⑦★二月二五日（日）一一面　七段（八八行）【うち写真二段×約1/4頁幅、「〝盲目の総代〟木塚泰弘君（中央）。左は樫山早大第二文学部長。右は深谷文学部教授」】

『**盲学生の卒業式総代　早大　抜群の論文を残して**――両眼失明の大学生が卒業式の総代に選ばれた…早大第二文学部四年生、日本史専攻の木塚泰弘君（二六）で、盲学生が総代になったのは早稲田大学開校以来はじめてだそうだ。教授らの話では、木塚君の成績は各科目ほとんど「優」で、ことに卒業論文は抜群だったと手放しでほめている。（略）』

盲人でも努力して、大学に通い、それがこのように取り上げられる。関心を持って伝えられている。

《3月》

この月は**三記事**である。

⑧★三月一日（木）八面　三段「ラ・テ」欄【うち写真三段×約1/6頁幅、「上、難聴学級のこどもたち。下、〝これが梅……〟と盲児に教える赤座先生」】

『**〔恵まれぬ子ら　難聴学級のレポート　NHKテレビ〕〔日本テレビ　盲目の子の作文から〕**――きょう二つのテレビ局が、見えず、聞えない、恵まれぬ子らの問題をとり上げる。

NHKテレビは一時二五分から「婦人の時間、わたしのレポート」で、《難聴学級のこどもたち》を。日本テレビは昼〇時四五分からの「婦人ニュース」で、《白い杖の旅・盲目の子の作文から》を』

ここでもテレビで取り上げられている。

次は、盲学校に休まず通って卒業を迎えたという記事である。

⑨★三月一五日（木）夕刊七面　四段

『**失明の女学生も巣立つ　卒業式　14年間も無欠席で**——（略）小石川の都立文京盲学校で、静かな卒業式。七十七人の卒業生の中で、竹田キイ子さん（二二）は、十四年間、一日も休まずに学校に通い、無欠席は同校創立以来のことと、先生や友だちから称賛されていた。（略）キイ子さんが失明したのは赤ん坊の時、**ハシカ**をこじらせたため。二十三年同校小学部にはいったが、以来小、中学九年間と高等部五年、あわせて十四年も毎日お母さんのつきそいで港区芝愛宕町の自宅から通い続けた。（略）』

そして次ぎは、「ラ・テ」欄において、⑦に出ている卒業生総代になった木塚君が再びと、もう一人盲目で身体障害者の人が取り上げられている。

⑩★三月二七日（火）一二面　三段「ラ・テ」欄【写真二枚：①一・五段×約1/6頁幅、「早大第二文学部卒業生総代に選ばれた木塚君」。②一・五段×約1/6頁幅、「講道館初段を許された大田君」】

『**〝盲目〟のりこえ　日本テレビ「この人を」**——日本テレビ、今夜七時からの「この人を」は〝盲目の卒業生総代〟木塚泰弘君（二六）と、〝盲目の青年に晴れの黒帯〟を受けた大田正行君（二四）の話題を。

木塚君は（略）。大田君は盲目でしかも片腕。〝昨年十二月、四年間の努力が実って講道館から正式に初段をもらった。盲目で段をもっている人は全国にも少なくないが、盲目の上に片腕の人が段をとったというのは初めてだという。（略）』

以上、この三カ月間の視覚障害者関連記事は**一〇件**であり、ここでは一つ一つ明示しなかったが、聴覚障害者関連は六件、身体障害（肢体不自由）者関連は同じく六件、精神（知的）障害者関連は三件、癩（者）関連は一件、社会福祉・社会事業関連は八件と、それぞれあり、総計三四件が報じられていた。

2　4月～6月

《4月》

この月には二件ある。一件は、事故で失明したというもの（見出しのみを）。

⑪★四月一二日（木）一五面　四段（四三行）【うち写真三段×約1/3頁幅、「母親につきそわれ入院中の小野俊夫君（東京医科歯科大学病室で）」】

『**また子どもの事故　フロ番の少年失明　石炭にまぎれ雷管爆発**』

もう一つは、日本点字図書館関連記事である。

⑫★四月三〇日（月）一二面（東京版）四段（四二行）

『**録音テープ、あすから貸出し　都が無料で盲人のために　〝声の雑誌〟も創刊　レコーダーもそろえる**――目の悪い人たちに「声の図書」を贈ろうと、東京都民生局は五月一日から都内の盲人にテープレコーダーと録音テープの無料貸出しを始める。録音テープは東京・新宿の日本点字図書館に約二千巻が備えられ、全国の盲人に利用されているが、都の計画では文学書、教養書も百二十巻のほか、ニュース解説、交通法規の説明、週刊誌、月刊誌のような記事なども吹込んだ「声のジャーナル」百二十巻を毎月二回発行し、全国でも初めての〝声の雑誌〟が生れる。都は「声の図書企画委員会」をつくって内容を検討している。（略）』

因みに、平成一〇（一九九八）年三月三一日現在においては、録音テープはタイトル数一万二三九一、巻数二一万九九五〇あり、書籍はタイトル数二万五四一九、冊数一三万九三〇四が蔵書されている。雑誌では、点字が六六タイトル、録音が四八タイトル常備されている。利用者登録者（日本国内にとどまらず、韓国、台湾、そして米国にも渡っている）数は、一万一五六一人である。

一九九七年度（一九九七年四月一日から一九九八年三月三一日）の点字図書の貸出し延べ総数（以下、同じ）は、一万一〇四二タイトル・四万七〇六九冊で、録音図書の貸出し総数は、八万六四五九タイトル・三九万五二五九巻である。また点字雑誌の貸出し総数は、三三六六タイトル・三三六六冊で、録音雑誌は、一七万七三二〇タイトル・一七万八八七〇巻になっている。現在においては、テープ図書・テープ雑誌の貸出しが圧倒的に多くなっていることが分かる。これは録音関連技術の発達と、中途失明者の増加に依っている。

尚、同図書館会長（元館長・元理事長）の本間一夫氏は、今年（二〇〇三年）八月一日に八七年の生涯を閉じた。

《5月》

五月も**二件**ある。盲人牧師と盲人音楽家の記事と、盲人のために点訳奉仕をする人たちの記事である。後者は正確には記事の主人公は視覚障害者ではないが、視覚障害者と深く関連している記事には違いないのでカウントしている。
⑬★五月一四日（月）夕刊七面　六段【うち写真二段×約1/3頁幅、「大村牧師の娘ますみさんの伴奏で歌を練習するソプラノ歌手高田富美野さん＝新宿区西大久保のシロアム教会で」】
『**盲人牧師と盲人音楽家　教会建設に協力　悲願達成へ、演奏会開く**――盲人牧師の教会堂建設のために若い盲人音楽家やこどもたちが協力して十九日午後二時から東京・新宿区体育館で「盲人音楽家演奏会」を開くことになった』

この盲人牧師とは、本論第四章第四節に出てきた大村善永氏である（この時58歳）。あと一つは見出しだけを。点訳奉仕をする人たちの記事である。
⑭★五月二一日（月）一一面　五段（一〇〇行）【うち写真二段×約1/5頁幅、「団員の点訳本を校正する榊原さん＝三重県立盲学校で」】《「明るい社会賞のひとびと」欄》
『**点字トランプも考案　ことしは〝点画〟の工夫を　盲人のために千六百冊を点訳した　日赤三重県支部点訳奉仕団**

（榊原達夫委員長）』

《6月》

この月には、**四件**ある。前二つは東京・銀座の山車《ダシ》が盲学校に贈られたというもの。

⑮★六月六日（水）一二面（東京版）一段（八行）

『八王子の盲学校へ　銀座のダシの嫁入先』

銀座八丁目町会のダシが全国三〇通からあった嫁探しの手紙の中から、八王子盲学校がそれに決まったという記事。

⑯★六月一七日（日）一二面（東京版）四段（三二行）【うち写真二段×約1/4頁幅、「八王子盲学校の子どもたちに引取られた銀座のダシ」】

『別れ惜しむダンナ衆　八王子盲学校へお嫁入り　銀座八丁目名物のダシ』

六月六日の記事の続報である。ダシを引く盲学校の生徒の写真が載っている。

次ぎはテレビ番組である。主人公が盲学校の生徒ということで――物語であるが、報じられているという点を考えて――、ここに含めることにした。厳密に言えば、視覚障害者の記事ではないが、視覚障害者関連記事であることには違いないので。

⑰★六月二一日（木）一二面　五段「ラ・テ」欄【うち写真二段×約1/6頁幅、「〝目が見えないのは君だけじゃないのだから……〟と由美子（二木てるみ）は杉原先生（玉川伊佐男）にはげまされる」】

『愛の〝献眼リレー〟』

「TBSテレビ、今夜九時からの「おかあさん」は、長谷部慶次作『マリアの眼』。このドラマは、四年前角膜移植法が成立したころの話だ――東京・中野のあけぼの盲学校の生徒戒能由美子（二木てるみ）は、母が死んだので、学校の寄宿舎にはいりたいとたのんだが、就学奨励法が適用されない限り出来ないと事務長（金子信雄）に断わられた。

由美子は、好きなバイオリンを持って死のうとさまよったが保護される……。ちょうどそのころ、学校では由美子を捜していた。医大の矢代教授（野々村潔）が、角膜移植手術を不幸な盲目少女にしたいと申入れ、担任の杉原先生（玉川伊佐男）の奔走で、由美子が手術を受けることに決められたからだ。やがて手術が行なわれ、菊島老夫婦（宮口精二、原ひさ子）の献眼リレーによって、由美子ははじめて普通人の目を持つことができた』

⑱★六月二二日（金）一〇面　三段（五五行）【うち写真一・二五段×約1/10頁幅、「宮下氏の顔」】《「人」欄》

『宮城賞を受賞した　宮下透冽』

『（略）昭和二年、群馬県高崎中学を卒業、その直後**腸チフス**にかかった。高熱が視神経を冒し、視力が急速に衰え、ある日、ついに本が読めなくなった。一日一日光が失われてゆく。何度か死を思った。なかば捨てばちで東京盲学校に入学した。普通の中学を出ていたために、よくいじめられた。歯をくいしばって師範部音楽科に進んだ。ただ一人、教授の宮城道雄氏だけが折にふれて激励してくれた。（略）』

以上、四月から六月までの視覚障害者関連記事は、**八件**だった。他、聴覚障害者関連は五件、身体障害（肢体不自由）者関連は一二件、精神（知的）障害者関連は一二件、癩関連は〇件、社会福祉・社会事業関連は一八件、総計四四件だった。

第二項　7月から12月までの視覚障害者関連の記事から

3　7月～9月

《7月》

この月に視覚障害者関連の記事はなかった。聴覚障害（聾唖）者関連は二件あった。そのうちの一件を、見出しのみで示しておく。

★七月二二日（日）一〇面　七段（一一〇行）

『耳と口の不自由児に朗報　訓練センターつくる　厚生省　学界も協力決める』

この月は他に、身体障害（肢体不自由）者関連記事が一〇件と多く出ていた。精神（知的）障害者関連は二件、癩関連はなく、社会福祉・社会事業関連は五件あった。

《8月》

この月にも視覚障害者関連記事はなかった。聴覚障害者関連は一件。身体障害（肢体不自由）者関連は四件、精神（知的）障害者関連はなく、癩関連もなかった。ただ社会福祉・社会事業関連は一三件と多かった。

《9月》

視覚障害関連記事は**二件**ある。戦争中の栄養失調で失明した女性の記事と、第六章第二節の処で出てきた、佐々木たづ（以下の紙面では、「多津」）さんである。これは英国から帰国した時の模様を報じる記事である。

⑲★九月一〇日（月）一一面　七段（三一行）【うち写真三段×約1/4頁幅、「読者から送られた父の遺書と励ましの手紙を手に喜びを語る羽田文子さん（東京・世田谷区上北沢の西川さん方で）」】

『17年間の苦難に耐えて　やっと平和な日々　戦災女性　〝父の遺書〟を支えに』

空襲で両親と一人の姉を失い、**栄養失調から両眼失明**という運命に見舞われた羽田文子さん（二八）が亡き父が著わした「教育の理念」と手紙を手にして喜んでいる。彼女は「盲人福祉に一生を捧げよう」と決意している。

⑳★九月一四日（金）一〇面　一段（二六行）【別に写真二段×約1/3頁幅、「盲導犬をつれて元気に帰国した佐々木多津さん＝羽田空港で」】

『イヌがツエがわり　英国盲導犬の訓練をうけた女性帰国』

〔イギリスで盲導犬を使う訓練をうけた目の不自由な日本女性が、愛犬を連れ十三日夜九時二十分東京・羽田着の日航機で帰国した。東京都世田谷区成城町××、会社役員佐々木奥志（六〇）の次女多津さん（三〇）で大学準備中に失明、点字タイプやテープレコーダーを使って創作活動をしている童話作家。愛犬は英国で買ったラブラドア種のメスの盲導犬「ロバータ」。

日本には盲導犬の使い方を教える施設がないので去る七月末、日本人では初めてのこととして英国リーミングトン・スパにある盲導犬協会付属訓練センターに入学、五週間の訓練を終え英国往復のひとり旅を無事に果した。

佐々木さんの話によると、訓練は犬に命令する方法からはじまり、服従をしつけ逆に主人が危険な場所に近づいた際、さからうよう教える科目などもあり、佐々木さんは実地に夜道を歩き汽車、バスに乗るなどしたという〕

昭和三七年当時、女性で盲人で英国に行くことは余程の家庭であることは想像されたが、やはり特別な人であったらしく、新聞にも報じられていた――まだ一般人でさえ外国に行くなどということはほとんどなかった時代である。

この月に、聴覚障害者関連記事はない。身体障害（肢体不自由）者関連記事は三件、精神（知的）障害者関連は一件、癩関連はなく、社会福祉・社会事業関連は一五件あった。

この三カ月における視覚障害者関連記事は、九月の**二件**だけだった。聴覚障害者関連では三件で、身体障害（肢体不自由）者関連は一七件、精神（知的）障害者関連は三件、癩関連はなかった。社会福祉・社会事業関連は三三件だった。ここでのこれらの総計は、五八件である。

2　10月～12月

《10月》

事である。

視覚障害者関連は、**二件**ある。一件は、盲目の重量挙げ選手の記事であり、あと一件は、弱視者による点訳奉仕記事である。

㉑★一〇月一九日（金）一〇面　五段（四三行）【顔写真4/5段×約1/18頁幅、「長谷川勝君」】

『**盲目の少年も参加　山口県代表で重量あげ**――【下関】光の世界から見放された盲目の少年が、秋季国体の山口県代表として出場することになった。国体の重量あげに盲人選手が出るのは初めてである。

下関市東大坪町にある山口県立盲学校高等部本科三年生長谷川勝君（一九）は、小野田市刈屋、漁業長谷川政勝さんの次男で、四歳の時、**ハシカ**がもとで視力をなくした。（略）』

㉒★一〇月三〇日（火）一四面　四段（五三行）【うち写真二段×約1/8頁幅、「点訳にはげむ若尾進さん」】

『**目の悪いおじいさん「次郎物語」を点訳　一年半、虫めがねたよりに**――【奈良】盲目に近いおじいさんが盲人のために、虫めがねをたよりに一字一句を拾いながら千ページを越える下村湖人作「次郎物語」の点字訳をこのほど完成、奈良県の日赤点字文庫（奈良県立盲学校内）へ贈った。（略）』

点訳をする奉仕者というのは、コツコツと地道に作業することに苦痛を感じない人である。目のよくない人というだけに、尚更頭の下がる思いがする。

この月に、聴覚障害者関連記事はない。身体障害（肢体不自由）者関連は三件、精神（知的）障害者関連は二件、癩関連はなく、社会福祉・社会事業関連は二四件だった。

《11月》

視覚障害者関連記事は、**一件**である。盲だけでなく、他の障害も持っている重複の、若い女性の記事である。

㉓★一一月一二日（月）一一面　三段（八〇行）【顔写真二枚、各一段×約1/18頁幅、「直井美智子さんと母親のはるさん」】

『四重苦の娘に希望　母親が〝愛の苦闘〟　行商の合間に　点字を習って教える――【浜松】「みなさん、ありがとう。おかね、しなもの、たくさん、ありがとう。みちこ」＝これは生後一年四カ月で病気にかかり、目、耳、口の機能を失ったうえ歩くのも不自由な〝四重苦〟の少女＝静岡県引佐郡三ケ日町宇志　直井はるさん（四三）の一人娘美智子さん（一九）が、このほど引佐郡社会福祉協議会に寄せた点字の手紙だ。暗く長い年月を耐えてきた美智子さんにとってはこの手紙は、はじめて自分の意思を社会に伝えたものである。盲学校まで見放した美智子さんが、ここまでくるには行商の母親の血のにじむような苦労があった。美智子さんがこんな体になったのは、「**紫斑病**」が原因だった。（略）』

このような内容の記事が報道されることは意義あることのように思う。普段生活する健常者に何かを振り返らせ、考えさせるキッカケになると思われる。

この月に上記の記事も含めて聴覚障害者関連記事は三件あった。

また身体障害（肢体不自由）者関連記事は一五件と多く出ていて、精神（知的）障害者関連も七件あった。癩関連はなく、社会福祉・社会事業関連は三二件と、一月、二月、三月に比べると、一〇月から甚だ多くなっている。総計五八件だった。

《12月》

視覚障害者関連記事は、**七件**もある。この昭和三七年で最も多く出ていた月ということになる。

本論冒頭にも引用した赤座憲久著『目の見えぬ子ら』を読んだ女性が、石油ストーブを送ったという記事が日をおいて二件と、盲人が電車にはねられて死亡したという事故記事一件、点字講習会開催記事一件。

また盲人マッサージ師がひき逃げされて死んだという事件記事が二件。そして九月の処にも出た（通し番号⑳）佐々木多津の帰国後の日本での日々のことを伝える記事一件である。

㉔★一二月三日（月）一一面　五段（七二行）【顔写真一段×約1/11頁幅、「栗田明子さん」】

『“暖かい教室で勉強できるゾ”　盲目の子らにクリスマス・プレゼント　石油ストーブ九台　東京から岐阜へ、浄財で　本が機縁、女性の発起——目の見えない子どもたちが寒い教室で勉強しているのを、ふと本で知った若い女性が、学友や知人から集めた金で、このほど子どもたちに石油ストーブ九台をクリスマスプレゼントした。贈り主は、米商社フィリップ・ブラザーズ東京支社で働いている東京都新宿区四谷××栗田明子さん（二八）。プレゼントを受けるのは岐阜県立岐阜盲学校の子どもたち。ストーブはきょう三日、学校に着く予定で、さっそく小学一年から中学三年までの九つの教室を暖める。“暖かい勉強”ができるのを知って、もう子どもたちは大はしゃぎだという。

栗田さんが子どもたちを知る橋渡しになったのは、同校の赤座憲久先生が書いた「目の見えぬ子ら」（岩波新書）だった。会社勤めのかたわら、新宿区諏訪町の日本点字図書館で目の見えない人たちのために本をテープに吹込むのを手伝っているうち、ふと本屋で見つけたこの本を吹込むことになった。

火の気のない教室、手がかじかんで点字を書くことはおろか、読むこともできない子どもたち……そんな世界をこの本で初めて知った栗田さんは、火ばちが教室にはいったのを無性に喜ぶ子どものつづり方に強く心を動かされた。「ストーブのプレゼントを」決心したのもその時だったという。

募金活動を始めたのは（略）』

そして、次にそのストーブが来たことを喜ぶ盲学校の生徒たちの記事が写真と共に出ている。見出しだけを。

㉕★一二月五日（水）夕刊六面　三段（三三行）【うち写真二段×約1/5頁幅、「贈られたストーブをなで回して喜ぶ岐阜県立盲学校の生徒たち」】

『来たぞ“愛のストーブ”　岐阜盲学校　生徒たち大はしゃぎ』

次は、盲人の電車事故記事。

㉖★一二月一一日（火）一五面　一段（一二行）

『**盲人　京浜急行にはねられる**――十日午後五時二十分ごろ、東京都大田区糀谷町二ノ二八京浜急行穴守線大鳥居―糀谷駅間の線路で、同町××盲人のマッサージ師Mさん（六七）は上り電車にはねられ即死した。蒲田署の調べでは、Mさんはフロの帰りで近道をしようと高さ約五十センチのサクを乗越えて線路にはいったものらしく、電車のブレーキが間に合わなかった』

次は、点字講習会のお知らせ記事。

㉗★一二月二四日（月）一二面（東京版）一段（九行）

『**点字の講習会**――都は一月十日から三月九日まで、新宿区西大久保××のヘレンケラー学院で点字講習会を開く。対象は盲学校などの卒業生を除く、都内に住む視覚障害者。（略）』

そして、佐々木たず（九月一四日の紙面では、「多津」となっていたが、この日の新聞ではこのように書かれている。「たづ」でもない）の記事である。

㉘★一二月二六日（水）夕刊七面　三段（六一行）【うち写真三段×約1/4頁幅、「ハーネスをつけた〝ロバータ〟と散歩する佐々木さん（東京・世田谷区成城町）」】

『**東京ではダメね　英国仕込みの盲導犬　おじけてカン狂う　ひどすぎる交通事情　飼主の童話作家は嘆く**――（略）去る十月中旬あちら仕込みの盲導犬といっしょに帰国した。ところが、道路が悪いばかりか、無謀運転手があまりに多い東京では、せっかくの犬がとてもイギリスのようには役立たない、という。佐々木さんのなげきを聞こう。（略）

あちらでは、どんな道でも歩、車道の区別があるので、その境目まではまっすぐ進み、境目にくると佐々木さんの前をふさいでストップさせる。道を横断中に信号が変っても、歩行者優先の徹底しているイギリスでは危険はなく、ゆっくり横断できた。そのため盲導犬と歩いていても、犬に連れられているのを忘れるくらいだったという。

ところが、日本は歩道のない道路が多く、車道は車で満員。おまけに乗物はバス、電車とも「犬と同伴はお断り」。ハイヤー、タクシーはたいてい乗車拒否をする。やっと乗せてもらえても割増料金を請求される始末だ。

イギリスでは盲導犬用の白い皮の用具「ハーネス」をつけた犬が通ると、だれも犬に触れず、飼主をいたわる習慣になっているが、日本では逆。飼主より犬をいたわり、やたらとなでたりする。だが、盲導犬には飼主以外のものが手を触れることは厳禁されているのだ。

こうした東京の交通事情から、犬はすっかりおじけづき、カンが狂いはじめた。佐々木さんは「犬がかわいそうだし、日本の状況に合った訓練をもう一度やらなければ……」と、歩車道の区別がなくても曲りかどでは、いったん止まるような訓練などを繰返している。

佐々木さんの願いは「イギリスなみに不自由なく歩けるようになること。盲導犬を連れて乗物にも自由に乗れるようになること」だけなのだが……』

今年（二〇〇二年）一〇月一日、この記事が書かれた時からやっと四一年後に、盲導犬や介助犬などの受け入れを義務付ける「身体障害者補助犬法」が成立し、完全施行が決定されたので、変わってくるように思えているが、今後を見守ってゆかねばならない。

次は、盲人マッサージ師の交通事故死の記事と、その続報である。見出しのみを。

㉙★一二月二六日（水）夕刊七面　一段（一七行）
『盲目のマッサージ師　ひき逃げされ死ぬ』
㉚★一二月二七日（木）夕刊七面　一段（一四行）
『盲目のマッサージ師をひき殺した犯人逮捕』

以上、この月に聴覚障害者関連記事はない。身体障害（肢体不自由）者関連は一一件。精神（知的）障害者関連は三件。癩関連はなく、社会福祉・社会事業関連は四四件。総計六五件であった。

一月から一二月までを通して見ると、視覚障害者関連記事は、**三〇件**。聴覚障害者関連記事は一七件。身体障害（肢

表５　昭和37年度　朝日新聞

	視覚障害者（盲人）関連	聴覚障害者（聾唖）関連	その他の障害（者）関連		癩関連	社会福祉社会事業関連	計
			身体（肢体）障害（者）関連	精神（知的）障害（者）関連			
1月	3	1	3	2	0	6	15
2月	4	2	2	0	1	0	9
3月	3	3	1	1	0	2	10
4月	2	4	3	0	0	4	13
5月	2	0	4	0	0	9	15
6月	4	1	5	0	1	5	16
7月	0	2	10	2	0	5	19
8月	0	1	4	0	0	13	18
9月	2	0	3	1	0	15	21
10月	2	0	3	2	0	24	31
11月	1	3	15	7	0	32	58
12月	7	0	11	3	0	44	65
計	30	17	64	18	2	159	290
			82				

体不自由）者関連は六四件。精神（知的）障害者関連は一八件。癩関連は二件。社会福祉・社会事業関連は一五九件で、総計では二九〇件の障害者及び社会福祉関連記事が掲載されていた。

視覚障害者関連のみで言えば、大正一一年よりは増えているが、「大阪毎日新聞」の半年分に比較するとむしろ少ない。

しかし社会福祉・事業関連は、非常に増えている。これは日本の経済成長と強く関連していることと思う。

逆に、癩関連記事は二件と、減っている。これはこの時この病に対する衛生対策が行なわれたのと、むしろそれを大きく取扱わない風に世の中が進んで行ったことの証しとも言える。

高度成長期にはそのようなマイナスイメージの部分は日本においては隠そうとしていた——国の厚生事業を結果的に批判、否定することにつながりかねないのだから——ということも窺われる。

第四節　平成五（一九九三）年の朝日新聞より視覚障害者関連の記事を見る

本年（二〇〇三年）より一〇年前（一九九三年）、第三節の昭和三七年よりほぼ三〇年後の記事を見てみる。昭和から平成に変わってすでに五年が経ち、一九八〇年代後半より始まったバブル経済に踊った日々も終わった日本にあって、果たして福祉関連の記事はどのように出現していたのかを見てみる。しかし紙幅の関係上、個々の記事の検証は視覚障害者関連を除いて割愛し、その記事数を項目別に分けた表を提示するのみにする。昭和三七年までの分け方より項目を増やし、記事内容により、より詳しく分けた。

この年に報じられた視覚障害者関連記事は次頁・表6が示すとおり、**二五件**だった。それらを内容で見てみると、

1. 目に関する障害関連・医療関連記事が、四件（3／8、4／16、10／1、11／3）
2. 視覚障害者の参加するイベント・催物、あるいはグループ活動・交流。また競技会関連記事が、五件（5／22、8／26、8／31、9／10、10／11）
3. 視覚障害者の為の器具、及び生活用品開発、あるいは商店（スーパー等）の受け入れ側関連記事が、四件（1／25、6／2、10／7、10／14）
4. 視覚障害者の為の点字本出版、また点訳楽譜、触知地図、及びテープ制作関連記事が、四件（10／27、10／29、11／7、11／18）
5. 視覚障害者への行政の対策関連記事が、二件（11／22、11／27）
6. 視覚障害者の活動、及び紹介（個人が写真と共に報じられている）記事が、六件（2／15、4／16、5／9、6／6、8／20、10／14）

である。6の視覚障害者の活動、及び紹介記事の中には、第六章第三節で論じた郡司ななえ（新聞ではその名は、「七

表6　平成５年度　朝日新聞

	視覚障害者（盲人）関連	聴覚障害者（聾唖）関連	その他の障害（者）関連（「障害者全体」の中に、含む心身及び重度障害）			社会福祉社会事業関連		自閉症	計
			身体（肢体）障害（者）	精神（知的）障害（者）	障害者全体	地域福祉　社会福祉	高齢者福祉		
1月	1	2	0	1	5	6	5	1	21
2月	1	0	0	1	2	4	12	0	20
3月	1	2	7	4	5	1	11	0	31
4月	2	3	1	1	7	9	8	1	32
5月	2	1	3	1	2	2	7	0	18
6月	2	1	1	3	3	6	6	0	22
7月	0	0	3	2	1	7	10	0	23
8月	3	4	2	1	1	1	6	0	18
9月	1	2	9	0	9	7	20	0	48
10月	7	1	1	0	8	6	9	0	32
11月	5	4	6	1	5	5	10	0	36
12月	0	0	2	2	6	2	9	0	21
計	25	20	35	17	54	56	113	2	322
			106			169			

重」も取り上げられている。

尚、付け加えると、この年に障害者を含む福祉関連のことを述べた「社説」は六件あった。その六件という数――七三〇件（三六五日×一日…二テーマ）のうちの「六」――が多いか少ないかは、判断は難しいが。

これら二五記事の見出しのみを列記していく。

1.「目に関する障害関連・医療関連記事」**四件**

① 三月八日（月）一五面　七段（見出し六段）（一二五行）

『中高年に黄斑変性症が増加　失明の恐れ、専門医の診断を　漢方で回復例あるが　治療の決め手なし』

② 四月一六日（金）夕刊六面　六段（見出し三段）（五六行）

『色覚障害、制限緩めて　小型船舶免許巡り陳情　運輸省令改正』

③　一〇月一日（金）夕刊九面　二段（見出し一段）（二九行）
『緑内障の〝損失〟　千二百億円にも　塚原教授が計算』

④　一一月三日（水）一七面　一段（見出し一段）（二一行）
『色覚異常の人　体験談を募集』

2.「視覚障害者の参加するイベント・催物、あるいはグループ活動・交流。また競技会関連記事」**五件**

①　五月二二日（土）二七面　六段（見出し四段）（七四行）
『目の不自由なもの同士　〝草の根の国際交流〟　夢の実現へ応援も次々　きょう資金集めの催し　江戸川のグループ、9月に豪州へ』

②　八月二六日（木）一七面　五段（見出し四段）（七二行）
『目隠しつけて　〝手探り造形〟　体験の催し　イメージとの落差に参加者驚き』

＊アイマスクで目を隠し、手指の触覚と感性だけを頼りに粘土で作品を練り上げていく試みが、東京・六本木の麻布美術工芸館で行なわれた。この日の参加者は二十一人。そのうち四人は目の不自由な人。

③　八月三一日（火）一四面　三段（見出し一段）（四七行）
『「キューバに点字用紙を」　視覚障害者らが募金』

④　九月一〇日（金）一八面　七段（見出し五段）（一一三行）**【**うち写真二枚：〔上、三段×約1/5頁幅、「〝わあ、大きい〟。横田和典君は藤原さんに抱かれてブドウの房を、生まれて初めてさわった＝四日、福岡県田主丸町で」〕。〔下、二段×約1/5頁幅、「山田屋建次君は、川の流れを粘土の地図にしようと格闘する＝五日、福岡県田主丸町で」〕**】**
『盲学校の子ら　自然とふれあう　福岡でボランティアと交流集会　手で、耳で、それぞれの発見　感じた「地図」粘土で表現』

⑤　一〇月一一日（月）二六面　二段（見出し一段）（一八行）
『点字ワープロ競う』

3．「視覚障害者の為の器具、及び生活用品開発、あるいは商品（スーパー等）の受け入れ側関連記事」**四件**

①　一月二五日（月）三面　八段（見出し四段）（八三行）
『イヤホンから「右に曲がって…」　視覚障害者を電波で道案内　名城大チーム３月から実験』

②　六月二一日（月）三〇面　四段（見出し三段）（五九行）【うち写真二・五段×約1/5頁幅、「通産省の機械技術研究所が開発した盲導犬ロボット」】
『盲導犬ロボットに異議あり　目の不自由な人「実用に不向き」でも韓国の国際博に出展』

③　一〇月七日（木）一七面　五段（見出し三段）（七七行）【うち写真二段×約1/9頁幅、「少しのくふうで、いろいろな人に使いやすいものになる＝東京・銀座で」】
『目の不自由な人や高齢者に　やさしい生活用品を提案　プリペイドカードの種類・度数を見分ける機械　手探りでも使える現金自動支払い機　シャンプーなどの容器』

④　一〇月一四日（木）一九面　三段（見出し一段）（二八行）
『障害ある客にやさしい工夫　大手スーパーで次々』

＊ダイエー（本社＝神戸市）は「目の愛護デー」の十日から、全国百八十九店で白いツエや盲導犬を伴った目の不自由な方が気軽に買い物ができるようにと売り場への誘導や商品選び、精算などを手助けしている。（略）。西友（本社＝東京）は、車いすの人や視覚障害のお客に対応するポイントなどをまとめたビデオ「人にやさしい店づくり」をつくり、八月後半から店長や新任管理職らの研修に役立てている。

4．「視覚障害者の為の点字本出版、また点訳楽譜、触知地図、及びテープ制作関連記事」**四件**

①　一〇月二七日（水）一七面　四段（見出し二段）（四七行）【顔写真一段×約1/18頁幅、「長年にわたって電話による育児相談にかかわってきた芹沢茂登子さん（六三）」】

『視覚障害者のための育児書　電話相談員が点字本で出版』

②　一〇月二九日（金）夕刊一四面　二段（見出し一段）（三七行）

『声でつづる旅の魅力』

＊目の不自由な人たちに海外旅行の魅力を伝えようと、テレビのキャスターやアナウンサーの四人が、自分の旅行体験やお気に入りの文章をテープに吹き込んで、声でつづるエッセイ集作りに取り組むことになった。

③　一一月七日（日）二六面　三段（見出し三段）（六一行）【うち写真二段×約1/10頁幅、「点訳楽譜づくりに励む笠井龍太郎さん＝埼玉県与野市内で」】

『童謡や唱歌の　点訳楽譜三〇〇〇冊に　目が不自由な少女の姿に感動　「ほかにも必要な人いる」　埼玉・笠井さん』

④　一一月一八日（木）夕刊一四面　三段（見出し一段）（三一行）

『手で見る地図改訂版』

＊京都府亀岡市のボランティアサークル「点友会」が目の不自由な人のために、都市や鉄道案内図から国立・国定公園までを盛り込んだ「触知日本地図」（北海道・東北編）を作った。

5．「視覚障害者への行政の対策関連記事」**二件**

①　一一月二二日（月）一七面　五段（見出し二段）（六五行）

『地方公務員の採用試験　視覚障害者向け徐々に』

地方自治体で視覚障害者向けの公務員採用試験が徐々にだが広まりつつある。点字受験が少しずつだが、各自治体で検討され出している、という記事。

②　一一月二七日（土）二七面　八段（見出し六段）（一一五行）【うち写真二枚：〔上、三・五段×約1/5頁幅、「一〇月一八日に港区職員が自転車を整理する前の点字ブロックの状態」〕。〔下、三・五段×約1/5頁幅、「同一八日に同区職員が約三〇分かけて自転車を整理した後。約一時間で元の状態に戻ってしまった＝港区芝五丁目で」〕】

『**点字ブロックの上に　自転車をおかないで　ＪＲ田町駅西口**　**都の福祉会館と結ぶ場所　障害者団体など撤去訴え　「対策」の条例がない港区**』

6.「視覚障害者の活動、及び紹介（個人が写真と共に報じられている）記事」**六件**

①　二月一五日（月）一五面　七段（見出し六段）（一三一行）【うち写真四段×約1/5頁幅、「園児たちに話をする郡司七重さんと、足元に立つベルナ＝東京都江東区の区立南陽幼稚園で」】

『**老盲導犬の仕事は続く**　**幼稚園で「お話の会」　飼い主と出演　恐くないでしょ？　私は主人の「目」**』

②　四月一六日（金）二七面　八段（見出し七段）（九二行）【うち写真三・五段×約1/5頁幅、「リサイタルを前に自宅で練習する小倉さん＝渋谷区本町三丁目で」】

『**失意　決心　努力　激励　晴れ舞台　渋谷の小倉正恒さん　クラリネットの響きを「バリトン」に変えて…　あす赤坂でリサイタル　「実力で生きていきたい」**』

＊重度の視覚障害を乗り越え、バリトン歌手の小倉正恒さん（四〇）が十七日、赤坂でリサイタルを開く。目の病気で（と言っても生れつき視力が弱かったが）音楽大学卒業直前にクラリネット奏者の道を断たれた。しかし、夢を捨て切れず、アルバイトしながら大学に入り直して声楽を学び、二年前に歌手としてデビューした。「目の障害に関係なく、音楽家としての実力で生きていきたい」。同じハンディを持つ音楽家や恩師の励ましを受け、晴れ舞台に立つ。

③　五月九日（日）二五面　八段（見出し七段）（五一行）【うち写真二・五段×約1/5頁幅、「高尾山登山の計画を話

す蔀島さん＝江戸川区清新町の自宅で」】

『**さわやかな風　柔らかい陽光　新緑のにおい　肌で感じたい**　**江戸川の福祉協会の約一〇人　三〇日　高尾山に登る　海外旅行の計画を前に　「親ぼくと徒歩訓練のために」**』

＊江戸川に住む目の不自由な人たち約十人が、三十日、新緑の高尾山をハイキングする。

④　六月六日（日）四面（日曜版）《ひと紀行》欄　六段（見出し二段）（九三行）【うち写真四段×約1/2頁幅、「千葉市の職業訓練法人千葉県テクノピラミッドで」】

『**千葉点字図書館　講師　山口芳夫さん**　**失明後も点字指導**』

＊山口さんは生来、目が悪く、平塚盲学校（神奈川県）を卒業、千葉盲学校教諭になったのだが、**網膜炎**にかかり五十三歳で完全失明した。

⑤　八月二〇日（金）二三面　五段（見出し五段）（一一一行）【うち写真二枚：〔上、一・五段×約1/6頁幅、「歌集〝残燈〟」〕。〔下、二段×約1/7頁幅、「歌集を出版した目加田誠さん＝福岡県大野城市の自宅で」〕】

『**銀杏の葉　庭に散り敷く美しさ　まぶたに見ゆる木枯らしの朝**　**八九歳、見えぬ目で歌集　中国文学者の目加田誠さん　思いを託した二四〇首　「生きているうちは何かを」**』

⑥　一〇月一四日（木）一九面《がんと向き合う⑵》欄　七段（見出し四段）（一二四行）【うち写真二・五段×約1/5頁幅、「〝病気と恐怖、その二つと闘うことに疲れるときもあるわ。でも心のもちかたなのね。一晩寝るといやなことも忘れる〟＝東京・青山の事務所で」】

『**人生の歌を歌えれば――ピーコ　服飾評論家48歳**　**左目失い　視線の痛さ知った　「だれかのために生きたい」**』

以上である。ここで一記事、新聞という媒体が福祉への世論喚起の姿勢を示している上記5―②の記事を記して、また「**社説**」の**六件**の中にあった、三月二九日のそれを記してこの節を閉じたい。

★一一月二七日（土）二七面　八段（見出し六段）（一一五行）

都の福祉会館と結ぶ場所　障害者団体など撤去訴え『点字ブロックの上に　自転車をおかないで　ＪＲ田町駅西口「対策」の条例がない港区』

《駅前の道路沿いに乱雑に置かれた自転車の列。郊外ではありふれた光景だが、港区のＪＲ田町駅西口の場合は事情が深刻だ。近くに、団体客だけで年に二万四千人もの目の不自由な人が訪れる都障害者福祉会館がある。だが、会館へ導く点字ブロックの上を自転車がふさぎ、大きな妨げになっている。それでも役所の側は、権限や人手不足などで対応しきれない状態。たまりかねた障害者団体関係者らが、「置かないで」と訴えるキャンペーンに乗り出すことになった。

福祉会館には点字の印刷機や製本機などがあり、ここを拠点に多くの目の不自由な人のグループが活動している。会館に向かう点字ブロックは、第一京浜国道の横断歩道をはさんで、港区芝五丁目にある会館と駅とを結んでいる。自転車は、昼間ならいつも二百台ほど置いてあり、特に駅から横断歩道までの点字ブロックがふさがれやすい。歩道の奥の方には放置状態の自転車やバイク。車道寄りの点字ブロックが走る部分には、主に通勤・通学者が朝夕、自転車を置いて行く。昼間見ていたら、駅前の店舗や銀行に来た人も次々と置いて行った。

港区役所が放置自転車の撤去を通告する作業を先月十八日に行った時に、点字ブロック上の自転車も整理した。しかし、作業を横目に自転車を止めて行く人が続き、一時間もすると元に戻ったという。

田町駅近くに住む区盲人福祉協会の坂本良一会長によると、ひどい時にはつまずいたり、横倒しの自転車に足を取られて転んでしまったりする。自転車に引っかかってつえが折れることもあり、「外出には常に予備のつえをもう一本持ち歩いている」という。

点字ブロックの上には、「目の不自由な方のものです。自転車をのせないでください」と書いたステッカーを区がポツポツと張っている。また、第一京浜を管理する建設省東京国道工事事務所の金杉橋出張所が撤去を通告する看板を出しているが、道路側を向いている。いずれもあまり目立たない。

実は港区には、二十三区の中で千代田、文京両区と並んで放置自転車対策の条例がない。このため通勤・通学者らの自転車を強制的に撤去する措置は取れずにいる。こうした条例ではふつう、放置禁止区域を設ける代わりに駅や商業施設に駐輪場の設置を義務付けるが、都心で地価が高い上に都市開発が進んだ港区で駐輪場用の土地を見つけるのは困難という。

港区自転車対策係に聞くと、「場所があったとしても、駐輪場は維持・管理で年間一千万円はかかる。本来、通勤などに自転車を使う必要のあまりない港区で、そうした支出を議会が認めるかなど、条例の制定にはいろいろ問題がある」との説明だった。

国道工事事務所金杉橋出張所は、「問題の場所に対してだけ強い措置を取れば、ほかはいいのかという問題が生じる」という。田町駅や三田警察署も「気がつけば点字ブロックから自転車をどけているが、常時続ける人手はとてもない」との立場だ。

撤去キャンペーンは、こうした中で当面実行が可能な手段として出てきた。二十九日午前十時から港区盲人福祉協会などの障害者団体やボランティアのほか、港区などの職員も参加して田町駅頭で行われる。チラシなどを配布し、自転車利用者のマナー向上を求める考えだ。

「効果は一時的なものかもしれないが、市民のモラルに訴え、理解を求めていくしかない」と坂本会長はいっている》

このようなことも障害者を取り巻く、それはごく身近な、そして切実な問題なのである。

★三月二九日（月）「**社説**」二面　六段（二題のうちの一つ＝四段、見出し二段）（一一四行）

『**障害があっても輝く社会に**』

「国連・障害者の十年――皆が参加する〝ぬくもりのある福祉社会〟の創造」ということしの厚生白書は、障害をもつ当事者たちの辛口コメントが載っているのが新鮮だ。たとえば、九歳で全盲となり十八歳で聴力を失った研究者・福島智さんは、こう書いている。

「警察の仕事が〝自警団〟によって肩代わりできないように、福祉の仕事もボランティアに頼るだけでは不十分だ。障害者や高齢者が胸をはり、安心して生きられる社会をめざすことは、すべての人の豊かな生き方につながることなのだと思う」

「胸をはり」という表現に、その心情が表れている。ひとの情けに頼るのでは胸は張れない。「行政は、ボランティアを勧めるより、福祉を仕事とする職業人を増やしてほしい」と福島さんは訴える。

こうした願いを踏まえ、白書は「障害者が社会の一員として生き生きと暮らしていける、だれもが安心して暮らせる社会を創造していくこと」を呼びかける。

問題は、そのような社会をどのようにして実現するかである。

私たちは先に、障害をもつ人々が生き生きと輝くために、高齢者保健福祉推進十か年戦略「ゴールドプラン」と並ぶ「ダイヤモンドプラン」を策定すべきだ、と提案した。宮沢首相を本部長とする政府の障害者対策推進本部が策定した「障害者対策に関する新長期計画――全員参加の社会づくりをめざして」は、その一つの回答だろう。

新長期計画の冒頭で、「ノーマライゼーションの理念のもとで」と述べている。障害や病気がどんなに重くても、人には住みなれた土地のふつう（ノーマル）の家に住み、外出や仕事、友情や恋愛など、ふつうの生活を味わう権利がある。それを可能にするために、社会の側が制度や条件を整えなければならないというのが、ノーマライゼーションの理念だ。

一九五九年、デンマークで福祉の法律に盛り込まれたのを皮切りに、北欧や西欧の国々では建築基準法や社会サービス法を整え、予算をつぎこみ、この理念を実現するための社会資本を着実に蓄積していった。それが、老いても障害をもっても輝くことのできる社会につながった。

新長期計画は、障害に配慮し駅にエレベーターやエスカレーターを設置すること、不特定多数が利用する建物を改善し、住宅改造に助成すること、街中にグループホームや仕事の場をつくるほか、交通手段を整備することなど、各省庁にまたがった幅広い提案をしている。

これはノーマライゼーションの理念と一致する提案だ。ただ、「ゴールドプラン」に比べ予算の裏づけに乏しく、「ダイヤモンドプラン」には遠い。

ゴールドプランは、消費税導入を巡り苦境に立った政府・自民党が、分かりやすく喜ばれる政策を示さねばならないという、切羽つまった状況下で登場した。

そんな党略優先の考えとは別の意味で、いま、新長期計画実施の機は熟している。景気対策のための大量の公共投資が、文字どおり「公共」に役立つよう、知恵をしぼらねばならない時期だからだ。同計画が充実を求めているのは、将来にかけて国民の財産となる社会資本である。

政府は、国連のスローガン「万人のための社会に向けて――啓発から行動へ」にならい、「新長期計画の推進にあたっては、単に〝啓発〟を行うだけでなく〝行動〟に結びつくよう配慮する」とうたいあげた。言葉通り、行動へと踏み出してほしい』

社説は、その新聞社の考えを述べる場である。その時に関心ある話題に触れる場でもある。朝日がより障害者に関心を示して、七三〇テーマのうち、せめてその一％の七～八回ぐらい、それを主題に語ってくれたらと願う。また、朝日も「社説」で、『単に〝啓発〟を行うだけでなく』、朝日自身も障害者福祉の為に『行動へと踏み出してほしい』と、論者は願う。

第五節　上記四カ年の記事の推移を見て分かること、関心（度）の変遷

第一節の大正一一（一九二二）年の東京朝日新聞、東京日日新聞、大阪毎日新聞の各社の記事から見て取れるのは「大阪毎日」が、その調べた六カ月間だけであっても、前二社の一カ年分の記事よりも盲人関連の記事数は多かった（朝日＝二四件、日日＝一七件、毎日＝三二件）、ということである。このことが全体を通して最も特徴的なことだった。すでに触れているが、大阪毎日新聞社が盲人に対してより関心を持っていたことが、このことからも判然とする。『奮闘の盲人』と題して七回だったが、活躍する盲人を取り上げる企画連載もしていた。このような連載は他二社には見られないことだった。

従って「點字新聞」の発行が同社によって成されたというのも至極首肯できることだった。記事数のみに限らず、その内容においても他二社とは比較にならない程、視覚に障害のある人たちを丹念に追っていた。このことがどのような理由からなのか検証する意味があるかもしれない。東京から起こったことではないという理由を。

第二節の、それから二〇年後の昭和一七年に於いては当然のこととして、戦争・戦況関連の記事が多くなり、紙面の頁数も少なくなったことと連動して、障害者を含む福祉関連の記事がそれまでのようには見られなくなった。年間を通して（朝日一紙だが）**一五件**も盲人関連記事があったことは多いと見るべきなのだろうか。聴覚障害者関連が二件、ということと比べれば、それでも関心は示されていたと考えるべきかもしれない。その他の障害者が〇件や、癩関連も二件であったことを考えるとそのことが言えるように思える。

但し、「盲」を使った否定的な言葉遣いも、視覚障害者に対するものの特徴であることも頭に入れておかなければならない。

そして第三節、戦後も一七年の過ぎた昭和三七年では一気に社会福祉・社会事業関連記事が増えている。これも経

済成長を遂げていく国にあっては、当然の流れということができるだろう。

盲人関連記事は、昭和一七年に比べて**三〇件**と増えている。これは聴覚障害者関連記事においても同じであり、一七件と増えている。その他の障害者関連では昭和一七年はゼロであるから、その数は八二件で大きく増えていることになる。癩関連は、二件と同数になっている。大正時代に比すと、社会がそのことにあまり関心を示さなくなったことを意味している。

それから一九九三年の、今から一〇年前（昭和三七年から四一年後）の記事数では視覚障害（重複障害を含む）者関連は、**二五件**と昭和三七年より減っているが、聴覚障害者関連は、二〇件といくらか増えている。またその他の障害者関連では、一〇六件（身体障害・肢体不自由関連＝三五件、精神・知的障害関連＝一七件、障害者全体＝五四件）と、昭和三七年よりさらに増えている。

さらに増えているのは、社会福祉・社会事業関連記事も同じである。一五九件から一六九件と、これは日本の社会状況と密接に関係していることである。但し、福祉関連は、読み方によって、それに含めてもいい記事もあったと思われるので、厳密な数字ではない。もっと増える数字かもしれないということを記しておく。

尚、癩関連記事は、無かった。見落としがあったかもしれないが、調べた限りでは見出せなかった。このころ、新聞に報じられた難病、あるいは世界的に発症の多い病気、医療関連では、エイズ、癌、C型肝炎、膠原病、アトピー、臓器移植、脳死等々だった。

一九九三年になると、縮刷版の分類において、あらゆる頁・面で視覚障害者関連の記事は出現している。大見出しで言うと、『政治』、『国民生活』、『家庭面』、『特集面』、『本社』というものがある。それらのそれぞれの下に中見出しや小見出しがある。『政治』では、「法令・法案」という見出しの中に視覚障害者関連の記事はあった。『国民生活』では、「福祉・厚生」や「観光娯楽」という中に入っていた。

しかし最も多いのは『家庭面』である。その中見出しとしてもいくつもある。「老いと福祉」、「女性」、「医療」、「くらし」、「育児教育」などなどである。『特集面』では「解説面」、「にゅうす・らうんじ」、「主張・解説」の中に、また『本社』という見出しの中では、「社説」が最も大きなボリュームを占める。他に「声」や「社告」にもその記事が含まれることがあった。

ここでは一九九三年一二月九日の「**社説**」を記して、そしてまた第一節にあった大正一一（一九二二）年五月一一日の「大阪毎日新聞」における「**社説**」を記して、両者の内容を読み比べながら、この節を閉じたい。

★一九九三年一二月九日（木）「**社説**」二面　六段（二題のうちの一つ＝四段、見出し二段）（一一四行）

『障害とハンディと教育と

北海道留萌市の中学生、山崎恵さんは独りぼっちの特殊学級に入れられた。ホームルームの時間も給食の時間も友達と隔離される。車いすが必要な身という、ただそれだけの理由からである。

恵さんは、「普通学級で学びたい」と裁判を起こし、こう述べた。「障害があったり、年をとって体が不自由になっても、自分のことは自分で選んで決めることができて、みんなが一緒にいて支え合うのが当たり前の社会にしていきたい」

旭川地裁は去る十月、この訴えを退けた。「普通学級と特殊学級のいずれに所属させるかの決定権は校長にあり、憲法は子や親に選択権を保障していない」との判断だ。恵さんは、控訴して闘っている。

そんななかで、先週公布された「障害者基本法」は、普通学級で学ぶのが当然、という先進諸国の常識に一歩近づく方向を打ち出した。大きな進歩だと思う。

第一二条には、こうある。「国、及び地方公共団体は、障害者の教育に関する環境整備を促進しなければならない」

「環境整備とは、車いすのために段差をなくすといった狭い意味ではない。障害のある子を、その願いにそって生徒、学生として受け入れることです」と参院の八代英太議員（自民）や堀利和議員（社会）はいう。八代さんは車いす、堀さんは全盲の身で、超党派立法のために奔走した。

この法律の成立をきっかけに、日本も、「障害」が「ハンディ」にならない社会に踏み出したい。

ゴルフのハンディでおなじみの「ハンディキャップ」という言葉は、「障害」とは一味違った意味をもっている。「障害」は、身体障害者というように、機能の低下そのものを指すが、「ハンディキャップ」は社会的な不利の度合いを表現する。「移動のハンディ」とか「コミュニケーションのハンディ」などがその用例だ。

従って、ハンディの大きさは社会の条件で変わる。体に合った車いすがあり、町が車いすに配慮してつくられ、学校が車いすの生徒を受け入れる。そういう社会なら移動のハンディはゼロに近づき、「ふつう」の人々に近い生活ができる。

米国では、障害を理由に学生、生徒を普通教育から排除することが、二十年前、禁止された。耳の聞こえない学生には手話通訳、目の見えない学生には朗読者が用意される。手の不自由な学生に代わってノートをとる人が配置される。障害が重くても学習の機会は平等に、との理念からだ。

十八年前のきょう十二月九日、国連が採択した「障害者の権利宣言」は、次のように述べている。「障害者は人間としての尊厳を尊重され、同年齢の市民と同等の基本的権利をもつ。それは、可能な限りふつうの、かつ十分に満たされた生活を送る権利のことである」

こうした国際的な共通の認識を、日本でも常識としなければならない。その際、教育の役割は特に大きい。

日本を訪れる福祉の専門家が、養護学校の卒業生や福祉施設の入所者が駅で切符を買う訓練や、店で買い物をする練習の風景を見せられ、こんな感想をもらしているのを聞くことが、しばしばある。

「幼稚園や小学校のころから一緒に育っていれば、ごく当たり前に身につくことなのに」「同じ学校で過ごせば、クラスのだれかが建築家になった時、車いすの友達のことを思い浮かべながら建物を設計する。政治家になったら、障害のある友人を念頭におくだろうに」

「普通学級と特殊学級のいずれに所属させるかの決定権は校長にあ」る、という。人の運命を左右しかねない重要なことを、そのような者の個人的判断に委ねている。ひどく異常なことである。「障害者基本法」が、どの地域においても広くゆき渡ることを祈らざるを得ない。「障害者は人間としての尊厳を尊重され、……可能な限りふつうの、かつ十分に満たされた生活を送る権利」が保障されることを。一般人もまたそのことを当然のように理解し、認識することを願わざるを得ない。

★一九二二（大正一一）年五月一一日（木）「**社説**」二面　二段（見出し一段）（一二九行）

『盲人教育の現狀　我社の點字新聞發刊――我社が豫告通り愈よ本日を以て週刊點字新聞第一號を發刊するに當り、世界における盲人教育の一斑を報道するも敢て無益ではあるまい。盲人が如何に不幸の生涯を送るものであるかはいふまでもない。從つて世の慈善家が盲人の不幸を救濟する目的を以て訓盲院の如きものを興し、教育授産の途を講じてゐたことは各國共に等しかつた。併しながら今日においては盲人教育の事は慈善家の個人經營に一任すべきものでなく、國家又は都市が直接其任に當らねばならぬものであるといふ見地から、各國競ふて其設備機關の完成に努めてゐる。從つて盲人に關する各種の統計も出來てゐるが、一九〇一年の英國國勢調査によれば、人口千二百八十五人毎に一人の盲人がある割合であつた。米國ではマサチユセツツ州とニユーヨーク州との統計を基礎とすれば、人口八千萬人のうち十萬人の盲人のあることを示した。其うち米國四十個の盲人學校に收容されてゐる兒童數は四千五百人である。獨逸に於ては就學年齢の盲兒三千人あり、内二千五百人は就學してゐる。世界に於る最初の盲人學校は一七八四年巴里に建てられた國立盲兒學校であつたが、英國ではそれより七年の後リヴアプール市に建てられたものを嚆矢として、十九世紀間數十の盲人學校が設立された。米國の四十校のうち十八校は職業學校であり、凡てが國家の經營に屬する。飜つて日本では大正七年末の調査によれば、盲人總數二十一萬四千六百人に對し盲啞教育の事業數七十二、収容人員三千七百人を算するも、官立として稍や完備せるものは僅かに東京聾唖學校と東京盲學校あるのみ、公立としては京都市立盲唖學校、大阪市立盲唖學校、名古屋市立盲唖學校等最も多くの收容人員を有し、其他は少數の財團又は社團組織のものを除きては、悉く私立であり且つ極めて小規模のものである。

盲人教育の本義は出來得る限り完備せる教育を與ふることにより、盲人自身の不幸を救ふに在ると同時に、彼等に適當なる職業を敎ふることにより、世界の文化並びに產業に貢獻せしめるにある。彼等に獨立の生計を與ふることが二重の意味において經濟上の利益であるばかりではなく、盲人自身、自分も世の中の役に立つ人間であるといふ自覺を持つことが、どれほど彼等を幸福にするかは測り知ることは出來ぬ。盲人の不幸は肉體的よりも寧ろ精神的である。世の厄介物であるといふ考へが如何に彼等を悲觀せしめるかは憫むべきの至りである。相當の教育と職業とを與へさへすれば此感を除くことが出來、其幸福は獨り彼等のみに限らない。實に社會の福利となるのである。

歐州戰爭後、失明廢兵の爲め英佛等に多くの立派な授產場が起り、之を再教育と稱して、殆ど有らゆる種類の職業を彼等に敎へてゐる。或當事者は世に盲人の出來ない職業は一もなくなるだらうとさへ語つてゐる。然し今日のところ盲人の製作品として最も適してゐるのは、籠、織機、繩、敷物、刷毛、籐椅子、玻璃器等であり、佛國では巧妙なる指物師、珠數師等もある。按摩又はマッサージは古來盲人の職業としてあり、今でもかく考へられてゐるが、此職業を目明きにも許すことは盲人に對して不公平であり、社會としても不利益である。宜しく斯かる適當なる職業を不幸なる人々の爲めに保留すべきである。尚ほ稍高尚なる盲人の職業としては、タイピスト、音樂家、樂器調節者、教師等があり、米國には盲人のみを賣子とする小賣商店もある。

盲人の教育はいふまでもなく點字によるのである。世界最初の點字書物は一七八六年巴里で出版されたが、六點式の完全なる點字綴法は、一八二五年佛人ルイ・ブレーユ氏によつて發明され、今日世界一般に採用されてゐる。日本の點字も之を基礎として多少の改良を加へたものである。盲人の智能開發及び團結の機關としては、有名なる「盲人アウトルック」や「チーグラー雜誌」等が米國にある。我國には未だ一の點字新聞がなかつたが、新聞社として此不幸なる同胞諸氏の爲に盡すべき唯一の途は此機關を提供するにあると信じ、我社は茲に此企てを實行するに至つたのである。勿論最初の試みであり、初號より完備を期しがたいが、やがては發達して社會奉仕の一端とも成り得れば我社の欣幸何物も之に過ぎない。而して此種の事業が目明きの人々の親切なる援助に俟たねばならぬことはいふ迄もない』

大正一一年当時の社会のことが、いくらか垣間見られる。盲人の置かれた立場も窺える。

「盲人が如何に不幸の生涯を送るものであるかはいふまでもない」と述べられている。このことだけ見ても、容易に想像はつく。盲人であって幸福な一生を送れるのは、ほとんど稀有なことだと語っている。第五章（大正期生まれの著者たち）で取り上げた人々の多くは（勿論、第四章で取り上げた人々も含めて）、その「稀有」の人たちであった。

そんな不幸な盲人の少しでも力になればとの思いから、この「大阪毎日新聞社」は立ち上がったという。盲人の幸福にとって最も必要なことは、教育を受けることだ、と言う。それまでの日本社会の一般においては、確かに、盲の子として生まれてきたら、一生を座敷牢のような所に入れられて過ごした者も多かっただろう。親自身が教育を満足に受けていなければ、その子への対処の仕方が分からないのも当然と言える。

しかしそんな状況が良いこととは考えなかった人々が、ここに立ち上がったのだ。英国の例を引き、米国の例を引き、そしてドイツ、フランスの例を引いて、日本にも公立の盲学校が必要だと――その必要性を説いている。

「日本では大正七年末の調査によれば、盲人總數二十一萬四千六百人に對し盲啞教育の事業數七十二、收容人員三千七百人を算するも、官立として稍や完備せるものは僅かに東京聾啞學校と東京盲學校あるのみ、公立としては京都市立盲啞學校、大阪市立盲啞學校、名古屋市立盲啞學校等最も多くの收容人員を有し、其他は少數の財團又は社團組織のものを除きては、悉く私立であり且つ極めて小規模のものである」

と、嘆きと共に述べている。盲人に教育をほどこし、そして職業を与えることこそ、盲人の幸福につながると訴える。経済的に自立させ、また仕事に就かせることによって、生甲斐をも持たせる。このことこそが大切なことだと訴えている。

翻って平成の今日はどうであろうか。約八〇年前の大正一一年当時とどれだけ変わったと言えるのか。次の文章が現在においても、全くそのまま充当できるように思えてならない。

「盲人の不幸は肉體的よりも寧ろ精神的である。世の厄介物であるといふ考へが如何に彼等を悲觀せしめるかは憫むべきの至りである。相當の教育と職業とを與へさへすれば此感を除くことが出來、其幸福は獨り彼等のみに限らない。實に社會の福利となるのである」

障害者と共に暮らせる社会こそが、真に豊かな社会なのだと思う。

以上、四つの時期のそれぞれの一年間を見てきたが、こと視覚障害者関連でいうならば、その記事数においても、また内容的においても（＝その関心度に）大きな差異はなかったということができる。むしろ、大阪毎日新聞を念頭における、大正一一年が最も「視覚障害者を報道する」という点では熱心であったように思われる。その年がある意味、日本の盲人にとっての〝夜明けの年〟であったとすれば、当然のことであったかもしれないが。

昭和一七年という戦時真っ只中にあっても、**一五件**の関連記事があったことを考えると、障害者の中でも盲人は、話頭にのぼる障害者の中でも、関心を引く存在であったのかもしれない。それは盲目であったとしても優れた人材を輩出していたことと関係しているだろう。ということを考えると、これから先も、平成という現代においても、優れた行動をなす視覚障害者が登場すれば、社会に対して主張する場は増えてくるだろう。第四章以降で取り上げた人たちは、そのような人たちの中の、ごくごく一部の人たちだ。

多くの優れた視覚障害者がごく当たり前のこととして、「居る」ということを記しておきたい。

終　章

明治期以降の視覚障害者の歴史を、主として彼等が綴った文章から見てきた。これは視覚障害者に限ることではないが、大東亜戦争（太平洋戦争）敗戦前までの障害者の置かれた立場は決して恵まれたものではなかった。その一つとして、明治期・大正期には教育を受ける――家庭的に恵まれない彼等にあっては通常一般には――権利すら確立されていなかったことがある。教育を受けられないどころか、もっとひどい、外に出ることさえも許されなかった障害者もいた。暗い部屋の片隅に、ただ放って置かれるということも多くあった。それは昭和に入っても、地方においてはまだ見られたことだった（第六章第三節「関幸代」の項・参照）。障害者の社会での地位、扱われ方はそういったものだった。

視覚障害者。もともとは正常な頭脳の持ち主であったとしても、見えないということは、情報を得るその第一段階が欠落していることで（情報の八〇％は目から入ると言われている）、外から正しいそれが与えられない限り（無教育であれば）、正常な発達はなく、無知のままということになる。

つまり適切な教育が施されない限り人間とはなり得ず、動物のままということなのである。そんなことが――貧しい家庭にあっては――昭和三〇年代ぐらいまではあった。だが時を経て、人々の努力もあって徐々に彼等にも目が向けられ始めていった。そして平等に教育の機会が与えられていったのである。

ここで用いた『自叙伝』で、特に明治・大正・昭和の初め頃のそれで、強く主張されているのは、そのこと＝盲人教育のこと＝である。そしてこのことがこの『自叙伝』の各著者の、オモテ面、ウラ面の違いはあれ、共通して述べられていることだった。

本論に登場する六一名について、その彼等の個々の歴史、及び人となりは第四章から第七章で述べた通りだが、改めてノーマライゼーションの観点から触れてみたい。すでにそれら各章の最終節で、〝まとめ〟として考察しているが、論を閉じるに当たってここでも総括的な検証をしてみたい（但しそうであるから当然に、そこで述べたことと重複することもあることを断っておく）。

明治期生まれの二〇名について。いくつかの区分けをしてみる。まず失明時期から見てみる。

先天的、あるいは一〇歳ぐらいまでの幼少期に失明したのは八名である。彼等はその成長過程において、「ノーマルなリズム」の生活を送ることができていたのだろうか。

そして残り一二名の比較的大きくなってから（あるいは成人後に）失明した者たちであるが、彼等のその障害に対する受容の心理過程はどのようなものであったのかを検証してみる。そこでは生まれた家庭環境も影響していただろうし、また受けた本人の教育程度も関係しているかもしれない。それらを考察することによって、ノーマライゼーションの原理――この当時はまだその言葉さえなかったが――でいう「平等の権利」八項目と家庭の状況、本人の教育状況との関連が判然としてくるだろう。

そしてこのことは、次の大正期（一一名）、及び昭和期二区分（それぞれ二一名と九名）の検証でも同じである。それぞれの年代を併行して考察することで、その時々に視覚障害者の置かれた状況の違いが見えてくるかもしれない。

明治期の先天的あるいは幼少時の失明者八名（好本、中村、大橋、熊谷、石松、鳥居、栗原、河野）を見てみると、家庭環境はそれぞれ違っている。比較的恵まれていたのは好本、大橋、河野ぐらいである。しかしすでに述べていることだが、基本的にこのような『自叙伝』を残せたものは成功者であり、特に明治期とか、時代が古くなればなる程そうであって、出生時は不遇であっても、努力して、また周りの人の協力を得てその地位を獲得した者ばかりである。

その努力と協力がなければ、当時は障害者は「不具者」として隠され、放って置かれることが多かったのだから。

経済的には必ずしもそうでなくても、少なくとも両親の理解は多大にあったものと考えられる者に、中村と鳥居が挙げられる。彼等は盲人ではあったが、暗い部屋の片隅に放って置かれることはなかった。幼少時から教育も授けられていた。

残る熊谷、石松、栗原は、決して幸福な幼少期ではなかったが——特に熊谷は——、従って「ノーマルなリズム」の生活は送られなかったが、そうであってもその後努力して、熊谷と石松は盲学校、そして大学の神学部に、栗原は師範学校特別学級に学び、前二者は牧師に、栗原は盲学校教諭へとなっていった。明治期の障害者は現在より比較にならない程、その人としての権利は保障されていなかった故に、その努力は大変なものであったことが想像される。

青年、あるいは成人後に事故や病気で失明した残りの一二名（高木、森盲天外、三原、岩橋、明石、長谷部、新里、大村、中川、中道、海老名、斎藤）は、それまではごく普通の生活はできていて、皆妻帯もし、生活基盤も確立されていた。「ノーマライゼーションの原理」の「平等の権利」八項目はどれも満たされていた。

但し、中途失明であるが故に個々の失明に対する「受容」は違ったものになっている。あまり失明を引きずることもなく、比較的早くそのショックから回復して、それまでと同じ人生を邁進していく者（政治家としての、高木や森がそうである）。またショックはあったが、父母や妻といった家族の愛から次第に回復していった者（岩橋や新里に代表される）、それぞれである。三原、長谷部、大村、中川、中道、海老名、斎藤も、失明当初は心の乱れもあったが、やがてそれを受容し、回復している。しかしハンセン病を発症した明石は、「受容」というにはあまりに辛いそれであった。受容しても「ノーマルな生活」を送ることはできなかったのだから。だがその明石を除けば、先天盲（幼少時に失明）の八名も含めて、皆結局は「平等の権利」は満たされて、それぞれの分野で活躍していくことになる。結果として日本の盲界における先駆者と言える人たちとなっていく。

彼等の「自伝」を見ることによって、彼等個人の人生が判ると共に、当時の盲人の置かれていた地位・状況も判ってくる。それはあまりに低く、彼等を保護する施設もないことが。いや、あってもひどく粗末であったことが。

ここに登場する筆者の大半が、もっと盲人にも人間らしい権利、「住環境」や「経済水準」、「個人の尊厳」を与えよと訴えている。彼等はそれを得せしめるための活動をしていた。高木と森は政治家として権利獲得に動き、好本と中村は盲人のための点字新聞（「点字毎日」）発刊に深く関与し、大橋、熊谷、石松、新里、大村等は、キリスト教の牧師として、盲人の精神的支えとなり、鳥居、栗原、河野は盲学校教員として盲人教育に尽力した。また、岩橋は「日本ライトハウス」を設立し、長谷部は「山梨ライトハウス」を、中道は盲老人ホーム「光道園」をそれぞれ設立し、盲人の権利回復、職業訓練、及び保護更生を実践した。三原と斉藤も出版社を立ち上げ、盲人に尽し、海老名も後年は神奈川の点字図書館長として、盲人と社会との架け橋となるべく活動した。

今から約一〇〇年前の明治期、当時はまだ人権意識が乏しかったこともあって、貧しい家庭に生まれた障害者・盲人はいじめに遭うことは日常だった。また教育を受ける権利も確立されてはいなかった故に、その成人後の職業も、按摩か、琴・三味線弾きに限られていた。盲人として生まれて来たからは、あるいは後天的にも盲人となってしまったからには、その一生はほぼ決まっていた。それがごく普通の盲人の実際だった。

ここで示されている『自叙伝』はしかし、「自伝」として残るだけの人生を歩んできた人たちばかりである。その点では成功者という範疇に入る人たちであり――その地位に至るまでに、鍼按・マッサージをその職業とした者も勿論あったが――、ハンセン病を発病してしまった明石を除けば、彼等自身のそのことに対する悲惨さが語られる部分は多くない。

但し、すでに記したが、日本盲界の黎明期にあたり、盲人の権利獲得、生活の普通化（のちの「ノーマライゼーション」）実現のために奔走した人たちばかりであるから、そこに至るまでの苦労は多かったものと推察できる。それは補論において提示した、明治期の盲人に関する新聞記事、「奮闘の盲人」や「盲人文化大会」を見ても明らかなことである。

また大正一一年五月一一日の「大阪毎日新聞」〝社説〟にもある通り、盲人教育の遅れは衆知のことであった。そんな時代に盲人のために活躍した人たちの『自叙伝』は、そのことをよく理解する上で相応しいものといえる。但し、結果として明石以外は恵まれた後年を迎えた人たちばかりである故に、盲人としての、負の部分はあまり多く語られてなく、その点では当時の正確な盲人の実態を述べてはいないという批判も免れない。そのことはこのような書物における考察の、避けられない限界であるともいえる。

大正期の一一名を見てみると、幼少時に失明したのは、武井と坂本の二人である。

坂本の『自叙伝』には幼い頃の記述はほとんどないので、その成長過程において「ノーマルなリズム」で生活が送られていたかは判然としないが、盲学校入学時（一〇歳）においてすでに音楽科に入り、音楽で身を立てようと決意していたことを考えると、比較的家庭環境は良かったように推察される。

また武井にしても、名門の出ということで経済的には満たされていた。しかし第五章の彼女の処ですでに触れているが、それ故に女性ということも加わって、「自由」はかなり制限されていた。留学後に盲学校教諭となり、後年はキリスト教会で働くが、どうやら結婚はしていないようだ。そのことを除けば、「平等の権利」のそれぞれは得られていたように思われる。

ただ彼女と母親との関係は、当時（大正時代）の名門の家庭にあって、障害者とその母との、ある典型を示していると思われる。見栄や体裁や世間体を思い、不具の子を家に閉じ込めておきたいという母の思い。武井は武井で、同じ姉妹でありながら健常者の姉と、なぜ自分に対しては母親は違った対応を見せるのかに疑問を感じ、悲しく思うところは、当時の世の中が垣間見えてくる。

一一名のうちの他（後天的失明）の九名は、戦傷や病気による失明であるが、戦傷による四名（近藤正秋、松井、木村、畑）は当時の日本の状況のある一面を明示するもの——戦傷（お国のための失明）であるが故に、その「受容」も早かったように感じられる——である。戦傷者のその後の日々は、ここに登場する人たちはやはり成功者であり、盲界で活躍している。

近藤は、「名古屋ライトハウス理事長」に、松井は、「日本職能開発センター所長」に、木村は、「和歌山県盲人協会会長」に、そして畑は、「多摩病院理事局長」にと、それぞれ後年なっている。このこともこの『自叙伝』に取り上げられる盲人の一つの特徴といってもいい。戦争前までは健常者であり、その後失明して、盲人のために、盲人の「ノーマライゼーション」実現のために活躍していくということにおいて。

残り五名のうち、森赫子は女優であり、失明後は失明者として、その『自叙伝』を物語としてまとめている。「自伝」というノンフィクションで書くのはあまりに生々しくなって、女優としては避けたかったようにも思えている。失明の「受容」についてもほとんど語られていない。

鈴木は失明について真摯に語り、「自殺」をも考えたが、結果としてそれを「受容」している。障害者として生まれて（二歳で左眼失明）、母に愛されることがなく、また鍼按師となってからもその職業に対する世間の蔑視、ここにも当時の盲人の置かれた現実が見えている。精神的には「ノーマルなリズム」での生活は、青少年期においては送れなかった。

青木も、その失明の「受容」には葛藤があったが、やがてそれを受け入れている。彼の『自叙伝』もごく真面目なものであり、後年キリスト教の牧師となって、盲人を含めて多くの人を神の御心へと導いている。

残る二人、松本馨と金はハンセン病患者で、失明だけでなく、身体にも障害をもつ重複障害者である。明治期の明石同様、発病後の彼等に「平等の権利」は「自由」という観点からは、つい最近まで与えられなかった。二人とも一五、六歳での発病で、失明より先にそれがあり、「失明」も病の一環と認識していて、「受容」は他の人たちに比べるとスムーズだった。

『自叙伝』から判る範囲で言えば、一一人中、松井、青木、畑が失明後一般の大学に入学し、卒業している。近藤も軍人教育所師範部を出て、盲学校の教員になっていた。森は不明だが、武井は横浜訓盲院から、アメリカ・パーキンス盲学校に留学しているし、鈴木、木村も盲学校を出ている。坂本は既述した通りである。大正期に生まれた一一名も教育を受けることには熱心だった――そうであったが故に、後年の成功を手にしたともいえる――。このことは時代が古ければ古い程、視覚障害者の自立にとって大切なことだったと思われる。

昭和期の敗戦前まで生まれの二一名では、先天盲、あるいは幼少時に失明したのは七名（福沢、竜、天野、関、藤野、石井、河辺）である。うち視覚以外にも障害のあったのは、両手首損傷の藤野と、聴覚障害もある石井の二人である。二人とも成長過程で、藤野は教育施設への、石井は職業訓練施設への入所を断られている。重い障害のある者に対する、社会の目に見える形での差別に遭っている。「平等の権利」における、④「ノーマルなライフサイクル」、⑤「本人の選択・願い・要求の尊重」がないがしろにされた出来事である。ノーマライゼーションの理念（当時はまだその理念は一般化されていなかったが）とはかけ離れた行政の対応がなされていたのである。

福沢は恵まれた家庭環境にあったことで、本書では彼女個人の問題というより、盲導犬使用者としての社会の盲導犬への理解喚起が述べられている。竜と天野の書は、小説的色彩の濃いもので、その中で障害者としての苦労、生きにくさを述べている。関は障害と真面目に向き合い、盲学校でも努力して、そして教諭にもなっている。河辺のそれは、障害者（失明者）としての悲哀は、その夫の病気後に現れている。人の言葉の冷たさに傷つけられている。「ノーマル」に暮らすには、周りの者の理解が不可欠であるということを語る書である。

比較的大きくなってから失明した残り一四名（磯部、河相、近藤宏一、本間、田辺、成尾、佐藤、松本昌三、佐々木、田村、大野、小木曽、田吹、郡司）では、ハンセン病による失明の磯部と近藤を除くと、男性の場合は後年において、やはり盲界にその名を止める人が多い。

河相は日本で育った盲導犬第一号使用者であり、本間は盲老人ホーム「聖明園」園長であり、田辺は盲学校教諭となっている。佐藤は重度身障者授産施設「恵生園」副所長であるし、松本はやはり盲学校教諭となっている。田村は、失明前と同様に大学に教授として奉職しているし、大野は盲目の歌手として各地を回っている。それぞれ中途失明であるが故に、失明の受容、そしてそれからの回復には困難もあったが、それを乗り越えて来ている。

ここではやはり磯部と近藤のハンセン病患者二人と、小児糖尿病を発病して健康の自由を奪われた小木曽と田吹が「ノーマライゼーションの理念」から見れば、最もその「平等の権利」を奪われた者たちといえるだろう。「自由」な外出ができないという点では、「ノーマルな生活」とは言えないだろうから。四人は共に発病後は、職業には就けていない。

この二一名で、明治期及び大正期と違う特徴的なことは、それまでいなかった盲導犬使用者（六名）が出てきたことである。これも「自由歩行」の手段が得られたという意味では、ノーマライゼーションと大いに関係していることだ。日本という国がそれを訓練し、そして入手できる程、豊かになったことを示している。それと先天盲の七名を含めて、教育の機会が平等に与えられていることである。必ずしも家庭的に豊かでなくても、またそれまで多かったキリスト教徒でなくても、先天盲の人たちは盲学校に（藤野はその入学までに非常な苦労はしていたが）通えている。ハンセン病の二人も収容施設内にある学校で、その機会は与えられていた。

そしてやはり女性が多く登場してきたことである。明治・大正期の三一名中では森と武井の二人であったが、この昭和（戦前）に入ってからは八名と増えている（戦後の五名を加えると昭和の三〇名中一三名）。それだけ女性の権利が認められてきたことを意味していると言えよう。

そして戦後期の九名（田中、高田、山内、星、竹下、児玉、村上、赤澤、御所園）であるが、生れつきの弱視、あるいは幼くして病気等で失明したのは五名（高田、山内、竹下、児玉、赤澤）である。彼（女）等は当然に全員が盲学校を卒業し、また全員がその後、大学に入学している。同卒業後、高田は一般中学の教員となり、山内は米国留学後、市会議員になり、竹下は弁護士になっている。

また女性の児玉はアメリカ留学、赤澤はスペイン留学をそれぞれ果たしている。明治・大正期には女性の留学など、ましてごく一般の家庭で生まれ育った者であってみれば、考えられなかったことである。このことも戦後生まれの障害者の特徴の一つといえるだろう。但し、そういった人たちであるからこのシリーズに取り上げられたとも言える。再び記すが、この辺のことがこのような資料を参考にする上での、資料としての限界である。

後天的に失明した残り四名（田中、星、村上、御所園）であるが、村上以外の三名はそれぞれベーチェット病、スモン病、そして神経腫瘍と、視力だけでない障害も抱えた重度障害者で、「ノーマルな生活」は送ることができていない。特に星のそれは、彼女の項でも述べているが最も大切と思われる、「個人の尊厳」も踏みにじられる毎日だった。障害の程度が重くなればなる程、「平等の権利」八項目からは離れていくことになる。身体が動かねば就労することは無理であろうし、「住環境」も限られたものとなって来よう。「男女両性のいる世界での居住」も難しいこととなる。但し、彼（女）等の希望は、可能な限り叶えられるべきものと思ってはいるが……。

以上六一名を改めて見てきた。ここで本論のテーマに立ち返って述べてみたい。

視覚障害者とノーマライゼーションという視点から考察してきたつもりだが、それは必ずしも明瞭化できなかったかもしれない。その資料として用いたのが、『盲人たちの自叙伝』で、第二次資料ということもある。またその資料そのものが、所謂「本」という形になっていて――「本」として残せるのは限られた人たちだから――、その著者は特別な人たち（平易に言えば、その時代時代の成功者、あるいは家庭的に恵まれた人たち、後年にあっては海外留学を果たしていたり、盲導犬の使用者であったりの）ということができるからである。ということはその内容に、圧倒的多数の一般の視覚障害者の実情は見えてこないということが考えられるからである。それはこういった資料を用いる場合の避けては通れない問題であり、資料としての限界を示すものである。

ただそうであっても六〇冊という――充分か、不充分かは意見の分かれるところだが――それらを検証して、ノーマライゼーションの観点から、特徴的なことをいくつか見て取ることができたようにも思う。つまり、しかしこれは当然のことでもあるかもしれないが、日本という国の発展・成長と、障害者の置かれる状況は密接に関係しているということである。明治・大正時代、まだ民主主義は確立されておらず、教育も現在のような義務制とはなっていなかった時代には、障害者が置かれた立場も悲惨であったといっていい。

六〇冊を概観して、最も主張されていたのは、明治・大正期においては、盲人に対する教育の重要性であった。教育が施されなければ、盲人故に、無知のまま・精薄のままでその生涯を終えてしまうと。因みに、平成の時代になって教育は当然のこととなっている。視覚障害者にとって就学のあとの、就職後の情報をどのように得るかが大きな問題になってくるが、『平成七年度　視覚障害者の職業自立のための技能習得等に関する調査研究報告書』によれば、「雑誌」が一二四名中、五五名と最も高い数値（四四・三％）を示している。次に、「専門誌」が三三名（二六・六％）、以下「テープ」二九名（二三・三％）、「研修会」二四名（一九・三％）、「先輩・友人」二三名（一八・五％）等となっている（同報告書、一二二頁）。情報は読み物から主に得ていることが分かる。

教育の次に訴えられているのは、職業問題である。盲人といえども、その個人の適性に合った仕事が与えられるべきであると。これは昭和期に入ってからより強く訴えられてきたものである。しかしその職種は、視覚障害者故に限定されていることは、平成になっても大きくは変わっていない。上記『調査研究報告書』（一七頁）によれば、三五九名の回答者中、「理療関係（按摩マッサージ指圧、鍼、灸、ヘルスキーパー、理療科教員、リハビリテーション）」従事者が一九五名（五四・三％）を占めている。次いで、「理療以外の教育・指導（普通科教員、福祉指導）」が五三名（一四・七％）、「電話交換」が二六名（七・二％）、「事務関係」が一三名（三・六％）等となっている。半数以上の人たちがやはり、理療関係の職に就いていることが判る。このことについてはいろいろな意見も言われているが、視覚障害者にとっても、働きやすい職業であることには違いないので、今後もこの数値に大きな変化はないものと思われる。

他には、障害者に対する社会の対応についてである。ここには、〝差別や偏見〟ということが強く包含されている。

また社会にあって、盲人は「自力更生」を望んでいるということを理解して欲しいことも。「ノーマライゼーション」に対しても社会の理解が不可欠であると――身体障害者も社会を構成する一市民であるということを認識して欲しいと。共に働き、共に暮らしていくのが理想の社会であるのではなかろうか。

近代日本の百年の歴史の中で生きた人々の手記や自伝を通して、視覚障害者のノーマライゼーションを見てきたが、教育の平等性ということに関しては、障害があってもほぼ満たされてきていることが判る。ただその職業選択については、なかなか障害者が望む形に進展はしていない。受け入れ側の問題が多く、そのことを滞らせる結果となっている。このことは長いスパンで見ていかなければならないだろう。

企業側の視覚障害者受け入れを躊躇する主な理由として、次のようなことが挙げられている。（以下、『平成六年度視覚障害者の職場定着方策に関する調査研究Ⅱ』一四頁、及び三二頁～三四頁）

★一人で通勤できるか。★施設・設備の改善が必要か。★食事やトイレは一人でできるか。★仕事上の危険はないか。★仕事ができるか。★他の社員とうまくやっていけるか、等である。

また企業が行政に障害者受け入れに対して望むこととして、次のようなことがある。

☆（安全な歩行のための）環境整備。☆視覚障害者を受け入れる企業に対する広報・講習会の開催。☆職業訓練の講習会開催。そして、これが最も多くの企業が望んだことだが、☆助成金の利用手続きの簡素化、である。

視覚障害者が職を得るというのは、ひどく大変なことである。以下は厚生省が行なった『平成三年度　身体障害者実態調査』の結果であるが、労働年齢層である一八歳以上六五歳未満の視覚障害者の就業率は四四％であり、視覚障害者全体の半数にも満たないのである。

同調査によると視覚障害者に最も多い就業形態は、自営業で三七・八％であり、一般常用雇用二三・四％を大きく上回っている。視覚障害者に自営業が多く、一般雇用が少ない理由としては、事業主の重度視覚障害者に対する理解不足が挙げられる。また重度視覚障害者の国からの技能取得支援が不十分である等がある。視覚障害者の就職は、一朝一夕にはいかないものなのである。

また社会にあっての、「差別と偏見」の問題であるが、理想は語られるが、しかし現実にはかなり難しいことである。それは人の心の奥底に潜むことだからである。

つい最近に起こった、そのことを如実に示す事例を二つ記して、本論を閉じたい。障害者にとって最も関心あることで、そして最も傷つけられることが、社会における人々の言葉や態度であるからだ。それはつまり、ノーマライゼーションの実現を最も阻害している原因でもあるのである。

社会が、一般の人々が障害者をごく普通に包み込めれば多くの問題は取り除かれ、それはその結果として、ノーマライゼーションの理念・原理は普遍化されると思える。

《二〇〇三年一一月一八日（火）毎日新聞夕刊　九面　三段（見出し　三段）（五一行）

『ハンセン病元患者らの宿泊交流　ホテルが拒否　熊本・黒川温泉』》

本論［序章］の冒頭で触れた熊本地方裁判所の「原告勝訴」の判決。そして、国の控訴断念によってその判決が確定したのだが、それは二〇〇一（平成一三）年のことである。しかし「らい予防法」そのものは、それより五年も前の一九九六（平成八）年にすでに廃止されていたのだ。国はその五年をかけてやっと、かつての隔離政策の「非」を認めたのである。

国はとりあえずそのような姿勢を示したが、しかし一般人には、日本の社会には、その一〇〇年近い国の政策は深く浸透していて、容易に変えることはできない。「らい予防法」廃止からすでに七年、その判決から二年後の今年（二〇〇三年）においても、その幻影から抜けきれない人たちが起こしたこれは事件であった。

第五章第二節で登場した金夏日が記していた『らい予防法が廃止されない限り……』（『点字と共に』二六二頁八行目）、

しかしそれが廃止されても現実には、ハンセン病元患者らの社会復帰は難しいことをこの事件は語っている（その判決があった熊本県で起こった「宿泊拒否事件」であるから、これはさらに深刻なのである）。ハンセン病元患者等はいつになれば、心安らかな普通の生活を送ることができるのだろうか。

あと一つも、前の記事とほとんど時を同じくして報道されたものである。

《二〇〇三年一二月一日（月）毎日新聞朝刊　三〇面　二段（見出し一段）（三四行）

『盲導犬同伴　宿泊を拒否　徳島・町出資の施設』》

――徳島県市場町が一〇〇％出資する宿泊施設が、盲導犬を伴っての宿泊を申し込んだ同県鳴門市視力障害者会の予約を断った、という記事である――

これも盲導犬や介助犬などの受け入れを義務付ける、身体障害者補助犬法の完全施行（二〇〇三年一〇月一日）直後のことであった。全く施設側の無理解を如実に示すこれも事件である。

拒否の理由は、

「施設が古く階段が多いことや夜間は職員が一人態勢になる」

ということだが、これは理由にならない。施設が古いと、なぜ視覚障害者は泊まれないのか。階段が多いと盲導犬は登れないというのだろうか。ただ障害者を――つまり一般の人とは違うということで――泊めたくないためだけの言い訳でしかないように思えて仕方ない。

この二つの記事からも判るように、平成の世の中になっても、障害者の置かれた現実の状況は明治・大正時代と大して変わっていないのである。「ノーマルに生きる」ということはひどく困難を伴うことのようだ。社会の理解がない限り、「差別と偏見」からは決して解放されない。

《参考文献》（太字・ゴシック＝『盲人たちの自叙伝』シリーズ）

相澤譲治編著『ともに学ぶ障害者福祉――ハンディをもつ人の自立支援に向けて』みらい、二〇〇一
青木優『行く先を知らないで』大空社、一九九八（底本：日本基督教団出版局・一九八二年＝第五版）
赤澤典子『ピレネーを越えて　典子とコーラルのスペイン留学』大空社、一九九八（底本：東洋経済新報社・一九八四年）
明石海人『海人遺稿』大空社、一九九八（底本：改造社・一九三九年）
赤座憲久『目の見えぬ子ら――点字の作文をそだてる』岩波新書、一九六一
安積純子・岡原正幸・尾中文哉・立岩真也『生の技法』藤原書店、二〇〇二
阿部志郎『地域福祉の思想と実践』海声社、一九八六
天野暁子『赤い川』大空社、一九九八（底本：ひまわり出版・一九八一年）
アンソニー・ギデンズ著　佐和隆光訳『第三の道』日本経済新聞社、一九九九
石井康子『手のひらで知る世界』大空社、一九九八（底本：思想の科学社・一九八四年）
石川准、倉本智明編著『障害学の主張』明石書店、二〇〇二
石川准、長瀬修編著『障害学への招待』明石書店、一九九九
石部元雄、柳本雄次編著『ノーマライゼーション時代における障害学』福村出版、二〇〇二
石松量蔵『盲目の恩寵　盲人牧師の記録』大空社、一九九七（底本：日本福音ルーテル羽村教会・一九六五年）
磯部昭介『この棘あればこそ』大空社、一九九八（底本：聖灯社・一九七四年）
伊藤周平『福祉国家と市民権――法社会学的アプローチ』法政大学出版局、一九九六
岩橋武夫『光は闇より』大空社、一九九八（底本：日本ライトハウス・一九九二年）
岩橋きを『菊と薊と灯台』大空社、一九九八（底本：日本ライトハウス・一九六九年）
ウイリアム・A・ロブソン著　辻清明・星野信也訳『福祉国家と福祉社会』東京大学出版社、一九八〇
江草安彦『ノーマライゼーションへの道』全国社会福祉協議会、一九八八
海老名正吾『社会と私――見えないこと』大空社、一九九八（底本：神奈川新聞厚生文化事業団・一九八〇年）
大泉昭男『江戸の智恵・現代の壁――視覚障害者の社会貢献』近代文芸社、一九九五

大江健三郎・正村公宏・川島みどり・上田敏『自立と共生を語る』三輪書店、一九九〇
大谷強『社会福祉から地域社会づくりへ』現代書館、一九八九
大野秋好『若い旅びとの歌　ギターと愛と盲導犬と』大空社、一九九八（底本：読売新聞社・一九六六年）
大橋寛政『あめにたから　盲人牧師大橋五男の生涯』大空社、一九九八（底本：私家版・一九六四年）
大村善永『三死一生　大村善永自叙伝』大空社、一九九八（底本：私家版・一九八八年）
大山博［ほか］編著『福祉国家への視座　揺らぎから再構築へ』ミネルヴァ書房、一九九九
岡村達雄編『現代の教育理論』社会評論社、一九八八
加藤康昭『日本盲人社会史研究』未来社、一九七四
河相洌『ぼくは盲導犬チャンピイ』大空社、一九九八（底本：朝日新聞社・一九六七年）
河相洌『盲導犬よもやま話』大空社、一九九八（底本：私家版・一九九七年）
河辺豊子『見えなくても・愛　全盲の妻として、母として』大空社、一九九七（底本：グロビュー社・一九九七年）
金夏日『点字と共に』大空社、一九九八（底本：皓星社・一九九一年）
木村龍平『ゆ・け・に・ど・め／緑の雨音　木村龍平遺稿集』大空社、一九九八（底本：私家版・一九九五年）
熊谷鉄太郎『薄明の記憶　盲人牧師の半生』大空社、一九九七（底本：平凡社・一九六〇年）
栗原光沢吉『光うすれいく時――明治の盲少年が教師になるまで』大空社、一九九八（底本：あずさ書店・一九九三年）
栗原光沢吉『点字器との歩み』大空社、一九九八（底本：あずさ書店・一九八八年）
郡司ななえ『ベルナのしっぽ』大空社、一九九八（底本：イースト・プレス・一九九七年）
ケン・プラマー著　原田勝弘・川合隆男・下田平裕身監訳『生活記録の社会学――方法としての生活史研究案内――』光生館、一九九一
河野憲利『ああ　この速さ・この広さ――言いたいこと・聞きたいこと』大空社、一九九八（底本：私家版・一九九〇年）
御所園悦子『虹になりたい　ヘレン・ケラーと張り合う母の手記』大空社、一九九八（底本：学書・一九九四年）
児玉聖子『出会いのカリフォルニア――盲導犬《アイメイト》ユリアと私のアメリカ留学記』大空社、一九九八（底本：偕成社・一九八八年）
近藤宏一『ハーモニカの歌』大空社、一九九八（底本：私家版・一九七九年）
近藤正秋『試練を越えて』大空社、一九九七（底本：愛盲報恩会・一九七四年）
斎藤通雄『妻の手を杖として』大空社、一九九八（底本：謙光社・一九七六年）
坂本勉『大利根の流れに沿うて』大空社、一九九七（底本：舞踊界社出版部・一九八八年）
坂本洋一『視覚障害リハビリテーション概論』中央法規、二〇〇二

佐々木たづ　『ロバータ　さあ歩きましょう』大空社、一九九八（底本：朝日新聞社・一九六四年）
佐藤泰正『視覚障害学入門』学芸図書、一九九一
佐藤大和『愛の泉』大空社、一九九八（底本：私家版・一九八五年）
沢田清方『住民と地域福祉活動』ミネルヴァ書房、一九九八
鈴木栄助『ある盲学校教師の三十年』岩波新書、一九八九
鈴木敏之『指が目になった　ある全盲画家の半生』大空社、一九九七（底本：朝日新聞社・一九七〇年）
関幸代『心に愛の星をみつめて』大空社、一九九七（底本：集英社・一九六六年）
高田剛『全盲先生　海外ひとり旅――ノーマライゼーション先進国をゆく』大空社、一九九八（底本：解放出版社・一九九六年）
武井イネ『神が書かせた思い出――全盲女性のアメリカ留学』大空社、一九九八（底本：キリスト教新聞社・一九七五年）
武川正吾『社会政策のなかの現代／福祉国家と福祉社会』東京大学出版会、一九九九
竹下義樹『ぶつかって、ぶつかって。全盲の弁護士』大空社、一九九七（底本：かもがわ出版・一九八八年）
田中浩三『悲しみの向こうに』大空社、一九九八（底本：聖母の騎士社・一九九七年）
田辺建雄『光ある記録――わが六十年のあゆみ』大空社、一九九八（底本：長良坂後援会・一九八八年）
谷合侑『盲人の歴史』明石書店、一九九六
谷合侑『盲人福祉事業の歴史』明石書店、一九九八
谷合侑・黒崎恵津子『点字技能ハンドブック改訂版――視覚障害に関わる基礎的知識』博文館新社、二〇〇二
田吹かすみ・小木曽和久『いのちの交換テープ　小児糖尿病で光を失った二人・愛の全記録』大空社、一九九八（底本：あいわ出版・一九八七年）
田村洋幸『光は失われても――盲人教授奮闘記』大空社、一九九七（底本：啓文社・一九八一年）
津田美知子『視覚障害者が街を歩くとき――ケーススタディからみえてくるユニバーサルデザイン』都市文化社、一九九九
鳥居篤治郎『すてびやく』『随筆・紀行』大空社、一九九八（底本：京都ライトハウス・一九八一年＝再版）
中川童二『たとえ光は失われても』大空社、一九九七（底本：光書房・一九五九年）
中野卓『中野卓著作集生活史《ライフ・ヒストリー》シリーズ　1　生活史の研究』東信堂、二〇〇三
中道益平『雑草に支えられて』大空社、一九九七（底本：光道園・一九六七年）
中村京太郎『評論集「光よ照らせ」』、阿佐博『中村京太郎――目を閉じて見るもの』大空社、一九九八（底本：日本盲人福祉研究会・一九八七年）

仲村優一・一番ケ瀬康子編集委員会代表『世界の社会福祉』旬報社、一九九八
中山太郎『日本盲人史（正・続）』パルトス社、一九八五
生瀬克己『共生社会の現実と障害者』明石書店、二〇〇〇
成尾正昭『人生はドラマ――光は失われても』大空社、一九九八（底本：私家版・一九八二年）
新里貫一『闇に閃く聲なき聲』大空社、一九九八（底本：新報社・一九三六年＝第五版）
ノーマン・ジョンソン著　青木郁夫・山本隆訳『福祉国家のゆくえ――福祉多元主義の諸問題』法律文化社、一九九三
長谷部薫『この人びとに青い鳥を』大空社、一九九七（底本：山梨日日新聞厚生文化事業団・一九七一年）
畑美喜三『孤独と誤解に耐えて――欠点と疎外に生きる工夫』大空社、一九九八（底本：洋々社・一九六六年）
福沢美和『盲導犬フロックスの思い出』大空社、一九九八（底本：偕成社・一九九〇年）
福島智『盲ろう者とノーマライゼーション――癒しと共生の社会をもとめて』明石書店、一九九七
藤川誠一『視覚障害者一人で歩く』あずさ書店、一九九六
藤川誠一『視覚障害者一人で暮らす』りん書房、一九九九
藤野高明『あの夏の朝から――手と光を失って三〇年』大空社、一九九七（底本：点字民報社・一九七八年）
藤村正之『福祉国家の再編成――「分権化」と「民営化」をめぐる日本的動態』東京大学出版会、一九九九
藤本文明・黒田学編著『障害児と家族のノーマライゼーション』群青社、一九九九
ベンクト・ニィリエ著　河東田博ほか訳『ノーマライゼーションの原理――普遍化と社会変革を求めて』現代書館、二〇〇〇
星三枝子『春は残酷である　スモン患者の点字手記』大空社、一九九八（底本：毎日新聞社・一九七七年）
堀正嗣『障害児教育とノーマライゼーション――「共に生きる教育」をもとめて』明石書店、一九九八
本間昭雄『ぐち』大空社、一九九七（底本：聖明福祉教会・一九八〇年）
本間和子『障害者との共生を求めて――ある民間重度障害者施設の二〇年』朝文社、一九九三
松井新二郎『手の中の顔「視覚障害者の自立」の夢を追いつづけた失明者の記録』大空社、一九九七（底本：橘出版・一九九〇年）
松本馨『十字架のもとに』大空社、一九九八（底本：キリスト教図書出版社・一九八七年）
松本昌三『わが心の風景　白杖エッセイ』大空社、一九九八（底本：新風書房・一九九三年）
三重野卓・平岡公一編『福祉政策の理論と実践――福祉社会学研究入門』東信堂、二〇〇〇
嶺井正也『障害者の公教育――共生共育への架橋』明石書店、一九九七
三原時信『白い杖に頼りつつ』大空社、一九九八（底本：東洋文化社・一九六二年）

村上八千代　『音景色』大空社、一九九八（底本：ミネルヴァ書房・一九八三年）
茂木俊彦　『ノーマライゼーションと障害児教育』全障研出版部、一九九四
森赫子　『盲目』大空社、一九九八（底本：実業之日本社・一九五八年）
もりすぐる　『「障害者」と街で出会ったら――通りすがりの介助術』緑風出版、一九九六
森盲天外　『一粒米』大空社、一九九七（底本：青葉図書・一九九〇年）
モーリス・ブルース著　秋田成就訳　『福祉国家への歩み――イギリスの辿った途』法政大学出版局、一九八四
山内常行　『見えない目でみる。――たった一人の全盲市議　山内つねゆき奮せん記』大空社、一九九八（底本：地水社・一九八七年）
好本督　『主はわが光』大空社、一九九七（底本：日本基督教団出版局・一九八一年）
横山健堂編　『高木正年自叙傳』大空社、一九九七（底本：代々木書院・一九三二年）
吉野由美子　『視覚障害者の自立と援助』一橋出版、一九九七
竜鉄也　『手さぐりの旅路（改訂版）』大空社、一九九七（底本：恒友出版・一九九〇年）
和波その子　『いのちのシンフォニー』音楽之友社、一九八一

《参考資料》

厚生省社会局　『身体障害者実態調査結果概要』一九七一
厚生労働省社会・援護局障害保健福祉部　『身体障害児・者実態調査結果』二〇〇二
労働省・日本障害者雇用促進協会　『視覚障害者の職場定着方策に関する調査研究』（No.一八九）一九九三
労働省・日本障害者雇用促進協会　『視覚障害者の職場定着方策に関する調査研究Ⅱ』（No.二〇一）一九九四
労働省・日本障害者雇用促進協会　『重度視覚障害者の雇用支援手段に関する調査研究Ⅰ』（No.二〇六）一九九五
労働省・日本障害者雇用促進協会　『視覚障害者の職業自立のための技術習得に関する調査研究報告書』（No.二〇九）一九九五
労働省・日本障害者雇用促進協会　『視覚障害者の職業自立のための技能の習得等に関する事例報告集』（No.二一八）一九九六
労働省・日本障害者雇用促進協会　『視覚障害者の職業自立のための技能習得等に関する調査研究（総括）』（No.二三一）一九九七
東京都衛生局　『目でみる難病』一九八七
視覚障害者支援総合センター　『点字技能ハンドブック改訂版・視覚障害者に関わる基礎的知識』二〇〇二
全国視覚障害者情報提供施設協議会　『視覚障害者介護技術シリーズ3　初めてのガイド』一九九九
テクノエイド協会　『体の不自由な人びとの福祉』一九九三

日本障害者雇用促進協会『視覚障害者の職場定着推進マニュアル』一九九九
日本障害者雇用促進協会『視覚障害者と働く』一九九九
日本点字図書館『日本点字図書館　五十年史』一九九四
日本点字図書館『日本点字図書館創立五〇周年記念誌　われら播きし一粒の麦は』一九九〇
日本点字図書館『点字随想』一九九二
日本盲人福祉委員会『日本の視覚障害者　一九九八年版』一九九八
日本盲人福祉研究会『視覚障害者労働白書　一九八五年版』一九八五
日本盲人福祉研究会『視覚障害者労働白書　一九八七年増補版』一九八七
日本ライトハウス『視覚障害　リハビリテーション』第五二号　二〇〇〇
ノーマライゼーションの現在シンポ実行委員会編『ノーマライゼーションの現在当事者決定の論理』一九九二
財団法人社会福祉研究所『障害者の見解を基軸とするノーマライゼーション展開への道』一九九五

安部能成「リハビリテーション概念からノーマライゼーション概念へ――社会福祉原理からの一考察」『淑徳大学大学院　研究紀要』第四号　一九九七
荒木穂積「ノーマライゼーションと障害者の権利」『地域福祉情報』№八〇　一九九九
大島道子「日本におけるノーマライゼーション思想定着化の課題と展望」日本女子大学社会福祉学科『社会福祉』第三〇号　一九八九
大山博「〝社会福祉法〟の制定とその目指すもの」『社会福祉研究』第七九号　二〇〇〇
岡本朝也「福祉と家族――社会学的分析――」関西大学大学院『人間科学』第五〇号　一九九九
河東田博「ノーマライゼーション理念の具体化と当事者活動」四国学院大学文化学会『四国学院大学　論集』九六　一九九八
小山聡子「障害福祉論における「生命倫理」というテーマ」日本女子大学社会福祉学科『社会福祉』第三八号　一九九七
定藤丈弘「最近における障害者の地域福祉施策の展開と課題」大阪府立大学社会福祉学部『社会問題研究』第四三巻第二号　一九九三
澤宣夫「在宅福祉にかかわる実践者像――在宅障害児・老人の生活実態調査分析に基く一考察――」上智大学大学院文学研究科社会学専攻修士論文　一九八七
谷口純世「児童養護施設における専門職の行う社会福祉援助の確立・普及・定着」上智大学大学院文学研究科社会学専攻修士論文　一九九八
地主明広「社会福祉研究とフィールドワーク――研究と実践の狭間で――」同志社大学大学院『社会福祉学論集』第一五号　二〇〇一

東條隆進「福祉社会についての一考察」早稲田大学社会科学学会『早稲田社会科学研究』第五七号　一九九八
内藤辰美「福祉社会の形成と地域福祉――〝生命化社会〟と〝公共的市民文化〟を求めて――」東北社会学会『社会学年報』No.二九　二〇〇〇
長岡雄一「中途失明者に対する援助ネットワーク」上智大学大学院文学研究科社会学専攻修士論文　一九七九
長澤紀美子「福祉サービスの質の保証と評価に関する一考察――政策における評価に関するアプローチを中心に――」上智大学大学院文学研究科社会学専攻修士論文　一九九八
成富正信「障害者地域生活支援センターの構想――一つの実践事例――」早稲田大学社会科学学会『早稲田社会科学総合研究』第二巻第二号　二〇〇二
星野晴彦「Quality of Life　向上の為の福祉マンパワー配置に関する考察」上智大学大学院文学研究科社会学専攻修士論文　一九九三
山下幸子「障害者と健常者の関係から見えてくるもの――障害者役割についての考察から――」大阪府立大学社会福祉学部『社会問題研究』第五〇巻第一号　二〇〇〇

あとがき

現在何らかの形で障害を負う人たちの数は数百万人とも、あるいは一千万人を超えるともいわれています。同時にまた、高齢化社会になりつつある日本の現状を考える時、今後は誰でもが障害者になることが予想されます。障害の種類は様々ですが——加齢による障害も含めて——、その障害に挫けず、障害と共に生きてゆく一助になればとの思いから、そしてまた、非障害者も障害者と共に生きている、ということを感じてもらいたい——そのことを考える端緒になれば——との思いから、本書の出版化にふみ切りました。

本書《これ》は二〇〇四年春提出、法政大学大学院社会科学研究科社会学専攻の修士論文に加筆をし、また大幅な校正をし直したものです。本書では、視覚に障害のある人たちから現代の、そして過去の日本社会を見つめている。

尚、本書中において、同一意味（同義）だが、表現（言葉）の違いが多々出て来ています。それは基本的に各書物・資料の文章（原文）をそのまま引用しているからです。統一がなく、読みづらい（あるいは違和感のある）ことは承知していますが、明らかな誤字脱字を除いては、原文のままにしました。例えば、ハンセン病（明石海人や松本馨の処）と、ハンセン氏病（磯部昭介や近藤宏一の処）、また上記磯部の書にはライ病という表現も使われています。金夏日の書には、ハンセン病、ハンセン氏病、双方の表現が見られます。

また「按摩」も、各書によって「あんま」「アンマ」として出て来ます。これは、「鍼」についても言え、「針」「はり」「ハリ」と著書によって違っています。「灸」も同様で、「きゅう」「キュウ」として出て来る書もあります。

また、送りがなや使用漢字も、各著者の表現のままに引用しました。例として、向かって—向って、行なう—行う、分かる—分る、当たる—当る、変わる—変る、（病に）犯される—冒される、回復—恢復、等々である。さらに明治期のもので、原文は読点〈、〉であるが、句点〈。〉にした方がいいと思われるものは論者（鈴木）が書き換えています。

また、二〇〇四年の論文提出時においては判然としていなかった、『盲人たちの自叙伝』の著者たちの生年（没年）、及び出身地の判明した分を、ここに記しておきます（※明記なしは、不明のまま）。

新里貫一＝一八八七（明治二〇）年生まれ、一九六二（昭和三七）年没。明石海人＝一九〇二（明治三五）年生まれ。沼津市出身。長谷部薫＝一九四八（昭和五九）年没。大村善永＝一九八九（平成元）年没。中川童二＝一九八六（昭和六一）年没。中道益平＝一九七八（昭和五三）年没。海老名正吾＝一九八九（平成元）年没。近藤正秋＝一九九七（平成九）年没。森赫子＝一九八六（昭和六一）年没。松井新二郎＝一九九五（平成七）年没。松本馨＝一九一八（大正七）年生まれ、二〇〇五（平成一七）年没。坂本勉＝一九九六（平成八）年没。本間昭雄＝一九二九（昭和四）年生まれ。成尾正昭＝一九三〇（昭和五）年生まれ。田村洋幸＝一九三三（昭和八）年生まれ。郡司ななえ＝一九四五（昭和二〇）年生まれ。以上です。

本論文を書き上げるについて、法政大学大学院の徳安彰教授に多くの指導、適切なアドバイスを頂きました。厚くお礼申し上げます。

また同大学院で教えを頂いた、石坂悦男教授、羽場久浘子教授、水野節夫教授にもお礼申し上げます。同じく公文溥教授にも優しい言葉を掛けて頂きました。強く印象に残っております。お礼申し上げます。

さらに、立教大学大学院の笠原清志先生、武蔵大学大学院の藤村正之先生、国広陽子先生にも多くの教えを頂きました。お礼申し上げます。

そして本論中でも度々その名を記した、今は亡き（四九七頁に既述）日本点字図書館元館長（社会福祉法人同館元理事長）の本間一夫氏にもお礼申し上げます。二〇〇〇年に同図書館において、そこでの業務の小さなお手伝い（ボランティア）をさせて頂く際に、お声を掛けて頂きました。またそれ以前において、通っていた「点字教室」に講師として見えられた際に、貴重なお話を伺いました。どちらも私にとって思い出深い時間となっております。

同図書館でお手伝いしていた際に、小野俊己課長には大変良くして頂きました。また安田早苗さん、牧田典子さん、深瀬幸子さんにも、いろいろなことを教えて頂きました。合わせてお礼申し上げます。

法政大学院で学んでいる時に、共に学び、そして学業以外の時には、いくつもの楽しい話、有益な話を聞かせて下さった同期入学の渡辺信さん、森久聡さん、原田啓さん、西山優子さん、野呂瀬陽子さんにお礼申し上げます。また同期生ではありませんが、赤津裕子さん、小泉種彦さん、久世律子さん、平野奈津江さん、渋谷淳一さんにもお礼申し上げます（やはり多くのお話を聞かせて頂きました）。皆様の、それぞれの分野でのご活躍を祈っております。

尚、本文中の記述のほとんど（注、にて挿入した記述《もの》以外）は二〇〇三年現在のものです。現在（二〇〇八年）とは時系列的におかしな処があることを、お断りしておきます。

学文社の三原さんには今回も多くのお手数をかけてしまいました。しかしいつも乍らの適切な処理をして頂きました。深く感謝致します。

二〇〇八年八月

著者

鈴木　正行
一九四九年　東京生まれ
一九八八年　明治大学法学部（二部）卒業
一九九一年　早稲田大学第二文学部卒業
二〇〇四年　法政大学大学院社会科学研究科社会学専攻・修士課程修了

視覚障害者とノーマライゼーション
——視覚障害者の障害受容と社会環境の変遷。「盲人たちの自叙伝」を視座にして——

二〇〇八年一〇月二五日　第一版第一刷発行

著者　鈴木　正行

発行者　田中　千津子

発行所　株式会社　学文社
〒一五三—〇〇六四　東京都目黒区下目黒三—六—一
電話　〇三（三七一五）一五〇一㈹
FAX〇三（三七一五）二〇一二
http://www.gakubunsha.com

印刷所　新灯印刷
製本所　小泉企画

乱丁・落丁の場合は本社でお取替えします。
定価は売上カード，カバーに表示。

ISBN978-4-7620-1861-9